Laura
Riffaut

wicca

Cate Tiernan

Wicca

Traduit de l'anglais (États-Unis)
par Aude Carlier

hachette

Les citations incluses dans ce livre sont fictives.
Toute ressemblance avec des œuvres existantes
serait purement fortuite.

Photo de couverture : © plainpicture/fotofred

L'édition originale de cet ouvrage a paru en langue anglaise chez Puffin Books, une division de Penguin Young Readers Group, sous le titre :

SWEEP

Vol. 1 : Book of Shadows ; vol. 2 : The Coven ; vol. 3 : Blood Witch

Hachette Livre, 43, quai de Grenelle, 75015 Paris.

Pour Christine et Marielle,
avec tout mon amour.
Vous êtes ma raison de vivre.

Pour N. et P., qui ont apporté
tant de magie dans ma vie.
Pour les membres de mon cercle,
avec tout mon amour.

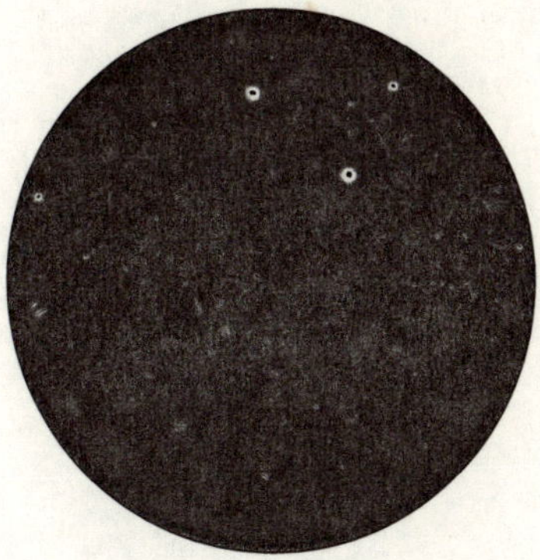

PARTIE 1

Le Livre des Ombres

1. Cal Blaire

« Prends garde au mage, et traite-le bien, car ses pouvoirs dépassent les tiens. »

Sorcières, sorciers et mages,
Altus Polydarmus, 1618

Dans quelques années, en repensant au passé, je me souviendrai de ce jour comme de celui où je l'ai rencontré. Je me souviendrai de l'exact moment où il a fait son entrée dans ma vie. Jamais je ne pourrai l'oublier.

Je portais un tee-shirt vert délavé et un jean. Ma meilleure amie, Bree Warren, a débarqué avec une tunique blanche et une jupe longue noire qui frôlait ses ongles de doigts de pied vernis en violet. Comme toujours, elle était belle et sophistiquée.

— Salut, toi ! m'a-t-elle lancé.

Elle m'a serrée dans ses bras comme après une longue séparation, alors qu'on s'était vues la veille à peine.

— On se retrouve en maths renforcées, ai-je annoncé à Janice Yutoh avant de suivre Bree dans l'escalier menant à la porte du lycée. Qu'est-ce qu'il fait chaud ! On est censés cailler, le jour de la rentrée, non ?

Il n'était pas encore huit heures et demie, pourtant, le soleil de ce début de septembre était déjà brûlant et l'atmosphère humide et lourde. Pas le moindre souffle d'air. Malgré le temps, j'étais tout excitée, impatiente : une nouvelle année scolaire s'ouvrait devant nous et, enfin, nous n'étions plus les plus jeunes du lycée.

— Au Canada, sans doute, a rétorqué Bree. T'es toute mignonne, dis donc !

— Merci, ai-je répondu, touchée par son tact. Toi aussi.

Mon amie ressemble à un top model. Elle est grande – un mètre soixante-quinze – et la plupart des filles se laisseraient mourir de faim pour avoir sa ligne. Sauf que Bree mange ce qu'elle veut. D'après elle, il faut vraiment avoir une mentalité de mouton pour suivre un régime. Elle va chez un coiffeur-visagiste de Manhattan pour faire couper ses cheveux bruns ondulés, qui retombent sur sa nuque en une cascade soyeuse parfaite. Où qu'on aille, elle fait tourner les têtes.

Bree sait qu'elle est belle, et elle en est fière. Elle ne chasse pas les compliments d'un haussement d'épaules, elle ne se plaint jamais de son physique et ne feint pas l'étonnement lorsqu'on la flatte. Pour autant, elle n'est pas prétentieuse. Elle a juste conscience de sa beauté et s'en réjouit.

Bree a jeté un coup d'œil par-dessus mon épaule vers le lycée de Widow's Vale. On devinait à ses murs de brique rouge et à ses hautes fenêtres baroques qu'il s'agissait d'un ancien palais de justice.

— Ils n'ont pas repeint les boiseries, a-t-elle déclaré. Pour changer.

— Non. Oh, la vache, regarde Raven Meltzer ! Elle a un tatouage !

Raven, une élève de terminale, est sans doute la fille la plus délurée du lycée. Avec ses cheveux teints en noir, ses sept piercings (et peut-être d'autres, moins visibles) et maintenant un cercle de flammes autour du nombril, elle a un look incroyable. En tout cas à mes yeux – moi, la fille banale de service, aux longs cheveux châtains coupés en un carré tout simple. Mes yeux sont marron foncé et j'arbore un nez qu'on pourrait gentiment décrire comme « fort ». Avec les dix centimètres que j'ai pris l'année dernière, je mesure à présent un mètre soixante-huit. Je suis plutôt large d'épaules, mais étroite de bassin, et j'attends toujours le coup de baguette magique de la fée qui fait pousser les seins.

Raven s'est arrêtée à côté de la cafétéria, là où les shootés se retrouvent.

— Comme sa mère doit être fière… ai-je commenté avec mépris.

Pourtant, au fond de moi, j'admirais son audace. Quel genre de fille serais-je si je me souciais aussi peu de l'opinion d'autrui ?

— À ton avis, qu'est-ce qui se passe avec son piercing au nez lorsqu'elle éternue ? a demandé Bree.

J'ai éclaté de rire.

D'un signe de tête, Raven a salué Ethan Sharp, qui, même à huit heures et demie du matin, semblait déjà défoncé. Puis elle a échangé une poignée de main ésotérique avec Chip Newton, petit génie des maths – il est encore meilleur que moi – et dealer notoire du lycée. Elle s'est ensuite tournée vers Robbie Gurevitch, mon meilleur ami après Bree, qui l'a accueillie d'un sourire.

— Ça fait quand même bizarre de voir Mary K. ici, a déclaré Bree en glissant ses doigts dans ses cheveux malmenés par le vent.

— Oui. Elle va s'adapter en un rien de temps !

Mary K., ma petite sœur, et deux de ses amies se dirigeaient en riant vers le bâtiment principal. Avec ses courbes de femme adulte, elle semblait plus mûre et plus sûre d'elle que les autres filles de seconde. Mary K. avait la belle vie : des fringues fashion mais pas trop, un visage à la beauté naturelle, des notes bonnes sans être excellentes et un grand cercle d'amis. Elle est gentille par nature et tout le monde l'adore, même moi. C'est comme ça, avec Mary K. On ne peut pas s'empêcher de l'apprécier.

— Salut, poupée, a lancé Chris Holly bien fort en s'approchant de Bree. Salut, Morgan.

Il s'est penché pour déposer un baiser rapide sur les lèvres de ma meilleure amie.

— Salut, Chris, ai-je répondu. Paré pour une nouvelle année ?

— Maintenant, oui, a-t-il susurré en couvant Bree d'un œil lascif.

— Bree ! Chris !

C'était Sharon Goodfine qui les interpellait en agitant la main. Ses bracelets en or cliquetaient autour de ses poignets.

Chris a pris Bree par le bras et l'a attirée vers Sharon et le reste de leur bande : Jenna Ruiz, Matt Adler, Justin Bartlett.

— Tu viens ? m'a demandé Bree qui s'attarda un instant.

— Non merci, ai-je soupiré en grimaçant.

— Morgan, ils t'aiment bien, tu sais !

Comme souvent, elle avait deviné mes pensées. Elle avait lâché la main de Chris pour m'attendre, tandis que lui s'éloignait déjà.

— T'inquiète, je dois parler à Tamara de toute façon.

Bree savait que je ne me sentais jamais à l'aise avec ses amis.

— Comme tu veux, m'a-t-elle dit après avoir réfléchi un instant. On se retrouve tout à l'heure dans le hall.

— À plus !

Alors qu'elle pivotait, Bree s'est arrêtée en plein mouvement, bouche bée, tel un étudiant en première année d'art dramatique jouant la « stupéfaction ». En suivant son regard, j'ai aperçu un garçon qui grimpait les marches du lycée.

On se serait cru dans un film : l'image devient floue, le silence s'installe et le temps ralentit. On ne sait plus très bien ce que l'on voit. C'était exactement comme ça, de regarder Cal Blaire monter l'escalier large et usé du lycée de Widow's Vale.

Évidemment, je ne savais pas encore qu'il s'appelait Cal Blaire.

Bree a pivoté vers moi, les yeux écarquillés.

— C'est qui, ce mec ? a-t-elle articulé en silence.

J'ai secoué la tête. Machinalement, j'ai posé la main sur ma poitrine pour ralentir les battements de mon cœur.

Le garçon s'est dirigé vers nous d'une démarche assurée que je lui ai aussitôt enviée. Tout le monde se retournait sur son passage. Lorsqu'il nous a souri, j'ai cru que les nuages s'écartaient pour laisser place au soleil.

— C'est par là, le bureau du proviseur adjoint ? s'est-il enquis.

J'avais déjà vu des mecs canon. Le copain de Bree, par exemple, Chris, est super mignon. Mais celui-là était… éblouissant. À voir ses cheveux, des piquants châtain foncé, on aurait pu croire qu'il les avait taillés lui-même. Son nez était parfait, sa peau hâlée, magnifique et son regard doré, fascinant. Il m'a fallu un moment pour comprendre qu'il s'adressait à nous.

Pendant que je le dévisageais bêtement, sans répondre, Bree a réagi au quart de tour.

— Oui, c'est derrière cette porte puis à gauche, a-t-elle expliqué le doigt tendu. C'est pas courant de changer de lycée en terminale, a-t-elle ajouté en étudiant le bout de papier qu'il lui présentait.

— Je sais, a-t-il répondu dans un demi-sourire. Je m'appelle Cal. Cal Blaire. Je viens d'emménager ici avec ma mère.

— Moi, c'est Bree Warren. Et voici Morgan Rowlands, a-t-elle continué en me désignant.

Figée sur place, j'ai cligné deux ou trois fois des yeux avant d'essayer de sourire.

— Salut, ai-je enfin réussi à souffler.

Je me faisais l'effet d'une gamine de cinq ans. D'accord, je n'ai jamais été douée pour parler avec les garçons, mais cette fois c'était encore pire : j'étais si impressionnée, si intimidée que j'en perdais tous mes moyens. Comme si je tentais de rester debout en pleine tornade.

— Vous êtes en terminale ? a-t-il voulu savoir.

— En première, a rectifié Bree.

— Dommage, je ne vous verrai pas en cours, alors.

— Moi non, a-t-elle répondu avec un petit rire charmant d'autodérision. Par contre, tu retrouveras peut-être Morgan. Elle suit les cours de maths et de sciences des terminales.

— Cool. Je ferais mieux d'aller annoncer mon arrivée. C'était sympa de vous rencontrer. Merci pour votre aide.

Il m'a souri puis s'est tourné vers la porte.

— *Bye !* a lancé Bree.

Dès que Cal a disparu à l'intérieur, mon amie m'a attrapée par le bras.

— Morgan, ce mec est un vrai dieu ! a-t-elle crié. Dire qu'il vient s'inscrire ici ! On va le voir toute l'année !

Une seconde plus tard, la bande de Bree s'est ruée vers nous.

— C'est qui ? a demandé Sharon d'un ton pressant avant de se faire bousculer par Suzanne Herbert, qui voulait se rapprocher de Bree.

— Il est dans notre lycée ? a braillé Nell Norton.

— Tu crois qu'il est homo ? s'est enquis Justin Bartlett.

Justin a fait son *coming out* en cinquième.

J'ai jeté un coup d'œil vers Chris, qui fronçait les sourcils. Comme Bree et ses amis étaient occupés à éplucher les maigres informations qu'on avait récoltées sur Cal, j'en ai profité pour m'éloigner de leur groupe. J'ai gagné l'entrée d'un pas léger et, en posant mes doigts sur la lourde poignée de cuivre, j'aurais juré sentir la chaleur laissée par la main du nouveau.

La semaine suivante, lorsque je suis arrivée en cours de physique, les picotements habituels m'ont chatouillé le ventre. Sa présence – là, derrière un bureau en bois cabossé – semblait toujours aussi miraculeuse. Un dieu vivant parmi les mortels. Ce jour-là, il avait braqué son sourire radieux vers Alessandra Spotford.

— C'est comme une fête des moissons, non ? Et ça se passe à Kinderhook ? lui a-t-il demandé.

Alessandra souriait, troublée.

— Ce n'est qu'en octobre, a-t-elle expliqué en glissant une mèche derrière son oreille. On y expose nos citrouilles tous les ans.

Une fois assise à ma place, j'ai ouvert mon cahier. En une semaine, Cal était devenu le garçon le plus populaire du lycée. Mieux que populaire : célèbre. Même les mecs l'appréciaient.

Enfin, pas Chris Holly ni les autres dont les copines bavaient sur Cal, mais la plupart.

— Et toi, Morgan ? m'a-t-il interrogée. Tu es déjà allée à cette fête des moissons ?

J'ai hoché la tête tout en feuilletant avec nonchalance notre manuel jusqu'au chapitre en cours. L'entendre prononcer mon nom m'a donné le tournis.

— Tout le monde y va, ou presque. Il n'y a pas grand-chose d'autre à faire dans le coin. À moins d'aller à New York, ce qui prend deux heures en voiture.

Cal m'avait adressé la parole plusieurs fois au cours de la semaine passée, et lui répondre m'avait été chaque fois un peu plus facile. Je le voyais tous les jours, en maths et en physique.

Il s'est retourné afin de me regarder bien en face. Pour une fois, j'ai osé lever les yeux vers lui. Ce que je m'autorisais rarement, surtout lorsque j'avais l'intention de me servir de mes cordes vocales. Ça n'a pas loupé, ma gorge s'est aussitôt nouée.

Qu'avait-il de si spécial pour me mettre dans des états pareils ? Eh bien, d'abord, son physique incroyable. Mais ce n'était pas tout. Je le trouvais différent. Lorsqu'il me regardait, il me regardait *vraiment*. Il n'en profitait pas pour guetter ses potes ou des filles plus mignonnes, ni pour reluquer ma poitrine – non pas que j'en aie, cela dit. Au contraire de tous les autres garçons, il ne semblait jamais embarrassé et ne cherchait pas à se mettre en valeur. On avait l'impression qu'il nous observait, moi et Tamara – qui était aussi en classe renforcée –, avec la même intensité sincère, le même intérêt qu'il accordait à Alessandra, à Bree ou à n'importe quel autre top model du lycée.

— Dans ce cas, qu'est-ce que tu fais de ton temps libre ?

Déroutée par cette situation inédite, j'ai feint de m'absorber dans mon livre. D'habitude, les beaux mecs ne me parlaient que s'ils voulaient recopier mes devoirs.

— Je ne sais pas trop, ai-je répondu d'une petite voix. Je traîne avec mes amis. On papote. On va au ciné.

— Et quel genre de films tu préfères ?

Sans me quitter des yeux un instant, il s'est penché vers moi comme si j'étais la fille la plus intéressante du monde. Il paraissait boire mes paroles.

Gênée, j'ai tardé à lui répondre, à croire que j'avais perdu ma langue :

— Je n'ai pas de préférence. J'aime bien tous les styles.

— Vraiment ? Moi aussi. Tu pourrais m'indiquer où sont les cinés, dans le coin ? Je n'ai pas encore trouvé mes repères dans la région.

Sans me laisser le temps de réagir, il m'a souri puis a pivoté vers le tableau. M. Gonzalez venait d'entrer. Le prof a laissé tomber lourdement sa mallette sur son bureau avant de commencer l'appel.

Je n'étais pas la seule que Cal ensorcelait. Il semblait prêter attention à tout le monde. Il parlait à chacun, changeait toujours de voisin de table, sans discrimination. Au moins quatre membres de la clique de Bree mouraient d'envie de sortir avec lui. Jusque-là, à ma connaissance, personne n'y était parvenu. En revanche, je savais déjà que Justin Bartlett s'était pris un râteau.

2. Si seulement

« Prends garde à la sorcière - sa magye noire pourrait bien te faire oublier ton foyer, tes proches et, oui, ton visage même. »

Prudentes paroles,
Terrance Hope, 1723

— Tu dois bien reconnaître qu'il est canon, a insisté Bree, accoudée au comptoir de ma cuisine.

— Évidemment. Je ne suis pas aveugle, ai-je répondu en continuant à ouvrir des boîtes de conserve.

C'était mon tour de préparer le dîner. Le poulet, nettoyé et découpé, attendait tout nu dans un grand plat en Pyrex. J'y ai ajouté une boîte de soupe d'artichaut, une autre de crème de céleri et un bocal de cœurs d'artichauts marinés. Voilà, le dîner était prêt !

— Mais il m'a tout l'air d'avoir un cœur d'artichaut lui aussi, ai-je déclaré, les yeux braqués sur les légumes. Il est sorti avec combien de filles durant ces deux dernières semaines, déjà ?

— Trois, nous a rappelé Tamara Pritchett.

Celle-ci a étiré ses longs membres sur le banc du coin repas. On était lundi soir, le début de la troisième semaine de cours. Je pouvais affirmer sans risque que l'arrivée de Cal était l'événement le plus excitant qui soit advenu à Widow's Vale depuis que, deux ans plus tôt, le cinéma Millhouse avait disparu dans les flammes.

— Morgan, c'est quoi, ça ? a grimacé Tamara.

— Poulet à la Morgan. Délicieux et nutritif.

J'ai ouvert le frigo pour y prendre un Coca light. Pschitt ! Aahhh…

— Tu m'en passes un ? a demandé Robbie, à qui j'ai aussitôt lancé une canette. Pourquoi, quand un mec sort avec plusieurs nanas, c'est un cœur d'artichaut, alors que, si c'est une fille, c'est une éternelle insatisfaite ?

— Tu dis n'importe quoi, a protesté Bree.

— Salut, les filles, salut, Robbie, a dit mon père en entrant dans la cuisine, les yeux dans le vague.

Il arborait son uniforme habituel : lunettes, pantalon en toile et chemisette portée sur un tee-shirt blanc. L'hiver, il s'habille de la même façon, sauf que la chemise est à manches longues et qu'il enfile un tricot par-dessus.

— Bonjour, monsieur R., a répondu Robbie.

— Salut, monsieur Rowlands, a fait Tamara pendant que Bree l'accueillait d'un signe de la main.

D'un air distrait, mon père a balayé la pièce des yeux comme s'il ne reconnaissait pas sa propre cuisine. Puis il nous a souri avant de ressortir d'un pas traînant. Bree et moi avons échangé un regard entendu. Il reviendrait dans un instant, lorsqu'il se serait rappelé ce qu'il était venu chercher. Mon père travaille au département Recherche et développement d'IBM, où on le considère comme un génie. En revanche, à la maison, il tient plutôt de l'élève de maternelle un peu lent. Il a du mal à nouer ses lacets et n'a aucune notion du temps.

J'ai remué ma mixture puis l'ai recouverte de papier aluminium. Ensuite, j'ai pris quatre pommes de terre, que j'ai épluchées dans l'évier.

— Je suis bien contente que ce soit ma mère qui s'occupe de la cuisine chez moi, a déclaré Tamara. Pour en revenir à notre sujet, Cal est sorti avec Suzanne Herbert, Raven Meltzer et Janice.

Elle les avait comptées sur ses doigts.

— Janice Yutoh ? me suis-je écriée. Elle ne m'en a même pas parlé !

Sourcils froncés, j'ai ajouté les pommes de terre avant de poursuivre :

— Ma parole, il aime tous les styles ! Comme s'il avait choisi la première dans la colonne A, la deuxième dans la colonne B et la dernière dans la colonne C.

— Ben mon salaud... a lâché Robbie en remontant ses lunettes sur son nez.

Le pauvre... Nous étions si proches, lui et moi, que je n'y faisais plus attention, mais son visage était ravagé par l'acné. C'était d'autant plus difficile pour lui que, jusqu'en cinquième, il avait été super mignon.

Bree a poussé un soupir puis a lancé :

— Je ne vois vraiment pas ce qu'il a pu trouver à Janice Yutoh. Il voulait sans doute lui demander de l'aide pour un exo de maths.

— Janice est vraiment jolie, tu sais, ai-je rétorqué. Elle est timide, voilà pourquoi on ne le remarque pas. Moi, ce qui m'échappe, c'est ce qui a pu lui plaire chez Suzanne.

— Tu rigoles ! Suzanne est trop bien ! Elle a posé pour une marque de crème solaire l'année dernière !

— Exactement, ai-je rétorqué en souriant. Elle a le physique de Barbie Malibu, et la cervelle assortie.

J'ai dû esquiver un grain de raisin balancé par Bree.

— Tout le monde ne peut pas être major de promo, a-t-elle riposté. Au moins, personne ne s'étonne pour Raven. Celle-là, elle jette les mecs comme des Kleenex.

— Et toi non, peut-être ? l'ai-je raillée.

— Hé, ça fait presque trois mois que je sors avec Chris, s'est-elle défendue en me jetant un deuxième grain de raisin balistique qui a rebondi sur mon bras.

— Et... ? l'a encouragée Robbie.

— Il commence un peu à me soûler, a-t-elle admis, mi-gênée, mi-ravie.

Ce qui nous a fait pouffer, Tam et moi.

— J'imagine que tu es une « éternelle insatisfaite », a conclu Robbie en ricanant.

De retour dans la pièce, mon père a pris un stylo dans le pot à crayons puis est ressorti aussi sec. Bree a soupiré en ouvrant la porte de la cuisine donnant sur le jardin.

— Bon, je ferais mieux de rentrer chez moi avant que Chris ne panique. « Mais où t'étais encore passée ? » l'a-t-elle imité en grimaçant.

Elle a levé les yeux au ciel avant de sortir. Un instant plus tard, le bruit du moteur de Breezy, sa BMW capricieuse, s'est éloigné dans la rue[1].

— Pauvre Chris, a soufflé Tamara.

Ses cheveux bruns et frisés s'échappaient de son serre-tête. D'un geste d'experte, elle les a remis en place.

— Ses jours sont comptés, si vous voulez mon avis, a ajouté Robbie avant de boire une gorgée de Coca.

J'ai sorti un sachet de salade du réfrigérateur, que j'ai ouvert d'un coup de dents.

— Au moins, il a duré plus que les autres, ai-je commenté.

— Oui, trois mois, c'est sans doute un record, a confirmé Tam.

La porte de derrière s'est ouverte à la volée. Ma mère est entrée en chancelant, les bras pleins de dossiers, de prospectus et de pancartes immobilières. Une tache de café maculait une poche de sa veste froissée. Je l'ai débarrassée de son barda, que j'ai posé sur la table.

— Doux Jésus, a marmonné ma mère. Quelle journée ! Bonsoir, Tamara ma belle. Bonsoir, Robbie. Comment ça va, tous les deux ? Ça se passe bien au lycée ?

— Très bien, merci, madame Rowlands, a répondu Robbie.

— Et vous, ça va ? s'est enquise Tamara. Vous avez l'air de travailler dur.

1. Aux États-Unis, dans la plupart des États, il est possible de passer son permis de conduire dès 16 ans. (Toutes les notes sont de la traductrice.)

— On peut dire ça, oui, a soupiré ma mère.

Elle a accroché sa veste sur une patère près de la porte, puis a ouvert le buffet pour se servir un *whisky sour.*

— Bon, on ferait mieux d'y aller, a annoncé Tamara, qui a ramassé son sac à dos et donné un petit coup de pied dans la basket de Robbie. Viens, je te dépose. Au revoir, madame Rowlands.

— À bientôt ! a lancé Robbie.

— Salut, les jeunes, a répondu ma mère au moment où la porte se refermait. Dis donc, Robbie est de plus en plus grand. C'est presque un homme, maintenant.

Elle m'a prise dans ses bras avant de poursuivre :

— Bonsoir, ma puce. Ça sent bon. Laisse-moi deviner : poulet à la Morgan ?

— Ouaip. Avec des pommes de terre au four et des petits pois surgelés.

— J'en ai l'eau à la bouche.

Elle a avalé une gorgée de son cocktail, qui sentait bon le citron.

— Je peux goûter ?

— Non, mam'zelle ! a répondu ma mère, comme à son habitude. Donne-moi cinq minutes pour me changer et je vais mettre la table. Mary K. est là ?

— Oui. Dans sa chambre, avec quelques membres de son fan-club.

— Garçons ou filles ? s'est-elle inquiétée, sourcils froncés.

— Les deux, je crois.

Elle a hoché la tête avant de foncer dans l'escalier. Les invités de ma sœur – du moins les garçons – allaient se faire mettre à la porte.

— Salut. Je peux m'asseoir là ? a demandé Janice le lendemain, pendant la pause de midi.

Elle désignait une place libre dans l'herbe près de Tamara.

— Bien sûr, a répondu celle-ci en agitant une main pleine de chips. Comme ça, on fera une belle brochette multicolore !

Tamara était l'une des rares élèves afro-américaines de notre lycée à majorité blanche, et elle n'avait pas peur d'en plaisanter. Surtout avec Janice qui, elle, vivait parfois mal d'être l'une des rares Asiatiques.

Janice s'est assise en tailleur, son plateau en équilibre sur les genoux.

— Excuse-moi, ai-je dit d'un ton incisif, tu n'aurais pas quelque chose d'intéressant à nous annoncer ?

— Hein ? À propos des cours ? a-t-elle demandé, perplexe, tout en avalant une bouchée de ce que le self faisait passer pour du « pâté en croûte ».

— Mais non. Sur ta vie sentimentale, ai-je rétorqué, le front plissé.

— Ah, tu veux parler de Cal ? a-t-elle répondu, son joli visage soudain rosé.

— Évidemment que je veux parler de Cal ! Je n'arrive pas à croire que tu ne nous aies rien dit !

— On ne s'est vus qu'une seule fois, a-t-elle expliqué en haussant les épaules. Le week-end dernier.

Tamara et moi attendions la suite.

— On peut avoir des détails ? l'ai-je pressée au bout d'une minute de silence. C'est vrai, quoi, on est tes amies. Tu es sortie avec le plus beau mec de la planète. On a le droit de savoir.

Janice a eu l'air tout aussi flattée qu'embarrassée.

— On n'est pas vraiment sortis ensemble, a-t-elle soupiré. Il voulait qu'on fasse mieux connaissance, je crois. Et découvrir la région. On s'est baladés en voiture et on a beaucoup parlé. Il tenait à tout savoir sur la ville et sur ses habitants…

Tamara et moi avons échangé un regard.

— Hmmm, ai-je fait. Alors, vous ne vous êtes pas embrassés ni rien ?

Tamara a levé les yeux au ciel.

— Quelle délicatesse, Morgan ! s'est-elle exclamée.

Janice a ri avant de répondre :

— Pas grave. Et non. Pas de baisers. Je crois qu'on est juste amis.

— Hmmm, ai-je fait encore. C'est vrai qu'il se montre amical avec tout le monde, vous ne trouvez pas ?

— Quand on parle du loup, a murmuré Tamara.

En levant la tête, j'ai vu Cal s'avancer vers nous, ses lèvres pleines dessinant un sourire sur son visage.

— Salut, a-t-il lancé en s'accroupissant dans l'herbe près de nous. Je ne vous dérange pas, j'espère ?

J'ai secoué la tête et bu une gorgée de soda pour me donner une contenance.

— Tu commences à prendre tes marques ? a voulu savoir Tamara. Widow's Vale est une petite ville. D'ici peu, tu connaîtras le coin comme ta poche.

Cal lui a souri. Son visage surnaturel m'a éblouie. Je m'étais un peu habituée à l'effet qu'il me faisait, je n'étais plus si désarmée.

— Oui, a-t-il dit. C'est joli par ici. Une ville chargée d'histoire. J'ai l'impression d'avoir remonté dans le temps.

Les yeux rivés au sol, il caressait machinalement un brin d'herbe. J'avais beau éviter de suivre du regard ses moindres mouvements, je devais tout de même me retenir de toucher tout ce que ses doigts effleuraient.

— Je suis venu vous inviter à une petite soirée, samedi prochain, a-t-il déclaré.

Nous sommes restées silencieuses un instant, sous le choc. C'était plutôt culotté pour un nouveau d'organiser une fête, à peine arrivé.

— Rowlands !

Bree m'appelait depuis l'autre bout de la pelouse. Elle nous a rejoints et s'est assise gracieusement près de moi en offrant à Cal un sourire lumineux.

— Salut, Cal.

— Salut. Je parlais justement de la petite soirée que j'organise ce samedi.

— Une soirée ! s'est-elle exclamée comme si c'était la meilleure idée qu'elle ait jamais entendue. Quel genre de soirée ? Où ça ? Y aura qui ?

Cal a éclaté de rire. Sa tête, légèrement penchée en arrière, révélait son cou puissant et sa peau bronzée. Du col en V de son tee-shirt dépassait une cordelette de cuir où pendait un bijou d'argent : une étoile à cinq branches dans un cercle. Que pouvait signifier ce symbole ?

— Si le temps se maintient, ce sera une soirée en plein air, a-t-il expliqué. En fait, je souhaite surtout avoir l'occasion de parler aux gens en dehors du lycée. J'ai invité la plupart des premières et des terminales...

— Vraiment ? s'est étonnée Bree.

— Bien sûr. Plus on est de fous, plus on rit. J'ai repéré un champ en bordure de la ville, sur la route qui passe devant la place Tower. On pourrait s'asseoir dans l'herbe, discuter, regarder les étoiles...

Nous l'avons toutes dévisagé. Par ici, les jeunes traînaient au centre commercial. Au ciné. Voire à l'épicerie du coin quand il n'y avait vraiment rien d'autre à faire. Par contre, personne n'allait jamais zoner au milieu d'un champ !

— Ça vous surprend ?

— Un peu, a admis Bree avec prudence. Mais ça peut être sympa.

— Entendu. Bon, je vous imprimerai un itinéraire. J'espère que vous pourrez venir, toutes les quatre.

Il s'est levé d'un mouvement fluide, avec une grâce toute féline.

Si seulement il m'appartenait...

Mes propres pensées m'ont stupéfiée. Je n'avais jamais ressenti une telle attirance pour un mec. Et Cal Blaire était si parfait que le désirer me semblait stupide, presque pathétique. J'ai secoué la tête. Tout cela n'avait aucun sens. Il fallait que je me ressaisisse.

Dès qu'il est parti, mes amies se sont tournées les unes vers les autres, tout excitées.

— Une fête en plein air, quelle drôle d'idée ! a lancé Tamara.

— Je me demande s'il y aura de la bière, a déclaré Bree.

— Moi, je ne suis pas là ce week-end, a annoncé Janice, mi-déçue, mi-soulagée.

Nous avons regardé Cal aborder les autres amis de Bree, qui traînaient sur les bancs au fond de la cour. Puis il est allé vers le gang des shootés, près des portes du self. Le plus drôle, c'est qu'il se fondait parfaitement dans chaque groupe. En compagnie des premiers de la classe, comme Tamara, Janice et moi, on pouvait le prendre pour un bosseur hyper intelligent, super mignon et curieux de tout. Au milieu de la clique de Bree, son air cool, décontracté et dans le coup ressortait ; bref, il devenait la star du lycée. Et, en le voyant à côté de Raven et de Chip, je l'imaginais tout à fait en train de fumer du shit tous les jours après les cours. Il semblait à l'aise avec tout le monde, c'en était presque incroyable.

Quelque part je l'enviais, moi qui n'étais détendue qu'avec mes vrais amis. C'est-à-dire Bree et Robbie. Je les connais depuis le berceau, car nos familles vivaient dans la même rue autrefois. Avant que les parents de Bree emménagent dans une énorme maison moderne avec vue sur le fleuve, avant que nos chemins nous portent vers des groupes différents. Bree et moi, nous comptions parmi les rares du lycée à rester proches alors que nous ne fréquentions plus les mêmes personnes.

Cal était… universel, dans un sens. Et, même si j'étais nerveuse, je tenais à aller à cette soirée.

3. Le cercle

« Ne sors point la nuit, car les sorcières sévissent à toutes les phases de la lune. Reste chez toi, en lieu sûr, jusqu'à ce que le soleil embrase le ciel et renvoie le mal à son antre ténébreux. »

Notes d'un serviteur de Dieu,
frère Paolo Frederico, 1693

J'AI TISSÉ MA TOILE. PRIEZ POUR MA RÉUSSITE, QUE J'ACCROISSE NOTRE NOMBRE ET TROUVE CEUX QUE JE CHERCHE.

La lumière extérieure projetait des ombres sur la pelouse. Devant moi, sur l'herbe sèche de ce début d'automne, une version plus petite, plus sombre de moi-même avançait vers ma voiture.

— Qu'est-ce qui cloche avec Breezy ? ai-je demandé.

— Elle fait un drôle de bruit métallique, a répondu Bree.

J'ai levé les yeux au ciel, espérant bien qu'elle le remarquerait. Sa voiture, hors de prix et capricieuse, avait toujours un pépin. Bien la peine d'avoir une mécanique sophistiquée...

J'ai ouvert la portière côté conducteur de ma belle Chrysler Valiant 71 blanche et me suis installée sur le siège en vinyle froid. Comme mon père aime bien plaisanter en disant que ma voiture pèse plus lourd qu'un sous-marin, on l'a appelée Das Boot. Cela signifie « bateau » en allemand, et c'est aussi le titre du film préféré de mon père. Bree est montée côté passager. D'un signe de la main, nous avons fait au revoir à mon père qui était en train de sortir les poubelles.

— Sois prudente sur la route, ma chérie ! a-t-il lancé.

Tout en démarrant, j'ai jeté un coup d'œil par la vitre. La lune dessinait un mince croissant dans le ciel. Elle a soudain disparu derrière un petit nuage noir, ce qui a fait ressortir l'éclat des étoiles.

— Tu comptes me dire ce que tu as fait de Chris ? ai-je demandé à Bree tandis qu'on s'engageait dans Riverdale Drive.

— Je lui ai raconté que j'avais promis de t'accompagner, a-t-elle soupiré.

— Oh, pitié ! ai-je grommelé. Laisse-moi deviner : j'ai peur de conduire toute seule la nuit, c'est ça ?

— Désolée, a-t-elle marmonné en se frottant le front. Il devient tellement possessif… Pourquoi les mecs sont tous comme ça ? On sort ensemble quelque temps et, soudain, on leur appartient corps et âme.

Elle a frissonné malgré la température agréable.

— Tourne à droite sur Westwood Road, m'a-t-elle indiqué.

Par là, on quittait la ville vers le nord. Bree a agité le bout de papier où figurait l'itinéraire avant de poursuivre :

— Je me demande comment ça va se passer. Cal est vraiment… différent, pas vrai ?

— Ouais.

J'ai bu un peu d'eau gazeuse pour laisser la conversation mourir d'elle-même. Sans vraiment savoir pourquoi, je n'avais pas envie de parler de Cal avec elle.

— Ralentis ! Ralentis ! s'est-elle exclamée quelques minutes plus tard. C'est là ! Arrête-toi !

Elle avait déjà détaché sa ceinture et tendait la main vers son sac en crochet.

— Merci, Bree, ai-je répondu poliment en regardant autour de nous, mais on est au milieu de nulle part !

Techniquement, bien sûr, on est toujours quelque part. Cependant, cette route déserte aux abords de la ville réussissait à nous le faire oublier. À gauche, des hectares de champs de maïs aux épis gigantesques attendant la moisson. À droite, une large bande de pâturage. L'herbe haute était bordée par un bois dense qui dessinait un grand V irrégulier, par où l'on pouvait rejoindre la ville à pied.

— On est censés se garer sous cet arbre, m'a annoncé Bree, le nez sur la feuille. Allez !

J'ai manœuvré Das Boot jusqu'au bas-côté, où elle s'est arrêtée lourdement sous un énorme saule pleureur. J'ai alors remarqué au moins sept autres voitures baignées de lune, invisibles depuis la route.

La Volkswagen rouge de Robbie était tapie sous l'arbre telle une coccinelle géante. Près d'elle, garés sagement, le pick-up blanc de Matt Adler, le monospace de Sharon et le break du père de Tamara. Tout autour, rangés en un cercle approximatif, j'ai reconnu l'épave noire de Raven Meltzer, l'Explorer doré de Cal et un minivan vert qui devait appartenir à Beth Nielson, la meilleure amie de Raven. Je ne voyais personne, mais une sorte de sentier d'herbe sèche piétinée traversait le pâturage vers le bois.

— J'imagine que c'est par là, a déclaré Bree d'un air peu assuré qui ne lui ressemblait pas.

J'étais contente qu'elle m'accompagne, sans Chris. Si j'avais dû venir seule, je n'aurais peut-être pas eu le cran d'aller jusqu'au bout.

Nous avons suivi docilement le chemin, une brise fraîche soufflait dans nos cheveux. Lorsque nous sommes arrivées à l'orée du bois, Bree a tendu le doigt. Dans la forêt ténébreuse, je distinguais à peine le pâle éclat de sa peau. Droit devant nous, dans une petite clairière, un cercle de silhouettes noires entourait un petit feu de camp ceint de pierres. Des rires graves résonnaient sous les branches ; le délicieux parfum de bois brûlé ondoyait dans l'air soudain plus froid. Vue comme ça, l'idée d'une soirée à la belle étoile devenait excellente !

D'un pas prudent, nous nous sommes approchées du feu. Bree a marmonné un juron : ses sandales à semelles compensées n'étaient pas vraiment adaptées à une randonnée nocturne. Quant à mes mules, elles faisaient joyeusement craquer les brindilles. Un bruit retentissant m'a fait sursauter. Ce n'était qu'Ethan Sharp et Alessandra Spotford qui s'engouffraient derrière nous dans la forêt.

— Hé, fais gaffe, Ethan ! a râlé Alessandra. Tu m'as envoyé la branche dans l'œil.

Lorsque Bree et moi sommes entrées dans la clairière, j'ai repéré Tamara, Robbie et même Ben Reggio, qui était dans mon cours de latin. Je me suis dirigée vers eux tandis que Bree allait rejoindre Sharon, Suzanne, Jenna et Matt. Près des flammes, les visages se paraient d'un doux éclat doré : les filles semblaient plus jolies et les garçons, plus âgés et mystérieux.

— Où est Cal ? a demandé Bree.

Aussitôt, Chris s'est redressé. Il était accroupi près d'une glacière, une bière à la main. D'un ton peu amène, il lui a répondu :

— Qu'est-ce que ça peut te faire ?

— C'est lui notre hôte, lui a-t-elle rappelé en se passant la main dans les cheveux.

Cal est apparu presque sans un bruit à la lisière de la clairière. Il portait un grand panier en osier qu'il a déposé près du feu.

— Salut, tout le monde, a-t-il lancé en nous regardant tour à tour, le sourire aux lèvres. Merci d'être venus. J'espère que le feu vous empêchera d'avoir froid.

Je me suis imaginée blottie contre lui, son bras autour de mes épaules. Je sentais presque la chaleur de sa peau pénétrer ma polaire sans manches. J'ai cligné des yeux, et la vision a disparu aussitôt.

Cal s'est agenouillé pour ouvrir le panier.

— J'ai apporté à boire et à manger, a-t-il annoncé. Là-dedans, vous trouverez des noisettes, des chips et de la tortilla. Les boissons sont dans les glacières.

— J'aurais dû apporter du vin, a commenté Bree.

J'ai été stupéfaite de la voir là, juste devant lui. Avait-elle couru à sa rencontre ? Cal lui a souri, et je me suis demandé s'il la trouvait jolie.

Pendant la demi-heure suivante, nous avons discuté autour du feu. Nous étions peut-être une vingtaine. Cal avait apporté du cidre délicieux – épicé à la cannelle – pour ceux, comme moi, qui ne voulaient pas de bière.

Assis à côté de Bree, Chris avait passé le bras autour de ses épaules. Elle évitait de le regarder et me jetait par moments des coups d'œil contrariés. Tamara, Ben et moi, on était assis en tailleur, en cercle, les genoux collés. Mon bras gauche, côté feu, me brûlait presque, tandis que mon bras droit restait délicieusement frais. De temps en temps, la voix de Cal me caressait telle la brise nocturne.

Il est venu s'installer près de moi avant de parler suffisamment fort pour que nous l'entendions tous :

— Je suis content que vous soyez venus si nombreux. Ma mère avait déjà des amis dans la région, mais moi, je m'attendais à devoir célébrer Mabon tout seul.

Bree s'est penchée vers lui en souriant pour lui demander :

— C'est quoi, Mabon ?

— C'est cette nuit. Mabon est l'un des sabbats de la Wicca. Un jour important pour les wiccans. C'est l'équinoxe d'automne, en fait.

À cet instant, on aurait pu entendre une feuille tomber au sol. Nous ne le quittions pas des yeux ; son visage doré couleur de flamme évoquait un masque. Personne ne pipait mot.

Malgré la surprise générale, Cal n'a pas montré la moindre gêne ni le moindre malaise. Au contraire, il a enfoncé le clou.

— En fait, le soir de Mabon, on forme un cercle spécial, a-t-il expliqué en croquant dans une pomme. On remercie la nature pour les moissons qu'elle nous accorde. Et, après Mabon, on compte les jours qui nous séparent de Samhain.

— Sowen ? a répété Jenna d'une petite voix.

— Ça s'écrit s-a-m-h-a-i-n, a-t-il épelé. Mais se prononce « sowen ». Pour nous, c'est la fête la plus importante : le nouvel an des sorcières. Le 31 octobre. La plupart des gens l'appellent Halloween.

Seul le craquement des bûches embrasées brisait le silence.

Chris a été le premier à s'exprimer.

— Qu'est-ce que tu racontes, mon pote ? a-t-il lancé dans un rire nerveux. Tu veux dire que t'es une sorcière ?

— Eh bien, un sorcier plutôt. Je pratique une forme de Wicca.

— La Wicca, c'est pas un truc sataniste ? s'est inquiétée Alessandra, le nez froncé.

— Non, non. Pas du tout, s'est défendu Cal sans la moindre agressivité. Dans la Wicca, Satan n'existe pas. En vérité, c'est la religion la plus douce et la plus ouverte qui soit. Le but, c'est de célébrer la nature.

Alessandra semblait sceptique.

— Bon, ce que je voulais vous dire, c'est que j'espérais trouver quelques personnes pour former un cercle avec moi ce soir.

Silence.

Cal nous a passés en revue ; la stupéfaction et l'embarras se lisaient sur tous les visages. Pourtant, il n'avait pas l'air de regretter son discours.

— Écoutez, ce n'est rien d'extraordinaire. Former un cercle ne signifie pas rejoindre la Wicca. Ni enfreindre votre propre religion ou je ne sais quoi. Si cela ne vous tente pas, pas grave. Je pensais que certains d'entre vous pourraient trouver ça cool, c'est tout.

J'ai glissé un coup d'œil vers Tamara. Elle semblait abasourdie. Bree s'est tournée vers moi et nous avons échangé un regard aussi lourd de sens qu'une conversation entière. Oui, nous étions toutes les deux surprises et un peu sceptiques, mais nous étions avant tout intriguées. L'expression de Bree trahissait son intérêt : elle voulait en apprendre davantage. Et moi aussi.

— Qu'est-ce que tu entends par « former un cercle » ?

Il m'a fallu quelques secondes pour reconnaître ma propre voix.

— On forme une ronde, a expliqué Cal. Par ce rite, on remercie la Déesse et le Dieu pour la récolte. On rend hommage à la fertilité du printemps et de l'été, et on appelle la stérilité de l'hiver. Et on tourne en rond.

— Tu rigoles ? a raillé Todd Ellsworth en avalant une gorgée de bière.

— Non, pas du tout, lui a assuré Cal, le regard doux. Mais, si ce n'est pas ton truc, pas de problème.

— Mon Dieu, il est vraiment sérieux, a lâché Chris.

Bree a haussé l'épaule pour se libérer de son bras. Chris lui a jeté un regard noir.

— Bref, a conclu Cal en se levant, il est presque dix heures. Tous ceux qui veulent rester sont les bienvenus. Je ne retiens pas les autres. Dans les deux cas, je vous remercie infiniment d'être venus.

Raven s'est dirigée droit vers Cal, ses yeux noirs lourdement soulignés de mascara plantés dans les siens.

— Moi, je reste.

Elle s'est tournée vers nous, avec sur le visage une expression méprisante qui semblait dire : « Vous n'êtes que des branleurs. »

— Je crois que je préfère rentrer, m'a murmuré Tamara avant de se lever à son tour.

— Je vais rester un peu, lui ai-je répondu à voix basse.

Elle a hoché la tête et est partie en saluant Cal d'un geste de la main.

— Moi, j'me casse, a lâché Chris. Il a balancé sa canette dans le bois et a ajouté : Allez, Bree, on y va.

— Je suis venue avec Morgan, a déclaré cette dernière en se rapprochant de moi. Elle me raccompagnera.

— Viens avec moi tout de suite.

— Non merci, a-t-elle rétorqué en se tournant vers moi.

J'ai esquissé un sourire pour l'encourager. Chris a poussé un juron, puis s'est élancé bruyamment dans les broussailles sans cesser de marmonner. J'ai serré le bras de mon amie.

Assis en tailleur, Cal avait posé ses coudes sur ses genoux. Son corps ne trahissait aucune tension. Il se contentait d'observer les départs.

Raven, Bree et moi avons été les trois premières à choisir de voir la suite. Ben est parti, ainsi que quelques autres. Jenna – et Matt, évidemment –, Robbie, Beth, Sharon et Ethan nous ont imités. Après avoir hésité un instant, Alessandra a décidé de rester, tout comme Suzanne et Todd.

Au final, nous nous sommes retrouvés à treize.

— Cool, a lancé Cal. Merci à vous. On va pouvoir commencer.

4. Bannissement

« Au cours de leurs rites malsains, ils dansent sous la lune sanglante vêtus du seul voile de la nuit. Gare à celui qui les épie, en pierre il se verrait aussitôt changé. »

Sorcières, sorciers et mages,
Altus Polydarmus, 1618

Tandis que nous attendions sans trop savoir que faire, Cal a ramassé un bâton pour tracer sur le sol un grand cercle parfait, près du feu. Avant de le clore, il nous a fait signe de le rejoindre à l'intérieur, puis l'a fermé comme s'il s'agissait d'une porte. J'ai presque eu l'impression d'être un mouton dans un enclos.

Ensuite, il a sorti une boîte de sel dont il a saupoudré son dessin.

— Avec ce sel, je purifie notre cercle.

Bree et moi avons de nouveau échangé un regard, un sourire incertain sur les lèvres.

— OK, maintenant, on se donne la main, a-t-il annoncé les bras écartés.

Plus gênée que jamais, je me suis rendu compte que j'étais le plus près de lui sur sa gauche. Sa main tendue s'est refermée autour de mes doigts. Raven, venue se placer à sa droite, a pris fermement son autre main.

À ma gauche se trouvaient successivement Bree, Jenna, Matt, Beth, Alessandra, Todd, Suzanne, Sharon, Ethan et enfin Robbie, qui, en prenant la main libre de Raven, a fermé le cercle.

Cal a levé ma main et nos bras se sont tendus vers l'étroite bande de ciel dégagé au-dessus de nos têtes.

— Que la Déesse soit remerciée, a-t-il lancé d'une voix puissante avant de nous balayer du regard. Maintenant, à vous de le répéter.

— Que la Déesse soit remerciée.

J'avais parlé d'une voix si ténue que je n'avais sans doute guère contribué au chœur. Mais qui était cette Déesse ?

— Que le Dieu soit remercié, a repris Cal.

Puis nous l'avons imité.

— Aujourd'hui, le jour et la nuit sont à égalité. Aujourd'hui, le Soleil entre dans le signe de la Balance.

Todd a pouffé. Cal lui a décoché un regard noir.

J'avais l'impression que des millions de terminaisons nerveuses supplémentaires se développaient dans ma main gauche. J'essayais de rester concentrée, de ne pas me demander si je lui serrais les doigts trop fort ou pas assez.

— Aujourd'hui, les ténèbres prennent l'ascendant sur la lumière, a-t-il poursuivi. Aujourd'hui, nous célébrons l'équinoxe d'automne. Le temps des moissons est venu, l'heure de la récolte a sonné. Nous louons notre Mère la Terre, qui nous sustente.

De nouveau, il nous a passés en revue.

— Maintenant, tout le monde répète : « Louée soit-elle. »

— Louée soit-elle.

J'ai prié pour qu'il ne sente pas la moiteur de mes doigts. Sa poigne puissante me serrait fort sans pour autant me blesser. Ma main lui paraissait-elle pathétiquement molle, en comparaison ?

— Le temps est venu de récolter les semences, a-t-il continué sur le même ton calme. Nous récoltons les semences d'où naîtront les récoltes de l'année prochaine. Le cycle de la vie assure notre survie, saison après saison. Maintenant, répétez : « Louée soit la Déesse. »

— Louée soit la Déesse.

— Nous remercions le Dieu qui se sacrifiera pour mieux ressusciter.

J'ai froncé les sourcils, contrariée par l'évocation d'un sacrifice. Il nous a adressé un signe de tête.

— Loué soit-il.

— À présent, nous allons prendre le temps de respirer.

Il a baissé la tête, les yeux clos. Nous l'avons imité, l'un après l'autre.

Troublée par les inspirations forcées de Suzanne, j'ai entrouvert les yeux. Todd affichait un sourire narquois. Leur attitude m'a exaspérée.

Soit Cal n'avait pas remarqué leur réaction, soit il l'ignorait délibérément. Il a repris quelques minutes plus tard :

— Nous allons accomplir un rituel de bannissement : nous allons donc tourner dans le sens inverse de celui des aiguilles d'une montre. Vous allez vite comprendre.

Cal m'a doucement poussée, son corps tout contre le mien. Deux secondes plus tard, nous nous sommes retrouvés à jouer à une version wiccane du « fermier dans son pré ». Cal psalmodiait encore et encore pour que nous mémorisions les paroles et les reprenions en chœur :

Louée soit la Mère de Toute Chose,
La Déesse de la Vie.
Loué soit le Père de Toute Chose,
Le Dieu de la Vie.
Soyez remerciés pour tout ce que nous possédons.
Soyez remerciés pour nos nouvelles vies.
Loués soient-ils.

Mon embarras a disparu en deux minutes. Très vite, je me suis sentie étrangement grisée, je courais presque en rond sous la lune, d'autres mains serrées dans les miennes. Bree semblait si heureuse, si vivante, que je n'ai pas pu m'empêcher de lui sourire.

Un peu plus tard – quelques minutes ou une demi-heure, je n'aurais su dire –, j'ai commencé à avoir le tournis et des haut-le-cœur. Je fais partie de ceux qui ne peuvent jamais monter sur un manège, sur des montagnes russes avec looping ou quoi que ce soit de ce genre. C'est une question d'oreille interne, paraît-il, mais le savoir ne m'empêche jamais de finir par vomir. Voilà pourquoi je commençais à me sentir nauséeuse. Mais je ne pouvais pas m'arrêter.

Au moment même où je me demandais ce que nous allions bannir, Cal a lancé :

— Raven ? De quoi te débarrasserais-tu si tu en avais le pouvoir ? Que veux-tu bannir ?

Raven a souri, ce qui l'a rendue un instant presque belle, comme une fille normale.

— Je bannis les étroits d'esprit ! a-t-elle clamé d'un ton joyeux.

— Jenna ? a demandé Cal tandis que nous tournions toujours en rond.

— Je bannis la haine, a-t-elle répondu au bout d'un instant.

Puis elle a jeté un coup d'œil à Matt.

— Moi, je bannis la jalousie, a dit ce dernier.

Sans jamais desserrer les mains de Cal et de Bree, j'évoluais en cercle autour du feu, mi-courant, mi-dansant, poussée d'un côté, tirée de l'autre. J'avais l'impression d'être un copeau de savon au fond de la baignoire, tourbillonnant encore et encore, hors de contrôle. Sauf que je n'étais pas engloutie vers les tuyaux. Non, je m'élevais à travers le maelström, là-haut, vers le sommet, soutenue par la force centrifuge. J'étais grisée et, bizarrement, heureuse.

— Je bannis la colère, a lancé Robbie.

— Je bannis, euh… le lycée, a dit Todd.

Quel idiot, ai-je pensé.

— Je bannis les culottes de golf à carreaux, a crié Alessandra, ce qui a fait glousser Suzanne.

— Je bannis les hot dogs allégés, a renchéri Suzanne.

La main de Cal s'est un peu crispée autour de la mienne.

À ma grande surprise, Sharon a repris le flambeau en déclarant :

— Je bannis la stupidité.

— Je bannis ma belle-mère ! a beuglé Ethan en riant.

— Je bannis l'impuissance, s'est écriée Beth.

Près de moi, Bree a hurlé :

— Je bannis la peur !

Était-ce mon tour ?

Cal m'a serré la main avec force cette fois. De quoi avais-je peur ? À cet instant précis, j'étais incapable de m'en souvenir. Enfin, bien sûr, j'ai peur de plein de trucs : rater un contrôle, parler en public, que mes parents meurent, que mes règles arrivent alors que je porte un pantalon blanc au lycée... Je ne savais pas comment formuler ces craintes de façon adaptée à notre cercle de bannissement.

Je me suis raclé la gorge.

— Allez ! m'a pressée Raven, ses mots presque emportés, perdus dans le tourbillon.

— Allez ! a répété Bree, ses yeux noirs rivés sur moi.

— Allez, m'a murmuré Cal à son tour, comme s'il m'invitait à le suivre, lui et lui seul, dans une pièce close.

— Je bannis les limites ! ai-je crié tout à coup, sans savoir d'où sortait cette idée ni pourquoi elle me semblait si appropriée.

C'est là que ça s'est produit. Comme en réponse à une directive de metteur en scène, nous nous sommes lâché les mains avant de lever les bras en l'air en nous arrêtant net. Aussitôt, une douleur m'a déchiré la poitrine, et j'ai cru que ma peau allait craquer littéralement. J'ai hoqueté, les mains serrées sur le cœur, puis je suis tombée à genoux.

— Qu'est-ce qui lui arrive, à celle-là ? a grommelé Raven.

J'avais le tournis et j'étais morte de honte.

— Elle a trop bu, a suggéré Todd.

J'ai senti la main de Bree frôler mon épaule. Après avoir inspiré profondément, je me suis relevée d'un pas chancelant. Je transpirais, ma peau était moite, et j'avais le souffle court : j'étais à deux doigts de m'évanouir.

— Tout va bien ? Qu'est-ce qui se passe ? s'est inquiétée mon amie.

Sans attendre ma réponse, elle a passé son bras autour de mes épaules comme pour me protéger de tout son corps. Je me suis appuyée sur elle, reconnaissante. Une brume vaporeuse dansait devant mes yeux ; tout ce que je voyais ressemblait à présent à un mirage de chaleur. La gorge nouée, j'ai papillonné des cils pour chasser une envie puérile de pleurer. À chaque respiration, la douleur dans ma poitrine s'apaisait un peu. Je me suis rendu compte, en sentant le poids de leur regard, que les autres membres du cercle s'étaient rassemblés autour de moi.

— Je vais bien, ai-je annoncé d'une voix grave et rauque.

La chaleur de Bree me parvenait par vagues depuis son grand corps élancé. Ses cheveux noirs étaient collés à son front. Ma propre chevelure pendait en longues queues de rat plus raides que jamais. J'avais beau être en nage, j'avais froid, j'étais transie jusqu'aux os.

— Je couve peut-être quelque chose, ai-je ajouté d'un ton que j'espérais plus assuré.

— La sorciérite aiguë, sans doute ? a rétorqué Suzanne, sarcastique.

Le clair de lune donnait à son visage hâlé un éclat de plastique.

Je me suis redressée, et la douleur a presque disparu.

— Je ne sais pas ce qui m'a pris… Une crampe ou je ne sais quoi.

J'ai lâché Bree, hasardant un pas en avant. Et là, j'ai compris que ma vue déraillait.

J'ai cillé plusieurs fois, tête levée vers le ciel. Tout me semblait plus lumineux, comme si la lune était soudain pleine, alors que le croissant était toujours aussi mince, faucille couleur crème dans la voûte étoilée. En jetant un coup d'œil dans le bois, je me suis sentie attirée en son cœur, comme dans une photo 3D.

La moindre aiguille de pin, le moindre gland, la moindre brindille tombée au sol m'apparaissait avec un relief saisissant. En fermant les yeux, j'ai remarqué que je pouvais entendre distinctement chaque bruit nocturne : ceux des insectes, des oiseaux, les respirations de mes amis, le léger frôlement de mon sang dans mes veines. Le chant des criquets, symphonie interprétée par des milliers de spécimens, se disloquait en milliers de fragments singuliers.

J'ai rouvert les yeux pour contempler les visages qui m'entouraient. Même plongés dans l'ombre, ils restaient reconnaissables à la lueur des flammes. Si Robbie et Bree paraissaient inquiets, c'est surtout l'expression de Cal qui m'a stupéfiée. Il me dévisageait intensément, ses yeux dorés plongés au plus profond de mon être.

Je me suis assise brusquement sur les feuilles. La terre, couverte d'une fine couche d'humus, était un peu humide. Lorsque j'ai replié mes jambes sous moi, le bruit m'a fait l'effet d'un vacarme insupportable. Je me suis sentie tout de suite mieux, à croire que le sol lui-même absorbait mes émotions chamboulées. J'ai scruté le feu, et la danse immuable, éternelle des couleurs m'a tant frappée par sa beauté que j'ai cru pleurer.

La voix profonde de Cal m'est parvenue aussi clairement qu'un murmure dans un tunnel, comme si ses paroles n'étaient destinées qu'à moi et à moi seule. Elles m'ont atteinte droit au cœur, malgré la discussion agitée du reste du groupe.

Il avait parlé dans un souffle, son regard rivé sur mon visage :

— Je bannis la solitude.

5. Migraine

« Les sorciers et les sorcières sont à craindre pareillement. Le pouvoir féminin est aussi puissant et terrifiant que le pouvoir masculin - tous deux sont redoutables. »

Les sorcières sont parmi nous,
Susanna Gregg, 1917

J'AI VU QUELQUE CHOSE, HIER SOIR — UN ÉCLAIR DE POUVOIR SURGI D'UNE SOURCE INATTENDUE. JE NE VEUX PAS TIRER DE CONCLUSIONS HÂTIVES ; VOILÀ TROP LONGTEMPS QUE JE GUETTE, QUE J'ATTENDS, QUE JE CHERCHE, POUR COMMETTRE UNE ERREUR. POURTANT, JE SENS AU PLUS PROFOND DE MOI QU'ELLE EST LÀ. ELLE EST LÀ, ET ELLE EST PUISSANTE. JE DOIS ME RAPPROCHER D'ELLE.

Le lendemain matin, au réveil, j'ai eu l'impression que ma tête était pleine de sable humide. Mary K. a passé le bout du nez dans l'entrebâillement de la porte.

— Tu ferais mieux de te lever. C'est l'heure d'aller à la messe.

Ma mère l'a frôlée pour entrer dans ma chambre.

— Debout là-dedans !

D'un grand geste, elle a ouvert les rideaux. La lumière vive du soleil automnal m'a éblouie, éveillant une douleur à l'arrière de mon crâne.

— Aïe, ai-je gémi en me couvrant la figure.

— Dépêche-toi, on va être en retard, a insisté ma mère. Veux-tu des gaufres ?

— Bien sûr, ai-je répondu après une seconde de réflexion.

— Je vais te les faire chauffer.

Je me suis assise dans mon lit en me demandant si une gueule de bois ressemblait à ça. Tout m'est revenu d'un coup, tous les événements de la veille au soir. J'en ai frissonné de plaisir. La Wicca. Quelle expérience étrange, incroyable ! D'accord, à présent, j'avais la nausée, la tête embrumée et mal partout, mais je n'avais jamais rien vécu d'aussi palpitant. Sans parler de Cal. Il était... fascinant. Différent.

J'ai repensé au moment où il m'avait dévisagée. J'avais cru à cet instant qu'il parlait pour moi seule, mais je me trompais. Robbie l'avait entendu bannir la solitude, et Bree aussi. Sur le chemin du retour, elle s'était demandé tout haut comment un mec comme Cal pouvait se sentir seul.

J'ai extirpé mes pieds des couvertures pour les poser sur le sol glacé. L'automne arrivait, enfin. Ma saison préférée. L'air est frais, les feuilles changent de couleur, la chaleur oppressante de l'été n'est plus qu'un mauvais souvenir. On se sent mieux.

En me levant, j'ai chancelé un instant avant de foncer vers la douche d'un pas décidé. Je me suis placée sous le pommeau qui, pour économiser l'eau, ne fournissait qu'un jet faiblard. J'ai tourné le robinet au plus chaud possible. Tandis que mes cheveux s'imprégnaient d'eau, je me suis adossée à la cabine, les yeux fermés, frissonnant de bien-être malgré la migraine. Puis, presque imperceptiblement, mon environnement a changé : j'entendais à présent distinctement chaque goutte, je sentais le moindre filet d'eau courir sur ma peau, le moindre des poils qui couvraient mes bras ployer sous le jet. J'ai rouvert les yeux, puis j'ai inspiré longuement l'air chargé de vapeur, et ma migraine s'est dissipée. Je suis restée là longtemps, à contempler l'univers sous ma douche, jusqu'à ce que Mary K. tambourine sur la porte.

— Une seconde ! ai-je lancé avec impatience.

Un quart d'heure plus tard, je me suis glissée sur la banquette arrière de la Volvo de mon père. Comme j'avais tressé mes cheveux mouillés, ma longue natte trempait le dos de ma robe. J'ai enfilé ma veste tant bien que mal.

— À quelle heure t'es-tu couchée, Morgan ? s'est enquise ma mère d'un ton gai. Tu n'as pas assez dormi ?

Dans la famille, tout le monde a la désagréable habitude d'être de bonne humeur le matin. Tout le monde, sauf moi.

— Je ne dors jamais assez, ai-je grommelé.

— La journée promet d'être belle, tu sais ? a renchéri mon père. Quand je suis descendu, il faisait à peine jour. J'ai pris mon café sur la véranda en regardant le soleil se lever.

J'ai ouvert une canette de Coca light et avalé une gorgée revigorante. Ma mère a pivoté sur son siège, une grimace sur le visage.

— Chérie, tu ferais mieux de boire du jus d'orange, le matin.

— Que veux-tu, c'est notre petit oiseau de nuit ! a gloussé mon père.

C'est vrai. Je suis une vraie chouette, et eux des alouettes. J'ai bu mon soda à toute vitesse pour le finir avant d'arriver à l'église. Je me suis dit que mes parents avaient de la chance d'avoir Mary K., au moins une de leurs deux filles leur ressemblait. Puis j'ai pensé qu'ils avaient de la chance de m'avoir, moi, pour pouvoir apprécier Mary K. à sa juste valeur. J'ai fini par conclure que c'était moi qui avais de la chance de les avoir, car je sais qu'ils m'aiment même si je suis différente d'eux trois.

Notre église, qui a plus de deux cent cinquante ans, est magnifique. C'est l'une des premières églises catholiques construites dans la région. L'organiste, Mme Lavender, jouait déjà lorsque nous sommes entrés. Le parfum de l'encens était pour moi aussi familier et rassurant que l'odeur de notre lessive.

Au moment où j'ai franchi l'énorme portail de bois, trois nombres ont surgi dans mon esprit : 117, 45 et 89. À croire que quelqu'un les avait tracés à l'intérieur de ma tête. Bizarre. Nous nous sommes assis sur notre banc habituel. Depuis que nous étions petites, Mary K. et moi, ma mère s'installait entre nous pour nous empêcher de faire les andouilles. L'habitude était restée, même si nous avions maintenant passé l'âge de jouer les trouble-fête. Nous connaissons tous les membres de l'assemblée.

J'aime bien les retrouver chaque semaine, les voir changer, avoir l'impression d'appartenir à un groupe qui dépasse le simple cadre de notre famille.

Lorsque Mme Lavender a entamé le premier hymne, nous nous sommes levés et la procession a débuté : d'abord les enfants de chœur, puis le chœur lui-même, le père Hotchkiss, le diacre Benes, suivis de Joey Markovich, qui portait la lourde croix en or.

Ma mère a feuilleté son missel. J'ai jeté un coup d'œil vers le tableau à l'entrée de l'église, où les numéros des hymnes du jour étaient affichés. Le premier était le cantique 117. J'ai regardé le nombre suivant : 45. Puis le 89. Les mêmes qui avaient surgi dans ma tête à mon entrée dans l'église. J'ai cherché la bonne page et commencé à chanter en me demandant comment j'avais pu le deviner.

Ce dimanche-là, dans son sermon, le père Hotchkiss a comparé le combat spirituel de l'homme à un match de football. Le père Hotchkiss est un mordu du ballon rond.

À la sortie de la messe, j'ai été de nouveau éblouie par l'éclat du soleil.

— On mange au Widow's Diner ? a suggéré mon père comme d'habitude et, comme d'habitude, nous avons toutes les trois acquiescé.

Un dimanche ordinaire, en somme. Sauf que, pour une raison qui m'échappait, j'avais su à l'avance quels étaient les hymnes au programme.

6. Magye Pratique

« Ils consignent leurs faits et gestes dans leurs Livres des Ombres. Nul mortel ne peut déchiffrer leurs codes surnaturels car leurs écrits ne sont destinés qu'à leurs semblables. »

Le Mal dissimulé,
Andrej Kwertowski, 1708

Je ne suis pas télépathe. La vie est pleine de petites coïncidences étranges. Je me le répéterai jusqu'à ce que j'y croie.

— Où va-t-on ? ai-je demandé.

J'avais abandonné ma robe du dimanche pour enfiler un jean et un sweat. Ma migraine avait disparu et je me sentais bien.

— Dans une librairie occulte, a répondu Bree en réglant son rétroviseur. Cal m'en a parlé hier soir, et ma curiosité a été piquée.

— Tiens, en parlant d'occulte, tu ne vas jamais me croire… Ce matin, à la messe, j'ai deviné les numéros des hymnes qu'on allait chanter. Bizarre, non ?

— Comment ça, tu les as devinés ? a répété Bree en s'engageant sur Westwood Road pour sortir de la ville.

— Des numéros ont surgi dans ma tête sans raison, avant que je les voie notés sur le tableau de l'église. C'étaient ceux des hymnes du jour.

— Effectivement, c'est bizarre, a convenu Bree, le sourire aux lèvres. Ta mère les a peut-être mentionnés sans que tu t'en souviennes…

Ma mère fait partie du club des paroissiennes. De temps en temps, elle change l'affichage du tableau, astique les cierges et arrange les fleurs disposées sur l'autel.

— Peut-être, ai-je admis en fronçant les sourcils, incapable de m'en rappeler.

Il ne nous a fallu que quelques minutes pour atteindre Red Kill, la ville voisine au nord de Widow's Vale. Quand j'étais petite, j'avais peur d'aller à Red Kill – la Mort Rouge. Le nom lui-même semblait contenir une menace, comme s'il s'y était passé, ou qu'il allait s'y passer, quelque chose d'horrible. En fait, des tas de villes dans la vallée de l'Hudson portent un nom composé avec *kill* : c'est un vieux mot hollandais qui signifie « rivière ». Red Kill veut donc simplement dire « rivière rouge », sans doute à cause de la couleur de l'eau, teintée par le fer contenu dans le sol.

— J'ignorais qu'il y avait une librairie occulte à Red Kill. Tu crois qu'on y trouvera des livres sur la Wicca ?

— Oui, Cal m'a assuré qu'ils avaient un rayon fourni sur la question. Je veux juste y faire un tour. Depuis hier soir, la Wicca m'intrigue vraiment. Je me sentais si bien, après le cercle, comme après une séance de yoga ou un massage…

— Je reconnais que c'était intense. Mais tu n'avais pas envie de vomir, ce matin ?

— Non, a-t-elle répondu avant de se tourner vers moi. Tu dois vraiment couver quelque chose. Tu avais une mine affreuse hier soir quand on est rentrées.

— Merci, voilà qui est réconfortant.

Bree m'a donné un coup de coude amical.

— Tu vois ce que je veux dire.

Nous avons roulé en silence pendant quelques minutes.

— Hé, tu as quelque chose de prévu ce soir ? lui ai-je demandé. Ma tante Eileen vient dîner.

— Ah oui ? Avec sa nouvelle copine ?

— Je crois bien.

Bree et moi avons échangé un regard entendu. Eileen, la sœur cadette de ma mère, est lesbienne. Depuis sa rupture deux ans plus tôt avec son amie de longue date, elle était restée célibataire. Du coup, on se réjouissait pour elle qu'elle ait enfin retrouvé quelqu'un.

— Je ne raterais ça pour rien au monde, a répondu Bree. Regarde, on y est.

Elle a garé Breezy en bataille. Nous sommes passées devant une rangée de boutiques, au bout de laquelle Bree a levé la tête.

— Ça doit être là, a-t-elle murmuré en poussant une lourde porte à double vitrage.

Une étoile violette à cinq branches entourée d'un cercle avait été peinte sur le trottoir – le même symbole que le pendentif de Cal. On pouvait lire sur la porte en lettres dorées : *Magye Pratique, Fournitures vitales*. L'orthographe étrange de « magie » m'a intriguée.

Je me sentais un peu comme Alice sur le point de sauter dans le terrier du lapin : le simple fait d'entrer dans cette boutique marquerait, je le savais, le début d'un voyage à l'issue imprévisible. La tentation était trop forte. J'ai inspiré à fond avant de suivre Bree à l'intérieur.

Dans la petite librairie, la lumière était tamisée. Bree a fait quelques pas afin d'étudier les articles sur les présentoirs. Moi, j'ai préféré m'attarder sur le seuil pour me donner le temps de m'habituer à la pénombre. Un parfum capiteux, un encens que je ne connaissais pas, flottait dans l'air. J'imaginais des volutes de fumée enroulées autour de mes jambes.

Après avoir cillé plusieurs fois, j'ai remarqué que le magasin était tout en longueur, et très haut de plafond. Des étagères en bois, qui semblaient faites de bric et de broc, tapissaient les murs et divisaient la pièce en deux. La moitié que je contemplais était remplie de livres du sol au plafond : de vieux volumes reliés de cuir, des éditions de poche aux couvertures criardes, des brochures minables qui paraissaient tout droit sorties de la boîte de reprographie du coin et agrafées à la main. J'ai déchiffré quelques étiquettes manuscrites ornant les rayonnages : Magye, Tarot, Histoire, Artisanat, Guérison, Simples, Rituels, Divination… Chaque catégorie se divisait en plusieurs sous-catégories. Contrairement aux apparences, le classement ne laissait rien au hasard.

La seule lecture des résumés au verso de ces bouquins a suffi à me transporter. Jamais je ne me serais doutée de l'existence de ces vieux manuels traitant de magie et de rituels. Grâce à eux, j'entrevoyais un monde inconnu.

J'avais perdu Bree de vue. J'ai remonté l'allée vers l'autre côté de la boutique, où je l'ai trouvée en admiration devant le rayon bougies. Un pan de mur leur était consacré. D'énormes chandelles côtoyaient de minuscules bougies semblables à celles qui décorent les gâteaux d'anniversaire ; d'autres, corps masculins et féminins sculptés dans la cire, trônaient au milieu d'élégants cierges de table et de bougies votives en forme d'étoiles. Il y en avait pour tous les goûts.

— Mon Dieu ! me suis-je exclamée en pointant du doigt une bougie imitant un pénis… en taille réelle.

Enfin, j'imaginais que c'était en taille réelle. Je n'en avais pas vu de près depuis que Robbie avait baissé son pantalon devant toute la classe en CE2.

Bree a laissé échapper un gloussement.

— Et si on en rapportait quelques-unes pour le dîner de ce soir ? a-t-elle suggéré. Avec ça, ambiance assurée !

— Ma mère ferait une attaque ! ai-je répondu dans un éclat de rire.

Colorées à la main, la plupart des autres bougies étaient jolies comme tout. Certaines arboraient des nuances chaudes, d'autres des teintes arc-en-ciel. Une petite chansonnette a surgi dans ma tête : *Jolie flamme, brille mon âme.* Je ne savais pas d'où ça sortait, sans doute d'un recueil de comptines de mon enfance. J'ai aussitôt repensé à la nuit précédente, à ma fascination pour les flammes dansantes du feu de camp.

— Tu cherches quelque chose de précis ? ai-je demandé à Bree.

Elle s'était approchée des étagères couvertes de flacons remplis d'herbes ou de poudre. D'un côté, où des rangs de petites fioles de verre brun se succédaient à l'infini, un panonceau indiquait : *Huiles essentielles*. Mille fragrances dansaient dans l'air : jasmin, orange, patchouli, girofle, cannelle, rose…

— Pas vraiment, a-t-elle répondu en déchiffrant quelques étiquettes. Je jette un œil, c'est tout.

— Tu sais quoi ? On devrait se trouver un livre sur l'histoire de la Wicca. Un truc accessible, pour les néophytes.

— Tu te laisses prendre au jeu, on dirait ?

— Oui, ai-je admis, un peu gênée. Je trouve ça chouette. J'ai hâte d'en apprendre davantage.

— Ce n'est pas plutôt pour les beaux yeux de Cal ? m'a-t-elle raillée.

Sans attendre ma réponse, elle s'est penchée vers une petite bouteille. Lorsqu'elle l'a ouverte, un parfum de rose après une averse estivale s'est répandu dans la pièce.

Au lieu de me défendre, j'ai baissé les yeux vers mes chaussures. Elle avait raison, j'avais un faible pour Cal. Je savais pourtant mieux que personne qu'il était trop bien pour moi. Quel couple on ferait : Cal, le plus beau mec du monde, et Morgan, la fille qui attendait toujours son premier baiser.

Je suis restée plantée là, dans le rayonnage de *Magye Pratique*, immobile et silencieuse, en proie à une étrange attirance. Une attirance pour Cal et pour… tout cet univers. Ces livres, ces odeurs, ces objets. De nouvelles émotions – la passion, le désir et une curiosité dévorante, inexplicable – s'éveillaient en moi. J'étais excitée et en même temps terrifiée : quelque part, j'aurais sans doute préféré que ces émotions replongent dans leur sommeil.

J'ai relevé la tête, déterminée à expliquer en partie mes sentiments à Bree. Mais elle était à présent scotchée à la vitrine des bijoux. De toute façon, j'aurais été bien incapable d'exprimer ce que je ressentais.

Je contemplais sans les voir les étiquettes sur les paquets d'encens lorsque j'ai senti un léger picotement sur ma nuque.

En faisant volte-face, j'ai été surprise par le regard insistant du vendeur.

Je lui donnais la trentaine, mais il était sans doute plus jeune. Ses cheveux gris coupés court devaient le vieillir. Il me dévisageait fixement, comme si j'étais une bête curieuse. À croire qu'il n'avait jamais rien vu d'aussi intéressant que ma petite personne.

La plupart des mecs ne me regardent jamais de cette façon. Et pour cause : quand je ne suis pas avec Bree, c'est que Mary K. m'accompagne. Bree est absolument magnifique, tandis que Mary K. est super mignonne. J'avais entendu dire qu'un garçon de ma classe, Bakker Blackburn, lui faisait les yeux doux. Ma mère et mon père commençaient d'ores et déjà à établir des règles concernant les mecs, la fidélité et tout le reste – des règles dont ils n'avaient pas eu à s'inquiéter avec moi.

J'ai tourné le dos au vendeur. Me confondait-il avec quelqu'un de sa connaissance ? Bree a fini par venir me taper sur l'épaule.

— Tu as trouvé quelque chose d'intéressant ?

— Oui, ça, ai-je répondu en lui montrant un sachet d'encens baptisé « Folle Nuit d'Amour ».

— Oh ! baby, a-t-elle gloussé.

Sans cesser de rire, nous nous sommes dirigées vers les rayonnages de livres. Une étagère entière était réservée aux « Livres des Ombres ». Je les ai ouverts l'un après l'autre : avec leurs pages vierges, ils ressemblaient à des journaux intimes. Certains n'étaient guère plus que des cahiers bon marché. D'autres, plus sophistiqués, étaient pourvus de pages de garde marbrées et de feuillets dentelés. D'autres encore, énormes et lourds, possédaient des reliures de cuir rehaussées de dorures. Mon propre journal intime, que je remplissais depuis la troisième, m'a soudain paru puéril avec sa couverture rose en vinyle.

Un quart d'heure plus tard, Bree avait choisi deux livres de référence sur la Wicca ; moi, je m'étais laissé tenter par le témoignage d'une femme dont la découverte de cette religion à trente ans avait changé la vie. Ce récit semblait expliquer la Wicca sous un angle personnel. Comme j'étais loin de recevoir autant d'argent de poche que Bree, et vu le prix de ces livres, je n'en ai pris qu'un.

Nous nous sommes avancées jusqu'à la caisse.

— C'est pour vous deux ? s'est enquis le vendeur.

— Oui, a répondu Bree en fourrageant dans son sac à main à la recherche de son porte-monnaie. On se les échangera quand on les aura finis.

— Bonne idée, ai-je déclaré.

— Avez-vous tout le nécessaire pour Samhain ?

— Samhain ? a répété Bree.

— L'une des fêtes les plus importantes de la Wicca, a-t-il expliqué, le doigt tendu vers un poster attaché par des punaises rouillées.

Une immense roue violette s'y déployait. Au sommet, on pouvait lire : *Les sabbats des sorcières.* Autour de la roue, huit graduations, chacune accompagnée du nom de la fête wiccane et de sa date. Si la roue avait été une pendule, Mabon se serait situé à neuf heures et Samhain, le 31 octobre, à dix heures et demie. J'ai parcouru la roue des yeux, fascinée. Yule, Imbolc, Ostara, Beltane, Litha, Lammas, Mabon, Samhain. Ces mots me semblaient à la fois étranges, poétiques et familiers.

Le vendeur a tapoté l'affiche avant de poursuivre :

— Vous feriez mieux de prendre vos bougies noires et orange dès maintenant.

— D'accord, a répondu Bree.

— Si vous voulez en savoir davantage, je connais deux ou trois livres formidables sur les fêtes, les sabbats et les esbats.

Il parlait à Bree sans pour autant me quitter des yeux. Je mourais d'envie d'acheter ces livres, mais je ne pouvais pas me le permettre.

— Attendez, je vais vous les chercher, a-t-il annoncé.

Bree l'a suivi jusqu'au coin librairie. Tandis que je les attendais, j'ai entendu une ampoule grésiller au plafond et j'ai perçu le mouvement des volutes d'encens qui serpentaient au-dessus de la petite étagère. J'avais soudain l'impression que tout vibrait autour de moi. Comme si la pièce bourdonnait d'énergie, telle une ruche. J'ai cligné des yeux, secoué la tête. Tout à coup, ma chevelure me semblait peser une tonne. J'aurais tant voulu que Cal soit là…

Le vendeur est revenu seul, pendant que Bree jetait encore un œil aux étalages. Il m'a dévisagée. Le silence était tellement gênant que j'ai fini par le briser.

— Pourquoi « magye » s'écrit avec un « y » ici ? me suis-je surprise à demander.

— Pour ne pas la confondre avec la magie illusoire, a-t-il répondu, visiblement étonné que je l'ignore.

De nouveau, il m'a scrutée en silence avant de m'interroger à voix basse :

— Comment t'appelles-tu ?

— Euh, Morgan. Pourquoi ?

— Non… Je voulais dire : qui es-tu ?

Son ton était doux, mais insistant.

Qui suis-je ? ai-je répété dans ma tête. Que voulait-il savoir, exactement ?

— Je suis une élève de première au lycée de Widow's Vale, ai-je hasardé, gênée.

À voir l'expression stupéfaite du vendeur, on aurait pu croire qu'il m'avait posé une question dans une langue et que j'insistais pour lui répondre dans une autre.

Bree est revenue avec un essai intitulé *Sabbats passés et présents*, de Sarah Morningstar.

— Je vais prendre celui-là aussi, a-t-elle annoncé en déposant sa trouvaille sur le comptoir.

L'homme a enregistré l'ouvrage sans mot dire.

Tout à coup, au moment où Bree ramassait le sac qui contenait ses achats, il m'a lancé :

— Je pense qu'un de nos livres d'histoire devrait t'intéresser.

Le bras tendu, il l'a attrapé sur un des présentoirs du comptoir en bois patiné.

Il est noir, me suis-je dit. Effectivement, il a sorti un livre de poche à la couverture noire. Son titre : *Les Sept Grands Clans – Étude des origines de la sorcellerie*.

Les yeux rivés sur ce bouquin, je me suis retenue de m'exclamer : « Mais c'est le mien ! »

Quelle drôle d'idée… Je ne l'avais jamais vu de ma vie. Pourquoi me semblait-il si familier ?

— C'est une lecture quasiment obligatoire, m'a-t-il expliqué, d'un air grave. Quand on s'intéresse à la Wicca, on se doit de connaître les sorciers et sorcières de sang. Tôt ou tard, on risque de croiser leur chemin.

J'ai aussitôt acquiescé.

— Je le prends, ai-je déclaré en sortant mon porte-monnaie.

Cet achat imprévu m'a ruinée pour de bon. Ensuite, Bree et moi avons retrouvé la clarté du jour, nos emplettes sous le bras. Avec ses lunettes de soleil sur le nez, ma meilleure amie ressemblait à une star de cinéma se promenant incognito.

— C'est chouette comme endroit, non ? a-t-elle demandé.

— Très chouette, ai-je reconnu, même si cet adjectif était bien loin d'exprimer le millième des émotions qui bouillonnaient en moi.

7. Métamorphose

« Dans moult villages, lorsqu'ils ont besoin de soins, d'une sage-femme ou d'enchantements, des innocents vont quérir la sorcière. Quant à moi, j'affirme qu'il vaut mieux s'en remettre à la volonté de Dieu car, tôt ou tard, la mort nous emportera tous. »

Mère Clare Michael,
extrait d'une lettre à sa nièce, 1824

Je n'arrête pas de penser à Magye Pratique, au cocktail d'émotions étranges que j'y ai ressenties : une impression de familiarité mêlée de peur. Pourquoi les noms des esbats et des fêtes m'ont-ils semblé des souvenirs profondément enfouis ? Je n'ai jamais cru aux vies antérieures, mais finalement, qui sait ?

— Morgan ! Mary K. ! a beuglé ma mère depuis le rez-de-chaussée. Eileen est arrivée.

Je me suis extirpée de mon lit en plaçant un marque-page dans mon livre. Je l'ai posé sur mon bureau, à côté de mon journal intime. J'allais avoir du mal à réintégrer le monde normal. J'étais absolument soufflée par ma lecture : j'avais appris que les origines de la Wicca remontaient à l'Europe préchrétienne, soit à des milliers et des milliers d'années.

Comme étourdie, j'ai descendu les escaliers en chaussettes. En bas, j'ai croisé mon père qui passait tout juste la porte d'entrée, les bras chargés de sacs de *Kabob Palace*, le seul restaurant moyen-oriental de Widow's Vale. L'odeur d'houmous et de falafels m'a sortie de ma torpeur.

J'ai pénétré dans le salon, où le reste de la famille était déjà rassemblé.

— Salut, tante Eileen, l'ai-je accueillie en la serrant dans mes bras.

— Coucou, ma puce. J'aimerais te présenter mon amie, Paula Steen.

Paula s'est levée. Je me suis tournée vers elle, le sourire aux lèvres. Soudain, des images d'animaux ont envahi mon champ de vision, comme si Paula était couverte de fourrures. J'ai cligné des yeux, stupéfaite. Je voyais bien Paula : elle était un peu plus grande que moi et ses cheveux blond foncé lui descendaient jusqu'aux épaules. Elle avait de grands yeux vert pâle. Mais je voyais également des chiens, des chats, des oiseaux et des lapins tout autour d'elle. C'était très bizarre, presque effrayant. La panique me guettait.

— Bonjour, Morgan, a dit Paula d'un ton amical. Euh... tout va bien ?

— Je vois des animaux, ai-je répondu dans un murmure, en me demandant si je ne ferais pas mieux de m'asseoir, la tête penchée entre les genoux.

Paula a éclaté de rire.

— Ah, ces satanés poils ! Impossible de s'en débarrasser complètement. Je suis vétérinaire, a-t-elle expliqué. J'étais de garde à la clinique, aujourd'hui.

Elle a baissé les yeux vers sa jupe et sa veste.

— Mince, je pensais qu'un petit coup de brosse sur mes vêtements suffirait à me rendre présentable.

— Oh, mais vous êtes tout à fait présentable ! me suis-je écriée en me sentant stupide. C'est moi qui déraille.

J'ai cillé plusieurs fois en secouant la tête, et toutes ces images rémanentes ont disparu.

— Je ne sais pas ce que j'ai, ai-je soupiré.

— Tu es peut-être télépathe, a suggéré Paula, de manière aussi désinvolte que si elle avait déclaré : « Tu es peut-être végétarienne » ou : « Tu es peut-être démocrate. »

— Ou peut-être juste zarbi, a rétorqué Mary K., hilare, ce qui lui a valu un coup de pied de ma part.

Lorsque la sonnette a retenti, je me suis précipitée vers la porte.

— Comment est-elle ? a murmuré Bree en entrant dans le hall.

— Elle, elle est super. Moi, par contre, je suis tarée, ai-je soufflé pendant que mon amie accrochait son manteau à la patère.

— Tu m'expliqueras ça plus tard.

Elle m'a suivie jusqu'au salon, où je l'ai présentée à Paula.

— Bien ! a lancé ma mère quelques minutes plus tard. Et si on allait s'asseoir ? Le repas est prêt.

Une fois tout le monde attablé et servi, j'ai repensé à ma réaction face à Paula. Pourquoi ces images d'animaux ? Et pourquoi n'avais-je pas gardé ma vision pour moi ?

Malgré mon comportement bizarre, le dîner s'est très bien passé. Je me suis tout de suite attachée à Paula. Elle était chaleureuse et drôle. Surtout, on voyait clairement qu'elle était folle de tante Eileen. J'étais contente que Bree soit là, à parler à tout le monde et à taquiner Mary K. Bree faisait presque partie de la famille. Un jour, elle m'avait avoué qu'elle adorait venir dîner chez nous car cela lui donnait l'impression d'être vraiment en famille. Chez elle, le plus souvent, elle mange en tête à tête avec son père. Sinon, toute seule.

Tandis que je reprenais du taboulé, j'ai soudain levé les yeux et j'ai lancé sans y penser :

— Tiens, c'est Mme Fiorello, maman.

— Quoi ? a demandé ma mère en plongeant son pain pita dans l'houmous.

À ce moment-là, le téléphone a sonné. Ma mère s'est levée pour répondre. Elle est restée une minute dans la cuisine à discuter, puis est revenue s'asseoir. Elle m'a dévisagée.

— C'était bien Betty Fiorello. Elle t'avait dit qu'elle appellerait ?

J'ai fait non de la tête avant de me concentrer sur mon taboulé.

Bree et Mary K. ont commencé à fredonner le générique d'*X-Files*.

— Elle est vraiment télépathe ! a plaisanté Eileen. Vite, dis-moi qui va gagner la finale du championnat de base-ball ?

— Désolée, rien ne me vient, ai-je répondu avec un petit rire gêné.

Jusqu'à la fin du dîner, Mary K. m'a chambrée sur mes super pouvoirs télépathiques. Plusieurs fois, j'ai senti le poids du regard de ma mère.

Peut-être que, depuis le cercle, depuis que j'avais banni les limites, quelque chose s'éveillait en moi. Je ne savais pas si je devais m'en réjouir ou en trembler. J'aurais bien voulu en parler à Bree, mais elle a dû rentrer chez elle juste après le repas.

— Au revoir, monsieur et madame Rowlands, a lancé mon amie en enfilant son manteau. Merci pour le dîner, c'était génial. Ce fut un plaisir de faire votre connaissance, Paula.

Plus tard, après le départ de tante Eileen et de Paula, je suis montée faire mes devoirs de maths. Ensuite, j'ai appelé Bree, mais, comme elle regardait un match de foot avec son père, elle m'a dit qu'on se parlerait le lendemain.

Vers onze heures, j'ai dû lutter contre une envie irrépressible autant qu'étrange d'appeler Cal. Heureusement, je savais que c'était complètement dingue, et j'ai attendu que ça passe. Je me suis endormie sur les pages des *Sept Grands Clans*.

— Bienvenue à bord ! Vous voyagez avec la compagnie Rowlands Airlines, ai-je clamé le lendemain matin lorsque Mary K. s'est glissée dans ma voiture.

Elle s'efforçait de tenir droit son plateau en carton pour que ses œufs brouillés ne glissent pas sur ses genoux.

— Merci d'attacher vos ceintures et de garder vos fauteuils en position relevée.

Tout en gloussant, ma sœur a pris une bouchée de son feuilleté à la saucisse.

— On dirait qu'il va pleuvoir, a-t-elle marmonné la bouche pleine.

— Je l'espère. Comme ça, M. Herndon ne nettoiera pas ses fichues gouttières, ai-je répondu en tenant le volant avec mes genoux pour pouvoir ouvrir ma canette.

Mary K. s'est tournée vers moi, les yeux plissés.

— Mais bien sûûûr, a-t-elle répondu d'un ton exagérément doux. Moi aussi, je l'espère.

Elle s'est remise à mâcher, avant de me glisser un regard en coin et de lâcher :

— On est de retour dans *X-Files*, c'est ça ?

J'ai tenté d'en rire, mais j'étais bien trop perturbée par mes propres paroles. Les Herndon, un vieux couple, vivaient un peu plus bas dans la rue. À dire vrai, il m'arrivait rarement de penser à eux.

— Tu es peut-être en train de te métamorphoser en être plus évolué, a suggéré ma sœur tout en ouvrant une briquette de jus d'orange.

Elle l'a vidée d'une traite, et s'est essuyé la bouche d'un revers de main. Ses cheveux raides, auburn, tombaient en un carré parfait au-dessus de ses épaules. Elle était jolie et féminine, comme notre mère.

— Je suis déjà un être supérieur, lui ai-je rappelé.

— J'ai dit « plus évolué », pas « supérieur ».

J'ai bu une nouvelle gorgée de Coca avant de soupirer d'aise. Mes neurones commençaient enfin à se réveiller. Une autre canette, et je me sentirais de taille à affronter la journée. Cal… La simple idée de le revoir si vite, de pouvoir lui parler, me rendait si nerveuse, si impatiente, que mes mains se crispaient sur le volant.

— Euh, Morgan ?

Le ton de Mary K. était prudent.

— Oui ?

— Je suis peut-être vieux jeu, mais la coutume veut qu'on s'arrête au feu rouge.

Je suis soudain revenue à moi, penchée sur le volant, prête à piler. Un coup d'œil dans le rétro m'a montré que je venais de griller le feu à l'intersection de St. Mary's Avenue et de Dimson Road. À cette heure, il y avait toujours de la circulation. C'était un miracle que nous n'ayons pas eu d'accident – et personne n'avait même klaxonné.

— La vache, Mary K., je suis désolée, me suis-je excusée en cramponnant le volant. Je rêvassais. Je te demande pardon. Je vais faire attention, promis.

— Il vaudrait mieux, a-t-elle répondu sans perdre son sang-froid.

Elle a englouti la dernière bouchée d'œufs brouillés puis fourré le plateau dans le sac-poubelle de ma voiture.

Contre toute attente, on est arrivées au lycée en un seul morceau. J'ai trouvé une place de parking juste devant le bâtiment. Aussitôt, Mary K. s'est fait encercler par une troupe d'amis. Mary K. était là : la fête pouvait commencer !

Quand j'ai repéré Bree et Robbie, ils n'étaient pas près des shootés, ni des intellos, ni des branchés, mais dans un coin où d'habitude personne ne traîne jamais : les deux bancs en ciment qui se font face de l'autre côté du chemin de brique longeant la porte est. Raven y était aussi, ainsi que Jenna, Matt, Beth, Ethan, Alessandra, Todd, Suzanne, Sharon et Cal. Tous ceux qui avaient participé au cercle du samedi soir. Mon cœur s'est mis à me marteler la poitrine.

Je me dirigeais vers eux lorsque j'ai vu Chris parler à Bree. Les sourcils froncés, elle s'est éloignée avec lui. Leur conversation avait l'air animée.

— Salut, Morgan, m'a lancé Tamara, venue à ma rencontre.

J'ai jeté un coup d'œil à Cal. Il parlait avec Ethan.

— Coucou, ai-je répondu. Comment s'est passé ton week-end ?

— Très bien. Je t'ai appelée dimanche, mais tu devais être à la messe. C'était comment, le cercle ? Qu'est-ce qui s'est passé, après mon départ ?

— C'était trop génial, ai-je expliqué. On a fait une ronde autour du feu. Puis on a évoqué tout ce dont on voulait se débarrasser.

— Hein ? Comme la pollution, tu veux dire ?

— La pollution ! Ça, c'est une idée. Si seulement j'y avais pensé... Non, plutôt des trucs comme la colère et la peur. Ethan, lui, a essayé de bannir sa belle-mère.

Janice nous a rejointes au moment où Tamara éclatait de rire.

— Salut, les filles, a-t-elle lancé en remontant ses lunettes sur son joli nez. Hé, Tam, je dois déposer un devoir dans le casier de Gonzalez. Tu veux venir ?

— Bien sûr. Tu viens, Morgan ?

— Non merci. On se voit plus tard.

Je me suis dirigée à mon tour vers les bancs de ciment.

— Salut, Morgan, m'a dit Jenna d'un ton amical.

— Salut.

— On parlait de notre prochain cercle, m'a expliqué Raven. Enfin, si tu t'es remise de tes émotions.

Aujourd'hui, elle portait un corset bordeaux sur une jupe longue noire qui frôlait ses bottines de cuir. Une veste de velours noir complétait le tout. Quel style !

— Je vais mieux, ai-je répondu le rouge aux joues, tout en jouant avec la fermeture Éclair de mon sweat à capuche.

— Il n'est pas rare que les personnes sensibles réagissent violemment à leurs premiers cercles, a expliqué Cal d'une voix rauque qui a résonné dans ma poitrine. Ça a été mon cas.

— Houu, pauvre Morgan, si sensible, a ricané Todd.

— Alors, quand aura lieu notre prochain cercle ? a demandé Suzanne avant de dégager d'un geste ses cheveux de Barbie.

— J'ai bien peur que tu ne sois pas invitée, a objecté Cal en la regardant sans animosité.

Suzanne semblait stupéfaite.

— Quoi ? C'est une blague ? a-t-elle demandé dans un rire forcé.

— Pas du tout. Ni toi, ni Todd, ni Alessandra n'êtes invités.

Les trois en question l'ont fusillé du regard. Moi, j'étais bien contente. Je me souvenais de leurs sarcasmes lors du cercle. Ils faisaient partie de la clique de Bree. Pour eux, il était impensable qu'on puisse leur tenir tête, qu'on les écarte d'un événement. Leur déconvenue me réchauffait le cœur.

— Qu'est-ce que tu racontes ? a voulu savoir Todd. On n'a pas fait ce qu'il fallait ?

Son ton devenait agressif, comme s'il cherchait à dissimuler son embarras.

— Non, a répondu Cal, toujours aussi calme. C'est le moins qu'on puisse dire.

Il n'a pas offert d'autre explication. Nous sommes tous restés plantés là, à attendre la suite.

— J'y crois pas, a soupiré Alessandra.

— Je sais, a dit Cal, comme s'il était presque désolé pour eux.

Todd, Alessandra et Suzanne ont échangé un regard avant de contempler Cal, puis nous autres. Personne n'a ouvert la bouche, personne ne leur a demandé de rester. C'était très étrange.

— Bon, a lâché Todd, on a bien compris qu'on ne voulait pas de nous. Venez, les filles !

Il a offert ses bras à Alessandra et à Suzanne, qui n'ont eu d'autre choix que de s'y accrocher. Ils avaient l'air tous les trois humiliés et furieux, mais ils l'avaient bien cherché.

Bravant ma timidité, j'ai remercié Cal d'un regard, qu'il a soutenu un instant. J'étais incapable de me détourner.

Soudain, il a sauté du banc où il s'était assis pour venir se planter devant moi.

— Qu'est-ce que je cache derrière mon dos ? m'a-t-il demandé.

J'ai froncé les sourcils un instant avant de répondre :

— Une pomme. Rouge et verte.

Je la voyais aussi nettement que s'il la tenait devant mon nez.

Il a souri, et les coins de ses yeux dorés se sont plissés. Il a ramené sa main devant lui et m'a tendu une pomme rouge marbrée de vert à la chair ferme. Une feuille tenait toujours à la tige.

Malgré mon embarras et le poids du regard des autres, j'ai pris la pomme et l'ai croquée en espérant que le jus ne me dégoulinerait pas sur le menton.

— Un coup de chance, a marmonné Raven, irritée.

J'ai aussitôt compris qu'elle s'intéressait *énormément* à lui.

— Non, ce n'était pas de la chance, a soufflé Cal sans me quitter des yeux.

Cet après-midi-là, en rentrant du lycée, Mary K. et moi avons appris que M. Herndon était tombé d'une échelle pendant qu'il nettoyait ses gouttières. Il s'était cassé une jambe. Mary K. m'a aussitôt surnommée Professeur Xavier. J'étais si flippée que j'ai appelé Bree pour savoir si je pouvais passer chez elle après le dîner.

8. Cal et Bree

« Il existe Sept Maisons de Sorcellerie. Ils restent entre eux, se marient avec leurs frères et leurs sœurs de clan. Leurs enfants sont des plus étranges, dotés d'yeux nyctalopes et de pouvoirs inhumains. »

Sorcières, sorciers et mages,
Altus Polydarmus, 1618

IL Y A BEL ET BIEN UNE ÉTINCELLE EN ELLE. JE NE M'ÉTAIS PAS TROMPÉ. JE L'AI APERÇUE DE NOUVEAU AUJOURD'HUI. COMME ELLE N'EN A PAS ENCORE CONSCIENCE, JE DOIS ATTENDRE. ELLE A BESOIN QU'ON L'ACCOMPAGNE. TOUT EN DOUCEUR.

Bree est venue m'ouvrir. La nuit était fraîche, mais mon sweat me tenait bien chaud.

— Entre. Tu veux quelque chose à boire ? Y a du café.

— Bonne idée, ai-je dit en la suivant dans l'immense cuisine au design professionnel des Warren.

Bree a rempli deux grandes tasses de café, avant d'y ajouter du lait et du sucre.

— Ton père est là ?

— Oui. Il travaille, a-t-elle répondu tout en remuant son café. Pour changer.

M. Warren est avocat. Je n'ai jamais vraiment compris ce qu'il faisait, mais il s'agit souvent d'affaires importantes où lui et une poignée d'autres avocats défendent de grosses entreprises poursuivies par des particuliers. Il gagne un max, mais il n'est jamais là, du moins depuis que Bree est assez grande pour se préparer à manger toute seule.

Il y a cinq ans, alors que Bree avait douze ans et son frère Ty dix-huit, leur mère a demandé le divorce. Cette histoire a créé un énorme scandale à Widow's Vale : Mme Warren était partie en Europe rejoindre son petit ami bien plus jeune qu'elle. Depuis, Bree n'a revu sa mère qu'une seule fois. Elle n'en parle presque jamais.

Dès qu'on s'est retrouvées à l'étage, dans la chambre de Bree, je suis allée droit au but :

— Je crois que je perds la boule. Tu penses que le cercle était… dangereux ?

— Qu'est-ce que tu racontes ? a répliqué Bree en s'adossant aux oreillers de son lit deux places. On n'a rien fait à part tourner en rond. Comment ça pourrait être dangereux ?

Je lui ai alors expliqué que je venais de me découvrir un sixième sens et que tout avait commencé après le cercle du samedi soir. Dans la foulée, je lui ai raconté que je m'étais sentie mal le dimanche et que j'avais vu des animaux tout autour de Paula. Sans parler de la pomme de Cal et de M. Herndon. Et je lui ai rappelé le coup de téléphone pour ma mère.

Bree a esquissé un geste vague de la main.

— Bon, si ce genre de trucs m'arrivait à moi, je trouverais sans doute ça un peu bizarre. Mais il n'y a pas de quoi en faire une montagne, a-t-elle déclaré avec gentillesse. Pour les numéros des hymnes, c'est sans doute ta mère qui les a mentionnés. On en a déjà parlé. Ensuite, Mme Fiorello téléphone tout le temps à ta mère, pas vrai ? Elle appelle chaque fois que je viens chez toi ! Quant aux animaux, je ne sais pas… Peut-être que, inconsciemment, tu as senti les odeurs des produits de vétérinaire. Et le reste, ce n'est sans doute qu'un tas de coïncidences. Ça t'a fait flipper parce qu'elles se sont succédé. Pas de quoi penser que tu perds la tête. Du moins pas encore, a-t-elle ajouté en souriant.

Voilà qui m'a un peu rassurée.

— Tout m'est tombé dessus d'un coup, ai-je expliqué. Et puis cette histoire de Wicca… Tu as commencé tes bouquins ?

— Oui. Jusque-là, ça me passionne. La femme en est la figure centrale, a-t-elle résumé en riant. Pas étonnant que Cal soit à fond là-dedans.

— Dommage pour Justin Bartlett.

— Oh ! Justin sort avec un mec de Seven Oaks, m'a-t-elle appris. Il ne peut pas en plus accaparer Cal. Hé, tu te rappelles tous ces Livres des Ombres, à *Magye Pratique* ?

— Oui, et alors ?

— Ils sont destinés aux sorcières, a-t-elle révélé, le sourire aux lèvres. Elles y notent tout un tas de choses. Comme dans un journal intime. Elles y consignent les sorts et les résultats de leurs expériences. Trop cool, non ?

— Tu m'étonnes ! À ton avis, les sorcières des environs vont chez *Magye Pratique* pour les acheter ?

— Bien sûr.

J'ai bu mon café en espérant qu'il ne m'empêcherait pas de dormir.

— Tu crois que Cal possède son propre Livre des Ombres ? ai-je repris. Avec des notes sur nos cercles ?

Je comptais bien parler à Bree de mes sentiments pour Cal, mais j'étais trop gênée pour le faire de but en blanc. C'était difficile, compliqué à expliquer. Et, même si Bree avait mis le doigt dessus la veille à *Magye Pratique*, elle ne savait pas à quel point j'aimais Cal, à quel point mes sentiments étaient profonds.

— Oh ! je parie que oui, a-t-elle répondu, manifestement très intéressée par la question. Je donnerais n'importe quoi pour le lire. Vivement le prochain cercle… Je sais déjà ce que je vais mettre.

Sa réplique m'a fait éclater de rire.

— Ah oui ? Et qu'en pense Chris ?

Soudain, Bree a pris un air très sérieux.

— Ça n'a pas vraiment d'importance. Je vais le larguer.

— Vraiment ? Dommage. C'était le grand amour entre vous, cet été.

Mon ventre s'est subitement noué. Nerveuse, je me suis un peu dandinée sur le pouf.

— C'est vrai, a-t-elle reconnu. Mais, premièrement, il se comporte vraiment comme un crétin, ces derniers temps. Il s'imagine qu'il peut me donner des ordres. Qu'il aille se faire voir…

J'ai hoché la tête pour lui montrer que je partageais son point de vue, puis j'ai enchaîné :

— Et deuxièmement ?

— Il déteste tout ce qui touche à la Wicca, alors que moi je trouve ça cool. S'il se met entre moi et mes passions, quel intérêt ?

— C'est bien vrai.

J'étais contente qu'elle le quitte, on allait pouvoir passer plus de temps ensemble… du moins jusqu'à ce qu'elle lui trouve un remplaçant.

— Et troisièmement… a-t-elle repris en entortillant autour de son doigt une mèche de ses cheveux courts.

— Oui ?

J'ai souri et fini mon café d'un trait.

— Je suis complètement, mais alors totalement dingue de Cal Blaire, a annoncé Bree.

Je suis restée un long moment immobile, calée dans le pouf, pétrifiée. L'expression de mon visage s'est figée, tout comme l'air dans mes poumons. Moi, télépathe, ben voyons ! Pourquoi ne l'avais-je pas vu venir ?

Doucement, tout doucement, j'ai expiré. Puis inspiré tout aussi lentement.

— Cal ? ai-je répété d'un ton que je voulais neutre. Tu veux quitter Chris pour lui ?

— Non, je te l'ai déjà dit : Chris me soûle. Je l'aurais largué de toute façon, m'a-t-elle expliqué, ses prunelles noires étincelant au milieu de son beau visage.

J'étais soudain incapable de réfléchir : mes neurones ne fonctionnaient plus. Malgré tout, une nouvelle idée a jailli :

— C'est pour ça que tu aimes la Wicca ? À cause de Cal ?

— Non, je ne crois pas, a-t-elle répondu, pensive, les yeux rivés aux motifs du tissu de son ciel de lit. Je crois que la Wicca m'intéresserait même sans Cal. C'est juste que… je craque complètement pour lui. Je veux sortir avec lui. Et si nous partageons cette religion si puissante…

Elle a haussé les épaules avant de continuer :

— … cela nous rapprochera peut-être.

J'ai ouvert la bouche en redoutant que des milliers de mots méchants, furieux, jaloux, abominables ne s'en échappent. Je l'ai refermée dans un claquement. J'étais si peinée que je ne savais plus quoi penser. Étais-je blessée ? en colère ? méprisante ? C'était de Bree qu'il s'agissait. Bree, ma meilleure amie depuis presque toujours. En CM1, les garçons nous répugnaient. En sixième, nous avions eu toutes les deux nos règles. En quatrième, le groupe Hanson nous avait fait craquer. En troisième, nous nous étions promis de ne jamais révéler ce secret honteux à qui que ce soit.

Et aujourd'hui Bree m'apprenait qu'elle était folle amoureuse du seul mec qui m'intéressait vraiment. Du seul que j'aie jamais désiré, même si je savais que je n'avais aucune chance avec lui.

J'aurais dû m'y attendre. Mes propres sentiments m'avaient aveuglée. Cal était vraiment canon, et Bree tombait facilement amoureuse. C'était prévisible. Et Chris ne ferait pas le poids face à Cal. Ça aussi, c'était prévisible.

Bree était si parfaite ! Comme Cal. Ensemble, ils formeraient un couple magnifique. J'avais soudain envie de vomir.

— Mmmm, ai-je murmuré, l'esprit en ébullition.

J'ai porté ma tasse vide à mes lèvres pour me donner une contenance. Cal et Bree. Cal et *Bree*.

— Ça ne te plaît pas ? s'est-elle étonnée, en haussant les sourcils.

— Que ça me plaise ou non, quelle importance ? ai-je répliqué en réprimant une grimace. C'est juste qu'il est déjà sorti avec plusieurs filles… Et je crois que Raven voudrait lui remettre le grappin dessus. Je ne veux pas que tu souffres, me suis-je entendue bafouiller.

— Ne t'en fais pas pour moi, a-t-elle répondu dans un sourire. Je crois que je peux m'occuper de lui. En fait, j'ai très envie de m'occuper de lui, a-t-elle plaisanté. De toutes les façons possibles.

Mon sourire forcé s'est figé.

— Alors, bonne chance.

— Merci. Je te tiendrai au courant.

— Mmmm. Euh, merci de m'avoir écoutée, tout à l'heure, ai-je lâché en me levant d'un bond. Je ferais mieux de rentrer. À demain !

Je suis sortie de la chambre de Bree, puis de sa maison, d'une démarche raide et prudente, comme si j'essayais de ménager une blessure.

J'ai démarré Das Boot avant de me rendre compte que des larmes glacées glissaient sur mes joues. Bree et Cal ! Oh ! non. Je ne pourrais jamais, jamais sortir avec lui, mais elle, si. Une douleur lancinante me transperçait la poitrine. J'ai pleuré jusque chez moi.

9. La soif

« Chacune des Sept Maisons possède un nom et un art qui lui sont propres. Un homme ordinaire n'a aucune chance contre ces sorciers : mieux vaut s'en remettre à Dieu plutôt que de chercher querelle aux Sept Clans. »

Les Sept Grands Clans,
Thomas Mack, 1845

Est-ce que je deviens folle ? Je suis en train de changer, au plus profond de moi. Mon esprit se déploie. Comme si je voyais à présent en couleurs après avoir connu un monde en noir et blanc. Mon univers s'étend à la vitesse de la lumière. J'ai peur.

Le lendemain, je me suis réveillée de bonne heure après une nuit passée à me retourner dans tous les sens tant j'étais malheureuse. J'avais fait des rêves horriblement réalistes, des rêves avec Cal… et Bree. J'avais rejeté mes couvertures à coups de pied, si bien que j'avais froid. Je les ai tirées pour m'enfouir de nouveau dessous malgré ma peur de me rendormir.

Immobile dans mon lit, j'ai observé à travers les rideaux le ciel qui s'éclaircissait peu à peu. Je n'avais pour ainsi dire jamais vu le soleil se lever. Mes parents avaient raison : c'était un spectacle magique. À six heures et demie, ils ont quitté leur chambre. Les entendre marcher dans la cuisine, faire le café, verser des céréales dans un bol avait quelque chose de réconfortant. À sept heures, Mary K. a pris sa douche.

Allongée sur le côté, j'ai repensé à toute cette histoire. Mon bon sens me disait que Bree avait nettement plus de chances que moi auprès de Cal. Moi, je n'en avais pas une seule. Cal était trop bien pour moi, et parfait pour Bree. Est-ce que je voulais le bonheur de Bree ? Est-ce que je serais moi aussi heureuse, par procuration, s'ils sortaient ensemble ?

Cette perspective m'a arraché un grognement. Tu parles d'une idée tordue !

Si Bree et Cal se mettaient ensemble, est-ce que je serais contente pour eux ? Non. Plutôt bouffer des rats. Mais, si je m'y opposais et qu'ils sortaient tout de même ensemble (et il n'y avait aucune raison pour que cela n'arrive pas), alors je perdrais aussi l'amitié de Bree. Et j'aurais l'air très bête.

Le temps que mon réveil sonne, j'avais opté pour le sacrifice suprême : quoi qu'il arrive, je ne révélerais jamais à Bree mes sentiments pour Cal.

— J'ai invité du monde à venir chez moi samedi soir, a déclaré Cal. On pourrait former un autre cercle. Il n'y a pas de sabbat à célébrer, mais nous réunir de nouveau pourrait être sympa.

Il s'était accroupi devant moi ; son genou bronzé pointait à travers la déchirure de son jean délavé. Moi, assise sur les marches en béton du lycée, j'attendais que la classe ouvre pour la réunion du club de maths et j'avais les fesses gelées. Comme en hommage à Mabon, l'équinoxe d'automne de la semaine passée, le froid avait décidé de se manifester.

Je me suis abîmée dans son regard.

— Oh ! ai-je murmuré, émerveillée par les minuscules striures dorées et fauves qui entouraient ses pupilles.

Le mardi, Bree avait plaqué Chris, ce qu'il n'avait pas très bien digéré. Le mercredi, elle avait commencé à s'asseoir à côté de Cal au self, à arriver de bonne heure le matin pour avoir le temps de lui parler avant les cours et à traîner avec lui aussi souvent que possible. D'après elle, même s'ils ne s'étaient pas encore embrassés ni rien, les choses étaient en bonne voie. Généralement, il ne lui fallait pas longtemps pour parvenir à ses fins.

Aujourd'hui, on était jeudi et c'est à moi que Cal s'adressait.

— Ça me ferait plaisir que tu viennes, a-t-il ajouté.

J'ai eu l'impression qu'il m'offrait un présent dangereux et interdit. Les élèves qui passaient devant nous dans la faible lumière de l'après-midi nous jetaient des coups d'œil curieux.

— Euh... ai-je répondu, avec mon éloquence habituelle.

D'un côté, je mourais d'envie de participer à un autre cercle, d'explorer la Wicca pour de vrai au lieu d'apprendre seulement par mes lectures. Je n'avais jamais éprouvé une telle soif de connaissances.

D'un autre côté, si j'y allais, je verrais Bree draguer Cal juste sous mon nez. Quel serait le pire ? Assister au spectacle, ou l'imaginer ?

— Euh, pourquoi pas ! ai-je finalement réussi à articuler.

Il m'a souri et mon cœur a fait un bond dans ma poitrine. Littéralement.

— Modère ton enthousiasme, m'a-t-il raillée.

Ébahie, j'ai regardé ses doigts saisir une mèche de mes cheveux près de mon coude et tirer dessus tout doucement. Je sais qu'il n'y a pas de terminaisons nerveuses dans les cheveux, mais à cet instant c'était comme s'il y en avait. J'ai piqué un fard, de la gorge jusqu'au front. *Oh ! mon Dieu, quelle nouille je fais*, ai-je pensé, incapable de me contrôler.

— J'ai lu quelques livres sur la Wicca, ai-je bafouillé. Ça... me plaît vraiment.

— Ah oui ?

— Oui. J'ai l'impression... de me découvrir... une seconde nature, ai-je poursuivi, un peu hésitante.

— C'est vrai ? Tant mieux. Je craignais que notre cercle ne t'ait effrayée pour de bon, a-t-il répondu en s'asseyant près de moi sur les marches.

— Non, me suis-je empressée de dire, redoutant que la conversation ne se termine. C'est vrai, je me suis sentie hyper mal après coup, mais aussi... plus vivante que jamais. C'était comme... une révélation.

J'ai levé timidement les yeux vers lui.

— Je ne peux pas l'expliquer, ai-je ajouté.

— Pas besoin, m'a-t-il rassurée à voix basse. Je vois très bien de quoi tu parles.

— Tu… tu fais partie d'un coven ?

— Plus maintenant. J'ai dû le quitter lorsque nous avons déménagé. J'espère pouvoir en former un nouveau ici, si je trouve suffisamment de personnes intéressées.

— Tu veux dire… que c'est aussi simple que ça ?

Avez-vous déjà entendu le rire d'un dieu ? Il vous coupe le souffle, vous remplit d'espoir, vous donne des frissons et vous excite tout à la fois. Voilà ce que je ressentais en regardant Cal.

— Pas exactement, a-t-il clarifié avec un sourire. En réalité, il faut suivre une formation d'un an et un jour avant de demander à rejoindre un coven pour de bon.

— Un an et un jour, ai-je répété. Et ensuite, on est… quoi ? Un magicien ?

Ce nom semblait bien trop mélodramatique. À nous voir, tête basse, échanger des murmures, on devait nous prendre pour des conspirateurs. Son pendentif en argent, que j'avais depuis identifié comme un pentacle – le symbole de la foi d'un sorcier –, pendait sur sa peau dans l'encolure en V de son tee-shirt. J'ai soudain vu Robbie passer derrière Cal pour entrer en classe. Il me faudrait bientôt y aller, moi aussi.

— Un sorcier ou une sorcière, a répondu Cal le plus naturellement du monde.

— Et tu l'as déjà fait ? Ton initiation ?

Me rendant compte que mes paroles pouvaient prêter à confusion, j'ai prié pour ne pas rougir de nouveau.

— Oui. L'année de mes quatorze ans.

— Vraiment ?

— Mmm… Ma mère présidait le cercle. C'est la grande prêtresse d'un coven qui s'appelle Starlocket. Il y avait des années que j'étudiais la Wicca. Et, dès que j'ai eu quatorze ans, j'ai demandé à être initié. Il y a presque quatre ans de cela… j'aurai dix-huit ans le mois prochain.

— Ta mère est une grande prêtresse ? Est-ce qu'elle a fondé un nouveau coven ici ?

Le jour déclinait peu à peu et le froid s'accentuait. À l'intérieur de la pièce bien chaude et éclairée, la séance avait déjà commencé. Mais Cal était là, dehors.

— Oui, a-t-il répondu. Comme elle est très appréciée chez les wiccans, elle connaissait déjà du monde dans la région. J'assiste parfois à ses cercles, mais il y a surtout des adultes. De plus, être sorcier, c'est aussi partager son savoir.

— Alors, tu es vraiment un… sorcier, ai-je dit doucement pour l'imprimer dans mon cerveau.

— Ouaip.

Il m'a souri de plus belle avant de se lever et de me tendre la main. Bien qu'un peu mal à l'aise, je l'ai laissé m'aider à me mettre debout à mon tour.

— Qui sait ? a-t-il poursuivi. Peut-être que l'année prochaine, même jour, même heure, tu seras toi aussi initiée. Tout comme Raven, Robbie et les autres, s'ils le veulent.

Un dernier sourire, puis il est parti. Soudain, il a fait vraiment sombre dehors.

10. Feu

« Si une femme partage la couche d'un sorcier de l'une des Sept Maisons, elle n'enfantera point
sauf si lui le souhaite. Si un homme partage la couche d'une sorcière de l'une des Sept Maisons,
elle n'enfantera point. »

Us et coutumes des sorcières,
Gunnar Thorvildsen, 1740

CE SOIR, J'AI ENVOYÉ UN MESSAGE. RÊVERAS-TU DE MOI ? VIENDRAS-TU À MOI ?

— Il paraît que ce film est génial. Tu ne veux pas venir ? Bakker sera là, a annoncé Mary K.

Elle est sortie de la salle de bains qui reliait nos deux chambres en enfilant son chemisier. Elle a virevolté devant ma psyché pour s'inspecter sous tous les angles, puis a adressé un grand sourire à son reflet, satisfaite.

— Je ne peux pas, ai-je répondu en me demandant pourquoi, à l'évidence, ma sœur de quatorze ans avait hérité de sa part de poitrine mais aussi de la mienne. J'ai une soirée de prévue. Où est-ce que vous vous retrouvez ?

— Devant le cinéma. C'est la mère de Jaycee qui nous conduit. Tu l'aimes bien, Bakker ? Il est dans ta classe.

— Je n'ai rien contre lui. Il a l'air sympa. Et il est mignon, en plus. J'ai entendu dire qu'il craquait vraiment pour toi. Il n'est pas trop… insistant ?

— Non, m'a-t-elle rassurée. Il est adorable.

En me voyant en sous-vêtements devant mon armoire grande ouverte, elle m'a interrogée :

— Elle se passe où, ta soirée ? Et comment tu vas t'habiller ?

— Première réponse : chez Cal Blaire, deuxième réponse : aucune idée.

— Cal Blaire, le nouveau en terminale ? a-t-elle répété en venant fouiller dans mes affaires. Il est trop beau ! Toutes mes copines veulent sortir avec lui. La vache, Morgan, tes fringues sont à pleurer.

— Merci du compliment, ai-je répliqué dans un éclat de rire.

— Tiens, ça, c'est cool, a-t-elle poursuivi en me tendant un tee-shirt. Tu ne le portes jamais.

C'était un top vert olive foncé taillé dans un tissu fin et extensible que mon autre tante, Margaret, m'avait offert. Margaret est la sœur aînée de ma mère. Je l'adore, malheureusement, Eileen et elle ne se parlent plus depuis des années, depuis qu'Eileen a fait son *coming out*. Du coup, j'aurais eu l'impression de trahir Eileen en portant le cadeau de Margaret. C'est sans doute disproportionné, je sais.

— Je déteste cette couleur, ai-je protesté.

— Mais non, a insisté Mary K. Elle va parfaitement avec tes yeux. Mets ça. Avec ton legging noir.

J'ai enfilé tant bien que mal le haut moulant. Au rez-de-chaussée, la sonnette a retenti et la voix de Bree a résonné dans l'entrée.

— Je ne peux pas porter ça, me suis-je indignée, voyant que le tee-shirt me descendait à peine jusqu'à la taille. C'est trop court. On va voir mes fesses.

— Tant mieux, a rétorqué ma sœur. Elles sont parfaites, tes fesses.

— Hein ? a fait Bree en entrant dans ma chambre. J'ai tout entendu ! Mary K. a raison, il est chouette, ce tee-shirt. Allons-y !

Bree était sublime, une vraie topaze lumineuse. Sa coiffure – effet ébouriffé parfaitement maîtrisé – faisait ressortir ses yeux superbes. Elle avait souligné sa large bouche d'une touche de rouge à lèvres ocre et tremblait presque tant elle bouillonnait d'énergie. Elle portait un bustier marron qui accentuait son décolleté et un pantalon taille basse serré par un cordon. Entre les deux, on voyait huit bons centimètres de ventre plat. Autour de son nombril parfait, elle avait collé un tatouage temporaire en forme de rayons de soleil.

À côté d'elle, je me sentais vraiment quelconque.

Mary K. m'a lancé le legging, que j'ai enfilé sans plus me soucier de mon apparence. J'ai mis une chemise à carreaux de mon père pour cacher mes fesses, puis je me suis brossé les cheveux pendant que Bree tapait du pied d'un air impatient.

— On peut prendre Breezy, a-t-elle suggéré. Elle est réparée.

Quelques minutes plus tard, j'étais assise dans un fauteuil en cuir chauffant tandis que Bree démarrait en trombe.

— Tu dois être rentrée à quelle heure ? m'a-t-elle demandé. La soirée risque de finir tard.

Il était à peine neuf heures.

— Mon couvre-feu est à une heure, ai-je répondu. Mais mes parents seront couchés ; si je suis un peu en retard, ils n'en sauront rien. Sinon, je pourrai toujours les appeler.

Bree, elle, n'avait jamais besoin de prévenir son père de quoi que ce soit. Parfois, ils me faisaient davantage penser à des colocataires qu'à un père et sa fille.

— Cool.

Bree a fait cliqueter ses ongles vernis en marron sur le volant avant de tourner un peu trop vite. Elle a quitté Gallows Road pour s'engager dans le quartier le plus ancien de Widow's Vale. Là où résidait Cal. Elle connaissait déjà le chemin.

La maison de Cal, une construction immense en pierre, était impressionnante. À l'avant, la galerie soutenait un balcon qui courait tout autour du premier étage. Du lierre à feuilles persistantes serpentait autour des colonnes jusqu'en haut de la façade. Le jardin, luxuriant, magnifiquement paysagé, frôlait l'extravagance. J'ai repensé à mon père, qui, tous les automnes, taillait ses rhododendrons en fredonnant et je me suis presque sentie triste.

La grande porte en bois s'est ouverte dès qu'on a frappé. Une femme se dressait devant nous, drapée dans une longue robe en lin d'un bleu indigo qui rappelait un ciel de nuit. Le vêtement était simple, élégant, et avait sans doute coûté une fortune.

— Bienvenue, les filles, a-t-elle déclaré en souriant. Je suis la mère de Cal, Selene Belltower.

Sa voix mélodieuse possédait un timbre puissant. En m'approchant, je me suis rendu compte que Cal lui ressemblait beaucoup. Ses cheveux châtain foncé étaient négligemment coiffés en arrière pour dégager son visage. Ses yeux, immenses et dorés comme ceux de son fils, surplombaient des pommettes saillantes. Sa bouche était bien dessinée et sa peau, lisse, sans la moindre ride. Je me suis demandé si elle avait été mannequin, dans sa jeunesse.

— Laissez-moi deviner… Toi, tu dois être Bree, a-t-elle poursuivi en prenant la main de ma meilleure amie. Et toi, Morgan.

Lorsque son regard clair a croisé le mien, j'ai cru qu'il me perforait la tête. Je me suis frotté le front en clignant des yeux. Je commençais à me sentir très mal. Lorsqu'elle a souri de nouveau, la douleur s'est estompée. Elle nous a invitées à entrer.

— Je suis vraiment contente que Cal se soit fait de nouveaux amis. Le déménagement a été pénible pour nous deux… Ma société m'avait offert une promotion que je ne pouvais pas refuser.

Je me suis retenue de l'interroger sur son métier, et sur le père de Cal, pour ne pas me montrer indiscrète.

— Cal est dans sa chambre. Au deuxième, tout en haut des marches, a-t-elle ajouté en nous désignant un escalier vertigineux, en bois sombre sculpté. Certains sont déjà arrivés.

— Merci, avons-nous soufflé en chœur, un peu gênées.

Un épais tapis fleuri étouffait nos pas tandis que nous montions les marches.

— Ça ne la dérange pas que des filles se retrouvent dans la chambre de son fils ? ai-je murmuré en repensant à ma mère, qui chassait systématiquement les garçons de celle de Mary K.

Bree m'a souri, les yeux pétillants.

— Elle est cool, c'est tout. En plus, on est nombreux.

La chambre de Cal occupait tous les combles de la maison. La pièce était immense, de la façade avant à la façade arrière, d'un flanc à l'autre du bâtiment. Il y avait des lucarnes partout : des carrées, des rondes, certaines dotées d'un vitrage normal, d'autres d'une vitre teintée. Un parquet sombre en bois brut couvrait le sol, et les murs étaient lambrissés. Un bureau ancien où traînaient des livres de cours occupait une alcôve.

Nous avons posé nos manteaux sur un long banc de bois. Imitant Bree, je me suis déchaussée.

Une petite cheminée en état de marche trônait d'un côté. Son manteau tout simple disparaissait sous une tonne de bougies couleur crème de toutes les tailles. De grosses chandelles cylindriques étaient disposées le long des murs, certaines sur des bougeoirs en fer forgé, d'autres à même le sol ou sur des briques de verre, d'autres encore étaient carrément disposées sur des piles de livres anciens. Il n'y avait pour seul éclairage que cette multitude de petites flammes ; les belles ombres ondulantes qu'elles projetaient sur les murs étaient presque hypnotiques.

Le lit de Cal, niché dans un recoin, a aussitôt attiré mon attention. J'en suis restée figée sur place, incapable de détourner les yeux. C'était un grand lit assez bas, au cadre en acajou, ou peut-être en ébène, surplombé par quatre petites colonnes. Un futon faisait office de matelas. Les draps unis, taillés dans du lin couleur crème, n'étaient pas bordés, comme si Cal venait tout juste de se lever. Des cierges brûlaient joyeusement de chaque côté, sur des tables de nuit.

Tout au fond de la pièce, à l'arrière de la maison, le reste du groupe s'était rassemblé dans l'ombre. Dès qu'il nous a vues, Cal s'est approché de nous.

— Salut, Morgan. Merci d'être venue, m'a-t-il accueillie d'un ton intime, plein d'assurance. Salut, Bree, content de te revoir ici.

Bree était donc déjà entrée dans sa chambre.

— Merci à toi de m'avoir invitée, ai-je répondu, un peu tendue, avant de resserrer ma chemise autour de moi.

Un sourire sur les lèvres, Cal nous a pris la main pour nous conduire vers les autres. Robbie nous a saluées d'un geste. Il buvait du jus de raisin noir dans un verre à vin. Beth Nielson, qui se tenait près de lui, venait de se faire décolorer les cheveux. Du coup, cela faisait ressortir sa peau café au lait et ses yeux verts. Elle avait l'habitude de teindre sa coupe afro au gré de ses humeurs. Je me disais parfois qu'elle ressemblait à une lionne, et Raven à une panthère. L'une à côté de l'autre, elles composaient un sacré tableau.

— Joyeux esbat ! a lancé Robbie, le verre levé.

— Joyeux esbat ! a répondu Bree.

J'avais appris dans mes livres qu'un esbat désignait simplement une réunion informelle où l'on pratiquait la magye.

Matt était installé sur un canapé bas, Jenna blottie contre lui. Ils discutaient avec Sharon, elle-même assise par terre, le dos raide, les bras autour des genoux. Sharon était jolie et, avec sa silhouette d'adulte, elle faisait plus que son âge. Était-elle venue pour les beaux yeux de Cal, ou bien la Wicca avait-elle réussi à la toucher ? Je m'étais toujours dit qu'elle devait avoir la belle vie : être fille d'orthodontiste, ça devait simplifier bien des choses…

— Tenez.

Cal nous tendait, à Bree et à moi, un verre à vin rempli de jus de raisin. J'en ai bu une gorgée.

Un courant d'air parfumé au patchouli a traversé la pièce : Raven venait d'arriver, suivie d'Ethan. Ce soir-là, elle ressemblait à une prostituée SM. Elle portait autour du cou un collier de chien clouté relié par des lanières à un corset de cuir noir. À voir ses jambes, on aurait pu croire que quelqu'un l'avait plongée dans une cuve de Lycra noir avant de la laisser sécher. À New

York, elle serait passée inaperçue, mais ici, à Widow's Vale, j'aurais payé pour la voir débouler au supermarché. Est-ce que Cal la trouvait sexy ?

Ethan était fidèle à lui-même : débraillé et défoncé. Ses cheveux longs, agglutinés en boucles emmêlées, lui tombaient sur les épaules. Lors du premier cercle, je n'avais pas été étonnée qu'on soit si nombreux à tenter l'expérience – au lycée, on est toujours prêts à tester n'importe quoi au moins une fois. En revanche, il était intéressant de constater que tous, sauf Todd, Alessandra et Suzanne, étaient revenus. Du coup, je les regardais avec plus d'attention, comme si je les voyais pour la première fois.

Même si, au lycée, on s'était retrouvés à plusieurs reprises dans un groupe « multi-cliques », là, on a repris nos anciennes habitudes : Robbie et moi d'un côté ; Jenna, Matt et Sharon de l'autre ; Bree qui allait et venait entre nous et eux ; puis Beth, Raven et Ethan rassemblés près des boissons.

— Bien, je pense que tout le monde est là, a déclaré Cal. La semaine dernière, on a célébré Mabon et accompli un cercle de bannissement. Cette semaine, le cercle sera informel, pour faire davantage connaissance. Alors allons-y.

À l'aide d'une craie blanche, il a tracé au sol un grand cercle qui prenait presque toute cette aile du bâtiment. Jenna et Matt se sont levés pour repousser le canapé. Sur le plancher, des traces de cercles plus anciens. Cal m'a épatée : alors qu'il dessinait à main levée, le résultat était presque parfait, aussi rond et symétrique que la fois précédente, dans le bois, lorsqu'il s'était servi d'un simple bâton pour creuser la terre.

— On peut créer ce cercle avec n'importe quoi, a-t-il expliqué d'un ton détaché. Une corde, un alignement d'objets, comme des coquillages ou des cartes de tarot, ou même des fleurs. Ce cercle marque la limite de notre énergie magyque.

Comme la semaine passée, nous sommes tous entrés dans le cercle avant que Cal le ferme. Que se passerait-il si l'un d'entre nous en sortait ?

Ensuite, il a pris un petit bol en cuivre rempli de poudre blanche. L'espace d'une seconde, j'ai paniqué, craignant qu'il ne s'agisse de cocaïne ou de je ne sais quoi. Mais il s'est contenté d'en prendre une pincée et d'en saupoudrer le sol.

— Avec ce sel, je purifie notre cercle, a-t-il annoncé.

Ce qui m'a rappelé qu'il l'avait déjà fait la fois dernière.

— Je place cette coupe au nord, pour symboliser l'un des quatre éléments : la terre. La terre est féminine et nourricière.

Ces derniers jours, en procédant à quelques recherches sur le Net, j'avais découvert que, comme dans toutes les religions, la Wicca regroupait différents courants. Celui que suivait Cal générait des milliers de sites.

Ensuite, Cal a posé un bol identique à l'est du cercle. Celui-là, plein de sable, accueillait un bâtonnet d'encens.

— L'encens représente l'air, un autre des quatre éléments, a poursuivi Cal, concentré et détendu. Il renvoie à l'esprit, à l'intellect. À la communication.

Au sud, il a déposé une grosse bougie couleur crème qui devait mesurer cinquante centimètres de hauteur.

— Cette bougie représente le feu, le troisième élément, a-t-il expliqué en me regardant droit dans les yeux. Il est associé à la transformation, au succès et à la passion. C'est un élément très puissant.

Gênée par son regard, j'ai dû baisser les yeux vers la flamme. *Jolie flamme, brille mon âme*, ai-je songé.

Puis, à l'ouest, il a placé un bol d'eau.

— L'eau est le dernier des quatre éléments. Elle se rapporte aux émotions. L'amour, la beauté et la guérison. À chaque élément correspondent trois signes astrologiques. Les Gémeaux, la Balance et le Verseau sont des signes d'air. Les signes d'eau sont le Cancer, le Scorpion et les Poissons. Le Taureau, la Vierge et le Capricorne sont des signes de terre. Et enfin, le Bélier, le Lion et le Sagittaire sont des signes de feu, a-t-il conclu en me scrutant de nouveau.

Avait-il deviné que j'étais d'un signe du feu – le Sagittaire ?

— Maintenant, donnons-nous la main.

J'ai pris les mains de Robbie et de Matt, les plus proches de moi. Si la poigne de Robbie était chaude et rassurante, je trouvais bizarre de tenir celle de Matt, douce et fraîche. En repensant au contact velouté des doigts de Cal, j'ai regretté de ne pas m'être mise à côté de lui. Cette fois-ci, il se trouvait pris en sandwich entre Bree et Raven. J'ai soupiré.

— Fermons les yeux et concentrons-nous, a-t-il commandé, tête basse. Inspirez et expirez doucement en comptant jusqu'à quatre. Laissez votre esprit au repos et vos soucis disparaître. Il n'y a plus ni passé ni avenir, juste le présent et nous dix réunis ici.

Sa voix était égale, posée. J'ai incliné la tête et fermé les yeux avant de respirer lentement, en ne pensant qu'aux flammes des bougies et à l'encens. C'était très relaxant. D'un côté, j'avais conscience de la présence des autres dans la pièce, de leur souffle silencieux, de leurs piétinements occasionnels, mais, de l'autre, je me sentais très pure, très loin d'eux, comme si je flottais au-dessus du cercle, comme si je l'observais d'en haut.

— Ce soir, nous allons accomplir un rituel de purification et de concentration. Samhain, notre nouvel an, approche à grands pas, et la plupart des sorciers et des sorcières accomplissent un travail spirituel pour s'y préparer.

De nouveau, nous avons fait une ronde, sans nous lâcher les mains. Cette fois-ci, nous avons tourné lentement, dans le sens des aiguilles d'une montre.

J'appréhendais la fin du rituel. La dernière fois, j'avais cru qu'on me fracassait la poitrine à coups de hache, puis la nausée ne m'avait pas quittée pendant deux jours. Est-ce que ça allait recommencer ? Peu importait, je voulais aller jusqu'au bout. C'est alors que Cal a entonné le chant :

Eau, lave-nous,
Air, purifie-nous.
Feu, fais de nous des êtres entiers et purs.
Terre, recentre-nous.

Nous avons commencé à répéter les paroles. Pendant quelques minutes, ou peut-être plus, nous avons tourné en rond en psalmodiant. Dans le cercle, mes camarades commençaient visiblement à se détendre, à se sentir le cœur léger et heureux. Même Ethan et Raven paraissaient plus insouciants, plus jeunes et moins sombres. Bree observait Cal. Robbie avait les yeux clos.

La ronde s'est accélérée, le chant a gagné en force. C'est alors que j'ai pris conscience d'une énergie palpable qui s'accumulait autour de moi, dans le cercle. J'ai levé la tête, ébahie. En face de moi, Cal a croisé mon regard et m'a souri. Les yeux fermés, Raven chantait et tournait en rythme avec tout le monde, pour une fois. Les autres avaient l'air concentrés sans pour autant être inquiets.

Moi, je suffoquais presque. On aurait dit qu'une énorme bulle molle se pressait contre moi, de tous côtés. J'avais l'impression que mes cheveux avaient pris vie – ils crépitaient d'énergie. En regardant de nouveau Cal, j'ai eu le souffle coupé : je discernais une aura qui luisait faiblement autour de sa tête, une ligne floue de lumière rouge pâle qui chatoyait à la lumière des chandelles.

J'étais stupéfaite. Un coup d'œil vers les autres m'a appris que tous en possédaient une. Celle de Jenna était argentée, celle de Matt, verte, celle de Raven, orange, et Robbie était auréolé de blanc. La lumière qu'émettait Bree s'approchait de l'orange clair, celle de Beth du noir, tandis que celle d'Ethan était marron et celle de Sharon, rose, assortie à ses joues. Avais-je une aura, moi aussi ? De quelle couleur ? Que signifiait-elle ? Émerveillée, ravie, je contemplais cet arc-en-ciel sans comprendre.

Comme la première fois, le cercle s'est arrêté brutalement en réponse à un signal inaudible et nous avons tous levé les mains en l'air, bras tendus vers le toit. Mon cœur palpitait, mon cerveau aussi, mais je ne me suis pas effondrée, je n'ai pas perdu l'équilibre. J'ai juste grimacé un peu en me frottant les tempes et en espérant que personne ne le remarquerait.

— Retournez cette énergie purificatrice en vous-mêmes ! a ordonné Cal en se frappant le poing sur la poitrine.

Nous l'avons tous imité. Aussitôt, j'ai senti une vague de chaleur déferler en moi et s'attarder au niveau de mon abdomen. J'étais calme, apaisée et attentive. Puis le tournis m'a saisie, ainsi qu'une horrible envie de vomir. *Oh, c'est pas vrai !* me suis-je dit.

Cal a traversé le cercle d'un bond pour se placer face à moi. J'avais du mal à déglutir. Les yeux écarquillés, j'ai prié pour ne pas dégobiller devant tout le monde. Je voulais juste pleurer dans mon coin.

— Assieds-toi, m'a conseillé Cal en m'appuyant sur les épaules. Assieds-toi tout de suite.

Je me suis laissée choir sur le plancher – j'avais des haut-le-cœur et je me sentais hyper mal.

— Qu'est-ce qu'elle a encore ? a soupiré Raven, mais personne ne lui a répondu.

— Penche-toi, a ajouté Cal une main plaquée sur mon dos. Pose ton front sur le sol.

Courbée, les mains à plat sur le parquet, j'ai suivi son conseil. Je me suis aussitôt sentie mieux. Dès que mon front a touché le bois frais, les vagues de nausée ont cessé et j'ai arrêté de hoqueter.

— Ça va ? s'est enquise Bree, qui s'était agenouillée près de moi pour me frotter le dos.

Cal a chassé sa main.

— Attends. Attends qu'elle ait entièrement libéré l'énergie.

— Qu'est-ce qui ne va pas ? s'est inquiétée Jenna.

— Elle a canalisé trop d'énergie, a expliqué Cal en laissant sa main sur ma nuque. Comme lors de Mabon. Elle est vraiment très sensible : un vrai canal énergétique.

Au bout d'une minute environ, il m'a demandé :

— Ça va mieux ?

— Oui, ai-je soufflé en relevant doucement la tête.

J'ai regardé autour de moi, vulnérable et honteuse. Mais, physiquement, j'allais bien. Finis la nausée et le tournis.

— Veux-tu nous raconter ce qui s'est passé ? a voulu savoir Cal. Ce que tu as vu ?

L'idée de décrire les auras de tout le monde était bien trop embarrassante, trop personnelle. De plus, ils avaient dû les voir eux aussi, non ? Je n'en étais pas certaine.

— Non, ai-je finalement répondu.

— Comme tu veux, a-t-il lâché avant de se relever et de sourire. C'était super, bravo à tous. Et merci. Maintenant, allons nous baigner !

11. Eau

« Les nuits de pleine lune ou de nouvelle lune sont particulièrement propices aux rituels magyques. »

Rituels lunaires pratiques,
Marek Hawksight, 1978

— Super ! s'est écriée Bree. On va se baigner !

— Il y a une piscine derrière la maison, a expliqué Cal en traversant la pièce.

Il a ouvert une porte en bois enchâssée dans un recoin. Dans le courant d'air frisquet qui a tourbillonné à l'intérieur, quelques flammes se sont éteintes, d'autres ont dansé joyeusement.

— D'accord, a fait Jenna. Bonne idée.

Ethan semblait mourir de chaud. Sous ses boucles éparses, son front était trempé de sueur. Il s'est essuyé le visage sur la manche de sa chemise kaki, qui sortait sans doute d'un surplus de l'armée.

— Je piquerais bien une tête pour me rafraîchir, a-t-il déclaré.

Raven et Beth ont échangé un sourire complice – elles ressemblaient aux chats siamois de *La Belle et le Clochard* – avant de se diriger vers la porte. Robbie m'a adressé un signe de tête puis les a suivies. Bree était déjà dehors.

— Euh, c'est une piscine extérieure ? ai-je demandé.

— Oui, mais l'eau est chauffée, ne t'en fais pas, m'a répondu Cal dans un sourire.

Évidemment, une seule chose me préoccupait : je n'avais pas apporté de maillot de bain. Et je sentais que, si je m'avisais de le dire à voix haute, tout le monde se moquerait de moi. Je suis sortie à la suite de Sharon, et Cal a fermé la porte derrière moi. Cramponnée à la rampe, j'ai descendu l'escalier en spirale qui menait à la terrasse du jardin en priant pour ne pas perdre l'équilibre.

Soudain, Cal a posé la main sur mon épaule.

— Tout va bien ? s'est-il inquiété.

— Oui, oui.

La terrasse en pierre de taille semblait luire sous le clair de lune. Le mobilier de jardin, recouvert de housses imperméables, évoquait autant de fantômes informes. Tout au bout, une rangée de hauts buissons taillés en rectangles parfaits séparait le patio du reste du jardin. Un passage y avait été aménagé, que Cal nous a invités à emprunter.

Sans ma veste ni mes chaussures, j'avais froid. En frissonnant, j'ai levé la tête vers le ciel. La lune croissante ressemblait à un sablé à moitié mangé. Ses rayons illuminaient notre chemin.

L'ouverture taillée dans la haie donnait sur une pelouse impeccable et douce qui n'avait pas encore viré au marron. Nu-pieds, j'avais l'impression de marcher sur du velours.

La piscine se trouvait au bout du jardin. Sa forme était classique – un rectangle tout simple, sans plongeoir ni rampe métallique. À chaque extrémité se dressait une rangée de colonnes couvertes de plantes grimpantes qui commençaient à perdre leurs feuilles. Un pavillon de jardin aux portes multiples avait été construit sur le côté. Pleine d'espoir, je me suis dit que la famille de Cal y laissait sans doute toutes sortes de maillots de bain pour les invités.

Soudain, les yeux écarquillés, j'ai vu que Jenna et Matt se déshabillaient à toute vitesse. *Oh, non !* me suis-je dit. *Pas question.* En pivotant pour chercher Bree du regard, j'ai découvert qu'elle était juste derrière moi, en sous-vêtements, en train de poser ses affaires en une pile bien nette sur une chaise longue.

— Bree ! ai-je soufflé au moment où elle dégrafait son soutien-gorge.

Puis elle a fait glisser sa petite culotte à ses pieds ; on aurait dit une statue de marbre magnifique. Raven et Beth se détachaient mutuellement crochets et boutons en riant, leurs dents blanches luisant au clair de lune. Totalement nues, elles ont couru jusqu'à la piscine et sauté dans l'eau dans un joyeux cliquetis de bijoux.

Jenna et Matt sont entrés dans l'eau à leur tour. Matt suivait la moindre brasse de sa petite amie. Jenna a éclaté de rire avant de plonger et de refaire surface en plaquant ses cheveux sur son crâne. Sa beauté semblait intemporelle, païenne presque. Des gouttes de sueur commençaient à perler sur mon front. *Pitié, faites que cela ne se transforme pas en orgie*, ai-je imploré. *Je ne suis vraiment, mais vraiment pas prête pour ça.*

— Relax, a lancé Cal dans mon dos.

Je l'ai entendu ôter ses vêtements, et seul un effort de volonté m'a empêchée de m'évanouir. Dans une seconde, j'allais le voir nu. Cal nu. Entièrement. Oh ! mon Dieu… D'un côté, je voulais le regarder, mais, de l'autre, j'avais le ventre noué d'appréhension. Lorsqu'il a posé sa main sur mon épaule, j'ai eu un sursaut.

— Relax, a-t-il répété en me faisant pivoter.

Il avait enlevé son tee-shirt mais pas son jean. *Ouf !*

— Ça ne va pas finir en orgie, a-t-il ajouté.

J'étais stupéfaite qu'il ait si bien deviné mes pensées.

— Ce n'est pas ce qui m'inquiète, ai-je menti, horrifiée d'entendre ma voix tremblante. C'est juste que… je m'enrhume facilement.

Riant aux éclats, il a commencé à enlever son pantalon. Soudain, mon souffle s'est fait court.

— Rassure-toi, tu n'auras pas froid.

Voyant qu'il baissait son jean, je me suis tournée vers la piscine. Ce qui m'a valu une vision de Robbie à poil descendant les larges marches menant à l'eau. Je n'étais pas au bout de mes surprises…

Assis sur une chaise longue, une cigarette pendant entre les lèvres, Ethan enlevait ses chaussettes. Il était torse nu et son treillis était déjà déboutonné. Il a tiré une dernière fois sur sa cigarette, puis écrasé le mégot par terre. Lorsqu'il s'est levé, son pantalon a glissé sur ses chevilles au moment où Bree et Sharon passaient devant lui pour rejoindre la piscine. Les yeux plissés, il les a reluquées un instant avant de les suivre. Du côté où l'eau était la plus profonde, il a plongé sans provoquer la moindre éclaboussure. J'espérais qu'il savait nager et qu'il n'était pas défoncé au point de se noyer.

Raven et Beth étaient en train de s'arroser lorsque Beth a sursauté en criant, son corps sombre et lisse étincelant de gouttes d'eau. Ethan a fait surface tout près d'elle, un sourire de renard sur les lèvres. Avec ses cheveux mouillés dégagés de ses yeux, et sans ses fringues informes, il était plus mignon que d'habitude. Sharon l'a dévisagé l'air surpris, comme si elle ne le reconnaissait pas.

Cal est passé devant moi.

— Viens, Morgan, a-t-il dit, la main tendue.

Il était nu comme un ver. Le feu aux joues, j'ai fait de mon mieux pour ne pas regarder vers le bas.

— Je ne peux pas, ai-je murmuré en priant pour que personne d'autre n'entende.

J'avais vraiment l'impression d'être la reine des prudes. J'ai jeté un coup d'œil vers la piscine : Bree nous observait. Je lui ai adressé un vague sourire, et elle a souri à son tour sans quitter Cal des yeux.

Il attendait. Si on avait été seuls, lui et moi, j'aurais peut-être pu surmonter ma gêne. J'aurais peut-être pu enlever mes habits en priant pour qu'il ne déteste pas les petites poitrines. Mais toutes les filles ici présentes étaient plus jolies que moi et bien mieux fichues. Et toutes avaient de plus gros seins. Ceux de Sharon étaient énormissimes.

Il fallait que je m'en aille. Le cercle m'avait déjà causé un choc, là, c'était la goutte d'eau qui faisait déborder le vase.

— S'il te plaît, viens nager, a insisté Cal. Personne ne se jettera sur toi, je te le promets.

— Ce n'est pas le problème, ai-je marmonné.

Je voulais le regarder, mais jamais je n'aurais supporté que lui pose les yeux sur moi. Je n'avais jamais été aussi embarrassée de toute ma vie.

— Les vertus de l'eau sont infinies, a-t-il ajouté, patient. Se baigner, surtout sous la lune, peut s'avérer une expérience magyque : on ressent une énergie très spéciale. Je veux que tu ressentes ça, toi aussi. Tu n'as qu'à garder tes sous-vêtements.

— Je ne porte pas de soutien-gorge, ai-je répondu en le regrettant aussitôt.

Sur ce coup-là, je me serais mis des baffes.

— Vraiment ? a-t-il dit, un sourire jusqu'aux oreilles.

— Ce n'est pas comme si j'en avais besoin, ai-je grommelé, malheureuse comme une pierre.

Sans se départir de son sourire, il a penché la tête.

— Vraiment ? a-t-il répété.

J'ai paniqué. Trop, c'était trop.

— Il faut que je rentre. Merci pour le cercle, ai-je annoncé en m'en allant.

Comme j'étais venue avec Bree, j'étais bonne pour une longue balade frigorifiante jusque chez moi. Passer de l'émerveillement du cercle à cette douloureuse humiliation était franchement trop pénible. J'avais hâte de me retrouver dans mon lit douillet.

Tout à coup, Cal m'a attrapée par le tee-shirt. Il m'a tirée doucement vers lui, m'obligeant à rebrousser chemin. Je ne respirais plus, je ne pensais plus. Il s'est penché, a glissé son bras sous mes genoux et m'a soulevée. Bizarrement, je ne me suis sentie ni lourde ni gauche, mais toute petite et légère dans ses bras. Je n'étais plus capable d'analyser normalement mes sensations. Je n'avais plus conscience des autres autour de nous.

Il s'est avancé d'un pas ferme jusqu'aux marches de la piscine, qu'il a descendues lentement. Je n'ai pas protesté. Je n'ai rien dit du tout. Je ne sais même pas si j'aurais été capable de parler. Autour de nous, l'eau était à la même température que le sang qui coulait dans mes veines. Nous nous sommes baignés ensemble, l'un contre l'autre, sous la lune.

Quelle expérience étrange, terrifiante, mystérieuse, palpitante, irrésistible...

Et magyque.

12. Qui sème le vent

« Que celui qui se retrouve entre deux Clans en guerre coure ventre à terre et dise ses prières. »

Vieux dicton écossais

En revenant de la messe le lendemain matin, j'ai découvert Bree assise sur les marches du perron. Elle semblait gelée, et furieuse.

Je n'étais pas rentrée avec elle la veille au soir, puisque j'avais un couvre-feu et pas elle. Beth avait bien voulu me raccompagner. D'après les regards de pierre que Bree me lançait, je me doutais de ce qui m'attendait.

Nous sommes allées directement dans ma chambre.

— Je pensais que tu étais mon amie, a-t-elle sifflé dès que la porte s'est refermée.

Je n'ai même pas fait semblant de ne pas comprendre de quoi elle parlait.

— Bien sûr que je suis ton amie ! me suis-je écriée en déboutonnant la robe que je portais à l'église.

— Alors, explique-moi ce qui s'est passé hier soir.

Ses yeux sombres plissés, elle a croisé les bras sur sa poitrine, puis s'est laissée tomber sur le coin de mon lit.

— Toi et Cal, dans la piscine, a-t-elle précisé.

J'ai passé un tee-shirt et sorti une paire de chaussettes d'un tiroir.

— Il n'y a rien à expliquer. Je sais que tu aimes bien Cal. Et je sais que je n'ai aucune chance face à toi. Je n'ai rien fait, moi. Tu as bien vu, bon sang, dès que j'ai pu tenir debout dans la piscine, il m'a lâchée.

J'ai mis mes chaussettes avant d'enfiler mon jean le plus vieux et le plus confortable, puis, machinalement, j'ai relevé l'ourlet de trois centimètres.

— Et c'était quoi, ce petit numéro de mijaurée ? Tu voulais te faire prier ? T'espérais qu'il allait t'arracher tes vêtements ou quoi ?

Blessée par ses sarcasmes, je sentais peu à peu la colère monter en moi.

— Ça va pas, non ? me suis-je indignée. S'il m'avait arraché mes vêtements, je serais rentrée chez moi en hurlant et j'aurais appelé les flics. Arrête de dire n'importe quoi.

Bree s'est levée d'un bond et m'a planté un doigt accusateur entre les côtes.

— C'est toi qui dis n'importe quoi !

Je ne l'avais jamais vue aussi furieuse.

— Tu sais bien que je suis amoureuse de lui ! Ce n'est pas qu'une simple amourette ! Je l'aime vraiment. Je veux qu'on sorte ensemble. Et que toi, tu le laisses tranquille !

— Parfait ! ai-je presque crié en me levant, les bras écartés. Mais je n'ai absolument rien à me reprocher, moi ! Je ne peux pas contrôler ses actes à lui. Peut-être qu'il s'intéresse à moi parce qu'il veut que je devienne une sorcière.

Aussitôt, Bree et moi, on s'est tues, les yeux dans les yeux. En mon for intérieur, je sentais que j'avais vu juste. Mon amie a froncé les sourcils, elle devait repenser aux événements de la veille.

— Écoute, ai-je repris d'un ton un peu plus posé, j'ignore à quoi il joue. Si ça se trouve, il a une autre copine ailleurs, ou alors Raven lui a remis le grappin dessus. Mais moi, je n'ai rien fait pour le draguer. C'est tout ce que je peux te dire. Point final.

J'ai ramené mes cheveux par-dessus mon épaule et commencé à les tresser avec des gestes rapides dus à l'habitude.

Bree m'a foudroyée du regard un instant encore, puis son expression s'est décomposée et elle s'est affalée sur mon lit.

— OK, j'ai compris, a-t-elle marmonné, comme si elle essayait de se retenir de pleurer. T'as raison. Je suis désolée. Tu n'as rien fait. J'étais juste jalouse, c'est tout.

Le visage caché dans ses mains, elle s'est effondrée sur mes coussins.

— Quand je t'ai vue dans ses bras, ça m'a rendue folle. Je n'ai jamais éprouvé ça pour un mec. Je lui ai tourné autour toute la semaine, et j'ai l'impression qu'il ne l'a même pas remarqué.

Malgré ma colère, j'éprouvais de la peine pour elle. Je devais être maso.

— Bree, ai-je dit en m'asseyant sur ma chaise de bureau, Cal a dû abandonner son cercle en emménageant ici, et il espère que certains d'entre nous l'aideront à en créer un nouveau. Il sait que la Wicca me passionne, et j'imagine qu'il trouve que c'est, je sais pas, moi… intéressant, on va dire, que je réagisse si fortement pendant les cercles. Il pense peut-être que je ferais une bonne sorcière et il veut m'aider à y parvenir.

Bree a levé la tête, les yeux pleins de larmes.

— Est-ce que tu réagis vraiment si fort aux cercles, ou est-ce que tu simules ? a-t-elle demandé, la voix chevrotante.

J'ai tellement écarquillé les yeux qu'ils ont failli tomber de leurs orbites.

— Bree ! Pour l'amour de Dieu ! Pourquoi est-ce que je ferais semblant ? C'est bien trop gênant, je suis morte de honte chaque fois, me suis-je indignée en secouant la tête. On dirait que tu ne me connais pas. Enfin, pour répondre à ta question, ai-je poursuivi d'un ton sec, non, je ne simule pas.

Bree s'est mise à pleurer pour de bon.

— Je suis désolée, gémissait-elle entre deux sanglots. Ce n'est pas ce que je voulais dire. Je sais que tu ne fais pas semblant. Je ne sais plus ce que je raconte.

Elle s'est levée pour prendre un mouchoir dans une boîte, puis elle m'a serrée dans ses bras. Même si le cœur n'y était pas, je me suis forcée à la serrer aussi.

— Je suis désolée, a-t-elle répété en pleurant sur mon épaule. Je suis vraiment désolée, Morgan.

Elle a sangloté comme ça, dans mes bras, pendant plusieurs minutes, et j'ai dû me retenir de pleurer moi aussi. Avez-vous déjà redouté de fondre en larmes de peur d'être incapable de vous arrêter ? Voilà ce que je ressentais. La moindre dispute avec Bree était horrible en soi. Aimer Cal sans aucun espoir qu'il m'aime en retour me mettait carrément au supplice. Savoir que ma meilleure amie convoitait le même mec que moi transformait ma vie en vrai cauchemar. Et découvrir le monde compliqué de la Wicca et se sentir inexorablement attirée par lui était perturbant, presque effrayant.

Bree a fini par se calmer. Elle m'a relâchée en s'essuyant le nez et les yeux.

— Je suis désolée, a-t-elle murmuré. Tu me pardonnes ?

Je n'ai hésité qu'une fraction de seconde avant d'acquiescer. C'est vrai, quoi, c'est ma meilleure amie. Après les membres de ma famille, c'est la personne que j'aime le plus au monde. J'ai soupiré. Nous nous sommes assises sur mon petit lit.

— Écoute, ai-je repris, hier soir, je n'ai pas voulu me déshabiller parce que… je suis pudique. Je le reconnais, d'accord ? Je suis une vraie poule mouillée. Même pour tout l'or du monde, jamais je ne me serais déshabillée à côté de toi et des autres filles.

— De quoi tu parles ? s'est étonnée Bree en reniflant.

— Oh ! arrête… Je sais très bien à quoi je ressemble. Il m'arrive de me regarder dans le miroir. Certes, je ne suis pas moche, mais je suis loin d'être comme toi. Ou comme Jenna. Ou comme Mary K., même.

— Tu es très bien, a rétorqué Bree, les sourcils froncés.

J'ai levé les yeux au ciel.

— Bree… Je suis banale à pleurer. Et, tu l'as sans doute remarqué, la nature a oublié de me fournir de quoi remplir un décolleté.

Ses yeux sombres se sont posés un instant sur ma poitrine. Je n'ai pas pu m'empêcher de croiser les bras.

— Mais non, t'es juste… tu vois, quoi, a-t-elle répliqué d'un ton peu convaincant.

— Bree, je suis plate comme une limande, une vraie planche à pain ! Alors, si tu crois que je vais me balader à poil à côté de toi, Miss 95C, Jenna, Raven, Beth, sans parler de Sharon qui pourrait poser dans *Playboy*, tu rêves ! Et devant des mecs, en plus, qu'on voit tous les jours au lycée ! Arrête un peu ! Comme si je voulais qu'Ethan Sharp sache à quoi je ressemble toute nue ! Mon Dieu ! Ça va pas, non ?

— Laisse Dieu en dehors de ça, a lancé Mary K. en passant la tête par la porte de la salle de bains. Avec qui tu te baladais à poil ?

— Oh, merde, Mary K. ! Je ne savais pas que tu étais là !

— Eh ben si, m'a-t-elle raillée avec un petit sourire sournois. Alors, avec qui tu te baladais à poil ? Je peux venir, la prochaine fois ? Moi, j'aime bien mon corps.

Je lui ai balancé un oreiller en riant aux éclats. Bree riait aussi, et j'étais soulagée de voir que notre dispute était terminée.

— Toi, pas question que tu enlèves tes vêtements, ai-je répondu d'un ton que je voulais sévère. Tu n'as que quatorze ans, peu importe ce que Bakker Blackburn en pense.

— Tu sors avec lui ? lui a demandé Bree. C'était mon mec, avant.

— C'est vrai ? s'est étonnée ma sœur.

— Ah ! oui, ai-je soupiré. J'avais oublié.

— L'année dernière, a expliqué Bree. Mais ça n'a pas duré.

Elle s'est étirée, le dos cambré.

— Pourquoi ? a voulu savoir Mary K.

— Je l'ai largué, a répondu mon amie, sans remords. Ranjit voulait sortir avec moi, et j'ai accepté. Il avait des yeux magnifiques.

— Et après, Ranjit t'a laissée tomber pour Leslie Raines, ai-je poursuivi, à mesure que les souvenirs me revenaient. Ils sont toujours ensemble, d'ailleurs.

Bree a haussé les épaules.

— Qui sème le vent récolte la tempête, a-t-elle déclaré.

Ce qui, évidemment, est l'un des principes les plus basiques de la Wicca.

13. Troubles

« Si vous la cherchez, vous trouverez la marque d'un clan sur sa progéniture. Ces marques adoptent bien des formes, mais un œil aguerri est toujours capable de les identifier. »

Notes d'un serviteur de Dieu,
frère Paolo Frederico, 1693

Je ne comprends pas du tout ma mère. Ce n'est pas comme si je faisais quelque chose de mal. J'espère qu'elle va se calmer. Il le faut, il le faut absolument.

Lundi après-midi, j'ai séché le club d'échecs pour retourner à *Magye Pratique*. En chemin, j'ai admiré les couleurs automnales que j'aimais tant : les arbres striés de rouge et d'orange semblaient protester contre la petite mort promise par l'hiver. Le long de la route, les hautes herbes, qui avaient viré au brun, évoquaient des bouquets de plumes.

À Red Kill, il restait une place de parking juste devant la boutique. À l'intérieur, j'ai retrouvé la pénombre et le riche parfum des herbes, des huiles et de l'encens. J'ai inspiré profondément tandis que mes yeux s'habituaient à la faible lumière. Ce jour-là, il y avait davantage de clients.

J'ai parcouru les différents rayonnages de livres à la recherche d'une histoire générale de la Wicca. La veille au soir, j'avais fini celui sur les Sept Grands Clans, et j'étais avide de connaissances sur la question.

La première personne que j'ai croisée, c'est Paula Steen, la nouvelle copine de ma tante. Accroupie, elle examinait les ouvrages sur l'étagère du bas. Elle s'est levée en souriant dès qu'elle m'a reconnue.

— Morgan ! Ça alors, jamais je n'aurais cru te croiser ici… Comment vas-tu ?

— Très bien, merci, ai-je répondu avec un sourire poli mais forcé. Et vous ?

J'avais beau apprécier Paula, la rencontrer ici me rendait un peu nerveuse. Elle en parlerait à Eileen, qui elle-même en parlerait à ma mère. Sans vraiment chercher à dissimuler quoi que ce soit à mes parents, j'avais jusque-là évité de leur parler des cercles, de Cal et de la Wicca.

— Bien, a-t-elle dit. Débordée de boulot, comme d'habitude. Aujourd'hui, un de mes patients a annulé son rendez-vous, alors j'ai fait l'école buissonnière pour venir ici. J'adore cet endroit, a-t-elle ajouté en balayant le magasin du regard. Ils ont plein de jolies choses.

— Oui. Vous… vous êtes wiccane ?

— Non, pas moi, m'a-t-elle détrompée en riant. Mais beaucoup de mes amis le sont. La femme est tellement centrale dans la Wicca que beaucoup de lesbiennes se sentent attirées par cette religion. Moi, je suis et je reste juive. Je cherchais des livres sur l'homéopathie appliquée aux animaux. Je reviens d'une conférence où j'ai suivi un cours de massage animalier, et j'aimerais bien en apprendre davantage.

— Vraiment ? me suis-je étonnée, le sourire aux lèvres. Vous voulez dire qu'on peut masser les épaules de son berger allemand ?

Paula a ri de plus belle.

— En quelque sorte. Sur les gens comme sur les animaux, le pouvoir de guérison du toucher ne doit pas être négligé.

— Je comprends.

— Et toi ? Tu t'intéresses à la Wicca ?

— Euh… ça m'intrigue un peu, ai-je admis, peu désireuse d'entrer dans les détails. Je suis catholique, bien sûr, comme mes parents, me suis-je hâtée d'ajouter. Mais je trouve que la Wicca est... intéressante.

— Comme pour tout, cela dépend de notre investissement.

— Oui, c'est vrai.

— Bon, je ferais mieux de filer, Morgan. Contente de t'avoir revue.

— Moi aussi. Dites bonjour à Eileen de ma part.

Paula a ramassé ses livres avant de se diriger vers la caisse. J'ai trouvé un volume qui offrait une histoire globale de la Wicca ainsi que des explications sur ce qui en différenciait les multiples branches : la Pecti-Wita, la Calédonienne, la Celtique, la Germanique, la Strega, et d'autres que j'avais découvertes en surfant sur le Net. Ma trouvaille sous le bras, je me suis tournée de l'autre côté : encens, mortiers et pilons, bougies rangées par couleurs. J'ai remarqué une chandelle qui figurait un homme et une femme enlacés ; aussitôt, j'ai pensé à Cal et moi. Puis à Cal et Bree. Si je faisais brûler cette bougie, est-ce que Cal m'aimerait ? Et comment Bree réagirait-elle ?

Pourquoi perdre mon temps à y penser ?

Je me suis placée au bout de la queue qui s'était formée devant la caisse, entourée de parfums de cannelle et de muscade.

— Morgan, chérie, c'est bien toi ?

J'ai pivoté et me suis retrouvée face à Mme Petrie, une femme qui fréquentait la même église que nous.

— Bonjour, madame Petrie, ai-je répondu, d'un ton un peu sec.

Décidément, je n'avais pas de chance. J'avais espéré un peu d'intimité pour mon escapade.

Mme Petrie était plus petite que moi, à présent, mais elle n'avait pas changé d'un poil depuis que je la connaissais. Elle portait toujours un tailleur avec des chaussures assorties. À l'église, elle avait le chapeau qui allait avec.

Elle s'est penchée pour lire le titre de mon livre.

— Tu fais des recherches pour un exposé ? a-t-elle hasardé en souriant.

— Oui. On étudie les différentes religions du monde.

— Comme c'est intéressant, a-t-elle déclaré avant de s'approcher un peu plus et de poursuivre à voix basse. C'est une librairie très spéciale. On y trouve des choses abominables, mais les deux responsables sont des gens très comme il faut.

— Ah bon ? Et vous, vous êtes là pour… ?

Elle s'est avancée vers les étagères des herbes et épices.

— Tu sais que je suis célèbre pour ma culture de plantes aromatiques, a-t-elle déclaré fièrement. Je suis l'un de leurs fournisseurs. Je vends aussi mes herbes à certains restaurants de la ville et à Nature's Way, la boutique bio dans la rue principale.

— Vraiment ? Je l'ignorais, ai-je avoué.

— Eh oui. Je passais juste déposer un peu de thym séché et des graines de cumin de l'été dernier. Bon, je dois filer. Ça m'a fait plaisir de te voir, mon petit. Salue tes parents de ma part.

— Bien sûr. À dimanche, ai-je répondu, soulagée de la voir disparaître par la porte d'entrée.

J'étais si préoccupée par ces rencontres imprévues que j'avais oublié le comportement étrange du vendeur. Tandis que je passais à la caisse avec mon livre, j'ai de nouveau senti le poids de son regard.

Sans un mot, j'ai sorti mon porte-monnaie et compté mes pièces.

— Je savais que tu reviendrais, a-t-il murmuré tout en enregistrant mon achat.

Le visage de marbre, j'ai évité de lever la tête.

— Tu portes la marque de la Déesse. Sais-tu à quel clan tu appartiens ?

Cette fois-ci, mes yeux se sont plantés dans les siens.

— Je n'appartiens à aucun clan, l'ai-je détrompé.

Pensif, l'homme a penché la tête sur le côté.

— Tu en es certaine ?

Il m'a rendu quelques pièces, que j'ai prises avant d'attraper mon livre et de partir en vitesse. Tout en démarrant le moteur V8 de Das Boot, j'ai repensé aux Sept Grands Clans. Au cours des derniers siècles, ils avaient été dissous et n'existaient pour ainsi dire plus du tout. J'ai secoué la tête. Ce vendeur pouvait bien dire ce qu'il voulait, le seul clan auquel j'appartenais, c'était le clan Rowlands, ma famille.

Je suis rentrée par les petites routes. Les feuilles couleur de flamme se fondaient dans le paysage sans que je les remarque, tant je me laissais absorber par ma rêverie favorite : je revoyais cet instant béni où, sous la lune, Cal m'avait portée dans l'eau. Souvenir et fantasme se mélangeaient, si bien que je ne savais même plus si cela s'était vraiment produit.

Ce soir-là, c'était Mary K. qui avait préparé le dîner. Moi, je devais débarrasser la table. Debout devant l'évier, je rinçais les assiettes en rêvant à Cal. Est-ce que Bree et lui s'étaient retrouvés après le lycée ? Est-ce qu'ils s'étaient déjà embrassés ? Mon cœur s'est serré à cette idée. J'ai aussitôt imploré mon esprit d'arrêter de me torturer.

Pourquoi Cal avait-il fait irruption dans ma vie ? me suis-je demandé malgré moi. J'espérais qu'il était arrivé pour une bonne raison, que ce n'était pas une simple cruauté du sort.

J'ai secoué la tête, tout en éclatant des bulles entre mes doigts. *Reprends-toi*, me suis-je tancée avant de commencer à ranger les assiettes dans le lave-vaisselle.

« À quel clan appartiens-tu ? » avait voulu savoir le vendeur. Autant me demander de quelle planète je venais ! Je ne pouvais évidemment pas descendre de l'un des Sept Clans, même si l'idée était intéressante. Ce serait comme de découvrir soudain que j'avais été adoptée, que mon vrai père était une star et qu'il voulait que j'aille vivre avec lui. Les Sept Grands Clans étaient les vedettes de la Wicca. Selon la légende, ils possédaient des pouvoirs surnaturels et des milliers d'années d'histoire commune.

J'ai disposé les verres sur le tiroir du haut du lave-vaisselle. Dans mon livre, j'avais lu que les Sept Clans s'étaient isolés du reste de l'humanité si longtemps qu'ils avaient développé un génotype distinct. Mes parents… ma famille. Nous, on était désespérément normaux. Le vendeur cherchait juste à me déstabiliser.

Tout à coup, j'ai laissé tomber l'éponge que je tenais en main et je me suis redressée. Sourcils froncés, j'ai jeté un coup d'œil par la fenêtre. Il faisait sombre. J'ai balayé la pièce du regard, en proie à un fort sentiment de… je ne savais pas trop. Est-ce qu'un orage se préparait ? Un vague parfum de danger flottait dans l'air.

Je venais de refermer le lave-vaisselle lorsque la porte de la cuisine s'est ouverte à la volée. Mes parents se trouvaient dans l'encadrement. Mon père semblait ébranlé, et les lèvres pincées de ma mère témoignaient de sa fureur.

— Que se passe-t-il ? me suis-je inquiétée.

J'ai fermé le robinet, le cœur au bord des lèvres.

Ma mère a glissé sa main dans ses cheveux auburn si semblables à ceux de Mary K.

— C'est à toi, ça ? a-t-elle aboyé. Ces livres sur les sorcières ?

Elle me tendait les bouquins achetés chez *Magye Pratique*.

— Ben oui. Pourquoi ?

— On peut savoir pourquoi tu lis ce genre de choses ?

Elle ne s'était pas encore changée. Dans sa tenue de travail, elle avait l'air chiffonné et fatigué.

— Parce que ça m'intéresse, ai-je rétorqué, sidérée par son ton agressif.

Mes parents ont échangé un regard. La lumière du plafonnier faisait luire la calvitie de mon père.

— Est-ce qu'il y en a d'autres que ça intéresse, au lycée, ou es-tu la seule ?

— Mary Grace… a murmuré mon père, mais elle l'a ignoré.

Je n'y comprenais rien.

— Quel est le problème ? Il n'y a pas de quoi en faire un fromage, pas vrai ? ai-je demandé avant de secouer la tête. C'est juste… intéressant. Je voulais en savoir plus sur la question.

— Morgan… a repris ma mère.

Je n'en revenais pas tant elle paraissait en colère. Elle perdait très rarement son sang-froid avec Mary K. et moi, même dans les pires circonstances.

— Ce que ta mère essaie de te dire, Morgan, c'est que nous n'approuvons pas ces lectures sur la sorcellerie.

Visiblement mal à l'aise, il s'est éclairci la gorge tout en tiraillant sur le col en V de son pull sans manches.

J'en suis restée comme deux ronds de flan.

— Et pourquoi ?

— Pourquoi !? a répété ma mère, et son ton m'a presque fait sursauter. Parce que c'est de la sorcellerie !

Je l'ai dévisagée un instant.

— Mais ce n'est pas comme… de la magie noire ni rien, ai-je tenté de lui expliquer. Je t'assure, il n'y a rien de dangereux ni d'effrayant là-dedans. Ce ne sont que des gens qui se réunissent pour se rapprocher de la nature. Quelle importance qu'ils vénèrent la pleine lune ?

Je me suis bien gardée de mentionner les bougies phalliques, les éclairs d'énergie et les bains de minuit.

— C'est plus que ça, a insisté ma mère, les yeux écarquillés, aussi tendue qu'une corde de violon.

Elle s'est tournée vers mon père.

— Sean, j'apprécierais un peu de soutien.

— Écoute, Morgan, a poursuivi mon père d'un ton plus calme, nous sommes inquiets, c'est tout. Pourtant, nous sommes plutôt ouverts d'esprit, à mon sens. Mais nous sommes catholiques. C'est notre religion. Nous appartenons à l'Église catholique. Et l'Église catholique ne tolère pas la sorcellerie ou ceux qui l'étudient.

— Je n'arrive pas à y croire, ai-je rétorqué, de plus en plus irritée. À vous entendre, ces livres représentent une menace réelle.

Des souvenirs de mon mal-être après les deux cercles me sont revenus en flashes.

— On parle de la Wicca, ai-je repris. Les wiccans sont aussi inoffensifs que les écolos qui manifestent contre les expériences sur les animaux et dansent autour d'un mât de cérémonie.

J'ai soudain repensé à certains passages de mon livre.

— Vous savez, ai-je poursuivi, l'Église catholique a assimilé de nombreuses traditions d'origine wiccane. Comme l'utilisation du gui à Noël et des œufs à Pâques. Le gui et les œufs étaient tous deux des symboles d'une religion qui précède de loin le christianisme et même le judaïsme.

Ma mère m'a foudroyée du regard.

— Morgan Rowlands, tu vas m'écouter, a-t-elle dit, et là j'ai su qu'elle était vraiment en colère. Je te répète que nous ne voulons pas de sorcellerie chez nous. Que l'Église catholique n'approuve pas ces lectures. Que nous croyons en un seul Dieu. Et maintenant, je veux que tu te débarrasses de ces horribles torchons !

J'ai cru que ma mère avait été remplacée par un clone extraterrestre. Cela lui ressemblait si peu que j'en suis restée bouche bée. Mon père avait posé la main sur son épaule comme pour la calmer, mais elle continuait à me dévisager avec colère. Des rides s'étaient creusées autour de sa bouche, son regard était froid, furieux et… inquiet ?

Je ne savais plus quoi dire. D'habitude, ma mère se montrait raisonnable.

— Je pensais qu'on croyait au Père, au Fils et au Saint-Esprit, l'ai-je provoquée. Ça fait trois.

J'ai cru qu'elle allait faire une attaque tant les veines de son cou se sont gonflées. C'est alors qu'une chose m'a frappée : j'étais plus grande qu'elle, à présent.

— Monte dans ta chambre ! a-t-elle hurlé, ce qui m'a fait sursauter de nouveau.

Chez nous, on ne crie pas.

— Mary Grace… a murmuré mon père.

— Je t'ai dit de monter dans ta chambre ! a-t-elle insisté en pointant d'un geste brusque la porte de la cuisine.

Elle se retenait de me gifler, je le sentais, et ça m'a causé un sacré choc.

Mon père a de nouveau posé la main sur son épaule en un geste hésitant et inefficace pour l'apaiser. Ses traits étaient tirés et ses yeux, derrière ses lunettes cerclées de métal, reflétaient sa propre préoccupation.

— J'y vais, ai-je marmonné en prenant soin de passer à bonne distance d'elle.

J'ai grimpé les marches en tapant des pieds et claqué la porte de ma chambre. Je l'ai même fermée à clef, ce qui m'était pourtant interdit. Ébahie, je me suis assise sur mon lit en essayant de ne pas pleurer.

Une seule idée tournait en boucle dans ma tête : de quoi ma mère avait-elle si peur ?

14. Plus fort que jamais

« Le roi et la reine se lamentaient depuis des années de ne pas avoir d'enfants. Ils décidèrent finalement d'adopter une petite fille. Mais, pour leur plus grand malheur, l'enfant devint énorme et les dévora avec ses dents d'acier. »

Extrait d'un conte de fées russe

— Alors, qu'est-ce que t'as fait pour mériter un tel chat-quiment ? s'est enquise Mary K. le lendemain matin.

J'ai démarré en marche arrière pour sortir Das Boot de l'allée, deux craquottes à la fraise entre les dents.

Quand Mary K. était petite, ma mère lui avait dit un jour, après une grosse bêtise, qu'elle mériterait un châtiment. Ma sœur avait entendu « chat qui ment » et, bien sûr, elle n'avait rien compris. Depuis, l'expression était restée.

— Je lisais des bouquins qui ne leur plaisaient pas, ai-je marmonné d'un ton détaché, tout en m'efforçant de ne pas cracher des miettes partout sur le tableau de bord.

— Des trucs porno, tu veux dire ? a-t-elle demandé, soudain intéressée. Tu les as trouvés où ?

— Mais non, pas des trucs porno, l'ai-je détrompée, exaspérée. Ce n'était vraiment rien de grave. Je ne comprends pas pourquoi ils en font toute une histoire.

— Alors, quoi ?

Les yeux au ciel, j'ai passé une vitesse.

— Des livres sur la Wicca. Une ancienne religion centrée sur la femme, qui a précédé le judaïsme et le christianisme.

Je parlais comme un livre, maintenant. Ma sœur y a réfléchi un instant avant de répondre :

— C'est barbant, ton truc. Tu peux pas lire du porno, plutôt, ou quelque chose que je pourrais te piquer ?

— Peut-être plus tard, ai-je répliqué dans un éclat de rire.

— Tu rigoles ! s'est écriée Bree. Je n'arrive pas à y croire. C'est horrible.

— C'est surtout débile, ai-je soupiré. Ils veulent que je me débarrasse de mes livres.

Le banc sur lequel nous étions assis devant le lycée était glacé. Le soleil d'octobre faiblissait de jour en jour.

Robbie a secoué la tête. Avec des parents catholiques encore plus stricts que les miens, il compatissait. Je doutais qu'il leur ait parlé de son intérêt pour la Wicca.

— Tu peux les laisser chez moi, m'a proposé Bree. Mon père s'en moque complètement.

La tête rentrée dans les épaules, j'ai remonté la fermeture de ma parka jusqu'en haut pour protéger mon cou du froid. Il ne restait que quelques minutes avant le début des cours. Notre nouveau groupe hybride s'était rassemblé près de la porte est. J'ai aperçu Tamara et Janice qui s'avançaient vers le bâtiment en parlant tête baissée. Elles me manquaient. Je ne les voyais plus beaucoup, ces derniers temps.

Cal était perché sur le dossier du banc qui nous faisait face, près de Beth. Il portait de vieilles santiags usées aux talons. Il ne disait rien, ne nous regardait même pas, mais je sentais qu'il ne perdait pas une miette de la conversation.

— Qu'ils aillent se faire foutre, a lancé Raven. Ils n'ont pas le droit de t'interdire ces bouquins. On vit en démocratie, que je sache.

Bree a pouffé avant de répondre :

— Ouais. Mais appelle-moi d'abord le jour où tu diras à Sean et à Mary Grace d'aller se faire foutre !

J'ai souri malgré moi.

— Ce sont tes parents, a déclaré Cal, sortant soudain de son silence. Tu les aimes et tu veux respecter leurs sentiments, c'est normal. Si j'étais toi, moi aussi, je serais malheureux.

À cet instant, je l'ai aimé plus fort que jamais. Je pensais qu'il les traiterait lui aussi de vieux ringards, stupides et hystériques. Comme il était le plus investi de nous tous dans la Wicca, je m'attendais à ce que sa réaction soit la plus virulente.

Bree s'est tournée vers moi. J'ai prié pour que mes sentiments ne se lisent pas clairement sur mon visage. Dans les contes de fées, le héros et l'héroïne sont toujours faits l'un pour l'autre : ils se rencontrent, se marient et ont beaucoup d'enfants. Cal était fait pour moi. Je ne pouvais imaginer un mec plus génial. Mais moi, je ne représentais sans doute rien pour lui. Quel conte de fées tordu !

— C'est une décision difficile, a poursuivi Cal.

Notre groupe commençait à l'écouter comme un apôtre venu nous apporter la bonne parole.

— Moi, j'ai de la chance car la Wicca est notre religion familiale. (Après avoir réfléchi un instant, la tête posée sur la main, il a conclu en me souriant :) En même temps, si j'apprenais à ma mère que je voulais devenir catholique, elle péterait les plombs.

Robbie et Beth ont éclaté de rire.

— Enfin, a repris Cal, redevenu sérieux, tout le monde doit choisir son chemin. Morgan, c'est à toi d'en décider. J'espère que tu veux toujours explorer la Wicca. Je pense que tu as un don pour la magye blanche. Mais je comprendrais que cela te soit impossible.

La porte du lycée s'est ouverte à la volée et a claqué contre le mur. Chris Holly est sorti, suivi de Trey Heywood.

— Oh ! a beuglé Chris. Pardonnez-moi. Je ne voulais pas vous déranger, sales sorcières !

— Dégage, a lancé Raven d'une voix monocorde.

Chris l'a ignorée et a poursuivi :

— Vous faites quoi, là ? Vous jetez des sorts ? C'est permis, dans le périmètre du lycée ?

— Chris, arrête, a soupiré Bree en se massant les tempes. Laisse-nous tranquilles.

Aussitôt, il s'en est pris à elle.

— Tu n'as pas à me dire ce que je dois faire. On ne sort plus ensemble, pas vrai ?

— C'est vrai, a-t-elle admis, furieuse. Et ça, c'est en partie à cause de ce genre de comportement.

— Ah ouais ? Eh bien…

Chris a été coupé par la sonnerie et l'arrivée d'Ambrose, le prof de sport, qui approchait à grands pas.

— En classe, les jeunes, a-t-il ordonné machinalement en poussant les portes.

Chris a décoché un regard mesquin à Bree avant de suivre le prof à l'intérieur.

J'ai ramassé mon sac et je me suis dirigée vers l'entrée du lycée, Robbie sur les talons. Bree s'est attardée un instant. Un coup d'œil en arrière m'a appris qu'elle parlait à Cal, une main sur son bras. Raven les observait, les yeux plissés.

Mes pas m'ont conduite automatiquement jusqu'à la salle de classe tant j'étais confuse. Ma vie me semblait soudain très compliquée.

Après les cours, j'ai fourré mes livres sur la Wicca dans un sac en papier que j'ai emporté chez Bree. Elle m'a promis que je pourrais passer chez elle n'importe quand pour les lire.

— Je te les garderai précieusement, a-t-elle déclaré.

— Merci, ai-je dit avant de dégager mes cheveux derrière mon épaule et de poser la tête contre la porte. Je pourrais peut-être venir ce soir, après manger ? J'en suis déjà à la moitié du bouquin sur l'histoire de la sorcellerie, et c'est captivant.

— Bien sûr. Ma pauvre, a-t-elle ajouté en me tapotant l'épaule. Bon, fais-toi oublier quelques jours et tout redeviendra normal. Tu sais que tu peux passer quand tu veux, pour lire ou pour bavarder. D'accord ?

— D'accord, ai-je répondu en la serrant dans mes bras. Tu en es où, avec Cal ?

Il m'en coûtait de lui poser la question, mais je savais qu'elle n'attendait que ça. Elle a grimacé, puis a répondu :

— Il y a deux jours, on a parlé pendant presque une heure au téléphone, mais hier, quand je lui ai proposé d'aller à Wingott's Farm avec moi, il a refusé. Je vais devoir employer la manière forte s'il ne cède pas bientôt.

— Il va céder, ai-je prédit. Comme tous les autres.

— C'est vrai, a reconnu Bree, le regard mélancolique.

— Bon, je t'appelle tout à l'heure.

J'étais soudain pressée que la conversation se termine.

— Allez, courage ! m'a-t-elle lancé tandis que je m'enfuyais.

La semaine suivante, j'ai veillé à passer plus de temps avec Tamara, Janice et Ben. Je suis allée au club de maths en essayant vraiment de m'intéresser aux fonctions, mais une seule chose m'obsédait : en apprendre davantage sur la Wicca et, surtout, être près de Cal.

Quand j'ai annoncé à ma mère que je m'étais débarrassée des livres, elle a eu l'air un peu gêné, mais surtout soulagé. Pendant une fraction de seconde, je me suis sentie coupable d'omettre une petite chose : les livres se trouvaient chez Bree et je continuais à les lire le soir. Puis j'ai haussé les épaules. J'avais beau respecter mes parents, je n'étais pas d'accord avec eux.

— Merci, a soufflé ma mère.

Elle a fait mine de poursuivre, mais s'est abstenue. Plusieurs fois cette semaine-là, je l'ai surprise en train de m'observer. Le plus étrange, c'est que son regard appuyé me rappelait le vendeur bizarre de *Magye Pratique*. Elle me dévisageait comme si elle guettait quelque chose, comme si des cornes allaient soudain me pousser sur le front ou je ne sais quoi.

Tout au long de la semaine, l'automne s'est installé peu à peu, gonflant les eaux de l'Hudson, le fleuve qui borde la ville. Les jours avaient visiblement raccourci, le vent était devenu plus vif. La nature semblait dans l'expectative, je le voyais dans les feuilles, le vent, le soleil. Comme si un événement crucial allait se produire. Mais quoi ?

Le samedi après-midi, le téléphone a sonné pendant que je révisais mes cours. *Cal*, ai-je pensé avant de décrocher le combiné sans fil de l'étage.

— Salut, a-t-il dit, et le simple fait de l'entendre m'a laissée sans voix.

— Salut, me suis-je forcée à répondre.

— Est-ce que tu viens, pour le cercle de ce soir ? a-t-il demandé de but en blanc. On se retrouve chez Matt.

Cette question m'avait tourmentée pendant des jours. D'accord, de façon détournée, je désobéissais déjà aux ordres de mes parents en lisant mes livres, mais participer à un cercle me semblait beaucoup plus grave. Engranger des connaissances sur la Wicca était une chose ; la pratiquer en était une autre.

— Je ne peux pas, ai-je fini par murmurer, au bord des larmes.

Cal est resté silencieux une minute.

— Je te promets que personne ne se déshabillera.

Son ton taquin m'a fait sourire. Il a marqué une nouvelle pause avant de poursuivre :

— Et je te promets que je ne te porterai pas dans l'eau.

Il avait parlé d'une voix si basse que je n'étais pas sûre de l'avoir vraiment entendu.

— Sauf si tu le souhaites, a-t-il ajouté, dans un même murmure.

Bree, ta meilleure amie, est amoureuse de lui, me suis-je rappelé pour rompre le charme. *Elle, elle a une chance. Toi, non.*

— C'est juste que… je… je ne peux pas, me suis-je surprise à bégayer piteusement.

Soudain, le pas de ma mère a résonné au rez-de-chaussée. Je me suis faufilée dans ma chambre, fermant la porte derrière moi.

— Très bien, s'est-il contenté de répondre.

Il a laissé le silence – un silence intime – s'installer entre nous. Je me suis allongée sur mon lit, les yeux posés sur les feuilles couleur de flamme qui bordaient ma fenêtre. À cet instant, j'aurais renoncé au reste de ma vie pour que Cal soit étendu là, près de moi. J'ai fermé les yeux. Des larmes ont coulé en travers de mes joues.

— Peut-être une autre fois, a-t-il conclu.

— Peut-être, ai-je répété en luttant pour que ma voix ne me trahisse pas.

Sans doute pas, ai-je pensé, au supplice.

— Morgan…

— Oui ?

Silence.

— Non, rien. On se voit lundi au lycée. Tu vas nous manquer, ce soir.

« Tu vas nous manquer. » Et non : « Tu vas *me* manquer. »

— Merci, ai-je soupiré.

J'ai raccroché et, la tête dans l'oreiller, j'ai pleuré.

15. L'Abbaye de Killburn

« Les plantes nées de la terre, les animaux, tout organisme vivant, le ciel même, le temps et le mouvement, tout recèle un certain pouvoir. Si vous êtes en harmonie avec l'Univers, vous pouvez puiser dans ce pouvoir. »

Être une sorcière,
Sarah Morningstar, 1982

SAMHAIN APPROCHE. HIER SOIR, LE CERCLE ÉTAIT FAIBLE ET PÂLE SANS ELLE. J'AI BESOIN D'ELLE. JE PENSE QU'ELLE EST LA BONNE.

— Tu sais que certaines nanas tombent carrément enceintes à seize ans, ai-je marmonné à Mary K. le dimanche après-midi.

Je n'arrivais pas à croire que ma vie s'était réduite à cela : je me retrouvais assise à l'arrière d'un car plein de catholiques joyeux et dévoués en virée à l'abbaye de Killburn.

— D'autres se droguent ou bousillent la voiture de leurs parents. Elles sont expulsées du lycée… Et moi, tout ce que j'ai fait, c'est de rapporter des livres à la maison. Des livres !

La tête appuyée contre la vitre du car, j'ai soupiré. Je me torturais l'esprit en essayant d'imaginer le cercle de la veille.

Si vous n'avez jamais passé une heure dans un car rempli d'adultes fréquentant la même église que vous, vous ne pouvez pas savoir à quel point ça peut être long, une heure. Mes parents étaient assis un peu plus loin, heureux comme des larrons en foire. Ils bavardaient et riaient avec leurs amis. Melinda Johnson, cinq ans, a commencé à avoir mal au cœur. On a dû s'arrêter toutes les cinq minutes pour qu'elle puisse vomir.

— Ça y est, nous y sommes ! s'est écriée Mlle Hotchkiss en se levant au premier rang.

Mlle Hotchkiss est la sœur du père Hotchkiss et aussi son intendante. Le car venait de s'arrêter poussivement devant un bâtiment aussi avenant qu'un pénitencier.

Mary K. a jeté un regard sceptique par la vitre.

— C'est une prison ? a-t-elle murmuré. Ils cherchent à nous effrayer pour qu'on reste dans le droit chemin, ou quoi ?

Sans cesser de grommeler, j'ai suivi le groupe qui descendait du car avec la discrétion d'un troupeau d'éléphants. Dehors, l'air était froid, humide, et de lourds nuages grisâtres filaient dans le ciel. Une odeur de pluie imprégnait déjà l'atmosphère. Un détail m'a frappée : on n'entendait aucun pépiement d'oiseau.

Devant nous se dressaient de grands murs de béton d'au moins trois mètres de haut, salis par des années d'intempéries et de poussière, dissimulés sous un enchevêtrement de lierre. Une énorme double porte noire en bois, pourvue de lourds rivets et de gonds massifs, en complétait le tableau.

— Tout le monde vient par ici ! a appelé le père Hotchkiss d'un ton guilleret.

Il s'est approché à grands pas de l'entrée avant de faire tinter la cloche. Un instant plus tard, une femme portant un badge au nom de Karen Breems nous a ouvert.

— Bonjour ! Vous devez être le groupe de la paroisse de St. Michael's, a-t-elle lancé avec enthousiasme. Bienvenue à l'abbaye de Killburn. C'est l'un des plus vieux cloîtres de l'État de New York. Il n'y a plus de nonnes à présent, sœur Clement est morte en 1987. Le bâtiment abrite désormais un musée et un centre de retraite spirituelle.

Le portail s'ouvrait sur une cour dépourvue de plantations. Le gravier qui la recouvrait crissait sous nos pas. Lorsque j'ai balayé l'endroit du regard, je me suis surprise à sourire. L'abbaye de Killburn était un endroit gris, stérile et isolé du monde. Pourtant, une sérénité profonde s'est insinuée en moi à mesure que je m'y aventurais. Mes soucis se sont envolés devant ces épais murs de pierre, cette cour nue, ces fenêtres à barreaux.

— On dirait vraiment une prison, a bougonné Mary K., le nez froncé. Quand je pense à ces pauvres religieuses…

— Non, pas une prison, l'ai-je contredite, les yeux levés vers les petites fenêtres découpées tout en haut des murs. Un sanctuaire.

Nous avons visité les minuscules cellules où les bonnes sœurs dormaient jadis sur de dures couches de bois garnies de paille. Une grande cuisine rudimentaire occupait une partie du bâtiment. Son immense table en chêne et les énormes poêles et casseroles cabossées qui pendaient aux murs m'ont impressionnée. En fermant les yeux à demi, j'ai aperçu la silhouette noire d'une nonne qui remuait des herbes dans de l'eau bouillante : elle préparait une infusion pour ses sœurs souffrantes. Une sorcière !

— L'abbaye vivait pour ainsi dire en autarcie, nous a expliqué Mme Breems en nous invitant d'un geste de la main à quitter la cuisine par une étroite porte en bois.

Nous nous sommes retrouvés dans un jardin clos. Envahi par les mauvaises herbes, il semblait triste et négligé, à présent.

— Les sœurs cultivaient leurs fruits et leurs légumes, qu'elles mettaient en conserve pour l'hiver. Dans les premiers temps, elles élevaient même des moutons et des chèvres pour le lait, la viande et la laine. Ici, nous sommes dans le potager, muré pour empêcher les lapins et les cerfs d'y pénétrer. De même que dans nombre d'abbayes européennes, les plantes aromatiques suivent le tracé d'un petit labyrinthe circulaire.

Comme la roue de l'année, me suis-je dit, en comptant huit rayons principaux, aujourd'hui décrépits, voire indistincts. Un pour Samhain, un pour Yule, un pour Imbolc, puis venaient Ostara, Beltane, Litha, Lammas et Mabon.

Je me doutais bien que les bonnes sœurs n'avaient jamais eu l'intention de reproduire la roue wiccane dans leur jardin. Cette idée les aurait horrifiées. Mais telle était la nature de la Wicca :

si ancienne qu'elle avait peu à peu pénétré bien des facettes de la vie quotidienne des gens sans qu'ils s'en aperçoivent.

Tandis que nous parcourions les restes des sentiers de pavés que des milliers de pieds en sandales avaient polis au cours des siècles, Mme Petrie, la productrice d'herbes aromatiques, frôlait la pâmoison. L'oreille tendue, je la suivais pour entendre ses murmures : « De l'aneth, oui, et regardez-moi cette robuste camomille ! Oh ! et ça, c'est de la tanaisie. Dieu que je déteste la tanaisie, elle étouffe tout le reste… »

J'ai soudain eu l'impression qu'une vague de magye descendait sur moi. Je me suis aussitôt sentie plus gaie, et le soleil a brillé sur mon visage. Chaque parterre, même négligé, était une révélation.

J'ignorais les noms de la plupart des plantes, mais leur aspect m'était familier. À plusieurs reprises, je me suis penchée pour caresser leurs têtes brunes et sèches, leurs cosses brisées, leurs feuilles ratatinées. Alors, des images floues apparaissaient dans ma tête : œil-de-cheval, chasse-fièvre, herbe-aux-myopes, barbe-de-chêne, amour-en-cage, herbe-aux-verrues…

Là, devant moi, se trouvaient les vestiges automnaux d'une collection de plantes aux vertus multiples. Grâce à elles, on pouvait guérir, faire de la magye, relever les plats, fabriquer de l'encens, du savon et de la teinture… Penser à ces possibilités infinies m'a donné le tournis.

À genoux, j'ai frôlé un pâle aloe vera. Tout le monde l'utilise pour soulager les brûlures et les coups de soleil. Même ma propre mère, qui ne s'était jamais demandé si c'était de la sorcellerie. Un petit laurier se dressait non loin, si vieux que son tronc s'était tordu. En le touchant, j'ai perçu sa propreté, sa pureté et sa force. J'ai aussi reconnu des buissons de thym, un grand pied d'herbe-aux-chats à l'agonie, des graines de cumin brunes, minuscules sur leurs tiges sèches. Un nouveau monde s'offrait à moi – je pouvais l'explorer et m'y perdre. J'ai touché avec tendresse un plant de menthe verte rabougri.

— La menthe est éternelle, a déclaré Mme Petrie. Elle revient toujours. En fait, c'est une plante très envahissante… Moi, je cultive la mienne en pots.

J'ai hoché la tête en souriant. Je ne sentais plus le vent frais. J'ai exploré la moindre allée, où j'ai remarqué des coins vides, d'autres où des tiges nues attendaient le renouveau du printemps. J'ai lu soigneusement chaque petite plaque métallique mentionnant le nom de la plante dans une écriture cursive féminine et régulière.

Ma mère m'a rejointe.

— C'est fascinant, pas vrai ?

J'avais l'impression qu'elle voulait se faire pardonner.

— C'est incroyable, ai-je répondu, sincère. J'adore ces plantes. Tu penses que papa me laisserait un petit coin dans le jardin où l'on pourrait faire pousser les nôtres ?

Ma mère m'a fixée – prunelles marron plongeant dans d'autres prunelles marron.

— Ça t'intéresse tant que ça ? s'est-elle étonnée, les yeux posés sur une touffe de romarin épaisse et résistante.

— Oui. C'est si joli, ici. Ce serait chouette qu'on cuisine avec le persil et le romarin du jardin, non ?

— C'est vrai. Peut-être au printemps prochain. On en parlera à papa.

Elle s'est éloignée pour retrouver Mme Hotchkiss, qui dissertait sur l'histoire de l'abbaye.

Quand l'heure est venue de remonter dans le car, quitter ce jardin a été un vrai déchirement. Je voulais rester dans le cloître, arpenter ses couloirs, humer ses odeurs et sentir les feuilles sèches se désagréger entre mes doigts. Les plantes m'appelaient de toute la magye contenue dans leur petite force vitale. Là, devant le portail de l'abbaye de Killburn, j'ai eu une illumination.

Malgré les objections de mes parents, malgré tout le reste, je ne pouvais pas me contenter d'accumuler les connaissances sur les sorcières. Je voulais en devenir une.

16. Sorcière de sang

« Être ou ne pas être sorcier ? La question ne se pose pas.
Soit nous le sommes, soit nous ne le sommes pas.
C'est dans notre sang. »

Tim McClellan,
alias Feargus le Lumineux

JE SUIS SI FRUSTRÉ QUE J'EN HURLERAIS... ELLE RÉSISTE. JE SAIS QUE JE NE PEUX LA FORCER. DÉESSE, PITIÉ, ENVOIE-MOI UN SIGNE.

Lundi, après les cours, Robbie et moi avons séché le club d'échecs pour aller à *Magye Pratique*. Ça commençait à devenir une habitude, chez moi. J'ai acheté un manuel sur l'utilisation des herbes aromatiques et des autres plantes dans la magye, ainsi qu'un carnet magnifique : couverture marbrée, pages vierges et épaisses couleur crème. Ce serait mon Livre des Ombres. Je comptais y noter des comptes rendus de nos cercles, mes impressions sur la Wicca et tout ce qui pourrait me passer par la tête.

De son côté, Robbie a craqué pour un cierge en forme de pénis qu'il trouvait hilarant.

— Très drôle, ai-je soupiré. Avec ça, tu vas toutes les tomber.

Il a ricané bêtement.

Ensuite, direction chez Bree, où nous nous sommes réunis dans la chambre de notre amie. J'étais allongée sur son lit, plongée dans ma dernière acquisition, tandis que Robbie bidouillait la chaîne de Bree et passait en revue ses nouveaux CD. Assise par terre, Bree s'efforçait de se vernir les ongles des doigts de pied tout en parcourant mon bouquin sur les Sept Grands Clans.

— C'est incroyable ! Écoutez un peu ça… a-t-elle déclaré au moment où la sonnette retentissait en bas.

Un instant plus tard, les voix de Jenna et de Matt ont résonné dans l'escalier.

— Salut ! a lancé Jenna avec entrain, ses cheveux blond pâle ramenés sur une épaule. La vache, ça caille, dehors. Où est passé l'été indien ?

— Entrez, les a accueillis Bree. On devrait peut-être descendre au salon, a-t-elle ajouté en balayant sa chambre du regard.

— Moi, je préfère rester ici, a annoncé Robbie.

— Oui, c'est plus intime, ai-je approuvé en m'asseyant.

— Écoutez ça, a repris Bree. J'étais en train de lire un livre sur les Sept Grands Clans de la Wicca.

— Houuuu, a fait Jenna en mimant un frisson.

— « Au fil des siècles, chacun des Sept Grands Clans s'est découvert un domaine de prédilection. À une extrémité du spectre, on trouve le clan Woodbane, qui s'est fait connaître pour son œuvre noire et sa prédisposition pour le mal. »

Moi, j'ai frissonné pour de bon, mais Matt a agité les sourcils pendant que Robbie émettait un rire diabolique.

— Cela ne ressemble pas à la Wicca, s'est étonnée Jenna en enlevant son manteau. Vous vous rappelez ? La règle du triple retour ? Tout ce qu'on accomplit nous revient triplement. Cal nous a lu des passages d'un bouquin à ce sujet le week-end dernier. Bree, elle est extra, cette couleur. C'est quoi ?

— Bleu céleste, a répondu mon amie en lorgnant le petit flacon de vernis.

— Trop cool.

— Merci. Attendez, ça, c'est vraiment super intéressant : « À l'autre bout du spectre, on trouve les Rowanwand. Toujours bons, toujours pacifiques, les Rowanwand étaient connus comme les dépositaires du savoir magyque. Ce sont eux qui ont rédigé le premier Livre des Ombres. Ils ont collecté les sorts, exploré les propriétés magyques du monde qui les entourait. »

— Sympa, a commenté Robbie. Et qu'est-ce qui leur est arrivé ?

— Attends, voyons voir… a répondu Bree en feuilletant le livre.

— Ils sont morts.

La voix veloutée de Cal, qui se tenait debout sur le seuil, nous a tous fait sursauter ; personne n'avait entendu la sonnette ni le bruit de ses pas dans l'escalier.

Aussitôt remise de sa surprise, Bree lui a offert un sourire radieux.

— Viens, entre, a-t-elle lancé en allant ranger son nécessaire à manucure.

— Salut, Cal, a dit Jenna.

— Salut, tout le monde, a-t-il répondu en pendant son manteau à la poignée de la porte.

— Comment ça, ils sont morts ? a répété Robbie.

Cal est venu s'asseoir près de moi sur le lit. Lorsque Bree s'est retournée, elle nous a vus côte à côte, et son regard s'est agrandi.

— En fait, il y avait Sept Grands Clans, a repris Cal. Les Woodbane, considérés comme mauvais, les Rowanwand, considérés comme bons, et cinq autres clans entre les deux, plus ou moins bons et mauvais.

— C'est véridique ? s'est enquise Jenna en jetant son chewing-gum dans la poubelle.

— Oui, pour autant qu'on sache. Bref. Disons que les Woodbane et les Rowanwand se sont fait la guerre pendant des millénaires, et que les cinq autres s'alliaient tantôt avec les premiers, tantôt avec les seconds.

— Comment s'appelaient ces clans ? a demandé Robbie.

— Attends, je viens juste de lire leurs noms, a répondu Bree en faisant glisser son doigt sur la page.

— Les Vikroth, les Brightendale, les Burnhide, les Wyndenkell et les Leapvaughn, ai-je récité de mémoire.

Tout le monde m'a dévisagée, sauf Cal qui a esquissé un sourire.

— Je viens juste de terminer ce livre, me suis-je défendue.

Bree a hoché la tête lentement.

— Morgan a raison, a-t-elle confirmé. Là, ça dit que les Vikroth se rangeaient plutôt dans la catégorie des guerriers. Les Brightendale, des sortes de guérisseurs, travaillaient avant tout avec les plantes. Les Burnhide préféraient les pierres, les cristaux et les métaux magyques, alors que les Wyndenkell étaient très forts pour inventer des sorts. Quant aux Leapvaughn, ils étaient malicieux, blagueurs et parfois cruels.

— Les Vikroth descendaient des Vikings, a expliqué Cal. Et le nom Leapvaughn a la même racine que *leaprechaun*, le lutin farceur irlandais.

— Vraiment ? s'est exclamé Matt.

Jenna est venue s'asseoir par terre, devant lui, pour s'adosser à ses jambes. Machinalement, ce dernier a commencé à jouer avec ses cheveux.

— Et comment sont-ils morts ? a voulu savoir Robbie.

— Ils se sont combattus pendant des siècles, a répété Cal. Peu à peu, leur nombre a diminué. Les Woodbane et leurs alliés tuaient purement et simplement leurs ennemis, soit lors de combats réguliers, soit grâce à la magye noire. Quant aux Rowanwand, s'ils n'utilisaient pas de magye noire pour se débarrasser de leurs opposants, ils se servaient d'une autre arme : la rétention d'informations. Ils laissaient les puits de connaissances des autres clans s'assécher en refusant de partager leur savoir. Par exemple, si des membres du clan des Vikroth tombaient malades et que les Rowanwand possédaient un sort capable de les soigner, ils s'abstenaient de le lancer. Ainsi mouraient leurs ennemis.

— Les salauds, a lâché Robbie, ce qui a fait glousser Bree.

Leur manque de sérieux m'a un peu agacée. Et je n'étais pas la seule, vu le regard sardonique que Cal a décoché à Robbie.

— Continue, Cal, ne t'occupe pas de lui, l'a poussé Bree.

Dehors, la nuit était tombée depuis un moment déjà. Une pluie froide et continue s'est mise à marteler la vitre. Je n'avais aucune envie de rentrer chez moi, où m'attendaient, je le savais, les hamburgers-frites de Mary K.

— En fait, a repris Cal, il y a environ trois cents ans, juste avant les procès des sorcières de Salem, les clans ont connu un terrible cataclysme. Personne ne sait vraiment ce qui s'est passé, mais, partout dans le monde, là où les clans s'étaient développés, sorciers et sorcières ont été décimés. Les historiens estiment que, en l'espace d'une centaine d'années, entre quatre-vingt-dix et quatre-vingt-quinze pour cent d'entre eux ont été assassinés – soit par leurs semblables, soit par les autorités humaines qui s'étaient mêlées à leurs conflits.

— Tu veux dire que les procès de Salem ont été orchestrés par d'autres sorcières pour détruire leurs rivales ? a demandé Bree, incrédule.

— Rien n'est certain. Mais c'est une possibilité.

À l'extérieur, ma peau était chaude, mes sens apaisés par la présence et la voix de Cal. En revanche, à l'intérieur, je me sentais transie jusqu'aux os. Entendre ces récits de sorcières persécutées, tuées, m'était insupportable.

— Puis, pendant les deux siècles suivants, a repris Cal, les sorcières du monde entier ont connu un Âge Sombre. Les clans ont perdu leur cohérence. Sorciers et sorcières se sont mariés avec des membres d'autres clans, et leurs enfants ne se sont sentis nulle part à leur place. Quant à ceux qui ont épousé des humains ordinaires, ils n'ont pas pu avoir de descendance.

Je me suis rappelé avoir lu que les Sept Clans s'étaient coupés du monde si longtemps qu'ils étaient maintenant trop différents des autres humains pour pouvoir se reproduire avec eux.

— T'en connais un rayon, a déclaré Jenna.

— Je baigne dedans depuis toujours, a précisé Cal.

— Et que s'est-il passé ensuite ? Je ne suis pas arrivée jusque-là, a dit Bree, la main posée sur le genou de Cal.

— Les anciennes coutumes et les vieilles rancœurs ont été oubliées. Mais presque toute la connaissance humaine de la magye s'est perdue à jamais. Puis, il y a environ un siècle, un petit groupe de sorciers et sorcières des Sept Clans, ou de ce qu'il en restait, a réussi à survivre à l'Âge Sombre et à lancer une Renaissance de la culture wiccane.

Cal a changé de position, et la main de Bree est tombée. Matt tressait une petite natte dans les cheveux de Jenna pendant que Robbie, allongé par terre la tête posée sur une main, n'en perdait pas une miette.

— Le livre raconte que le cataclysme avait été causé en partie par le cloisonnement entre les clans, ai-je ajouté. Alors, les survivants ont décidé de ne plus former qu'un seul grand clan, sans distinction.

— L'unité dans la diversité, a confirmé Cal. Ils ont prôné les mariages interclaniques et de meilleures relations entre sorciers et non-sorciers. Ce petit groupe de sorciers éclairés s'est donné le nom de Haut Conseil. Il existe encore aujourd'hui. Presque tous les covens modernes existent grâce à eux et à leurs enseignements. De nos jours, la Wicca se développe vite, mais les clans anciens ne sont plus que des souvenirs. La plupart des gens n'y croient même plus.

Je me suis souvenue que le vendeur de *Magye Pratique*, lorsqu'il m'avait demandé à quel clan j'appartenais, avait prononcé des paroles plus étranges encore.

— Qu'est-ce qu'un « sorcier de sang » ? ai-je interrogé Cal. Par rapport à un sorcier tout court ?

Il m'a regardée droit dans les yeux, et j'ai senti ma poitrine se soulever.

— Un sorcier de sang peut prouver qu'il descend de l'un des grands clans, a-t-il expliqué. Un sorcier normal pratique simplement la Wicca et vit selon ses principes. Il puise sa magye dans l'énergie vitale qui nous entoure. Un sorcier de sang parvient à canaliser davantage d'énergie et possède des pouvoirs bien plus puissants.

— On sera donc des sorciers tout court, a déclaré Jenna en souriant.

Les genoux remontés sous le menton, elle a passé ses bras autour de ses jambes. Cette position lui donnait un air félin.

— Oui, a confirmé Robbie. Et il nous reste toute une année à attendre.

Il a remonté ses lunettes sur son nez. La peau à vif de son visage acnéique semblait douloureuse.

— Sauf moi, a rétorqué Cal d'un ton neutre. Je suis un sorcier de sang.

— C'est vrai ? s'est étonnée Bree.

— Bien sûr. Ma mère l'est. Mon père l'était. Je le suis donc aussi. Nous sommes plus nombreux que vous ne le pensez. Ma mère en connaît un paquet.

— Waouh ! a fait Matt, qui s'est arrêté de coiffer Jenna pour dévisager Cal. Alors, de quel clan tu es ?

— Je ne sais pas, a répondu Cal, un sourire jusqu'aux oreilles. Les archives familiales ont été perdues lorsque mes parents ont émigré ici. La famille de ma mère vivait en Irlande, et celle de mon père en Écosse. Ils peuvent descendre de presque n'importe quel clan. Peut-être des Woodbane, a-t-il ajouté en riant.

— C'est trop cool, a gémi Jenna. Avec tous ces détails, la Wicca devient plus réelle.

— Je ne suis pas aussi puissant que d'autres, a précisé Cal.

Dans ma tête, je traçais le contour de son profil : son front lisse, son nez droit, ses lèvres charnues. Le reste du monde ne comptait plus. J'ai vaguement pensé : *Tiens, il est six heures*, puis j'ai entendu le carillon étouffé de l'horloge du rez-de-chaussée.

— Je dois rentrer, me suis-je entendue dire, comme si je flottais très loin de là.

J'ai glissé mon manuel d'herbologie sous mon pull avant d'arracher mon regard du visage de Cal. Je suis sortie de la pièce avec l'impression qu'à chaque pas je m'enfonçais un peu plus dans un épais brouillard.

J'ai descendu les marches en serrant très fort la balustrade. Dehors, la pluie m'a fouetté le visage. J'ai battu plusieurs fois des paupières, puis j'ai couru jusqu'à Das Boot. Dans ma voiture, il gelait : le fauteuil en vinyle était froid et le volant glacé. Ma main humide et transie a tourné la clef dans le démarreur.

Trois mots tourbillonnaient dans mon esprit. *Sorcière de sang. Sorcière de sang. Sorcière de sang…*

17. Coincée

« En 1217, des traqueurs de sorcières emprisonnèrent une sorcière Vikraut. Cependant, le lendemain matin, la cellule fut retrouvée vide. D'où le dicton suivant : "Mieux vaut tuer une sorcière par trois fois que de l'enfermer une seule, car nul ne peut soumettre une sorcière." »

Sorcières, sorciers et mages,
Altus Polydarmus, 1618

Octobre. J'ai rangé mon ancien journal intime. Aujourd'hui, j'écris pour la première fois dans mon Livre des Ombres. Je ne sais pas si je m'y prends comme il faut. Je n'en ai jamais vu d'autres. Mais je tenais à laisser une trace de ce qui m'arrive cet automne, cette année. Ma renaissance. Ma renaissance en tant que sorcière. Je ne me suis jamais sentie aussi heureuse, ni aussi effrayée.

— C'était vraiment incroyable, me suis-je enthousiasmée en ouvrant mon yaourt. Le jardin suivait un tracé en huit rayons, comme la roue des sabbats de la Wicca. Que des plantes médicinales et des herbes aromatiques. Tout ça planté par des bonnes sœurs ! Des bonnes sœurs catholiques !

Tout en prenant une cuillerée de yaourt, j'ai dévisagé tour à tour mes camarades de table.

Nous étions assis dans le self du lycée, et Robbie avait commis l'erreur de me demander comment s'était passée la sortie organisée par la paroisse – sa famille fréquente la même que nous. Et maintenant, j'étais intarissable.

— On ne se méfiera jamais assez des bonnes sœurs, a lancé Robbie avant d'avaler une gorgée de milk-shake.

— C'est fou comme la Wicca imprègne notre monde, a ajouté Jenna, les yeux écarquillés.

Elle a tamponné ses lèvres avec sa serviette en papier, puis elle a repoussé ses cheveux par-dessus son épaule en poursuivant :

— Maintenant que j'en sais un peu plus, je repère des signes absolument partout. Ce week-end, ma mère parlait d'aller à Red Kill acheter une citrouille pour Halloween, et j'ai soudain compris d'où venait cette tradition.

— Salut, a lâché Ethan d'une voix ensommeillée. Quoi de neuf ?

Il s'est affalé sur une chaise près de Sharon. Ses yeux étaient rouges et ses longues boucles toujours aussi emmêlées.

Sharon lui a jeté un regard dégoûté avant de se décaler comme par peur qu'il ne salisse sa jupe écossaise et son chemisier blanc immaculés.

— Ça ne t'arrive jamais de *ne pas* te défoncer ? lui a-t-elle demandé.

— Hé, j'ai rien fumé, a-t-il rétorqué. Je suis juste enrhumé.

À voir sa tête, j'ai deviné qu'il disait vrai : s'il n'avait pas les idées claires, seuls ses sinus bouchés en étaient responsables.

— Ethan a renoncé à la fumette, a annoncé Cal d'un ton posé. Pas vrai, Ethan ?

L'air contrarié, ce dernier a ouvert une canette de jus de canneberge achetée au distributeur.

— C'est vrai, mec. Ma seule drogue, c'est la vie.

Son sarcasme a fait rire Cal.

— Purée ! Bientôt, tu me diras qu'il faut que je devienne végétarien, a-t-il grommelé encore.

— Pitié, tout sauf ça, a gémi Robbie.

L'air guindé, Sharon s'est tortillée sur sa chaise pour s'éloigner un peu plus d'Ethan. Ses bracelets en or ont cliqueté autour de ses poignets lorsqu'elle a planté une baguette dans un morceau de poulet teriyaki.

— Fais gaffe à ce qu'elle te refile pas ses poux, a murmuré Beth à Ethan.

Ce jour-là, Beth portait un diamant à la narine et un bindi brillant sur le front. Ses yeux de chat verts, qui tranchaient avec son visage hâlé, lui donnaient un look exotique.

Sharon lui a adressé une grimace tandis qu'Ethan s'étranglait de rire en buvant son jus.

Bree et moi avons échangé un regard, puis les yeux de mon amie se sont rivés sur Cal. Sans flancher, j'ai continué à manger mon yaourt. On est restés là, serrés autour de la table prévue pour seulement huit couverts : Bree et moi ; Raven et Beth, avec leurs piercings, leurs cheveux teints et leurs tatouages au henné ; Jenna et Matt, le couple parfait ; Ethan et Robbie, grungy sur les bords ; Sharon Goodfine, la petite princesse coincée ; et Cal, le dénominateur commun. Il nous a passés en revue, l'air heureux d'être là avec nous. Nous étions les neuf privilégiés. Son nouveau coven, si nous le voulions.

Moi, je le voulais plus que tout.

— Morgan, attends ! m'a interpellée Jenna sur le parking.

On était vendredi après-midi, une autre semaine de passée. En attendant qu'elle me rejoigne à ma voiture, j'ai fait glisser mon sac à dos sur mon autre épaule.

— Tu viens au cercle, demain soir ? m'a-t-elle demandé en approchant. Ça se passe chez moi. On pourrait faire des sushis…

J'avais l'impression d'être une alcoolique à qui l'on proposait un cocktail fort, frappé. L'idée de participer à un autre cercle, de sentir la magye s'insinuer dans mes veines, de retrouver l'intimité magyque qui me rapprochait de Cal, tout cela me donnait presque envie de gémir d'impatience.

— J'aimerais vraiment… ai-je répondu, hésitante.

— Et pourquoi tu ne pourrais pas ? s'est-elle étonnée. La Wicca te passionne, non ? Et, selon Cal, tu as un véritable don pour la magye blanche.

— Mes parents m'ont interdit de m'intéresser à la sorcellerie. Je meurs d'envie de venir, mais je n'imagine même pas la scène qu'ils me feraient...

— Dis-leur que j'organise une fête. Ou que tu viens dormir chez moi. Tu nous as manqué, la semaine dernière. C'est plus sympa quand tu es là.

— Tu veux dire que personne ne s'est effondré en se tenant la poitrine de douleur ?

— Non, a-t-elle répondu dans un éclat de rire. Mais Cal a bien dit que tu étais hyper sensible, non ?

Matt, qui venait de nous rejoindre, l'a prise par la taille. En voyant le sourire qu'elle lui a adressé, je me suis demandé s'il leur arrivait de se disputer, de douter de leur amour.

— Oui, c'est bien moi, Morgan la sensible.

— Essaie de venir, d'accord ?

— D'accord. Je ferai de mon mieux. Merci.

Une fois dans ma voiture, j'ai repensé à Jenna : je ne m'étais jamais doutée qu'elle était si gentille puisque, jusque-là, nous fréquentions des groupes différents.

— On se fait une soirée tranquille. Tu veux venir ? m'a proposé Mary K. le samedi soir. Jaycee a loué un film à l'eau de rose : on va se goinfrer de pop-corn en se moquant de chaque scène.

— Quel programme alléchant, ai-je répliqué en souriant. Je ne sais pas pourquoi, mais je sens que je vais résister à la tentation. Bree et moi, on va peut-être aller au ciné. Il y aura Bakker, chez Jaycee ?

— Non. Il est parti avec son père dans le New Jersey pour voir un match des Giants.

— Tout se passe bien avec lui ?

— Nickel.

Mary K. s'est brossé les cheveux pour les rendre lisses et brillants, puis elle s'est fait une queue-de-cheval. Elle était adorable, et son look décontracté était parfait pour une soirée télé entre copines.

Malgré la fraîcheur de la nuit, elle est partie à vélo vers la maison de Jaycee, qui se trouvait à un kilomètre de chez nous. Au même instant, ma mère et mon père ont fait leur apparition dans le salon, sur leur trente et un.

— C'est où que vous allez, déjà ? ai-je lancé en posant mes pieds en chaussettes sur le canapé.

— « Où allez-vous déjà ? » a corrigé ma mère.

— C'est pareil, ai-je rétorqué en souriant.

Elle a feint l'exaspération.

— À Burdocksville, m'a-t-elle rappelé en attachant un collier de perles autour de son cou. Le spectacle a lieu à la maison de la culture. On devrait être rentrés vers onze heures. On a dit à Mary K. qu'on la prendrait en passant. Laisse un mot si Bree et toi décidez de sortir.

— D'accord.

— Dépêche-toi, Mary Grace, nous allons être en retard, l'a pressée mon père.

— À plus tard, chérie, a lancé ma mère en refermant la porte.

Une fois seule à la maison, j'ai couru me changer à l'étage : j'ai enfilé un haut imprimé et un pantalon gris. Je me suis démêlé les cheveux à toute vitesse, puis j'ai décidé de les laisser détachés. J'ai même ouvert le tiroir de la salle de bains pour jeter un œil à la collection infinie d'ombres à paupières, de blushs et de fonds de teint de Mary K. Qu'est-ce que j'étais censée faire de tout ça ? Comme je n'avais pas le temps d'apprendre, je me suis contentée d'appliquer une touche de gloss sur mes lèvres, puis j'ai dévalé l'escalier vers la porte.

Jenna habitait dans Hudson Estates, un quartier assez récent rempli de superbes demeures. J'ai attrapé mes clefs et mon manteau tout en enfilant mes chaussures. Je n'avais qu'une idée en tête : *le cercle, le cercle, le cercle,* et j'étais si excitée que j'en avais le tournis. Alors que j'ouvrais la porte pour sortir, le téléphone a sonné.

Que faire ? Répondre ou non ? Au bout de la quatrième sonnerie, je me suis jetée sur le combiné en me disant que c'était peut-être Jenna qui m'appelait pour un changement de dernière minute. Mais, avant même de coller l'appareil à mon oreille, j'ai su que c'était Mme Fiorello, la collègue de ma mère.

— Allô ? ai-je dit d'un ton sec.

— Morgan ? C'est Betty Fiorello.

— Bonsoir, ai-je répondu en pensant : *Je sais, je sais.*

— Bonsoir, chérie. Dis-moi, je viens d'avoir ta mère sur son portable, elle m'a dit que tu serais peut-être là.

— Oui, pourquoi ?

Mon cœur palpitait, mon sang battait dans mes veines. Une seule chose m'obsédait : voir Cal, sentir de nouveau la magye se déverser en moi.

— Écoute, il faut que je passe prendre quelques panneaux chez vous. Ta mère m'a expliqué qu'ils étaient dans le garage. On m'a confié la vente de deux nouvelles maisons et demain je dois en préparer trois autres pour des visites. Le croiras-tu, je suis à court de panneaux !

Mme Fiorello a la voix la plus insupportable que je connaisse. Je me suis retenue de hurler.

— Oui et… ? ai-je fait poliment.

— Je me demandais donc si je pouvais passer d'ici quarante-cinq minutes…

Prise de panique, j'ai jeté un coup d'œil à la pendule.

— V… vous ne pourriez pas venir un peu plus tôt ? Je… euh… je devais aller au cinéma.

— Oh !… Je suis désolée. Je vais faire de mon mieux, mais je dois attendre que mon mari rapporte la voiture.

Merde.

— Et si je laissais les pancartes dehors ? ai-je suggéré. Devant le garage ?

— Oh ! non, ma chérie, a-t-elle répondu, bien déterminée à me gâcher la vie. J'ai bien peur de devoir les choisir moi-même.

Ma mère avait entreposé au moins une centaine de panneaux immobiliers dans le garage. Je ne pouvais pas tous les empiler dehors. J'avais beau réfléchir à cent à l'heure, je ne voyais pas d'échappatoire.

— Bon, j'imagine que je ne suis pas véritablement obligée d'aller au cinéma, ai-je répondu de mauvaise grâce en espérant qu'elle comprendrait le sous-entendu.

Peine perdue.

— Je suis désolée, chérie. C'était un rendez-vous galant ?

— Non, ai-je lâché, pleine d'amertume.

Il fallait que j'abrège la conversation, sinon j'allais perdre mon sang-froid.

— On se voit dans quarante-cinq minutes, alors, ai-je conclu avant de raccrocher.

J'en aurais chialé. J'étais tellement dégoûtée que, pendant une seconde, je me suis dit que ma mère avait peut-être orchestré tout ça avec son amie pour me surveiller. Non, c'était peu probable.

En l'attendant, j'ai mis le lave-vaisselle en route et lavé la cuisine ; Cendrillon était de plus en plus en retard pour le bal. J'ai rempli la machine à laver d'habits à moi, puis j'ai poussé le volume de la chaîne hi-fi à fond pour chanter le plus fort possible. Ensuite, j'ai fourré mes vêtements humides dans le sèche-linge et j'ai programmé le minuteur pour quarante-cinq minutes.

Enfin, plus d'une heure plus tard, Mme Fiorello est arrivée. Je l'ai conduite jusqu'au garage, où elle a farfouillé pendant une éternité dans les pancartes de ma mère. Déprimée, je me suis assise dans l'escalier, la tête posée sur la main. Elle en a choisi environ huit et m'a remerciée joyeusement.

— De rien, ai-je soufflé poliment en la raccompagnant. Au revoir, madame Fiorello.

— Au revoir, ma chérie.

Il était presque dix heures. Il me faudrait vingt minutes en voiture pour aller chez Jenna. Autant dire que cela ne servirait à rien d'y aller. Je n'allais pas débarquer maintenant, alors que le cercle était presque fini.

Je me suis écroulée sur le canapé du salon. J'étais déçue mais, avant tout, j'avais peur de prendre trop de retard par rapport aux autres. Et si Cal renonçait à me former ? Et si tous refusaient de me laisser participer aux cercles suivants ?

J'étais au bord du gouffre. Je me suis raccrochée à une idée qui me tournait dans la tête depuis quelque temps. Si je ne pouvais pas explorer la Wicca avec le reste du groupe, je pouvais tout de même travailler un peu de mon côté. Alors, je prouverais au moins à Cal et aux autres que j'étais vraiment motivée. J'allais essayer de lancer un sort. Je savais déjà lequel. Le lendemain, j'irais à *Magye Pratique* pour acheter les ingrédients.

18. Conséquences

« N'oubliez pas que les sorcières se font passer pour nos voisines et qu'elles pratiquent leur art en secret, tandis que nous, nous vivons honnêtement, dans la crainte du courroux divin. »

Sorcières, sorciers et mages,
Altus Polydarmus, 1618

Le dimanche, comme d'habitude après la messe, nous sommes allés déjeuner en famille au Widow's Diner. À peine rentrée à la maison, j'ai appelé Jenna. Comme elle n'a pas décroché, j'ai laissé un message sur son répondeur pour lui expliquer ma mésaventure de la veille et m'excuser de ne pas avoir pu venir au cercle. Puis j'ai voulu joindre Bree, mais elle non plus n'a pas répondu. Je lui ai laissé un message également en tentant de ne pas l'imaginer chez Cal, avec lui, dans sa chambre. Ensuite, je me suis installée à la table de la salle à manger, où j'ai passé des heures sur mes devoirs, à me perdre dans des équations mathématiques compliquées. J'éprouvais une telle satisfaction à les résoudre qu'elles me semblaient elles aussi presque magyques.

Je suis passée à *Magye Pratique* vers cinq heures, juste avant la fermeture, pour acheter les composants dont j'avais besoin. Ensuite, j'ai pris mon mal en patience jusqu'à ce que mes parents et ma sœur aillent se coucher. Puis, enfin, j'ai pu commencer le sort.

J'ai laissé ma porte entrebâillée pour entendre le moindre bruit de pas, au cas où ma mère, mon père ou Mary K. se relèveraient. Cal avait affirmé que j'étais sensible, que je possédais un véritable don pour la magye. Je voulais en avoir le cœur net.

J'ai ouvert *Plantes et rituels pour débutants* et l'ai feuilleté jusqu'au sort pour « purifier la peau ».

J'ai vérifié ma liste. La lune était-elle décroissante ? Oui. Au fil de mes lectures, j'avais appris que pour rassembler, convoquer, augmenter, etc., les sorts devaient être jetés lorsque la lune croissait. En revanche, pour bannir, diminuer, limiter, etc., ils devaient être lancés en phase de lune décroissante. Ce qui paraissait logique, à bien y réfléchir.

Le sort que j'avais choisi nécessitait de l'herbe-aux-chats pour embellir, du concombre et de l'angélique pour favoriser la guérison, de la camomille et du romarin pour purifier.

Malgré la moquette sur le sol de ma chambre, je suis parvenue à tracer un cercle à la craie. Avant de le fermer, j'ai tiré mon livre et tout ce qu'il me faudrait à l'intérieur. Trois bougies me suffisaient pour lire les consignes. Ensuite, j'ai saupoudré le sol de sel en récitant :

— Avec ce sel, je purifie mon cercle.

Le reste du sort consistait à broyer des ingrédients avec un mortier et un pilon, à verser de l'eau bouillante (que j'avais préparée à l'avance et conservée dans une Thermos) sur les plantes dans un verre doseur et à écrire le nom de la personne sur un morceau de papier qu'il fallait ensuite brûler à la flamme d'une bougie. À minuit tapant, j'ai murmuré la formule écrite dans le livre :

Ta beauté intérieure au-dehors se verra,
Cette potion tes défauts gommera.
Cette eau bienfaisante te purifiera,
Ainsi ta beauté perdurera.

J'ai lu à toute vitesse pendant que les douze coups retentissaient dans le salon. Au tout dernier *bong*, j'ai chuchoté l'ultime mot de l'incantation. Aussitôt, mes poils se sont dressés sur mes bras, les trois bougies se sont éteintes et un énorme éclair a illuminé ma chambre. L'instant d'après, le tonnerre a éclaté si fort qu'il a résonné dans ma poitrine.

J'ai eu tellement peur ! D'un coup d'œil par la fenêtre, je me suis assurée que la maison n'avait pas pris feu, puis je me suis levée pour ouvrir la lumière. L'électricité n'était pas coupée.

Mon cœur battait la chamade. D'un côté, cela semblait si exagéré, si mélodramatique, que la foudre frappe au moment même où je lançais un sort que c'en était presque drôle. De l'autre, j'avais l'impression que Dieu m'avait vue faire et que, furieux, il m'avait envoyé un éclair pour me mettre en garde. *Tu sais bien que c'est débile*, me suis-je dit en me forçant à inspirer profondément pour ralentir les battements de mon cœur.

Je me suis dépêchée de ranger mes accessoires. J'ai versé ma décoction dans un petit Tupperware propre que j'ai rangé dans mon sac à dos. Quelques minutes plus tard, j'étais couchée dans le noir.

Dehors, il pleuvait des cordes et le tonnerre grondait comme jamais. C'était le plus gros orage qu'on ait vu cet automne. Et mon cœur palpitait toujours.

— Tiens, essaie ça, ai-je conseillé l'air de rien à Robbie le lundi matin tout en lui fourrant la petite boîte dans les mains.

— Qu'est-ce que c'est ? De la vinaigrette ? Qu'est-ce que je suis censé en faire ?

— C'est une lotion pour le visage, ai-je expliqué. Ma mère l'utilise et ça marche vraiment bien.

Nos regards se sont croisés pendant quelques secondes, puis je me suis détournée en me demandant si j'avais l'air coupable. Je m'en voulais de ne pas lui dire la vérité. De me servir de lui comme cobaye.

— Bon, d'accord, a-t-il répondu en rangeant la boîte dans son sac.

— Comment s'est passé le cercle, samedi soir ? ai-je murmuré à Bree pendant que le prof faisait l'appel. Je suis vraiment dégoûtée de ne pas avoir pu venir. J'ai essayé de t'appeler hier, d'ailleurs.

— Je sais. J'ai bien eu ton message. J'étais à New York avec mon père et on est rentrés tard. T'as vu ma nouvelle coupe ?

Je ne voyais pas la différence, à part peut-être un demi-centimètre de longueur en moins.

— Ça te va bien, ai-je bluffé. Et sinon, tu en es où avec Cal ?

Ses sourcils parfaitement épilés se sont un peu froncés.

— Cal est… insaisissable. Il se fait désirer. J'ai essayé de me retrouver seule avec lui, en vain.

J'ai pris un air compatissant, espérant qu'il dissimulait mon soulagement.

— Ouais. Ça commence à m'agacer, a-t-elle conclu, un peu triste.

J'ai failli lui raconter que j'avais concocté une potion pour Robbie et que j'attendais de voir les résultats… Mais les mots m'ont manqué et, tout comme mes sentiments pour Cal, mon expérience est devenue un secret que je cachais à ma meilleure amie.

Mercredi matin, lorsque je me suis approchée des bancs habituels où se retrouvait notre bande, Raven m'a décoché un regard mauvais. En revanche, Cal semblait sincère lorsqu'il m'a invitée à m'asseoir.

— Je suis vraiment désolée pour samedi, ai-je déclaré, pour Cal plus que pour les autres. J'allais partir lorsqu'une collègue de ma mère a appelé et a insisté pour passer récupérer quelques trucs. Ça lui a pris un temps fou, et j'étais tellement frustrée…

— J'ai déjà entendu ton excuse et, franchement, elle est nulle, m'a coupée Raven.

J'ai attendu que Bree vole à mon secours comme nous le faisions toujours entre meilleures amies, mais elle a gardé le silence.

— Ne t'en fais pas, Morgan, a répondu Cal avec douceur.

Son intervention a aussitôt levé la gêne qui planait sur le groupe.

À cet instant, Robbie est arrivé. Nous l'avons tous dévisagé. Sa peau n'avait pas été aussi belle depuis la cinquième. Bree l'a fixé longuement comme si elle n'en croyait pas ses yeux.

— Robbie, mais t'es canon, ma parole !

Ce dernier a haussé les épaules avant de laisser son sac à dos tomber au sol. Je l'ai détaillé à mon tour. Son visage portait encore des cicatrices, mais, sur une échelle de un à dix de la beauté, il était passé de deux à sept.

Cal l'a regardé, pensif. Puis il s'est tourné vers moi, comme s'il évaluait mon implication. À croire qu'il était au courant de tout. Bien sûr, c'était impossible, et j'ai préféré ne rien dire.

Garde ça pour toi, ai-je ordonné mentalement à Robbie. *Ne parle à personne de ce que je t'ai donné.* En mon for intérieur, j'étais ravie et impressionnée. Ma potion avait dû fonctionner. Comment expliquer ce changement, sinon ? Robbie était suivi par un dermatologue depuis des années, sans amélioration visible. Alors qu'il n'appliquait ma potion que depuis deux jours, son acné n'était presque plus qu'un souvenir. Cela signifiait-il que j'étais une sorcière ? Mais non, mes parents étaient loin d'être des sorciers de sang. De ça, au moins, je pouvais être sûre. Et si je possédais vraiment un petit don pour la magye ?

Bras dessus, bras dessous, Jenna et Matt nous ont rejoints.

— Salut, tout le monde, a lancé Jenna.

Le vent d'octobre soulevait ses cheveux blonds autour de son visage. Elle a frissonné avant de serrer ses livres un peu plus fort contre elle.

— Salut, Robbie, a-t-elle ajouté en le fixant comme si elle n'arrivait pas à mettre le doigt sur ce qui avait changé.

— Est-ce que quelqu'un aurait *Le Bruit et la Fureur* chez lui ? a demandé Matt en fourrant les mains dans les poches de sa veste en cuir noir. Je ne retrouve plus mon exemplaire et je dois le lire pour le cours de littérature.

— Je peux te prêter le mien, a répondu Raven.

— D'accord, merci.

Personne n'a reparlé du physique de Robbie, ce qui n'empêchait pas celui-ci de me jeter des coups d'œil. Quand enfin j'ai affronté son regard, il s'est détourné.

Le vendredi, la peau de Robbie semblait lisse, neuve et parfaite. Tous les élèves ou presque ont dû admettre qu'il n'avait plus une tronche de calculatrice, et les filles de sa classe se sont rendu compte que, à la réflexion, il n'était pas moche du tout. C'est à ce moment-là que Robbie a décidé de tout raconter aux autres.

Après les cours, j'étais rentrée chez moi pour m'occuper des feuilles mortes du jardin. En fait, au lieu de ratisser, je m'émerveillais devant les feuilles d'érable. Accroupie, je les ramassais, les examinais, admirais les marbrures et les taches de couleurs saisissantes sur leur peau striée de fines nervures. Certaines, encore vertes par endroits, devaient être surprises de se retrouver si tôt au sol. Parmi les feuilles déjà sèches et brunes, quelques-unes présentaient un côté rouge ou des pointes écarlates comme si elles avaient griffé l'écorce de l'arbre dans leur chute. D'autres, jaunes, orange et rouges, arboraient tous les feux de l'automne. J'en ai même trouvé des toutes petites encore, nées trop tard pour survivre même si elles semblaient trop jeunes pour mourir.

J'ai pressé contre ma paume une feuille craquante aussi grande que ma main. Ses couleurs fauves me réchauffaient presque la peau. Les yeux fermés, je revivais de chaudes journées estivales, cramponnée coûte que coûte à la branche ; j'éprouvais la joie d'être soufflée par le vent, puis la libération effrayante, grisante, apportée par l'automne. Je flottais, condamnée, jusqu'au sol. L'odeur de la terre montait en moi, et moi, je me fondais en elle.

J'ai soudain cligné des yeux. Cal était là, je le savais.

— Que te dit-elle ?

Sa voix, venue des marches menant à la cuisine, m'a fait sursauter, et j'ai basculé en arrière. En levant les yeux, j'ai vu Mary K. sur le seuil. Elle avait conduit Cal, Bree et Robbie jusqu'au jardin.

Je les ai observés dans le jour déclinant. Puis j'ai cherché ma feuille du regard ; elle avait disparu. Je me suis relevée en me frottant les mains et les fesses.

— Que se passe-t-il ? ai-je demandé en les regardant l'un après l'autre.

— Il faut qu'on te parle, a répondu Bree.

Elle semblait distante, peinée, même. Ses lèvres pleines n'étaient plus qu'une ligne pincée.

— Je leur ai dit, a lâché Robbie de but en blanc. Je leur ai dit que tu m'as donné une potion maison et que c'est ça qui m'a guéri. Et… je veux savoir ce qu'il y a dedans.

J'ai écarquillé les yeux, déroutée. J'avais l'impression d'être au tribunal. Je n'avais pas le choix, je devais leur raconter la vérité.

— De l'herbe-aux-chats, ai-je énuméré à contrecœur. De l'herbe-aux-chats, de la camomille, de l'angélique et, euh, du romarin et du concombre. De l'eau bouillante. Et d'autres bricoles.

— Yeux de triton et verrues de crapaud ? m'a raillée Cal.

— C'était un sort ? a voulu savoir Bree, le front plissé.

J'ai acquiescé, tête basse, en shootant dans les feuilles.

— Juste un sort pour débutant. Que j'ai trouvé dans un livre. Je me suis assurée qu'il n'aurait aucun effet néfaste, Robbie, ai-je ajouté en levant les yeux vers mon ami. Je ne te l'aurais jamais donnée s'il y avait eu le moindre risque. En fait, j'étais presque certaine que la potion n'aurait aucun effet.

Il a soutenu mon regard. À cet instant, je me suis rendu compte qu'il était canon, derrière ses lunettes en cul de bouteille et sa coupe de cheveux informe. Ses traits avaient longtemps été masqués par son horrible acné. À présent, sa peau, parfaitement lisse ou presque, était parcourue ici et là de fines lignes blanches à peine visibles, comme si elle finissait de se renouveler. J'ai inspecté son épiderme, fascinée par ce que j'avais manifestement réussi à accomplir.

— Raconte-nous, a suggéré Cal.

La porte de derrière s'est ouverte une nouvelle fois et ma mère a passé la tête par l'entrebâillement.

— Hé, chérie, on mange dans un quart d'heure !

— OK ! ai-je répondu.

Elle a rentré la tête, sans doute curieuse de savoir qui était ce garçon inconnu dans son jardin.

— Morgan… m'a pressée Bree.

— Je ne sais pas comment l'expliquer, ai-je avoué lentement, le regard perdu dans les feuilles. Je vous ai raconté l'excursion à l'abbaye, avec les herbes aromatiques. J'ai eu l'impression que ce jardin… me parlait.

J'ai piqué un fard tellement mes paroles me semblaient grandiloquentes.

— Et j'ai… cherché à en savoir plus sur ces plantes, à les étudier en profondeur.

— C'est-à-dire ? a insisté Bree.

— J'ai lu des tas de livres sur les propriétés médicinales et magyques des plantes, qu'on appelle aussi des simples. Cal a dit que j'étais… un vrai canal à énergie. J'étais curieuse de voir ce qui se passerait.

— Et tu m'as choisi comme cobaye, a lâché Robbie.

Je l'ai regardé dans les yeux, ce Robbie que je reconnaissais à peine.

— Je culpabilisais beaucoup d'avoir raté deux cercles d'affilée. J'avais envie de travailler un peu de mon côté. Alors, j'ai décidé d'essayer un sort tout simple. Je ne comptais pas changer le monde. Ni faire quoi que ce soit de sérieux ou d'effrayant. Je voulais tenter un petit truc, quelque chose de positif, dont je pourrais évaluer les résultats rapidement.

— Comme une expérience de laboratoire, a commenté Robbie.

— Je savais que c'était inoffensif, ai-je plaidé. Il ne s'agissait que de quelques herbes et d'un peu d'eau.

— Tu oublies le sort, a ajouté Cal.

J'ai dû hocher la tête.

— Quand l'as-tu jeté ? a enchaîné Bree.

— Dimanche soir, à minuit. J'étais un peu déprimée, après le fiasco de samedi.

— Et que s'est-il passé quand tu as lancé le sort ? s'est enquis Cal en me scrutant avec intérêt.

— Un orage a éclaté, ai-je expliqué en haussant les épaules.

Je préférais ne pas mentionner les bougies éteintes ni le coup de tonnerre assourdissant.

— Alors, tu contrôles la météo, maintenant ? s'est offusquée Bree, visiblement furieuse.

— Ce n'est pas ce que j'ai dit, me suis-je défendue en grimaçant.

— Ce n'est qu'une coïncidence, évidemment, a conclu mon amie. Jamais tu n'aurais pu soigner la peau de Robbie, voyons ! Cal, dis-le-lui. Aucun d'entre nous n'aurait pu accomplir une chose pareille. Ni toi ni nous.

— Si, moi, j'aurais pu, a-t-il corrigé avec douceur. Comme n'importe quel sorcier suffisamment formé. Pas besoin d'être sorcier de sang pour ça.

— Mais elle n'a reçu aucune formation, a protesté Bree. Pas vrai, Morgan ?

— Évidemment, ai-je confirmé.

— Morgan est une débutante particulièrement douée, a déclaré Cal, pensif. En fait, je suis content que ce soit arrivé, car je voulais vous parler de certaines choses.

Il m'a posé la main sur l'épaule avant de poursuivre :

— Tu n'as pas le droit de lancer un sort à quelqu'un à son insu. Ce n'est vraiment pas une bonne idée, et c'est risqué. Sans oublier que c'est injuste.

Devant son expression inhabituellement solennelle, j'ai hoché la tête, plus gênée que jamais.

— Je suis vraiment désolée, Robbie. Je ne sais même pas comment annuler le sort. C'était stupide de ma part.

— L'annuler ? Ça va pas, non ? J'aurais préféré que tu m'avertisses, c'est tout. J'ai un peu flippé, tu sais.

— Morgan, tu dois étudier davantage avant de commencer à jeter des sorts, a repris Cal. Il faut que tu voies les choses dans leur ensemble, et non quelques bribes par-ci, par-là. Tout est lié, et tout ce que tu accomplis affecte le reste. Il vaut mieux savoir vraiment ce qu'on fait.

J'ai acquiescé de nouveau. Je me sentais plus bas que terre. J'avais été si impressionnée par les résultats de mon sort que je n'avais pas songé aux conséquences à long terme.

— Je ne suis pas grand prêtre, a poursuivi Cal, mais je peux déjà te transmettre mon savoir. Ensuite, tu pourras poursuivre ta formation auprès de quelqu'un d'autre. Si tu en as envie.

— Oui, j'en ai envie.

En voyant l'expression de Bree, j'ai regretté d'avoir répondu aussi vite et d'un ton aussi assuré.

— Samhain, Halloween, est dans huit jours, a-t-il continué en laissant retomber sa main. Essaie de venir au cercle, si tu le peux. Ça mérite au moins réflexion.

— T'es trop forte, Rowlands, s'est exclamé Robbie en secouant la tête. La Tiger Woods de la Wicca.

J'ai souri malgré moi. En revanche, Bree semblait plus tendue que jamais.

Ma mère a tapoté sur le carreau pour m'avertir que le dîner était prêt. D'un signe de tête, je lui ai fait comprendre que j'arrivais.

— Je suis désolée, Robbie, ai-je répété. Je ne ferai plus jamais un truc de ce genre.

— Demande-moi d'abord, c'est tout, a-t-il répondu sans colère.

Nous avons traversé le jardin jusqu'à la cuisine, puis j'ai raccompagné mes trois amis à leurs voitures.

— À bientôt, ai-je lancé tandis que Cal me regardait une nouvelle fois dans les yeux.

Plus que huit jours avant Halloween.

19. Un rêve

« Au lieu de faire le ménage avec leurs balais enchantés, les sorcières préfèrent les enfourcher pour voler dans le ciel. »

Sorcières et démons,
Jean-Luc Bellefleur, 1817

TOUS LES SIGNES SONT LÀ. C'EST UNE SORCIÈRE DE SANG, À L'ÉVIDENCE. SA PEAU SE CRAQUELLE POUR LAISSER FILTRER UNE LUMIÈRE BLANCHE. SON POUVOIR EST MAGNIFIQUE, EFFRAYANT. QUE CE LIVRE DES OMBRES M'EN SOIT TÉMOIN, JE L'AI TROUVÉE. J'AVAIS VU JUSTE. LOUÉE SOIT LA DÉESSE.

Ce soir-là, tante Eileen est passée à l'improviste pour le dîner. Après le repas, elle est restée avec moi dans la cuisine pour m'aider à débarrasser.

Au milieu des grincements des assiettes que je rangeais dans le lave-vaisselle, je me suis surprise à lui demander sans détour :

— Comment t'es-tu rendu compte que tu étais lesbienne ?

Mon indiscrétion l'a étonnée autant que moi.

— Désolée, me suis-je hâtée d'ajouter. Oublie ma question. Ça ne me regarde pas.

— Non, il n'y a pas de mal, a-t-elle répondu, pensive. Ton interrogation est légitime.

Elle a réfléchi un instant avant de se lancer :

— En fait, toute petite déjà, je me sentais plus ou moins différente. Je ne me prenais pas pour un garçon ni rien. Je savais que j'étais une fille, et cela ne me posait aucun problème. Par contre, je n'arrivais pas à comprendre à quoi servaient les garçons.

Elle a froncé le nez, et moi j'ai éclaté de rire.

— Si ma mémoire est bonne, j'étais en quatrième lorsque j'ai compris que j'étais gay. Quand je suis tombée amoureuse pour la première fois.

— D'une fille ?

— Oui. Évidemment, elle, elle n'éprouvait rien pour moi… et moi, je me suis bien gardée de lui dévoiler mes sentiments. J'avais l'impression d'être anormale. Comme si quelque chose clochait vraiment chez moi et que je devais me faire soigner.

— Ça devait être très dur.

— Ce n'est qu'à l'université que j'ai accepté la situation. J'ai enfin admis que j'étais gay et je l'ai annoncé à mon entourage. Le psy que je consultais depuis quelque temps m'a aidée à comprendre que je n'étais pas anormale. J'étais comme ça, point.

Tante Eileen a fait une grimace avant de poursuivre :

— Tout n'a pas été facile. Tes grands-parents ont été horrifiés et furieux. Ils n'ont pas pu l'accepter. Je les ai terriblement déçus. C'est dur, tu sais, quand nos propres parents sont abasourdis et embarrassés par une partie de nous alors qu'on n'y peut rien puisqu'on est né comme ça.

Je n'ai pas émis de commentaire, mais ses paroles me rappelaient ma propre situation.

— Bref, ils m'ont vraiment mené la vie dure. Non par méchanceté ni parce qu'ils ne m'aimaient pas, mais parce qu'ils ne savaient pas comment réagir. Nos relations se sont un peu arrangées, pourtant, je suis toujours loin d'être celle qu'ils voulaient que je sois. Ils refusent même de parler de mon homosexualité et de mes fréquentations. Ils font l'autruche, a-t-elle conclu en haussant les épaules. Je ne peux pas y faire grand-chose. J'ai découvert qu'assumer ma différence était le seul moyen d'être bien dans ma peau. Maintenant, je suis moins stressée, moins malheureuse.

Je l'ai contemplée, admirative.

— C'est chouette que tu t'acceptes telle que tu es. Parce que tu le vaux bien.

Dans un éclat de rire, elle m'a serrée dans ses bras.

— Heureusement que tes parents sont là, ainsi que toi et Mary K., a-t-elle repris avec entrain. Je ne sais pas ce que je ferais sans vous.

J'ai passé le reste de la soirée assise sur la moquette de ma chambre, plongée dans mes pensées. Même si je n'étais pas lesbienne, je comprenais les sentiments de ma tante. Je commençais moi aussi à me sentir différente de ma famille, et même de mes amis, tant j'étais attirée par une chose qu'ils ne pouvaient accepter.

D'un côté, je savais qu'en choisissant de devenir une sorcière je serais plus détendue, plus naturelle, plus puissante, plus sûre de moi que je ne l'avais jamais été. De l'autre, j'avais conscience que, en prenant cette décision, je blesserais ceux que j'aimais.

Ce soir-là, j'ai fait un rêve terrifiant.

C'était la nuit. De larges rayons de lune zébraient le ciel et rehaussaient les nuages de teintes aubergine, gorge-de-pigeon et indigo. Une brise gelée caressait mon visage et mes bras nus tandis que je volais au-dessus de Widow's Vale. La voûte nocturne était splendide, calme et paisible. Le vent rugissait dans mes oreilles, ma longue chevelure flottait dans mon dos, et ma robe, qui ondulait autour de mes jambes, se plaquait sur ma silhouette.

Peu à peu, j'ai entendu un appel lointain, un cri de terreur. J'ai survolé la ville, tournoyant de plus en plus bas tel un faucon, piquant et planant au gré des rafales qui soutenaient mon corps. Dans les bois, au nord, les cris se sont faits plus forts. Je suis descendue si bas que la cime des arbres frôlait presque ma peau. J'ai plongé vers une clairière au beau milieu de la forêt avant d'atterrir avec grâce sur un pied.

J'ai reconnu la voix de Bree. Je l'ai suivie entre les arbres jusqu'à une zone marécageuse. Là, une source sourdait vaille que vaille à travers la terre. Son débit, trop ténu pour former un ruisseau, l'empêchait néanmoins de s'assécher. La source fournissait juste assez d'humidité pour favoriser la prolifération des moustiques, des champignons et des mousses douces et vertes qui luisaient d'un éclat d'émeraude.

Bree était coincée dans le marécage, la cheville bloquée par une racine noueuse. Elle s'enfonçait peu à peu, attirée vers le bas, centimètre après centimètre. Si je ne faisais rien, elle se noierait avant le lever du soleil.

J'ai tendu la main. Mon bras me paraissait lisse et fort, mes muscles bien dessinés, couverts d'une peau argentée baignée de lune. J'ai saisi ses doigts, rendus glissants par la vase pestilentielle. Aussitôt, j'ai entendu le bruit de succion des sables mouvants autour de sa cheville.

Bree a hoqueté de douleur lorsque la racine s'est resserrée autour de son pied.

— Je ne peux pas ! a-t-elle hurlé. J'ai trop mal !

Concentrée, le front plissé, j'ai agité ma main libre. La douleur caractéristique de la magye à l'œuvre m'a transpercé la poitrine. Le souffle court, j'ai senti les gouttes de sueur sur ma peau se glacer dans l'air de la nuit. Bree pleurait, implorait que je la lâche.

J'ai promené ma main au-dessus du marécage, luttant par la seule force de mon esprit pour que les racines libèrent Bree, pour qu'elles se desserrent, s'étirent, s'ouvrent et se détendent enfin. Je n'avais pas cessé un instant de tirer sur ses doigts pour la remettre au monde, comme si j'étais une sage-femme et Bree, un nourrisson né du marécage.

Puis, le visage soudain illuminé, elle a poussé un cri et nous nous sommes élevées gracieusement dans l'air, sans effort. Sa robe et ses jambes disparaissaient sous une couche de vase noire et, à travers nos mains jointes, je sentais la douleur pulsatile dans sa cheville. Au moins, elle était libre. Nous nous sommes posées à l'orée de la forêt, où je l'ai laissée avant de reprendre mon vol : pleurant de soulagement, elle me regardait m'élever toujours plus haut, jusqu'à ce que je ne sois plus qu'une tache minuscule dans le ciel où l'aube pointait.

Puis je me suis retrouvée dans une pièce sombre et rudimentaire – une grange peut-être. J'étais toute petite. Bébé Morgan. Assise sur une meule de foin, une femme me tenait dans ses bras. Ce n'était pas ma mère, pourtant, elle me berçait en murmurant « Mon bébé », encore et encore. Je l'observais de mes yeux ronds de nouveau-né. Je l'aimais du plus profond de mon cœur et je sentais l'ampleur de son amour pour moi.

Je me suis réveillée, tremblante et épuisée. J'avais l'impression de me battre contre une mauvaise grippe, de pouvoir dormir cent ans si je me recouchais.

— Tu te sens mieux ? m'a demandé Mary K. dans l'après-midi.

Après m'être levée et habillée vers midi, j'avais traîné dans la maison, lancé une lessive et sorti le bac des emballages recyclables.

Bree et les autres formeraient un cercle, ce soir-là, et je mourais d'envie de me joindre à eux. Cal s'attendait sans doute à ce que je le fasse, après son sermon de la veille. En fait, je devais y aller, à tout prix.

— Oui, ai-je répondu à Mary K. avant de décrocher le téléphone pour appeler Bree. J'ai mal dormi, c'est tout. Je me suis réveillée avec une sacrée migraine.

Mary K. s'est préparé un chocolat au lait et l'a enfourné dans le micro-ondes.

— Ah oui ? Alors, tout va bien ?

— Bien sûr. Pourquoi ?

Adossée au plan de travail de la cuisine, elle a siroté sa boisson chaude, puis a expliqué :

— J'ai l'impression qu'il se passe quelque chose d'étrange, ces derniers temps.

— Comme quoi ? ai-je demandé en posant le combiné sur mon épaule – je n'avais toujours pas composé le numéro.

— Eh bien, j'ai l'impression que tout à coup tu me caches des choses. Je sais que je ne suis pas censée tout savoir de ta vie, a-t-elle aussitôt ajouté. Tu es plus âgée que moi. Tu as toujours fait des trucs différents. Mais…

Elle s'est interrompue un instant pour se frotter le front.

— … tu ne te drogues pas, au moins ? a-t-elle lâché.

À cet instant, j'ai compris comment, du haut de ses quatorze ans, elle voyait la situation. D'accord, elle était mûre pour son âge, mais quand même. J'étais sa grande sœur. Elle avait senti que j'étais nerveuse, et elle s'inquiétait.

— Oh, Mary K., ça va pas, non ? ai-je soupiré en lâchant le téléphone pour aller la serrer dans mes bras. Non, je ne prends pas de drogue. Et je ne couche avec personne, je ne commets pas de vols à l'étalage ni rien de ce genre. Promis !

Elle s'est écartée pour me répondre :

— De quoi parlaient ces livres déjà ? Ceux qui ont tellement bouleversé maman ?

— Je te l'ai déjà dit. De la Wicca. Des trucs écolos baba cool.

— Alors, pourquoi elle a flippé comme ça ?

J'ai inspiré profondément, l'ai regardée bien en face.

— La Wicca, c'est la religion des sorcières, ai-je dit.

Ses beaux yeux noisette, si semblables à ceux de notre mère, se sont écarquillés.

— Vraiment ?

— Le but, c'est de vivre en harmonie avec la nature. De se servir des ressources qui nous entourent. Le pouvoir de la nature. Les forces vitales.

— Mais, Morgan, la sorcellerie, c'est pas un truc de satanistes ? s'est-elle exclamée, horrifiée.

— Cela n'a vraiment, mais vraiment rien à voir, ai-je affirmé. Satan n'existe pas dans la Wicca. Et il est absolument interdit de faire de la magye noire ou de tenter de nuire à autrui. Tout ce qu'on accomplit nous revient triplement, donc tout le monde s'efforce de faire le bien, quoi qu'il arrive.

Mary K. semblait toujours soucieuse, mais elle m'écoutait avec attention.

— Écoute, les adeptes de la Wicca essaient surtout d'être des gens bien, de vivre en harmonie avec la nature et les autres, ai-je résumé.

— Et de danser à poil, a-t-elle ajouté, les yeux plissés.

— Tout le monde ne le fait pas, ai-je rétorqué, les yeux au ciel. Et, pour ta gouverne, sache que je préférerais encore me faire dévorer par des bêtes sauvages. Dans la Wicca, rien n'est imposé : on ne participe que dans la mesure où on le souhaite. On ne sacrifie pas d'animaux, on ne vénère pas Satan et on ne danse pas à poil si on n'en a pas envie. Il n'y a pas de drogue, pas d'aiguilles enfoncées dans des poupées vaudoues.

— Alors, pourquoi maman a-t-elle si peur ?

J'ai pris le temps de réfléchir.

— À mon avis, c'est parce que, d'un côté, elle n'y connaît rien et, de l'autre, nous sommes une famille catholique et elle ne veut pas que je change de religion. À part ça, je ne vois pas. Je ne comprends pas pourquoi elle a réagi si violemment. Sur ce coup-là, elle a complètement pété les plombs.

— Pauvre maman.

J'ai froncé les sourcils.

— Écoute, Mary K., j'ai vraiment essayé de respecter les opinions de nos parents, mais plus j'étudie, plus je m'aperçois qu'il n'y a rien de négatif dans la Wicca. Il n'y a rien à craindre. Maman va devoir me faire confiance, point.

— Ça craint… Et moi, qu'est-ce que je dois leur dire s'ils m'interrogent ?

— Ce que tu veux. Je ne vais pas te demander de mentir.

— Fait chier, a-t-elle lâché avant d'aller rincer sa tasse dans l'évier. On va dîner chez tante Margaret, au fait. Elle a appelé ce matin, tu n'étais pas encore levée.

— Oh ! non, je ne vais pas pouvoir venir, ai-je répondu en pensant au cercle.

Je ne pouvais pas en manquer encore un.

— Coucou, chérie. Comment te sens-tu ? m'a demandé ma mère en entrant dans la cuisine, un panier de linge sur la hanche.

— Bien mieux. Dis, maman, je ne peux pas aller chez tante Margaret, ce soir. J'ai promis à Bree que j'irais chez elle.

Le mensonge est venu tout seul.

— Ah bon ? Tu ne peux pas l'appeler pour annuler ? Margaret se faisait un tel plaisir de te voir…

— Moi aussi, ça m'aurait fait plaisir, mais j'ai promis à Bree que je l'aiderais en maths.

En cas de force majeure, invoquer l'école.

— Ah ? Bon.

Elle semblait hésiter à insister un peu.

— D'accord, a-t-elle finalement soupiré. Tu as seize ans, après tout. J'imagine que tu ne peux pas assister à tous nos dîners de famille.

Bravo, je me sentais minable, maintenant.

— C'est juste que j'ai promis à Bree… ai-je répété bêtement. Comme elle a eu un D au dernier contrôle, elle panique un peu…

J'avais pitié de la pauvre Mary K., qui assistait à la discussion et aurait sans doute voulu disparaître dans un trou de souris.

— Entendu, a fait ma mère. Ce sera pour une autre fois.

— D'accord.

J'ai quitté la pièce sous le regard lourd de reproches de Mary K. À l'étage, je me suis jetée sur mon lit, mon oreiller serré contre moi.

20. Déchirée

« Les hommes sont des guerriers-nés, mais une femme au combat sera plus sanguinaire encore. »

Vieux dicton écossais

Bree et moi filions dans la nuit, bien installées sur les sièges confortables de sa voiture. Le cercle devait se tenir chez Matt, à environ quinze kilomètres de la ville. J'ai su, au moment où elle est passée me prendre, qu'elle cogitait dur. Moi aussi, d'ailleurs. Après mon rêve de la nuit précédente, j'étais soulagée de voir qu'elle était saine et sauve – et normale, son silence mis à part.

J'ai repensé aux milliers d'heures que nous avions passées ensemble en voiture. D'abord avec nos parents ou Ty, le grand frère de Bree, puis toutes les deux. Certaines de nos conversations les plus intéressantes avaient eu lieu à ces occasions, quand nous nous retrouvions seules, elle et moi. Ce soir, l'ambiance était différente.

— Pourquoi tu ne m'as pas parlé du sort que tu as jeté à Robbie ? m'a-t-elle demandé.

— Le sort visait la potion, pas Robbie, ai-je précisé. Et je n'en ai parlé à personne. Du tout. Je pensais que cela ne servirait à rien. Que cela ne marcherait pas. Et je ne voulais pas avoir l'air bête, ensuite.

— Tu crois vraiment que ça a fonctionné ?

Ses yeux noirs ne quittaient pas la route, balayée par les phares puissants de sa voiture.

— Ben… oui. Je ne vois pas d'autre explication, en fait. Lundi encore, sa peau était horrible, et à présent il est super mignon. Comment t'expliques ça, sinon ?

— Tu penses être une sorcière de sang ?

J'avais l'impression de subir un interrogatoire. J'ai éclaté de rire pour détendre l'atmosphère.

— Mais bien sûr. C'est ça. Je suis une sorcière de sang. Tu as vu Sean et Mary Grace, ces jours-ci ? Ils ont acheté un tout nouveau pentacle à accrocher au-dessus de la cheminée.

Bree n'a pas bronché. Sa tension et sa colère me parvenaient par vagues, mais impossible d'en deviner la cause.

— Qu'est-ce qu'il y a ? me suis-je enquise. À quoi tu penses ?

— Je ne sais pas quoi penser, justement.

Ses jointures étaient blanches tant elle se cramponnait au volant de cuir. À ma grande surprise, elle s'est rangée sur l'accotement de Wheeler Road. Puis elle a coupé le moteur et s'est tournée vers moi.

— Je n'arrive pas à croire que tu puisses être aussi hypocrite.

J'ai écarquillé les yeux.

— Tu dis que tu ne t'intéresses pas à Cal. Que je peux lui courir après autant que je veux. Mais vous êtes toujours en train de papoter, tous les deux, de vous regarder comme si le reste du monde ne comptait pas.

J'ai fait mine de vouloir répondre, mais elle ne m'en a pas laissé le temps.

— Moi, il ne me regarde jamais de cette façon, a-t-elle ajouté dans un murmure, et son expression peinée semblait sincère. Je ne te comprends pas. Tu ne veux pas venir aux cercles, mais tu jettes des sorts derrière notre dos ! Tu te crois supérieure ou quoi ? Tu crois que tu es spéciale ?

J'en suis restée bouche bée.

— Je viens justement au cercle ce soir, me suis-je défendue. Et tu sais très bien pourquoi je ne suis pas venue aux deux autres, tu sais à quel point mes parents étaient paniqués. Ce sort n'était qu'un exercice, presque un jeu. Je ne savais pas ce qui allait se passer.

— Un jeu ? Mais tu as pris Robbie comme cobaye !

— Je sais ! Et j'ai eu tort ! ai-je rétorqué en me retenant de crier. Mais, grâce à moi, il est un million de fois plus beau qu'avant. Tu trouves que c'est un crime ? Et si je lui avais plutôt fait une faveur ?

Nous nous sommes tues un instant. La colère de Bree était palpable.

— Bree, ai-je repris, même si cela s'est bien fini pour lui, je sais que je n'aurais pas dû lui donner cette potion. Cal a dit que c'était interdit, et je comprends pourquoi. J'ai commis une erreur. J'étais perdue, j'avais peur et je… je voulais juste… savoir.

— Savoir quoi ? a-t-elle craché.

— Si je suis… spéciale. Si j'ai un don.

Elle a regardé par la vitre sans piper mot.

— C'est vrai, quoi, je vois les auras des gens ! Purée, Bree, j'ai guéri l'acné de Robbie ! Ce n'est quand même pas rien, si ?

Elle a secoué la tête, mâchoires serrées.

— Tu es complètement folle, a-t-elle marmonné.

Je ne la reconnaissais plus.

— Qu'est-ce qu'il y a, Bree ? ai-je demandé en retenant des larmes de colère. Pourquoi tu m'en veux autant ?

Elle a haussé les épaules avant de répondre :

— J'ai l'impression que tu n'es pas honnête avec moi. (Puis, les yeux de nouveau tournés vers la vitre elle a soufflé :) Que je ne sais même plus qui tu es.

J'étais à court d'arguments.

— Bree, je te le répète. Je crois que Cal et toi vous feriez un beau couple. Je n'essaie pas de le draguer. Je ne l'appelle jamais. Je ne m'assois jamais à côté de lui.

— Et pour cause ! Il le fait pour toi ! Mais pourquoi ?

— Parce qu'il veut que je devienne une sorcière.

— Et pourquoi ? Il se fiche bien que Robbie ou moi devenions des sorciers. Il te pose des devinettes, il te porte dans la piscine, il te dit que tu as un don pour la magye… Pourquoi ? Et toi, pourquoi tu lances des sorts ? Tu n'es même pas officiellement apprentie d'un coven, et encore moins une vraie sorcière…

— Je ne sais pas, ai-je admis, frustrée. C'est comme si quelque chose… s'éveillait en moi. Quelque chose dont j'ignorais l'existence. Et je veux comprendre ce que c'est, ce que je suis.

Bree a gardé le silence pendant plusieurs minutes. Dans l'obscurité, de petits bruits me parvenaient : le tic-tac discret de ma montre, le souffle de Bree, les cliquetis métalliques de Breezy qui refroidissait. Soudain, une ombre noire a fondu sur moi, sur la voiture. D'instinct, je me suis crispée pour encaisser le choc. Qui n'a pas tardé.

— Je ne veux pas que tu viennes ce soir, a lâché Bree.

Ma gorge s'est serrée.

Bree a ramassé un brin de fil sur son pantalon bleu soyeux avant d'examiner ses ongles.

— Je pensais vouloir découvrir la Wicca avec toi, a-t-elle poursuivi. Mais j'avais tort. En fait, je veux me lancer dans la Wicca toute seule. C'est moi qui ai assisté à tous les cercles, moi qui ai découvert *Magye Pratique*. Et c'est avec Cal que je veux partager tout ça. Lorsque tu es dans les environs, tu le distrais. Surtout depuis ton pseudo-sort. Je ne sais pas comment tu t'y es vraiment prise, mais Cal ne parle plus que de ça.

— Je n'y crois pas… Bon sang, Bree ! Entre Cal et moi, c'est lui que tu choisis ? Tu sacrifies notre amitié ?

Des larmes brûlantes me sont montées aux yeux. Furieuse, je les ai ravalées aussitôt. Pas question de pleurer devant elle.

Bree semblait moins touchée que moi.

— Tu ferais la même chose si tu étais amoureuse de lui, a-t-elle répliqué.

— N'importe quoi ! ai-je hurlé tandis qu'elle redémarrait. Je ne ferais jamais ça ! Jamais !

Bree a fait demi-tour au milieu de Wheeler Road.

— Tu sais, un jour ou l'autre, tu comprendras ton erreur, ai-je rétorqué, amère. Dès qu'il est question de mecs, tu deviens vraiment stupide. Cal n'est que le dernier en date de ta liste. Quand t'en auras marre de lui et que tu le plaqueras, je te manquerai. Mais je ne serai plus là pour toi.

Elle a réfléchi un instant. Puis elle a hoché la tête avec fermeté.

— Mais si, avec le temps, tu oublieras, a-t-elle déclaré. Une fois que moi et Cal on sortira ensemble, les choses se calmeront et tu verras la situation différemment.

— Dans tes rêves, ai-je aboyé. Où on va, là ?

— Je te ramène chez toi.

— Va te faire, ai-je répondu en ouvrant la portière.

Surprise, Bree a pilé et, sous le choc, ma tête a failli percuter le tableau de bord. Vite, j'ai détaché ma ceinture et sauté sur la route.

— Merci pour la balade, Bree.

J'ai claqué la portière de toutes mes forces. Dans un grondement de moteur, Bree est allée faire demi-tour vingt mètres plus loin avant de repasser devant moi pour filer chez Matt. Je me suis retrouvée seule sur le bord de la route, tremblant de colère et de peine.

Durant les onze années qu'avait duré notre amitié, nous avions eu des hauts et des bas. En CP, un jour, elle avait reçu trois cookies au chocolat en dessert et moi deux biscuits à la figue. Quand elle avait refusé d'échanger ses gâteaux contre les miens, je les lui avais pris pour me les fourrer dans la bouche. Je ne sais pas laquelle des deux était la plus horrifiée : elle ou moi. On était restées toute une horrible semaine sans se parler, puis on s'était réconciliées le jour où, pour faire la paix, je lui avais donné six feuilles de papier à lettres. Sur chacune d'entre elles, en guise de monogramme, j'avais dessiné un B au crayon de couleur.

En sixième, elle avait voulu copier mes exercices de maths, et j'avais refusé. Cette fois-là, on s'était fait la gueule pendant deux jours. Elle avait finalement pris ceux de Robbie, et on n'en avait plus jamais reparlé.

L'année précédente, en seconde, on avait connu notre dispute la plus sévère. Le motif ? Savoir si la photographie pouvait être considérée comme un art à part entière ou si n'importe quel idiot armé d'un appareil photo pouvait obtenir une image époustouflante de temps en temps. Je ne révélerai pas qui défendait cette position, je dirai juste que ça s'est terminé dans des hurlements, dans mon jardin, jusqu'à ce que ma mère nous sépare.

Cette fois-là, on est restées fâchées deux semaines et demie. Pour finir, on a signé un traité attestant que, sur cette question, on acceptait de ne pas être d'accord. J'ai toujours le papier dans un coin.

J'avais froid. J'ai remonté la fermeture de ma veste et rabattu la capuche. Je me suis élancée vers la maison de Matt avant de comprendre aussitôt qu'il habitait trop loin. Des larmes intarissables ont coulé sur mes joues. Pourquoi Bree me faisait-elle un coup pareil ? Déprimée, j'ai tourné les talons, entamant la longue marche qui me ramènerait chez moi.

Le croissant pointu de la lune était si proche que je discernais les cratères. L'oreille tendue, j'écoutais les bruissements de la nuit : insectes, animaux, oiseaux. Ma vision et mon ouïe se sont un peu aiguisées. Je les ai laissées faire. Malgré l'obscurité, j'apercevais des insectes sur les arbres à cinq mètres de moi. Des nids sur les plus hautes branches, ainsi que les petites têtes rondes des oiseaux endormis dépassant du bord. J'ai pris conscience des battements syncopés des cœurs des oisillons qui se mêlaient aux miens, bien plus lents et plus sonores.

J'ai volontairement diminué l'acuité de mes sens. Puis j'ai fermé les yeux, mais les larmes ont continué à couler.

Je pleurais sur notre amitié perdue – comment pourrais-je lui pardonner ? Et je pleurais parce que Cal et elle finiraient bel et bien ensemble – elle ferait le nécessaire. Mais mes pires sanglots, ceux qui me nouaient l'estomac, naissaient d'une nouvelle inquiétude : et si j'étais obligée de refermer toutes les portes qui venaient de s'ouvrir en moi ?

21. De l'amour à la haine

« Chaque fois que vous éprouvez de l'amour, que ce soit pour une pierre, un arbre, un être cher ou un enfant, vous êtes touché par la magye de la Déesse. »

Sabina Falconwing,
dans un *coffee shop* de San Francisco, 1980

Le téléphone a sonné de bonne heure le lendemain matin. C'était Robbie.

— Qu'est-ce qui se passe ? m'a-t-il demandé. Hier soir, Bree nous a dit que tu ne viendrais plus jamais aux cercles.

Bree croyait donc que j'allais céder si facilement ? Cette idée m'a rendue furieuse. J'ai dégluti avant de répondre :

— C'est faux. Ça l'arrangerait bien. Mais elle rêve. Samedi prochain, c'est Samhain, et je compte bien en être.

Robbie est resté silencieux quelques secondes.

— Ça ne va pas, entre vous ? Vous êtes les meilleures amies du monde, pourtant.

— Si tu veux un conseil : ne cherche pas à connaître les détails, me suis-je contentée de répondre.

— T'as raison. Il vaut sans doute mieux que je l'ignore. Pour Samhain, on s'est donné rendez-vous à onze heures et demie dans les champs de maïs au nord de la ville, en face de là où on a fêté Mabon. Puis, à minuit, ceux qui le veulent deviendront officiellement les apprentis du nouveau coven de Cal.

— Waouh, entendu. Et toi... tu vas le faire ?

— On n'est pas censés en parler ni prendre de décision tout de suite, m'a-t-il expliqué. Cal nous a conseillé d'y réfléchir de façon strictement personnelle. Au fait, tout le monde doit apporter quelque chose. J'ai dit que tu te chargerais des fleurs et des pommes.

— Merci, Robbie, ai-je soufflé avec sincérité. On doit s'habiller d'une façon spéciale ?

— En noir ou en orange. À demain au lycée.

— OK, merci encore.

Ce jour-là, la messe a été semblable à toutes les autres. Le père Hotchkiss nous a encouragés à soigner notre ligne défensive pour que le mal n'ait aucun moyen de pénétrer jusqu'à notre âme.

Je me suis penchée devant ma mère pour murmurer à Mary K. :

— Tu as bien compris, hein ? Surveille ta ligne défensive.

Elle a dissimulé son sourire derrière son missel.

Malgré les métaphores vaseuses du curé, je suis restée très attentive pendant tout le service. Si je rejoignais la Wicca, me serait-il vraiment impossible de continuer à venir à l'église ? J'ai décidé que non. Je savais que la messe me manquerait, et je savais aussi que mes parents m'assassineraient. Si je devais choisir un jour entre les deux, j'attendrais quelques années, lorsque je serais adulte. J'ai repensé aux paroles de Paula Steen : dans la vie, l'important, c'est de s'investir.

J'ai écouté avec attention les hymnes et les mélodies que Mme Lavender tirait de l'orgue immense. Ma mère m'avait assuré que c'était déjà elle l'organiste lorsqu'elle était enfant. J'adorais les bougies, l'encens et la procession formelle des prêtres dans leurs aubes dorées et des enfants de chœur en aubes blanches. J'avais moi-même été enfant de chœur pendant plusieurs années, tout comme Mary K. Cet environnement si familier possédait un pouvoir réconfortant.

Après la messe et le restaurant, je suis passée à l'épicerie avec la liste des courses de la semaine. En revenant, j'ai fait un petit détour par Red Kill pour m'arrêter à *Magye Pratique*. Je n'avais pas l'intention d'acheter quoi que ce soit. Et je n'ai croisé personne de ma connaissance. J'ai traîné dans la section librairie pour me documenter sur Samhain. Puis j'ai décidé que, le samedi suivant, j'apporterais une bougie noire puisque le noir est la couleur qui nous protège des ondes négatives. Dans un accès de mesquinerie, j'ai eu envie d'en acheter trois tonnes pour Bree.

J'étais toujours aussi furibonde. Elle pensait pouvoir me chasser du cercle ? Quel culot ! J'ai alors compris qu'elle avait toujours eu de l'ascendant sur moi. Je m'étais contentée de la suivre. Maintenant que je m'en rendais compte, j'avais envie de me mettre des claques.

J'appréhendais de retourner au lycée le lendemain.

— Puis-je t'aider ?

Une femme d'âge mûr aux traits agréables, un peu plus petite que moi, s'était approchée pendant que j'étudiais les bougies.

J'ai opté pour la franchise :

— Euh, oui… Il me faut une bougie noire pour Samhain.

— Bien sûr, a-t-elle répondu en désignant le coin dédié aux bougies noires. Tu as de la chance, il nous en reste quelques-unes. Les clients se les sont arrachées toute la semaine.

Elle m'en a tendu deux différentes : une large chandelle cylindrique, qui mesurait presque trente centimètres, et un long cierge élancé encore plus grand.

— Ces deux-là feraient l'affaire, m'a-t-elle expliqué. La cylindrique dure plus longtemps, mais le cierge est très élégant…

La plus large était aussi bien plus chère.

— Euh, je crois que je vais prendre… la cylindrique.

Je voulais dire « le cierge », mais ma bouche en avait décidé autrement. La vendeuse a hoché la tête d'un air entendu.

— Je crois effectivement qu'elle veut que tu la prennes, a-t-elle déclaré comme si c'était tout à fait normal qu'une bougie choisisse son propriétaire. Ce sera tout ?

— Oui.

Je l'ai suivie docilement jusqu'à la caisse. Elle, au moins, n'était pas glauque. Je l'appréciais bien plus que son collègue.

— Si je devais acheter des fleurs pour Samhain, lesquelles devrais-je prendre ? ai-je demandé encore, un peu gênée.

Elle m'a souri tout en encaissant mon achat.

— Celles qui voudront partir avec toi, a-t-elle répondu, joviale.

Puis elle m'a regardée au plus profond des yeux, comme pour y chercher quelque chose.

— Es-tu… Mais oui, tu dois être celle dont m'a parlé David, a-t-elle annoncé, pensive.

— David ?

— L'autre vendeur. Il m'a dit qu'une jeune sorcière prétendant ne pas en être une fréquentait la boutique. C'est toi, n'est-ce pas ? Tu es une amie de Cal.

— Euh…

— Mais oui, c'est bien toi, a-t-elle ajouté, un sourire jusqu'aux oreilles. Quel plaisir de faire ta connaissance. Je m'appelle Alyce. Si jamais un jour tu as besoin de quoi que ce soit, fais-le-moi savoir. La route qui t'attend est semée d'embûches.

— Comment le savez-vous ?

Elle a fourré ma bougie dans un sac, apparemment surprise par ma question.

— Je le sais, c'est tout. De la même façon que, toi aussi, tu sais des choses. Tu vois de quoi je parle.

Sans répondre, j'ai attrapé mon sac avant de sortir de la boutique presque en courant, fascinée et déroutée tout à la fois.

Le lundi matin, je me suis dirigée d'un pas décidé vers les bancs où le groupe Wicca se réunissait. Je me suis assise en laissant tomber mon sac à dos à mes pieds. Bree a eu l'air étonné de me voir, mais elle m'a ignorée.

— Tu nous as manqué, samedi soir, m'a lancé Jenna.

— Bree nous a dit que tu ne reviendrais plus, a ajouté Ethan.

Et voilà, l'affaire était révélée au grand jour. Même sans le voir, je sentais que Cal guettait ma réaction.

— Si, je vais revenir. Je veux devenir une sorcière, ai-je affirmé d'une voix claire. Je crois que c'est ma destinée.

Jenna a gloussé nerveusement. Cal m'a souri, et je lui ai rendu son sourire. Près de nous, Bree serrait les dents.

— C'est cool, a dit Ethan. Eh, Sharon, fais-moi un peu de place, a-t-il exigé en gratifiant sa voisine d'un petit coup de genou dans la cuisse.

Avec un soupir exagéré, Sharon a obtempéré, à la grande satisfaction d'Ethan. En les observant, j'ai perçu une sorte de reconnaissance mutuelle entre eux. Ça m'a épatée : Sharon et Ethan ? Pouvaient-ils vraiment s'intéresser l'un à l'autre ?

— Oh, oh ! une étrangère en vue, a marmonné Matt sur le ton de la plaisanterie.

Son commentaire a arraché un petit sourire en coin à Raven. Tamara se dirigeait vers nous.

— Salut, l'ai-je accueillie, vraiment heureuse de la voir.

— Salut, a-t-elle répété avant de balayer le groupe du regard. Dis, Morgan, t'as réussi à finir le devoir sur les fonctions, ce week-end ? Moi, j'ai coincé sur le problème numéro trois.

— Je l'ai fait, celui-là, ai-je répondu après avoir réfléchi un instant. Tu veux qu'on l'étudie ensemble ?

— Ça serait sympa de ta part.

— Pas de problème. À plus, tout le monde, ai-je lancé à la cantonade en ramassant mon sac.

J'ai suivi Tamara jusqu'à la bibliothèque. Pendant les dix minutes suivantes, nous avons travaillé sur l'exercice, elle et moi. C'était chouette. Je me suis sentie presque normale.

— Je suis content que tu viennes pour Samhain, m'a dit Cal.

J'ai jeté un coup d'œil par-dessus mon épaule : il m'avait suivie après le cours de maths. Je me dirigeais vers mon casier, près du self, afin de récupérer des livres pour le cours de chimie du mercredi.

J'ai acquiescé tout en composant le code.

— J'ai lu pas mal de trucs sur la question. J'ai hâte d'y être.

— Tu crois que tu veux entrer en apprentissage, a-t-il affirmé. Mais tu dois bien y réfléchir : veux-tu vraiment devenir membre de ce nouveau coven ?

Lorsqu'il m'a souri en s'adossant au casier voisin, de fines lignes se sont dessinées au coin de ses yeux.

— Je sais que la situation est compliquée pour toi, à cause de tes parents, a-t-il continué.

Bravant ma timidité, j'ai plongé dans son regard comme dans une mer agitée. Le courant menaçait de m'emporter.

— Oui, je veux être initiée. Même si tu n'es pas un grand prêtre. Et, oui, je veux faire partie de ton coven. Je me suis torturé l'esprit sur cette question. La Wicca terrifie mes parents. Ils ne veulent pas que je m'implique, mais je ne peux pas les laisser décider à ma place. Chaque jour qui passe, je suis un peu plus sûre de moi.

— Essaie quand même d'y songer encore, m'a-t-il conseillé.

— Je ne pense à rien d'autre ou presque, ai-je avoué.

Il a hoché la tête sans me quitter des yeux.

— À plus tard, en physique, a-t-il lancé.

Il s'est éloigné en me laissant seule avec mes fourmillements dans l'estomac.

Bree et moi n'étions plus amies. Du coup, je pouvais me poser la question toute simple qui me terrifiait depuis le début : Cal pouvait-il m'aimer autant que je l'aimais ? Avions-nous une chance de sortir ensemble ?

— Vite ! Vite ! Le scotch ! m'a ordonné Mary K., perchée sur une échelle dans la salle à manger.

Ma mère n'allait pas tarder à rentrer, et nous décorions la pièce pour son anniversaire.

— Attends, ai-je répondu en entrelaçant deux guirlandes. Voilà.

— Papa passe au restaurant thaï pour rapporter à manger ? a demandé ma sœur en accrochant les guirlandes.

— Ouaip. Et tante Eileen s'occupe du gâteau glacé.

— Miam.

J'ai reculé d'un pas. La pièce avait un véritable air de fête.

— Qu'est-ce que c'est que tout ça ? s'est écriée ma mère depuis le seuil.

Mary K. et moi, on a hurlé en même temps.

— Qu'est-ce que tu fabriques à la maison ? me suis-je étranglée. On n'a pas encore fini !

Mary K. a agité les mains.

— Du balai ! Dans ta chambre ! Va te changer ! Donne-nous encore dix minutes !

Ma mère a jeté un coup d'œil alentour puis éclaté de rire.

— Vous deux alors ! s'est-elle exclamée avant de monter à l'étage.

Pendant le repas, on s'est bien amusés. Rien n'est venu troubler la fête. Lorsque ma mère a ouvert ses cadeaux, elle s'est extasiée devant la broche celtique que je lui avais offerte, le CD de Mary K., les boucles d'oreilles choisies par mon père et les deux livres apportés par Eileen. Comment croire que c'était la même personne qui m'avait hurlé dessus quelques semaines plus tôt ? J'ai souri en la regardant couper son gâteau. Je sentais que, le samedi suivant, quelque chose de tragique allait se produire. Mais, ce soir-là, nous étions tous heureux.

Le jeudi, pendant l'heure de permanence, j'étais vautrée dans un fauteuil en train de lire le chapitre sur Samhain de l'un de mes livres lorsque Tamara est arrivée. Elle s'est penchée pour voir le titre.

— Tu t'y intéresses toujours ? m'a-t-elle demandé à voix basse, curieuse.

— Oui, c'est très chouette.

Ma réponse me semblait minable, inappropriée.

— Les cercles ont lieu chaque semaine, mais j'en ai raté quelques-uns.

— Quel est le but de tout ça ? Qu'est-ce que Cal essaie de faire ?

J'ai hésité un instant avant de le lui expliquer :

— Il cherche des volontaires pour lancer un nouveau coven.

— Un coven ? a-t-elle répété, les yeux ronds. Ça fiche presque la trouille.

— C'est vrai, ai-je reconnu. Mais ce n'est qu'une question de… mauvaise presse. Il n'y a pas de quoi avoir peur. Son coven ressemblera surtout à… un groupe d'études.

Tamara a hoché la tête, sans savoir que dire.

— Ça te tenterait, un ciné demain soir ? lui ai-je soudain demandé.

Un large sourire s'est dessiné sur son visage.

— Ce serait génial ! Je peux inviter Janice ?

— Bien sûr. On n'a qu'à aller voir le film à l'affiche du Meadowlark.

— Super. À plus tard, Morgan. Et bonne lecture.

Le cœur léger, je l'ai regardée s'asseoir à l'autre bout de la pièce.

Un instant plus tard, sans crier gare, Bree s'est laissée tomber dans le fauteuil voisin. Je me suis aussitôt crispée.

— Relax, a-t-elle murmuré. Je voulais juste t'informer que la phase une de l'opération « Bree et Cal » est terminée. Dans quelque temps, tu pourras revenir aux cercles autant que tu veux.

— De quoi tu parles ? ai-je lâché, les yeux écarquillés.

— Il a cédé, a-t-elle annoncé d'un ton joyeux. Il est tout à moi. Donne-moi quelques semaines pour consolider tout ça, et on pourra oublier cette histoire.

— Tu plaisantes, j'espère ? ai-je rétorqué en me redressant. Je n'oublierai jamais ce que tu m'as fait. Ça t'étonne ? Tu as sacrifié notre amitié pour un mec ! Je ne comprends même pas pourquoi tu es venue me parler.

J'ai scruté son beau visage, qui m'était naguère aussi familier que le mien.

— Je suis venue te parler justement pour que tu arrêtes de dramatiser la situation.

Du bout de son pied botté, elle m'a tapoté doucement le genou.

— Toutes les deux, on s'est dit des choses qu'on ne pensait pas, mais on s'en remettra, a-t-elle affirmé. Comme toujours. J'ai juste besoin d'un peu plus de temps avec Cal.

J'ai secoué la tête. Je ne voulais qu'une chose : qu'elle s'en aille.

— Tu vois très bien ce que je veux dire, a-t-elle poursuivi à voix basse, en guettant ma réaction. Cal et moi, on a enfin couché ensemble. Donc, on sort ensemble. Dans quelques semaines, notre couple sera solide. Alors, tu pourras revenir aux cercles.

Une douleur fulgurante m'a transpercé la poitrine. J'ai dégluti tout en frottant mon tee-shirt entre mes deux embryons de seins. Des dizaines d'images de Cal et Bree enlacés sur son lit à lui, entourés de bougies, ont défilé devant mes yeux. J'avais le cœur à vif, meurtri.

— Je suis contente pour toi, ai-je réussi à articuler d'une voix neutre. Mais tu peux bien te taper tous les mecs du cercle, j'en ai rien à secouer. Tu n'as pas à me dicter ce que je dois faire. Pour Samhain, je serai là, crois-moi.

Le feu de ma colère nourrissait mes paroles.

— Tu sais, Bree, ai-je repris, la différence entre toi et moi, c'est que moi j'ai vraiment envie de devenir une sorcière. Je ne fais pas semblant juste pour draguer un beau mec.

— Comment t'as pu devenir une telle garce ?

— J'ai peut-être traîné trop longtemps avec toi, ai-je répondu en haussant les épaules.

Elle s'est relevée lentement du fauteuil et s'est éloignée avec une grâce telle que, à côté, j'ai eu l'impression d'être un bloc de pierre.

C'est vrai, ce qu'on dit. De l'amour à la haine, il n'y a qu'un pas.

22. Ce que je suis

« Craignez le nouvel an des sorcières, nuit de rites profanes. Il tombe la veille de la Toussaint. Ce jour-là, la frontière entre ce monde et le suivant s'affine, se brise facilement. »

Sorcières, sorciers et mages,
Altus Polydarmus, 1618

Ce soir, je vais assister au cercle, et rien ne m'en empêchera. Je vais m'engager à devenir une apprentie officielle du coven de Cal. Je sais que, cette nuit, ma vie va changer. Je le perçois dans tout ce que je vois, tout ce que j'entends.

— Où est Bree ? m'a demandé ma mère tandis que Mary K. et moi enfilions nos déguisements.

Puisqu'on avait enfin admis qu'on était trop vieilles pour aller réclamer des bonbons chez les voisins, on avait décidé de participer à la fête d'Halloween du lycée. Il était à peine sept heures et la maison avait déjà été assiégée par des modèles réduits de pirates, de princesses, de mariées, de monstres et, évidemment, de sorcières.

— C'est vrai, a renchéri Mary K., qui traçait une fausse cicatrice de Frankenstein sur sa joue. Je ne l'ai pas vue de la semaine.

— Elle est très prise, ai-je répondu l'air de rien, en me brossant les cheveux. Elle a un nouveau copain.

Cette nouvelle a fait glousser ma mère.

— Cette Bree, quel cœur d'artichaut !

On peut dire ça comme ça, oui, ai-je pensé, sarcastique.

Mary K. a jaugé ma tenue d'un œil désapprobateur.

— C'est tout ?

— Je n'ai pas réussi à me décider, ai-je avoué.

J'étais déguisée en Morgan. Version tout de noir vêtue, mais Morgan quand même.

— Grand Dieu, laisse-moi au moins te maquiller, a soupiré ma mère.

Elles m'ont dessiné une pâquerette sur le visage. Avec mon jean et mon haut noirs, j'avais l'air d'une fleur sur une tige fanée. Peu importait. Pendant la soirée, Mary K. et moi avons bougé au rythme d'un groupe local très mauvais, les Ruffians. Quelqu'un avait versé de l'alcool dans le punch mais, évidemment, les professeurs s'en sont rendu compte aussitôt et l'ont vidé sur le parking. Aucun autre membre du cercle n'était présent. En revanche, j'ai retrouvé Tamara et Janice, puis j'ai dansé avec ma sœur, Bakker et deux ou trois autres mecs qui étaient avec moi en maths ou en physique. C'était marrant. Pas grandiose, mais marrant.

À onze heures et quart, nous étions de retour à la maison. Pendant que ma mère, mon père et Mary K. allaient se coucher, j'ai arrangé des oreillers dans mon lit pour leur donner la forme oblongue adéquate. Puis je me suis lavé la figure avant de retrouver en douce la fraîcheur de la nuit.

Bree et moi, on avait déjà fait le mur ensemble, pour faire des trucs stupides du genre se rendre à la station-service ouverte vingt-quatre heures sur vingt-quatre pour s'acheter des beignets ou d'autres cochonneries. C'était toujours une aventure joyeuse, comme un rite de passage tolérable, que nos parents jugeraient sans doute avec indulgence s'ils nous surprenaient.

Ce soir-là, la lune brillait comme un spot. Le vent de cette fin d'octobre me glaçait jusqu'aux os. Je me sentais perdue et très seule. Comme j'avançais sur la pointe des pieds vers l'allée sombre où était garée ma voiture, la flamme de notre lanterne-citrouille a vacillé avant de s'éteindre. Sans son sourire guilleret illuminé par la bougie, elle avait un air sinistre, presque menaçant. Le pouvoir de ce symbole païen, antique, dépassait de loin ce que l'on pouvait attendre d'une simple citrouille sculptée.

J'ai inspiré l'air nocturne un instant, guettant le moindre signe d'alerte. Soudain, j'ai voulu tenter quelque chose : déployer mes sens tel un filet pour explorer les alentours. Comme s'ils pouvaient capter un signal, à l'instar d'une antenne de télé ou d'une parabole. J'ai fermé les yeux, l'oreille aux aguets. J'ai entendu le frôlement des feuilles sèches, rabougries, qui tournoyaient vers le sol. Les grattements des écureuils qui décampaient à toute allure. Puis j'ai senti la brise charriant des volutes de brume depuis le fleuve. En revanche, aucun signe de mes parents ou d'un voisin. Dans ma rue, tout était calme. Pour l'instant, je ne risquais rien.

Ma voiture pesait une tonne. J'ai eu toutes les peines du monde à la pousser jusqu'à la route. Au dernier moment, j'ai dû donner un coup de volant et sauter à l'intérieur pour piler. J'ai prié pour qu'une bande de jeunes fêtant Halloween ne déboule pas à toute allure au coin de la rue. J'ai fermé de nouveau les yeux en pensant à ma maison, et j'ai senti que des gens y dormaient paisiblement, d'un sommeil profond, inconscients de mon absence.

Une fois Das Boot sur la route, et dans le bon sens, j'ai eu moins de mal à la contrôler. Je l'ai poussée jusqu'à la maison des Herndon, à présent pourvue d'une rampe d'accès toute neuve pour le fauteuil roulant du vieil homme. Je me suis installée derrière le volant et j'ai démarré en repensant aux sièges chauffants de Breezy. Entre mes mains, Das Boot me faisait l'effet d'une bête qui s'éveillait en ronronnant, tout excitée à l'idée d'avaler des kilomètres. Ensemble, nous avons filé dans la nuit.

Je me suis garée sous l'énorme saule dans le pré qui faisait face aux champs de maïs. La Coccinelle rouge de Robbie y était déjà, ainsi que le pick-up de Matt. J'avais aussi repéré les voitures de Bree et de Raven. Nerveuse, je suis descendue de Das Boot pour aller ouvrir le coffre. Je jetais constamment des coups d'œil par-dessus mon épaule, comme si je m'attendais à ce que Bree – ou pire encore – surgisse du velours noir de la nuit et se jette sur moi. Vite, j'ai sorti les fleurs, les fruits et la bougie que j'avais apportés, et je me suis dirigée vers les épis de maïs, de l'autre côté de la route.

Si près du but, j'éprouvais encore quelques doutes, malgré la détermination affichée devant Bree et les autres. Mon cœur me criait de me jeter à corps perdu dans la Wicca, mais mon esprit n'avait pas quitté le stade de la récolte systématique d'informations. Or, après ma dispute avec Bree, après l'avoir si souvent imaginée avec Cal, après avoir dissimulé tant de choses à mes parents, mon cœur était encore fragile. J'étais véritablement déchirée. Arrivée à l'orée du champ, j'ai failli tout lâcher pour faire demi-tour.

Puis j'ai entendu la musique, une mélodie celtique aérienne que la brise portait jusqu'à moi, ruban sonore soyeux qui semblait promettre paix, calme et bienveillance. Alors, je me suis engouffrée entre les hauts épis qu'on avait laissés sécher sur pied. Je ne me suis même pas demandé où j'allais, ni comment je savais où retrouver les autres. Je me contentais d'avancer et, après avoir traversé cette mer jaune végétale, je me suis retrouvée dans une clairière, où le cercle m'attendait.

— Morgan ! s'est écriée Jenna en me tendant les mains joyeusement.

Elle était radieuse ; le clair de lune la rendait plus belle encore.

— Bonsoir, ai-je murmuré, gênée.

Nous étions là, tous les neuf, à échanger des coups d'œil. L'atmosphère était tendue, comme si nous étions sur le point de nous lancer dans une entreprise périlleuse, du genre l'ascension de l'Everest. Comme si certains d'entre nous risquaient de ne pas parvenir au bout du périple. Mais, au moins, nous allions commencer ensemble. J'ai soudain eu l'impression de regarder des inconnus. Robbie était distant. Bree se montrait froide, statue charmante de mon ex-meilleure amie. Je n'avais jamais été proche des autres. Qu'est-ce que je faisais là ?

J'allais prendre mes jambes à mon cou lorsque Cal est apparu. Et je me suis figée sur place.

Vaincue, j'ai souri à Jenna, Robbie et Matt.

— Où est-ce que je pose tout ça ? ai-je demandé en tendant mes sacs à Cal.

— Sur l'autel, a-t-il répondu en s'approchant.

Son regard a croisé le mien et, pendant un court instant, le temps s'est arrêté.

— Je suis content que tu sois venue, a-t-il ajouté.

Je l'ai dévisagé béatement pendant la demi-seconde qu'il m'a fallu pour me rappeler de lui et de Bree, de ce qu'elle m'avait dit. Ensuite, j'ai hoché sèchement la tête.

— Où est l'autel ?

— Par là. Et joyeux Samhain à tous.

Il nous a fait signe de le suivre dans le champ. Lorsque la lune a caressé ses cheveux soyeux, ils ont brillé et, à cet instant, il a vraiment ressemblé au dieu païen de la forêt qu'évoquaient mes lectures. *Es-tu vraiment à Bree, à présent ?* lui ai-je demandé mentalement.

Le champ donnait sur une immense prairie en pente douce qui, au printemps, serait parsemée de fleurs. Pour l'instant, l'herbe était brune et souple sous nos pas. Au pied de la prairie, un étroit ruisseau glacé aux eaux cristallines courait vivement sur des roches grises et vertes. Nous l'avons traversé facilement. Cal est passé en premier avant d'aider les autres. Lorsque sa main a pris la mienne, j'ai été frappée par sa chaleur et sa fermeté.

Depuis mon arrivée, j'avais observé Cal et Bree du coin de l'œil. Impossible d'oublier qu'ils avaient couché ensemble. Pourtant, ce soir-là, rien n'avait changé dans son comportement à lui. Détendu, détaché, il ne semblait pas faire particulièrement attention à Bree. Ils n'avaient pas l'air d'un couple, comme Jenna et Matt. Bree paraissait tendue et, pire encore, elle se montrait amicale envers Raven et Beth.

De l'autre côté du ruisseau, le terrain, qui recommençait à monter, disparaissait vite derrière une rangée d'arbres touffus. Ces arbres étaient ancestraux, leur écorce était pleine de nœuds, leurs énormes racines se déployaient autour d'eux et leurs branches semblaient aussi larges que des tonneaux. À leur pied, l'obscurité était presque totale. Pourtant, je voyais nettement et n'avais aucune difficulté à trouver mon chemin dans les broussailles.

En quittant le couvert des arbres, nous nous sommes retrouvés dans un vieux cimetière.

Robbie a cligné des yeux. Raven et Beth ont échangé des sourires amusés, tandis que Jenna glissait sa main dans celle de Matt. Ethan a reniflé bruyamment avant de se rapprocher de Sharon, qui paraissait déstabilisée. Je devinais que Bree était elle aussi déroutée – je sais déchiffrer presque toutes les nuances de son expression.

— Nous sommes dans un vieux cimetière méthodiste, nous a informés Cal, la main posée nonchalamment sur une grande pierre tombale sculptée en forme de croix. Les cimetières sont des endroits idéaux pour fêter Samhain. Ce soir, nous rendons hommage à ceux qui ont disparu avant nous, et nous acceptons le fait que, un jour, nous aussi, nous redeviendrons poussière… pour mieux renaître.

Cal nous a conduits le long d'une rangée de tombes avant de s'arrêter devant une sorte de grand sarcophage surélevé. Une énorme pierre ancienne, couverte de lichen et délavée par des centaines d'années de pluie, de neige et de vent, fermait le coffre en granite. L'épitaphe n'était plus lisible, même au clair de lune.

— Ce soir, ce sera notre autel, a annoncé Cal en ouvrant le sac de marin posé à ses pieds.

Il a tendu un carré de tissu à Sharon en lui demandant :

— Tu veux bien le déplier sur l'autel, s'il te plaît ?

Sharon s'est exécutée avec délicatesse. Ensuite, Cal a donné deux gros bougeoirs en cuivre à Ethan, qui les a placés sur l'autel.

— Jenna ? Robbie ? Vous pouvez installer les fruits et le reste ?

Ils ont rassemblé toutes nos offrandes, que Jenna a disposées artistiquement en forme de corne d'abondance. Il y avait des pommes, des courges, une citrouille et un bol de noix apporté par Bree.

J'ai mis mes fleurs, ainsi que celles de Jenna et de Sharon, dans des vases de verre à chaque extrémité de l'autel. Beth a ramassé quelques branches couvertes de feuilles mortes pour les placer derrière les fruits. Raven a récolté les bougies que nous avions apportées, dont ma grosse chandelle noire, et les a fixées au sarcophage à l'aide de gouttes de cire fondue. Matt a allumé les mèches, l'une après l'autre. Il n'y avait presque pas de vent dans le cimetière, et les petites flammes vacillaient à peine dans l'obscurité. Bizarrement, lorsqu'elles ont toutes été allumées, l'endroit m'a semblé plus menaçant. L'idée de pouvoir me dissimuler dans les ténèbres me rassurait, alors que, avec la lumière des bougies sur mon visage, je me sentais trop exposée… vulnérable.

— Maintenant, tout le monde se rassemble au milieu, a lancé Cal. Jenna ? Raven ? Vous voulez bien tracer notre cercle et le purifier ?

J'étais jalouse qu'il les ait choisies, elles – comme tout le monde, sans doute. Cal les a observées patiemment, prêt à les aider si besoin était. Mais elles se sont appliquées et bientôt le cercle a été tracé, puis purifié avec de l'eau, de l'air, du feu et de la terre.

Voilà, je participais de nouveau à un cercle ! J'exultais, pleine d'espoir. Seuls les sombres ruminations de Bree et les airs supérieurs que se donnait Raven gâchaient un peu mon plaisir. J'essayais de les ignorer, de me concentrer sur la magye, *ma* magye, et d'ouvrir mon esprit pour qu'il devienne perméable aux impressions dépassant mes cinq sens.

— Voilà notre cercle tracé, a déclaré Jenna d'un ton solennel.

Nous avons tous reculé pour nous placer le long de la ligne. Je me suis glissée entre Matt et Robbie, deux forces positives qui ne me distrairaient ni ne me troubleraient.

Cal a sorti de son sac une petite bouteille qu'il a débouchée. Tout en trempant le doigt dans le flacon, il a fait le tour du cercle dans le sens des aiguilles d'une montre pour dessiner sur notre front un pentacle.

— Qu'est-ce que c'est ? ai-je demandé.

J'étais la seule à briser le silence.

— De l'eau salée, a-t-il répondu dans un demi-sourire.

De son doigt humide, il a tracé doucement le pentacle sur mon front. La zone de contact a chauffé, comme si le dessin luisait de magye.

Une fois sa tâche accomplie, il a repris sa place dans le cercle.

— Nous sommes réunis ici ce soir pour former un nouveau coven. Pour célébrer la Déesse, le Dieu et la nature, pour explorer, créer et adorer la magye, pour découvrir les pouvoirs magyques en nous et hors de nous.

Dans le bref silence qui a suivi, je me suis entendue dire :

— Louée soit la Déesse.

Les autres m'ont imitée. Cal a souri.

— Si quelqu'un ne souhaite pas faire partie de ce coven, qu'il brise le cercle tout de suite.

Personne n'a bougé.

— Bienvenue à vous, a repris Cal. Heureuse soit notre rencontre, loués soyez-vous. Nous avons trouvé notre havre, tous les dix, ici, au sein de Cirrus, notre coven.

Cirrus ? Ça sonnait plutôt bien.

— Tous les neuf, vous commencez dès à présent votre noviciat – vous êtes les apprentis de ce coven, a-t-il expliqué. Je vous transmettrai mon savoir, puis, ensemble, nous chercherons d'autres professeurs pour poursuivre notre exploration.

La seule fois où j'avais entendu parler de noviciat, il était question de prêtres ou de bonnes sœurs. En faisant basculer mon poids d'un pied sur l'autre, j'ai senti la terre dense, douce sous moi. Dans le ciel, la lune était haute, blanche, gigantesque. De temps en temps, le ronronnement d'un moteur ou le claquement d'un pétard résonnait au loin. Mais là, dans notre cercle, le silence était profond, durable, et seuls les appels des animaux nocturnes, les battements d'ailes des chauves-souris et des chouettes, le gazouillis du ruisseau résonnaient autour de nous.

En mon for intérieur, j'éprouvais la même paix. Comme si mes peurs et mes doutes se taisaient les uns après les autres. Les sens en alerte, je me sentais plus vivante que jamais. Les bougies, le souffle de ceux qui m'entouraient, le parfum des fleurs et des fruits, tout se mélangeait pour créer un lien profond et merveilleux avec la nature, la Déesse qui est partout, tout autour de nous.

Dans le bol de terre, au nord, Cal a allumé un bâtonnet d'encens. Des fragrances rassurantes de cannelle et de muscade ont bientôt flotté dans l'air. Nous nous sommes pris la main. Contrairement à mes deux cercles précédents, celui-ci ne suscitait en moi ni curiosité ni appréhension particulières. J'attendais simplement de voir comment les choses allaient tourner.

Les mains de Matt et de Robbie étaient plus grandes que les miennes. Celle de Matt était lisse et mince, celle de Robbie, massive. J'ai jeté un coup d'œil au visage de mon ami. À sa peau parfaite. Grâce à moi. Au plus profond de moi, j'y ai vu une preuve de mon propre pouvoir et j'en ai été fière.

Cal a entonné le chant tandis que nous tournions dans le sens des aiguilles d'une montre :

Ce soir, nous saluons le Dieu,
Sous la terre il reposera.
Au soleil du printemps il renaîtra,
Mais pour l'heure sa vie s'achève en ce lieu.

Sous la Lune Sanglante nous dansons,
Ce chant par neuf fois nous réciterons.
Nous dansons pour que l'amour jaillisse de nos veines,
Pour assister la Déesse dans sa peine.

Pendant la ronde, j'ai compté et nous avons bien récité neuf fois ce chant. Plus j'étudiais la Wicca, plus je comprenais que les sorcières intégraient partout leurs symboles : les plantes, les nombres, les jours de la semaine, les couleurs, les saisons, même les tissus, la nourriture et les fleurs. Tout possédait une signification propre. En tant que novice, je devrais apprendre à reconnaître ces symboles, à récolter le plus d'informations possible sur la nature et à me joindre à sa danse, à sa magye.

Sans cesser de psalmodier, j'essayais de m'imaginer la fin de la ronde, lorsque nous lèverions les bras pour libérer notre énergie. Une fois encore, le souvenir de la douleur et des nausées passées m'a inquiétée. Ma détermination de façade a commencé à se craqueler sous les assauts de la peur. Mon pouvoir me semblait effrayant.

Soudain, tandis que nous tournions toujours en récitant la prière comme s'il s'agissait d'une chanson en canon où nous mêlions nos voix les unes aux autres, j'ai compris que c'était justement ma peur qui me blesserait si je ne m'en libérais pas sur-le-champ. Entourée par les autres membres du coven, j'ai inspiré profondément et essayé de la bannir, de bannir les limites.

Les visages étaient brouillés. J'avais l'impression de ne plus rien contrôler. « Je bannis la peur ! » Les mots de notre prière ont perdu tout sens pour n'être plus qu'un rythme de son pur, qui s'élevait et retombait et tourbillonnait autour de moi. J'avais du mal à respirer, des gouttes de sueur perlaient sur mes joues brûlantes. Je voulais jeter mon manteau, jeter mes chaussures. Je devais m'arrêter. Je devais bannir la peur.

Dans un ultime éclat de voix, notre ronde a pris fin et nous avons levé les bras en l'air. J'ai senti un courant d'énergie tourbillonner autour de moi. Mon poing s'est refermé dans le ciel avant de se poser sur ma poitrine, comme pour m'approprier des bribes d'énergie. *Je bannis la peur*, ai-je pensé comme dans un rêve, puis la nuit a explosé.

Je dansais dans le ciel, au milieu des étoiles. Des particules d'énergie filaient autour de moi comme autant de comètes microscopiques. Je voyais l'Univers tout entier ; d'un seul coup d'œil, le moindre atome, le moindre sourire, la moindre mouche, le moindre grain de sable m'était révélé dans sa beauté infinie.

En inspirant, j'ai absorbé l'essence même de la vie et, en expirant, j'ai relâché de la lumière blanche. C'était magnifique, plus que ça encore, mais les mots me manquaient pour le décrire. Je comprenais absolument tout ; je comprenais ma place dans l'Univers ; je comprenais le chemin que je devais suivre.

Puis j'ai souri. J'ai soufflé encore une fois en battant des cils et je me suis retrouvée dans un cimetière obscur avec neuf camarades du lycée. Des larmes striaient mon visage.

— Tout va bien ? s'est inquiété Robbie en venant vers moi.

J'ai d'abord eu l'impression qu'il parlait une langue étrangère. Puis, comprenant enfin ce qu'il disait, j'ai hoché la tête.

— C'était merveilleux, ai-je bredouillé, faute d'adjectif plus approprié.

Après ma vision, je me sentais horriblement diminuée. J'ai tendu la main pour toucher la joue de Robbie. Mon doigt a laissé une ligne chaude et rose sur son passage. Robbie s'est frotté la joue, perplexe.

Ensuite, je me suis dirigée vers les bouquets de fleurs dans les vases posés sur l'autel, émerveillée par leur beauté, bouleversée par leur mort prématurée. J'ai caressé un bouton, qui s'est ouvert à mon contact, devenant fleur dans la mort alors qu'on le lui avait interdit dans la vie. Devant la scène, Raven a hoqueté, pendant que Bree, Beth et Matt reculaient d'un pas.

Puis Cal est apparu près de moi.

— Ne touche plus à rien, m'a-t-il ordonné doucement, dans un sourire. Allonge-toi et libère l'énergie.

Il m'a entraînée dans un coin dégagé du cercle, où je me suis étendue sur le dos. J'ai senti la force vitale de la terre m'envelopper, absorber l'énergie que j'avais canalisée, jusqu'à ce que je retrouve mon état normal. Peu à peu, j'ai repris le contrôle de mes sens. Je voyais de nouveau nettement le coven, les bougies, les étoiles et les fruits en tant que tels, et non en temps que boules d'énergie vibrante.

— Que m'arrive-t-il ? ai-je murmuré.

Assis en tailleur derrière moi, Cal a soulevé ma tête pour la poser sur ses genoux. Il caressait mes cheveux, déployés sur ses jambes. Robbie s'est agenouillé près de lui. Ethan, Beth et Sharon se sont approchés pour m'examiner par-dessus son épaule, comme si j'étais une bête de foire. Jenna tenait Matt par la taille, à croire qu'elle avait peur. Raven et Bree restaient à l'écart. Cette dernière avait les yeux ronds et l'air grave.

— Tu as fait de la magye, m'a répondu Cal en me dévisageant de son regard doré infini. Tu es une sorcière de sang.

Stupéfaite, j'ai vu son visage se rapprocher du mien et masquer peu à peu la lune au-dessus de moi. Ses yeux plongés dans les miens, il a effleuré ma bouche de ses lèvres et, dans un choc, j'ai compris qu'il m'avait embrassée. Mes bras m'ont semblé peser une tonne lorsque je les ai levés pour le prendre par le cou, et lui rendre son baiser. Nous étions unis, et la magye crépitait tout autour de nous.

J'ai savouré cet instant de bonheur absolu sans me poser de questions. Évidemment, mes interrogations n'ont pas tardé à me rattraper. Si j'étais une sorcière de sang, qu'en était-il de ma famille ? Et comment Bree et Raven allaient-elles réagir maintenant que Cal et moi sortions ensemble ? Ce serait ma première leçon de magye, et je l'apprendrais à mes dépens : toujours envisager les conséquences de ses actes.

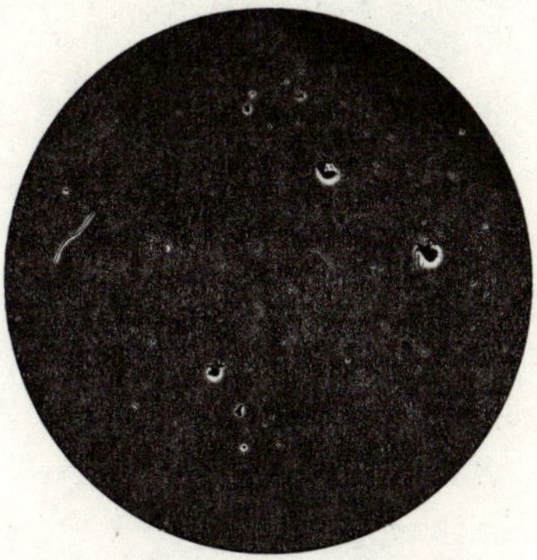

PARTIE 2

Le Coven

1. Après Samhain

Je lègue ce livre à Bradhadair, mon petit lutin incandescent, ma fée du feu, pour son quatorzième anniversaire. Te voilà membre de Belwicket.
Ta Mathair qui t'aime.

Ce livre est top secret. Défense de l'ouvrir.
Imbolc, 1976

Voici un sort facile pour commencer mon Livre des Ombres. C'est Betts Jowson qui me l'a appris, mais moi j'utilise des bougies noires à la place des bleues.

Pour se débarrasser d'une mauvaise habitude :

1. Allumer les bougies sur l'autel.

2. Allumer une bougie noire. Dire : « Cette manie m'ennuie. Jamais plus je ne lui céderai. Jamais plus je n'y penserai. »

3. Allumer une bougie blanche. Dire : « Voici mon pouvoir, mon courage et ma victoire. Cette bataille est déjà gagnée. »

4. Penser à la mauvaise habitude dont on veut se débarrasser. S'imaginer libéré d'elle. Au bout de quelques minutes, éteindre la bougie noire, puis la blanche.

5. Recommencer une semaine plus tard si nécessaire, de préférence lorsque la lune décroît.

J'ai essayé jeudi dernier pendant mon initiation. Depuis, je ne me ronge plus les ongles.

Bradhadair

Le lendemain de Samhain, le réveil a été difficile. J'ai essayé d'ignorer la lumière qui filtrait par la fenêtre, en vain. Je savais que je ne me rendormirais pas.

Pourtant, ma chambre était à peine éclairée. C'était le premier jour du mois de novembre, et l'air doux de l'automne s'en était allé. Je me suis étirée, puis les souvenirs m'ont assaillie si violemment que je me suis assise d'un seul coup, en frissonnant.

J'ai soudain revu Cal se pencher vers moi et m'embrasser. Et moi lui rendre son baiser, mes bras passés autour de son cou, ses doux cheveux entre mes doigts. La connexion entre nous, notre magye, l'électricité, les étincelles, l'Univers qui tourbillonnait autour de nous... *Je suis une sorcière de sang*, me suis-je dit. *Une sorcière de sang ! Cal m'aime, je l'aime aussi. Et personne n'y pourra rien.*

La veille au soir, j'avais connu mon premier baiser, mon premier amour. J'avais aussi trahi ma meilleure amie, divisé notre coven et compris que mes parents me mentaient depuis toujours.

Et tout cela s'était passé lors de Samhain, le 31 octobre : le premier jour de l'année pour les sorcières. Le premier jour de ma nouvelle vie.

Je me suis recouchée, apaisée par le contact familier de mes draps de flanelle et de ma couette. La nuit dernière, tous mes rêves étaient devenus réalité. Mais mon estomac noué me disait que le prix à payer serait élevé. J'avais l'impression d'avoir bien plus que mes seize ans.

Oui, j'étais une sorcière de sang, comme l'avait déclaré Cal. Maintenant, je ne pouvais plus en douter. Dans mes veines coulait le sang de générations de sorcières, de milliers d'années de magye. J'étais des leurs, je descendais de l'un des Sept Clans : Rowanwand, Wyndenkell, Leapvaughn, Vikroth, Brightendale, Burnhide et Woodbane.

Mais duquel ? Des Rowanwand, qui jouaient le double rôle de professeurs et de gardiens du savoir ? Des Wyndenkell, experts en sortilèges, ou bien des Vikroth ? Eux, c'étaient des mages guerriers héritiers des Vikings. Cette pensée m'a fait sourire : je n'avais pas vraiment l'étoffe d'une guerrière.

Les Leapvaughn adoraient faire des farces et jouer des mauvais tours. Le clan des Burnhide était réputé pour sa magye basée sur les pierres précieuses, les cristaux et les métaux, et celui des Brightendale avait développé une magye thérapeutique fondée sur les plantes. Restaient les Woodbane… Ce simple nom me donnait la chair de poule. Impossible que je sois issue du clan maudit, celui qui avait combattu et trahi les autres clans pour s'emparer de leurs territoires, de leurs pouvoirs et de leurs connaissances.

En y réfléchissant, je me sentais surtout proche des Brightendale, les guérisseurs. J'avais découvert que j'adorais les plantes, qu'elles me parlaient et qu'il m'était facile d'utiliser leurs propriétés magyques. L'idée me plaisait bien. Moi, une Brightendale. Une véritable sorcière de sang.

Cette révélation signifiait nécessairement que mes parents étaient eux aussi des sorciers de sang. Je n'arrivais pas à y croire. Pourquoi est-ce qu'on allait à la messe tous les dimanches, alors ? Non pas que ça m'embêtait, au contraire. J'aimais le côté rassurant de notre église, du service religieux, de la tradition. Mais la Wicca me semblait plus naturelle encore.

Je me suis de nouveau assise sur mon lit. Deux images tournaient en boucle dans mon esprit : Cal penché vers moi, ses yeux dorés plongés dans les miens, et Bree, ma meilleure amie, choquée d'assister à cette scène. Son expression reflétait sa douleur, sa jalousie, sa colère. Sa haine.

Qu'est-ce que j'ai fait ? me suis-je demandé.

En bas, dans la cuisine, mes parents préparaient le café et vidaient le lave-vaisselle. Je me suis laissée retomber sur le matelas pour écouter ces bruits familiers : malgré la nuit passée, certains détails de ma vie restaient inchangés.

Quelqu'un a ouvert la porte pour ramasser le journal. On était dimanche, et qui disait dimanche disait messe puis déjeuner au Widow's Diner. Est-ce que je verrais Cal ensuite ? Est-ce que je pourrais lui parler ? Est-ce qu'on sortait ensemble ? Lui et moi, est-ce qu'on formait un couple ? Il m'avait embrassée devant tout le monde, non ? Est-ce que Cal Blaire, le beau Cal Blaire, pouvait vraiment s'intéresser à moi, Morgan Rowlands, Miss Planche à pain ? Moi avec mon nez fort ? Moi que les garçons ne remarquaient jamais ?

Alors que je contemplais le plafond comme si les réponses à mes questions pouvaient apparaître sur le plâtre lézardé, j'ai sursauté en entendant la porte de ma chambre s'ouvrir à la volée.

— Tu peux m'expliquer ce que ça veut dire ? m'a demandé ma mère, visiblement furieuse.

Les yeux écarquillés, la bouche pincée, elle me tendait une petite pile de bouquins maintenus par un bout de ficelle – ceux que j'avais laissés chez Bree pour ne pas contrarier mes parents. Mes livres sur la Wicca, les Sept Grands Clans, l'histoire de la sorcellerie... Une carte les accompagnait, où l'on pouvait lire en grosses lettres : *Morgan, tu les avais oubliés chez moi. Je me suis dit que tu pourrais en avoir besoin.* J'ai tout de suite compris que Bree venait de se venger.

— Je pensais qu'on s'était mises d'accord, a lâché ma mère en haussant le ton.

Elle a passé la tête dans le couloir avant de hurler :

— Sean !

J'ai lancé mes jambes hors du lit. Le sol était froid. J'ai enfilé mes chaussons.

— Alors ? a-t-elle insisté, d'une voix plus haut perchée encore, au moment où mon père arrivait dans la pièce, l'air paniqué.

— Mary Grace ? Que se passe-t-il ?

Ma mère lui a tendu le paquet de livres comme s'il s'agissait d'un cadavre de rat.

— J'ai trouvé ça sur le perron ! Regarde le mot !

Elle s'est tournée vers moi pour m'apostropher :

— Qu'est-ce que tu t'imaginais ? Quand j'ai dit que je ne voulais pas de ces livres chez moi, ça ne t'autorisait pas à les lire ailleurs ! Tu le savais très bien, Morgan !

— Mary Grace, a répété mon père d'un ton apaisant en lui prenant les ouvrages des mains.

Il a lu leurs titres en silence.

Mary K., toujours dans son pyjama à carreaux, est entrée dans la chambre à pas feutrés.

— Qu'est-ce qui se passe ? s'est-elle enquise en écartant les mèches de cheveux qui lui tombaient devant les yeux.

Personne n'a pris la peine de lui répondre. J'ai réfléchi à cent à l'heure.

— Ces livres ne sont pas dangereux ! Ni illégaux ! J'ai le droit de les lire. Je ne suis plus une gamine, j'ai seize ans ! Vous n'en vouliez pas chez nous, j'ai respecté votre souhait, non ?

— Ce n'est pas la question, Morgan, a répliqué mon père d'une voix sévère que je ne lui connaissais pas. En tant que catholiques, nous t'avons expliqué que la sorcellerie, c'est mal. Ce n'est peut-être pas illégal, mais c'est blasphématoire.

— Eh oui, a repris ma mère, tu as bien seize ans. Pas dix-huit. Que cela te plaise ou non, tu es encore une enfant.

En voyant son visage rougi, les rides au coin de ses lèvres et les mèches grises qui zébraient sa chevelure rousse, je me suis rendu compte que, dans quatre ans, elle en aurait cinquante. Soudain, elle m'a semblé vieille.

— Tu vis sous notre toit, a-t-elle continué d'un ton sec. Tu es à notre charge. Quand tu seras majeure, avec un travail et ta propre maison, tu pourras faire ce que tu veux. Mais, tant que tu habiteras chez nous, tu devras respecter nos règles.

J'ai senti la colère monter en moi. Pourquoi réagissaient-ils comme ça ?

Avant que j'aie pu dire quoi que ce soit, une litanie s'est imposée à moi : *Apaise ma colère, adoucis mes mots. Parle dans l'amour et ne nuis point.*

D'où sortait-elle ? Peu importe, elle tombait à pic. Je me la suis répétée trois fois et je me suis calmée. Je me sentais soudain puissante et pleine d'assurance.

— Je vous comprends, leur ai-je répondu gentiment, mon regard glissant de mes parents à ma sœur. Mais maman, crois-moi, ce n'est pas si simple. Tu dois savoir de quoi je parle, non ? Puisque je suis une sorcière dans mon sang et dans ma chair, alors, toi aussi, tu en es une.

2. Différente

14 décembre 1976

Hier soir, on a formé un cercle sur les falaises, à l'ouest, près du currachdag. On était quinze, dont moi, Angus, Mannannan, les autres membres de Belwicket et deux novices, Tara et Cliff. Il faisait froid, et une jolie pluie tombait. Debout en rond autour du gros tas de tourbe, nous avons concentré notre magye pour soigner la vieille Mme Paxham. J'ai senti le cumhachd - le pouvoir - crépiter dans mes doigts et mes bras ; j'étais tellement heureuse que j'ai dansé pendant des heures.

Bradhadair

J'ai cru que ma mère allait avoir une attaque. Mon père, lui, est resté bouche bée, tandis que Mary K. me dévisageait les yeux écarquillés.

Les lèvres de ma mère remuaient comme si elle tentait de parler sans arriver à former des mots. Elle était si pâle que j'aurais voulu lui dire de s'asseoir, de ne pas s'inquiéter. Mais je me suis retenue. Je savais que nous étions à un tournant, et que je ne pouvais pas faire machine arrière.

— Qu'as-tu dit ? a finalement murmuré ma mère.

— Que j'étais une sorcière, ai-je répondu calmement, bien qu'ayant les nerfs à fleur de peau. Une sorcière de sang. C'est génétique, alors, ça veut dire que toi et papa êtes aussi des sorciers de sang.

— Mais qu'est-ce que tu racontes ? a crié Mary K. Les sorciers, ça n'existe pas ! Si ça continue, tu vas nous dire que tu crois aussi aux vampires et aux loups-garous !

Elle m'observait, incrédule. Dans son pyjama à carreaux, elle paraissait toute jeune et innocente. Je me suis soudain sentie coupable, comme si je venais de faire entrer le diable dans notre maison. Mais c'était faux, non ? Il ne s'agissait que de moi. D'une partie de moi.

J'ai levé la main et je l'ai laissée retomber, ne sachant que dire.

— Je ne te comprends pas, Morgan, qu'est-ce que tu cherches, exactement ? a demandé Mary K. en faisant un geste vers nos parents.

Sans lui prêter attention, ma mère a chuchoté :

— Tu n'es pas une sorcière.

J'ai failli pouffer.

— Maman, je t'en prie. Autant prétendre que je ne suis pas une fille, ni même un être humain. Bien sûr que si, je suis une sorcière, et tu le sais. Tu l'as toujours su.

— Morgan, arrête ça ! a imploré ma sœur. Tu me fous la trouille. Tu veux lire des livres sur les sorcières ? D'accord. Lis tout ce que tu veux, allume des bougies si ça t'amuse. Mais arrête de dire que tu es vraiment une sorcière. Quelle connerie !

Indignée, ma mère a soudain braqué son regard vers elle.

— Pardon, a marmonné ma sœur.

— Je suis désolée, Mary K., mais je n'y peux rien, c'est la vérité. D'ailleurs, toi aussi, tu es forcément une sorcière ! Forcément ! ai-je répété, fascinée par cette découverte.

— Mary K. n'est pas une sorcière ! a hurlé ma mère. Laisse-la en dehors de ça !

Sa voix perçante m'a glacé le sang. Elle semblait folle de rage ; les veines de son cou s'étaient gonflées, son visage avait viré à l'écarlate.

— Mais…

— Mary K. n'est pas une sorcière, a répété à son tour mon père d'un ton bourru.

J'ai secoué la tête.

— Mais elle l'est forcément, ai-je insisté. C'est génétique. Si moi je le suis, alors vous aussi et…

— Il n'y a pas de sorciers dans cette maison, et surtout pas Mary Kathleen, a persisté ma mère en évitant mon regard.

Ils refusaient de voir la vérité en face. Mais pourquoi ?

— Maman, ce n'est pas grave, tu sais. Être une sorcière, c'est formidable, ai-je expliqué en repensant aux sensations de la nuit passée. C'est comme…

— Tu vas te taire, oui ! m'a-t-elle coupée. Pourquoi fais-tu cela ? Pourquoi refuses-tu de nous écouter ?

Elle semblait au bord des larmes, et moi je sentais ma colère monter de nouveau.

— Parce que vous avez tort ! ai-je rétorqué. Pourquoi vous obstinez-vous à nier ?

— Nous ne sommes pas des sorcières ! a vociféré ma mère, et les vitres ont tremblé.

Elle me foudroyait des yeux. Mon père était de nouveau bouche bée et Mary K. semblait malheureuse comme une pierre. J'ai commencé à prendre peur.

— Ah oui ? ai-je fait, exaspérée par leur entêtement, par leurs mensonges. Donc, je suis la seule sorcière de la famille ? Et comment vous l'expliquez ?

Les bras croisés, je les ai dévisagés l'un après l'autre.

— Vous n'allez pas me dire que j'ai été adoptée, quand même ?

Silence. Le temps s'est comme ramolli. On entendait le tic-tac de la pendule, le léger grattement des branches de l'orme sur les vitres. J'ai cru que les battements de mon cœur ralentissaient eux aussi. Ma mère a saisi le dossier de mon fauteuil de bureau et s'est assise, tandis que mon père se dandinait d'un pied sur l'autre, les yeux dans le vague. Pendant ce temps, Mary K. nous observait sans rien dire.

— Quoi ? ai-je essayé de plaisanter. C'est pas vrai, n'est-ce pas ?

— Évidemment ! s'est emportée ma sœur tout en regardant nos parents d'un air interrogateur.

Silence.

Au plus profond de moi, un mur s'est effondré et j'ai vu ce qui se cachait derrière : un monde dont je n'avais jamais soupçonné l'existence, un monde où j'avais été adoptée, où je n'étais pas liée biologiquement à ma famille. La gorge serrée, l'estomac noué, j'ai cru que j'allais vomir. Je devais en avoir le cœur net.

Écartant Mary K. de mon chemin, je me suis précipitée dans le couloir, puis j'ai dévalé les marches quatre à quatre. Mes parents se sont élancés à ma suite. En bas, dans le bureau, j'ai ouvert le tiroir où mon père classait les contrats d'assurance, les passeports, leur certificat de mariage… les extraits de naissance.

Le souffle court, j'ai saisi le dossier *Morgan,* et je commençais tout juste à le feuilleter lorsque mes parents sont entrés dans la pièce.

— Morgan, arrête ça tout de suite ! a ordonné mon père.

Je l'ai ignoré, occupée que j'étais à éplucher le contenu de la pochette : résultats d'analyses médicales, bulletins de notes, carte de Sécurité sociale… et là, enfin, mon extrait de naissance. Je l'ai parcouru des yeux. *Date de naissance : le 23 novembre.* Correct. *Trois kilos neuf cents grammes.*

Soudain, ma mère m'a arraché le papier des mains. J'ai voulu le lui reprendre, mais je n'ai réussi qu'à le déchirer.

Je me suis laissée tomber à genoux, recroquevillée au-dessus de mon morceau pour le protéger jusqu'à ce que j'aie fini de le lire. *Âge de la mère : vingt-deux ans.* Faux. Ma mère avait plus de trente ans à ma naissance.

Puis ma vue s'est brouillée lorsque j'ai lu la ligne suivante. *Nom de la mère : Maeve Riordan.*

J'ai cligné des yeux, relisant ces quelques mots encore et encore à la vitesse de la lumière. *Nom de la mère : Maeve Riordan. Nom de la mère : Maeve Riordan.*

J'ai lu le reste du texte visible en m'attendant à trouver quelque part le vrai nom de ma mère : Mary Grace Rowlands. En vain.

Abasourdie, j'ai levé les yeux vers ma mère. Elle avait vieilli de dix ans en une demi-heure. Derrière elle, mon père nous observait en silence, les lèvres pincées.

— Qu'est-ce que ça veut dire ? ai-je demandé bêtement en brandissant le papier.

Ils n'ont pas répondu. Je les ai contemplés un instant, puis j'ai senti la peur m'envahir. Je ne supportais plus de les voir, il fallait que je m'en aille. Je me suis redressée tant bien que mal et je me suis ruée hors de la pièce, en manquant renverser Mary K. au passage. Le bout de papier déchiré s'est échappé de ma main lorsque j'ai poussé la porte de la cuisine pour attraper mes clefs de voiture. J'ai détalé comme si j'avais le diable aux trousses.

3. Rejoins-moi

14 mai 1977

Ces derniers temps, l'école est vraiment devenue une corvée. Le printemps est là, tout bourgeonne, et je pourrais aller ramasser des plantes luibhs pour mes sorts ; mais non, il faut que j'aille perdre mon temps en classe. Et pourquoi ? J'habite en Irlande. De toute façon, maintenant que j'ai quinze ans, je suis assez grande pour arrêter. Ce soir, c'est la pleine lune. Je vais lancer un sort de divination pour savoir s'il faut que je cesse l'école ou pas. Je ne sais pas si je vais y arriver, la divination est si difficile à contrôler...

Il y a autre chose que je voudrais savoir. Est-ce qu'Angus est mon muìrn beatha dàn ? À Beltane, il m'a attirée derrière l'homme de paille que l'on devait brûler, m'a embrassée et m'a dit qu'il m'aimait. Je ne sais pas trop ce que je ressens pour lui. Je pensais être amoureuse de David O'Hearn. Mais il n'est pas des nôtres : ce n'est pas un sorcier de sang. Au contraire d'Angus. À chacun d'entre nous, une seule personne est destinée : notre muìrn beatha dàn. Celui de maman, c'était papa. Qui est le mien ? Angus croit que c'est lui. S'il a raison, je n'ai pas le choix, pas vrai ?

Pour la divination, j'utilise rarement de l'eau. C'est le moyen le plus facile, mais aussi le moins fiable. On prend un bol peu profond rempli d'eau claire et on l'examine dehors ou près d'une fenêtre. Ainsi, on voit des tas de choses, mais la plupart sont fausses. À mon avis, c'est la meilleure façon de se tromper.

Le mieux, c'est d'utiliser une lueg enchantée, comme une pierre de sang ou un cristal, mais ça ne court pas les rues. Les

luegs ne mentent jamais, alors, il faut être prêt à apprendre des choses que l'on aurait préféré ignorer. La divination par les pierres est surtout utile pour voir ce qui se passe dans le présent ; on peut, par exemple, surveiller à distance un être cher ou un ennemi durant une bataille.

Moi, je préfère lire dans le feu, même si les résultats sont imprévisibles. Les flammes me parlent comme si j'étais l'une d'elles. Les images que je vois peuvent surgir du passé ou du présent. Quand elles viennent de l'avenir, je sais qu'elles ne montrent que des possibilités parmi d'autres. Mais jamais elles ne mentent.

J'adore le feu.

Bradhadair

J'ai couru jusqu'à ma voiture dans l'herbe gelée qui craquait sous mes pas. Quand mes parents sont sortis, j'étais déjà installée derrière le volant de Das Boot.

— Morgan ! a hurlé mon père au moment où je quittais l'allée.

Ma Chrysler Valiant 71 s'est engagée sur la route comme un navire en eaux troubles. Dans le rétroviseur, j'ai vu ma mère tomber à genoux et mon père tenter vainement de la retenir. J'ai tourné dans Riverdale Road en éclatant en sanglots.

J'ai écrasé mes larmes d'une main, puis me suis essuyé le nez du revers de la manche. J'ai allumé le chauffage, mais il lui a fallu une éternité pour se mettre en marche.

J'ai pénétré dans la rue où vivait Bree, avant de me souvenir que nous n'étions plus amies. Si elle n'avait pas laissé ces fichus livres devant chez moi, je n'aurais pas appris que j'avais été adoptée. Et si Cal ne s'était pas dressé entre nous, jamais elle ne m'aurait trahie ainsi.

Mes sanglots ont redoublé. J'ai fait un demi-tour approximatif et j'ai appuyé sur le champignon pour partir loin, très loin.

Quelques minutes plus tard, j'avais réussi à déterrer une vieille boîte à mouchoirs sous la banquette, côté passager. Des Kleenex trempés, chiffonnés, couvraient le siège et le sol de la voiture. Finalement, j'étais partie vers le nord. La route suivait une petite vallée et la brume matinale restait collée à l'asphalte. Das Boot la fendait telle une brique lancée à travers les nuages. Au loin, j'ai aperçu une énorme forme sombre au bord de la route : le saule sous lequel j'avais laissé ma voiture la veille, pour Samhain. C'était aussi là que je m'étais garée quelques semaines auparavant, le soir où j'avais pris part à un cercle pour la première fois. Le soir où la magye avait fait irruption dans ma vie.

Machinalement, j'ai braqué pour entrer dans le champ et je me suis arrêtée sous les branches les plus basses. Là, la brume et le chêne me dissimulaient. J'ai coupé le moteur. Affalée sur le volant, j'ai tenté d'arrêter de pleurer.

J'avais été adoptée. Toutes les fois où ma famille et moi avions ri de mes différences me sont revenues en pleine face : eux se couchaient avec les poules, moi, j'étais un oiseau de nuit ; ils avaient plutôt bon caractère et moi, j'étais du genre grincheuse. Ma mère et Mary K. avaient des formes généreuses, un joli visage, contrairement à moi, la planche à pain de service, à la tronche ordinaire. À présent, ces blagues familiales me déchiraient le cœur.

— Merde ! Merde ! Merde et MERDE ! ai-je hurlé en tapant des poings contre mon volant jusqu'à en avoir mal.

Puis je me suis remise à pleurer, allongée sur la banquette avant. Je ne sais pas combien de temps je suis restée comme ça, pelotonnée dans la brume. De temps en temps, je rallumais le chauffage pour ne pas attraper froid. À cause de mes sanglots, les vitres étaient couvertes de buée.

Peu à peu, mes pleurs se sont mués en hoquets tremblants. *Oh ! Cal,* ai-je pensé, *c'est de toi dont j'ai besoin.* Soudain, un petit poème a surgi sur mes lèvres :

Dans mon esprit, je te vois là.
Dans ma douleur, j'ai besoin de toi.
Rejoins-moi, trouve-moi, où que je sois.
Viens là, viens à moi.

Je commençais à m'habituer à ces vers étrangers qui se manifestaient en moi à point nommé. Entendre ces mots me calmait, alors, je les ai répétés encore et encore. Ensuite, j'ai caché mon visage dans mes bras, priant pour que tout cela ne soit qu'un cauchemar.

J'avais perdu la notion du temps quand, soudain, quelqu'un a frappé contre la vitre, côté passager. Lorsque j'ai essuyé la buée qui m'empêchait de voir dehors, j'ai découvert Cal, et mon cœur s'est gonflé de bonheur. Malgré ses yeux bouffis de sommeil, son air chiffonné, il était toujours aussi beau.

— Tu m'as appelé ? m'a-t-il demandé. Ouvre-moi, ça caille dehors.

J'étais transportée de joie. Ça avait marché ! Je l'avais appelé en pensée, et il était venu ! Merci, la magye !

J'ai balayé les mouchoirs avant d'ouvrir la portière. Il s'est glissé à l'intérieur et m'a prise dans ses bras comme si c'était la chose la plus naturelle du monde.

— Qu'est-ce qui ne va pas, Morgan ? s'est-il enquis, son visage dans mes cheveux. Qu'est-ce qui se passe ?

Il s'est écarté un instant pour observer mon visage bouffi par les pleurs.

— J'ai été adoptée ! ai-je réussi à articuler. Ce matin, j'ai dit à mes parents que j'étais une sorcière de sang, et qu'ils étaient donc eux aussi des sorciers. Mais ils m'ont soutenu que c'était faux, alors je me suis précipitée dans le bureau pour chercher mon extrait de naissance, et dessus il y avait le nom d'une autre femme que ma mère…

Je me suis remise à pleurer, même si j'avais honte qu'il me voie dans cet état. Il m'a serrée un peu plus fort et, la main dans mes cheveux, m'a encouragée à poser la tête sur son épaule. C'était si réconfortant que mes larmes ont aussitôt cessé de couler.

— Ma pauvre, ce n'est vraiment pas la meilleure façon d'apprendre un truc pareil, a-t-il dit en m'embrassant la tempe.

Un petit frisson de plaisir a couru sur mon échine. *C'est un miracle*, ai-je songé. *Il m'aime encore. Même aujourd'hui. Ce n'était pas un rêve.*

Il a relevé la tête et ses yeux ont plongé dans les miens. Je n'en revenais pas tellement il était beau. Sa peau était parfaite et bronzée, même en novembre. Ses cheveux noirs et épais présentaient des mèches couleur noisette. Et ses yeux dorés, bordés de cils noirs, brillaient tant qu'ils semblaient irradier de chaleur.

Je me suis sentie gênée lorsque j'ai compris que lui aussi m'examinait en détail. Un petit sourire en coin est apparu sur ses lèvres.

— Laisse-moi deviner, tu es partie un peu vite ?

Là, je me suis rendu compte que je portais toujours mon sweat trop large et un des vieux caleçons longs de mon père. Aux pieds, j'avais gardé mes chaussons fourrés marron en forme de pattes d'ours. Cal a tendu le bras pour chatouiller une des fausses griffes. Dire que Bree portait des ensembles en soie ! Et dire qu'elle m'avait affirmé avoir couché avec lui. J'ai essayé de découvrir dans le regard de Cal si c'était vrai, mais je n'étais pas certaine de supporter la vérité.

Qu'importe ! Après tout, il était là. Avec moi.

— La journée commence bien, a-t-il murmuré en me caressant le bras. Je suis content que tu m'aies appelé. Je n'ai pas arrêté de penser à toi hier soir, quand je suis rentré chez moi.

J'ai baissé les yeux en l'imaginant allongé dans son grand lit romantique, avec les rideaux qui voletaient et les flammes des bougies qui vacillaient tout autour. C'est à moi qu'il avait pensé. À moi.

— Au fait, a-t-il continué, comment as-tu fait pour m'appeler ? Tu as lu le rituel quelque part ?

— Non, je ne crois pas. J'étais assise là, à pleurer comme une Madeleine, et je me suis dit que je me sentirais mieux si je pouvais te voir. Un petit poème s'est imposé à moi, et je l'ai récité.

— Ah ! a-t-il fait d'un air songeur.

— Pourquoi ? Il ne fallait pas ? Tu sais, ce n'est pas la première fois que des trucs comme ça me viennent à l'esprit.

— T'inquiète, c'est pas un problème, ça veut simplement dire que tu es très puissante et que tu possèdes ce qu'on appelle une mémoire ancestrale : tu te souviens des sorts que connaissaient les sorciers de ta famille. C'est très rare.

Il s'est tu un instant, pensif, avant de reprendre :

— Mais raconte-moi tout. Tes parents ne t'avaient jamais dit que tu avais été adoptée ?

Appuyé au dossier du fauteuil, il me caressait les cheveux et me massait la nuque.

— Non, jamais. Quand on y pense, c'est logique. Je suis tellement différente d'eux...

— Je ne les ai jamais vus, mais c'est vrai que tu ne ressembles pas à ta sœur. Mary K. a l'air gentil, a-t-il dit en souriant. Et elle est mignonne.

Soudain, j'ai senti une bouffée de jalousie monter en moi.

— Toi, tu as un petit air sérieux. Intelligent. Et tu es bien plus que mignonne. Tu fais partie de ces filles dont la beauté ne se révèle qu'à ceux qui les connaissent bien...

Il laissa sa phrase en suspens pour approcher son visage du mien.

— Et quand on rencontre une fille comme ça, on ne voit plus qu'elle et on se dit : Déesse, fais qu'elle soit mienne.

Ses lèvres ont effleuré ma bouche et mon esprit s'est mis à tourbillonner. J'ai passé mes bras autour de ses épaules et l'ai embrassé comme une folle en le serrant de toutes mes forces. Je ne voulais plus qu'une chose : être avec lui pour toujours.

Les minutes se sont écoulées. On n'entendait plus que le souffle de nos respirations, le bruit de nos lèvres et les craquements du siège en vinyle. Bientôt, Cal s'est retrouvé sur moi. Ses mains montaient et descendaient le long de mes côtes et de mes hanches. Soudain, elles ont glissé sous mon sweat et j'ai senti leur contact brûlant sur ma poitrine.

— Arrête ! ai-je gémi, presque apeurée. Attends.

Ma voix a résonné dans la voiture. Cal a tout de suite retiré ses mains, puis il s'est redressé. Il m'observait, le souffle court.

J'étais morte de honte. *Quelle cruche*, ai-je pensé. *Il a presque dix-huit ans. C'est sûr, il a déjà couché avec des filles. Et peut-être même avec Bree*, a ajouté une petite voix dans ma tête.

— Excuse-moi, ai-je dit en essayant de paraître détendue. Tu m'as surprise.

— Non, non, c'est moi qui devrais m'excuser, a-t-il répondu en prenant ma main dans sa paume chaude et puissante. Tu m'appelles à l'aide et moi je te saute dessus. Je suis vraiment désolé. Mais, tu vois, j'ai eu envie de t'embrasser dès le premier jour où on s'est rencontrés.

Il m'a fait un petit sourire avant de porter mes doigts à ses lèvres.

— Moi aussi, ai-je avoué en riant.

— Ma petite sorcière, a-t-il murmuré en faisant glisser son doigt sur ma joue. Maintenant, dis-moi pourquoi tu as annoncé à ta mère que tu étais une sorcière de sang ?

J'ai répondu en soupirant :

— Ce matin, elle a trouvé une pile de mes livres sur la Wicca, et la sorcellerie, devant la porte de la maison. Elle a déboulé dans ma chambre en criant au blasphème. Je l'ai prise pour une hypocrite… Puisque je suis une sorcière de sang, mes parents le sont aussi, non ?

— Dans ton cas, oui. Vu tes pouvoirs, tes deux parents étaient forcément des sorciers de sang.

— Et avec un seul parent ? me suis-je enquise, les sourcils froncés.

— En fait, une sorcière et un homme ordinaire ne peuvent pas procréer. En revanche, un sorcier peut faire un enfant à une femme ordinaire, mais ce doit être une démarche consciente. Et leur descendance n'aura que peu de pouvoirs. Voire aucun. Au contraire de toi.

J'ai eu l'impression d'avoir accompli quelque chose : j'étais une puissante sorcière.

— Bon, maintenant, explique-moi ce que tes livres faisaient sur le perron. Tu les avais cachés ?

— Oui, je les avais cachés, ai-je répondu, amère. Chez Bree. Ce matin, elle les a déposés devant chez moi. Parce que toi et moi on s'est embrassés.

— Quoi ? a-t-il lâché, la mine sombre.

— Tu sais, elle... elle voulait sortir avec toi. Et c'est sans doute toujours le cas. Hier soir, en nous voyant nous embrasser, elle a dû se sentir trahie.

La gorge nouée, j'ai regardé par la fenêtre et j'ai poursuivi :

— En un sens, je l'ai bel et bien trahie. Je savais ce qu'elle ressentait pour toi.

Cal a baissé les yeux. Prenant une longue mèche de mes cheveux, il a commencé à l'enrouler encore et encore autour de sa main.

— Et toi, qu'est-ce que tu ressens pour moi ? m'a-t-il demandé.

La veille, il m'avait dit qu'il m'aimait. J'ai inspiré profondément en essayant de calmer les battements de mon cœur.

— Je t'aime, ai-je murmuré.

Il a relevé la tête et m'a regardée dans les yeux.

— Je t'aime aussi. Je suis désolé que Bree en souffre, mais ce n'est pas parce qu'elle éprouve des sentiments pour moi que je vais sortir avec elle.

« Et est-ce que ça t'a empêché de coucher avec elle ? » ai-je eu envie de répliquer, mais sans oser. Je n'étais pas certaine de vouloir connaître la réponse.

— Et je suis aussi désolé qu'elle te le fasse payer, a-t-il ajouté. Raconte-moi plutôt ce qui s'est passé ensuite. Tu pensais que ta mère était une sorcière, mais qu'elle le cachait ?

— Non seulement elle, mais mon père et ma sœur aussi. Ils sont tous devenus dingues quand je le leur ai dit. Je ne les avais jamais vus dans un tel état. Et là, je leur ai lancé : « Vous n'allez pas me dire que j'ai été adoptée ! » Ils se sont décomposés et ont refusé de me répondre. Du coup, j'ai fouillé dans les papiers pour trouver mon extrait de naissance.

— Et donc, il y avait un autre nom que celui de ta mère.

— Oui. Maeve Riordan.

— C'est vrai ?! s'est-il exclamé en se redressant soudainement.

— Ce nom te dit quelque chose ?

— J'ai dû l'entendre quelque part, a-t-il répondu en regardant soudain par la fenêtre. Attends un peu… non, ça ne me revient pas. Je dois confondre.

— Oh ! ai-je soupiré, déçue.

— Et maintenant, tu veux faire quoi ? Tu veux venir chez moi ? On pourrait aller nager, a-t-il suggéré en souriant.

— Non merci, ai-je murmuré en me souvenant du soir où tous les membres du coven avaient pris un bain de minuit et où j'avais été la seule à garder mes vêtements.

— Tu sais, j'ai été très frustré ce soir-là, a-t-il déclaré en riant.

— T'inquiète pas, t'as rien raté, ai-je rétorqué en croisant les bras sur ma poitrine.

Il a rigolé avant de poursuivre :

— Sérieusement, tu veux venir à la maison ? Ou tu préfères que je vienne chez toi pour qu'on parle ensemble à tes parents ?

— C'est gentil, mais il vaut mieux que je rentre toute seule. Avec un peu de chance, ils seront partis à la messe. C'est la Toussaint.

— Qu'est-ce que c'est ?

Je me suis soudain rappelé qu'il n'était pas catholique – ni même chrétien.

— La fête de tous les saints. Le lendemain d'Halloween, on va au cimetière pour apporter des fleurs et entretenir les tombes des parents décédés.

— Sympa, comme tradition. Et, quand on y pense, c'est drôle que ce soit le lendemain de Samhain. En même temps, beaucoup de fêtes chrétiennes trouvent leurs racines dans la Wicca.

— Je sais. Mais, s'il te plaît, ne le dis jamais à mes parents. Bon, il faut que j'y aille.

— OK. Je peux t'appeler dans la journée ?

— Bien sûr, ai-je répondu, un sourire jusqu'aux oreilles.

— Moi, je me servirai du téléphone !

J'ai repensé au petit poème que j'avais récité et à l'apparition soudaine de Cal. J'étais toujours épatée que cela ait fonctionné.

Il a quitté la chaleur de Das Boot pour retrouver l'air glacial de ce premier jour de novembre. En agitant la main, je l'ai regardé monter dans sa voiture et partir.

Malgré ce que je venais d'apprendre, ma vie me semblait merveilleuse : Cal m'aimait !

4. Maeve

7 février 1978

Il y a deux nuits de cela, quelqu'un a peint « maudite sorcière » sur la façade de la boutique de Morag Sheehan. Nous avons décidé que, désormais, nous formerions notre cercle à l'extérieur, près des falaises.

Hier soir, tard dans la nuit, ma mère et moi sommes allées jeter un sort de protection sur la maison de Morag. Heureusement que c'était la nouvelle lune : la lumière ne nous a pas gênées, et c'est une période propice à la magye.

Rite pour guérir, protéger du mal et purifier

1. Former un cercle tout autour de ce que vous voulez protéger (j'ai dû inclure la confiserie du vieux Burdock puisque les deux bâtiments se touchent).

2. Purifier le cercle avec du sel. Nous n'avons utilisé ni bougie ni encens, juste du sel, de l'eau et de la terre.

3. Invoquer la Déesse. Je portais mon bracelet en cuivre et tenais dans la main un morceau de soufre, un fragment de marbre ramassé dans le jardin, un bout de bois pétrifié et un éclat de coquillage.

Ensuite, maman et moi avons dit (à voix basse) : « Déesse, entends-nous ici-bas, accorde ta protection à cette terre, Morag te sert sans tromperie, protège-la de ses ennemis. » Nous avons ensuite invoqué la Déesse et le Dieu, et nous avons fait trois fois le tour de la maison.

Personne ne nous a vues, ça, j'en suis certaine. Puis nous sommes rentrées chez nous d'un pas assuré. Ça devrait protéger Morag pour quelque temps.

Bradhadair

Arrivée dans ma rue, j'ai conduit tout doucement, craignant de voir mes parents figés au même endroit, dans le jardin. Puis j'ai constaté que la voiture de mon père n'était plus dans l'allée : ils étaient donc partis à la messe sans moi.

Une fois à l'intérieur, j'ai senti les mauvaises ondes de la scène du matin flotter dans l'air comme un parfum éventé.

— Maman ? Papa ? Mary K. ?

Pas de réponse. J'ai traversé la maison d'un pas lent : le petit déjeuner attendait, intact, sur la table de la cuisine. J'ai éteint la machine à café. Le journal était toujours bien plié, personne ne l'avait ouvert. Signes d'un dimanche loin d'être normal.

Entrevoyant une chance d'en apprendre davantage, j'ai couru jusqu'au bureau, mais le certificat déchiré avait disparu et, pour la première fois, mon père avait fermé tous les tiroirs à clef.

L'oreille tendue pour guetter leur arrivée, j'ai fouillé le reste du bureau, en vain. *Et maintenant ?*

La chambre de mes parents. J'ai monté l'escalier quatre à quatre pour explorer leurs tables de nuit. J'avais l'impression d'être une cambrioleuse. À part des bijoux, des boutons de manchette et des vieilles cartes d'anniversaire, je n'ai rien trouvé. Ne sachant que faire, j'ai regardé autour de moi. Il y avait des photos de Mary K. et de moi sur leur commode. Des photos de bébés encadrées. Sur l'une d'elles, mes parents me portaient fièrement : Morgan à neuf mois, toute potelée et souriante. Une autre montrait ma mère à la maternité, avec Mary K. dans les bras. À la naissance, ma sœur ressemblait à un singe sans poil. Soudain, je me suis rendu compte que je n'avais jamais vu de photo de moi nourrisson. Pas un seul cliché pris à la maternité, pas une seule image de moi toute menue, pas un seul souvenir de l'époque où j'avais appris à me tenir assise. Sur la plus ancienne photo, je devais déjà avoir huit ou neuf mois. Était-ce à cet âge que j'avais été adoptée ?

Adoptée. Quelle étrange idée ! Et pourtant, bizarrement, je m'y étais déjà habituée. D'un côté, cela expliquait tout. De l'autre, cela soulevait des questions supplémentaires.

J'ai feuilleté mon livre de naissance pour le comparer à celui de Mary K. Mon poids et ma date de naissance étaient corrects. Sous le titre *Premières impressions*, ma mère avait noté : *Elle est merveilleusement belle. Tout ce dont j'avais toujours rêvé, tout ce que j'espérais depuis si longtemps.*

J'ai refermé le livre. Comment avaient-ils pu me mentir ainsi ? Comment avaient-ils pu me laisser croire que j'étais vraiment leur fille ? J'avais l'impression de chanceler, à présent, comme s'il me manquait un socle. Tout ce en quoi j'avais toujours cru me semblait être un tissu de mensonges. Comment pourrais-je un jour leur pardonner ?

Il fallait que mes parents répondent à mes questions : j'avais le droit de connaître la vérité. Le visage caché dans les mains, je me suis soudain sentie fatiguée, vieille et vide.

Il était déjà midi, et je ne savais pas s'ils allaient rentrer pour manger ou s'ils iraient au restaurant comme tous les dimanches. Et après, est-ce qu'ils se rendraient sans moi au cimetière pour fleurir les tombes des Rowlands et des Donovan, la famille de ma mère ?

Probablement. Comme je n'avais pas faim, je suis redescendue dans le bureau pour faire quelques recherches sur Internet. En tapant « Maeve Riordan » dans un moteur de recherche, j'ai obtenu vingt-sept résultats. Les deux premiers sites n'ont rien donné : l'un renvoyait à une éleveuse de chevaux dans le Massachusetts, l'autre à un médecin ORL de Dublin. J'ai visité les suivants un par un, lisant quelques lignes avant de fermer les fenêtres.

Clic. Maeve Riordan. « Cet auteur de romans sentimentaux à grand succès vous présente *Mon amour des Highlands.* »

Clic. Maeve Riordan, contenue dans une adresse html – celle d'un site généalogique qui m'a donné trois liens. Cool. J'ai cliqué sur le premier, et un arbre généalogique dégarni est apparu. J'ai repéré une Maeve Riordan, mais celle-ci était morte en 1874.

Le lien suivant m'a redirigée sur un site où n'apparaissait aucune date, il devait être encore en construction. J'ai serré les dents, contrariée.

Bon, la troisième, c'est la bonne, me suis-je dit en cliquant sur le dernier lien. En haut de la page, les mots « Belwicket » et « Ballynigel » sont apparus, calligraphiés à l'irlandaise. L'arbre qui s'est affiché était gigantesque, une vraie forêt généalogique regorgeant de noms et de dates.

J'ai parcouru la page et je l'ai enfin trouvée, parmi de nombreux Riordan. Née lors d'Imbolc en 1962 à Ballynigel, en Irlande ; morte à Litha en 1985 à Meshomah Falls, aux États-Unis.

Je n'arrivais plus à quitter l'écran des yeux. Imbolc, Litha… Si ses dates de vie et de mort se référaient à des sabbats wiccans, alors cette Maeve Riordan-là avait dû être une puissante sorcière !

J'ai essayé de garder mon calme et de réfléchir. 1985. Elle était donc morte l'année suivant ma naissance. Et, comme elle était née en 1962, elle avait donc le même âge que la femme citée sur mon extrait de naissance.

C'était elle. Pas de doute possible.

Surexcitée, j'ai cliqué partout pour essayer de trouver d'autres liens. J'avais besoin d'en savoir plus, beaucoup plus. Mais un message d'erreur est apparu, me disant que le serveur ne répondait plus.

Plus frustrée que jamais, j'ai éteint l'ordinateur. *Qu'est-ce que je peux faire, maintenant ?* me suis-je demandé en me tapotant la lèvre avec un stylo. Meshomah Falls : ce nom me disait quelque chose. C'était un petit village pas très loin d'ici, peut-être à deux heures de voiture. Il fallait que je consulte leurs archives. Et leurs journaux.

Un quart d'heure plus tard, j'étais arrivée à la bibliothèque du centre-ville de Widow's Vale, la seule ouverte le dimanche. J'ai poussé les portes en verre et me suis dirigée droit vers le sous-sol.

Il n'y avait personne, en bas. Les rayonnages de livres et de vieux périodiques qui se succédaient à l'infini côtoyaient des piles d'ouvrages endommagés attendant d'être réparés et quatre horribles machines à microfiches noir et marron.

Allez, allez, ai-je pensé en farfouillant dans les casiers à fiches. Il m'a fallu vingt minutes pour trouver le tiroir contenant les numéros passés du *Meshomah Falls Herald*. Puis encore un quart d'heure pour déchiffrer les dates, cherchant jusqu'à huit mois environ après ma naissance. Enfin, j'ai pu extirper une enveloppe correspondante. J'ai allumé une des machines tout en m'asseyant devant l'écran.

J'ai glissé la microfiche sous la lumière et j'ai commencé à tourner la manivelle.

Trois quarts d'heure plus tard, je me suis redressée en me massant la nuque. J'étais devenue incollable sur la vie à Meshomah Falls. C'était une communauté agricole, encore plus petite et rasoir que Widow's Vale.

Je n'avais toujours rien trouvé sur Maeve Riordan. Pas de nécrologie, rien. Ce qui ne m'étonnait pas. Je devrais sans doute me faire à l'idée que je ne découvrirais jamais mon passé.

Il me restait deux dernières fiches à parcourir. En soupirant, je me suis remise à la tâche. Qu'est-ce que je pouvais détester cette machine !

Ce coup-ci, je suis tombée sur son nom dès la première page, en gros titre : *Un corps calciné a été identifié comme étant celui de Maeve Riordan.*

Le souffle coupé, j'ai scruté l'écran. C'était bien elle ? Ma mère biologique ? Je n'étais jamais allée à Meshomah Falls, mes parents n'en avaient jamais parlé. Et pourtant Maeve Riordan y avait vécu. Avant d'y mourir. Malgré moi, je me suis mise à trembler comme une feuille en reprenant ma lecture.

Le 21 juin 1985, le corps d'une jeune femme non identifiée a été retrouvé parmi les ruines d'une grange incendiée de Meshomah Falls. D'après un examen dentaire, il s'agit de Maeve Riordan, qui louait une petite maison en bordure de la ville et travaillait comme serveuse au café du centre. Âgée de vingt-trois ans, elle était arrivée récemment de Ballynigel, en Irlande, et était peu connue des habitants. Un autre corps trouvé près du sien a été identifié comme étant celui d'Angus Bramson, vingt-cinq ans, qui venait lui aussi de Ballynigel. Nous ne connaissons pas la raison de leur présence dans cette grange, et la cause de l'incendie reste incertaine.

L'article ne mentionnait pas leur bébé. Pourquoi ?

Mon cœur cognait fort dans ma poitrine. Des images d'un rêve que j'avais fait quelques nuits auparavant me sont revenues : j'étais dans une espèce de cabane et une femme me tenait contre elle en disant : « Mon bébé, mon bébé ! » Qu'est-ce que cela signifiait ?

J'ai éteint brusquement l'appareil avant de me lever si vite que la tête m'a tourné. J'ai dû me cramponner au dossier de ma chaise.

J'étais presque certaine que cette Maeve Riordan m'avait donné le jour. Mais pourquoi m'avait-elle abandonnée ? À moins que l'adoption n'ait eu lieu après sa mort ? Et cet Angus Bramson, c'était mon père ? Et comment la grange avait-elle pris feu ?

Avec des gestes lents, j'ai rangé les microfiches, puis je suis sortie de la bibliothèque en me massant les tempes. Dehors, le temps était couvert et la pelouse de la bibliothèque parsemée de feuilles d'érable jaune vif. C'était l'automne, et l'hiver préparait son arrivée.

Les saisons changeaient avec une lenteur gracieuse qui nous laissait le temps de nous y habituer peu à peu. Mais il n'avait fallu qu'un instant pour que ma vie, toute ma vie bascule.

5. La règle du triple retour

Samhain, 31 octobre 1978

Mes parents viennent de lire mon Livre des Ombres, et ils l'ont trouvé bien maigre. Selon eux, je devrais y écrire plus souvent pour expliquer les différentes phases de la Lune, la progression du Soleil, les mouvements des marées, la position des étoiles et tout le reste. Quand je leur ai dit que c'était inutile vu que tout le monde connaissait ces choses, maman m'a répondu que c'était pour mes futurs enfants, pour les sorciers et sorcières qui viendront après moi. Je devrais alors leur faire lire ce livre comme eux m'ont fait lire les leurs. Ils en ont cinq maintenant, des gros volumes noirs bien épais, rangés près de la cheminée. Quand j'étais petite, je pensais que c'étaient des albums de photos. En y repensant aujourd'hui, ça me fait rire : des photos de sorcières !

Moi, tous mes sorts et toutes mes connaissances sont dans ma tête. J'aurai bien le temps de les noter plus tard. Quand je serai à la retraite ! Je préfère écrire mes pensées, mes sentiments. Mais ça, je n'ai pas envie que mes parents tombent dessus ! Déjà qu'ils ont hurlé en lisant que j'avais embrassé Angus ! Comme ils le connaissent et qu'ils l'aiment bien, ça va. Ils le voient assez souvent, maintenant que j'ai pris ma décision. Angus est gentil et, de toute façon, c'est le seul garçon de mon âge. Je n'ai pas trop le choix, en fait, si je veux vivre pleinement et fonder une famille. Heureusement pour moi, Angus est adorable !

Voici un sort imparable pour qu'une personne cesse de vous aimer : pendant que la lune décroît, récolter quatre poils d'un chat noir, mais complètement noir, sans aucun poil blanc. Prendre une bougie blanche, les pétales séchés de trois roses rouges et une longueur de ficelle. Écrire son nom et celui de la personne visée sur deux bouts de papier et les attacher à chaque extrémité de la ficelle.

Aller dehors (ça marche mieux lors de la nouvelle lune, ou la veille). Installer l'autel, purifier le cercle, invoquer la Déesse. Allumer la bougie blanche. Disposer les pétales autour de la bougie. Placer les poils de chat aux quatre points cardinaux : nord, sud, est, ouest. (Les coincer avec des pierres si la nuit est venteuse.) Allumer la bougie et tendre la ficelle au-dessus de la flamme, à environ dix centimètres. Ensuite, réciter :

Ainsi que la lune, ton amour décroît,
Me voilà aigle, je ne suis plus ta proie,
À un autre visage plus beau que le mien,
Tu pourras donner ton amour demain.

Répéter jusqu'à ce que la ficelle cède en son milieu et que les deux noms soient séparés pour toujours. Ne pas le faire sous le coup de la colère, car l'être aimé ne vous aimera plus jamais. Il faut vraiment être sûr de vouloir se débarrasser de quelqu'un.

Bradhadair

P-S : Les poils de chat ne servent à rien. Je les ai ajoutés pour le côté mystérieux.

Quand mes parents et Mary K. sont rentrés en fin d'après-midi, ils m'ont trouvée dans la cuisine en train de manger des lasagnes et m'ont dévisagée comme s'ils ne m'avaient jamais vue.

— Morgan… a lâché mon père avant de s'éclaircir la voix.

Ses yeux étaient rougis et son visage semblait plus ridé que d'habitude. Sa chevelure noire et clairsemée était plaquée sur son crâne. Des mèches trop longues rebiquaient sur les côtés. Ses grosses lunettes lui donnaient un peu l'air d'une chouette.

— Oui ? ai-je fait en avalant une gorgée de soda.

La froideur de mon ton m'a étonnée moi-même.

— Tout va bien ?

Quelle question stupide ! Je reconnaissais bien là le côté naïf de mon père.

— Voyons voir, j'ai découvert ce matin que j'avais été adoptée et j'ai passé la journée à ressasser le fait que vous me mentez depuis toujours. À part ça, oui, j'imagine qu'on peut dire que tout va bien, ai-je conclu dans un haussement d'épaules.

J'ai cru que ma sœur allait éclater en sanglots. En fait, elle semblait avoir pleuré toute la journée.

— Morgan, a repris ma mère, nous avons peut-être eu tort de ne rien te dire. Mais sache que nous avions nos raisons. Nous t'aimons, et nous sommes toujours tes parents. C'est la seule chose qui compte.

— Quoi ?! ai-je riposté en perdant le peu de sang-froid qui me restait. Il n'y avait aucune raison de me cacher le fait le plus important de toute ma vie ! Aucune !

— Morgan, ça suffit, est intervenue Mary K., la voix tremblotante. On est une famille. Je veux que tu sois ma sœur, pour toujours.

Elle s'est mise à pleurer et j'ai senti ma gorge se serrer.

— Moi aussi, Mary K., ai-je répondu en me levant. Mais je ne sais plus quoi penser… Qu'est-ce qui est vrai ? qu'est-ce qui ne l'est pas ?…

Pour le coup, elle a vraiment éclaté en sanglots et s'est blottie contre l'épaule de notre père.

Ma mère s'est approchée pour me prendre dans ses bras, mais j'ai reculé. À cet instant, l'idée qu'elle me touche m'était insupportable. Mon geste l'a visiblement peinée.

— Il vaut mieux que nous en restions là pour aujourd'hui, a déclaré mon père. Il va nous falloir du temps. Tout le monde a reçu un choc. Morgan, je te demanderai seulement de m'écouter sur ce point : ta mère et moi avons deux filles, que nous aimons plus que tout au monde. Tu m'entends ? *Deux* filles.

— Mary K. est votre fille, ai-je répondu, la voix brisée par le chagrin. Mais moi, je ne suis personne !

— Ne dis pas ça ! s'est écriée ma mère, dévastée.

— Vous êtes toutes les deux nos filles, a répété mon père. Et vous le serez toujours.

C'était la chose la plus réconfortante qu'il pouvait dire et j'ai fondu en larmes. J'étais tellement épuisée, physiquement et émotionnellement, que je me suis traînée jusqu'à ma chambre pour m'effondrer sur mon lit.

Alors que je rêvais à moitié, ma mère est entrée et s'est assise au bord du lit. Elle m'a caressé les cheveux doucement, et le rêve avec mon autre mère m'est revenu. Peut-être que ce n'était pas un rêve, mais un souvenir.

— Maman…

— Chut, ma puce, dors. Je voulais simplement te dire que je t'aime, que je suis ta mère et que je t'ai considérée comme ma fille dès le jour où j'ai posé les yeux sur toi.

J'aurais voulu protester, lui dire qu'elle se trompait, mais je me suis endormie. Je sentais que mon oreiller était trempé de larmes, sans savoir si c'étaient les siennes ou les miennes.

Le lendemain matin, tout s'est déroulé de façon si normale que c'en était bizarre. Comme d'habitude, nos parents étaient partis travailler avant même qu'on se lève et, comme d'habitude, Mary K. m'a hurlé dessus pour que je ne traîne pas sous la douche. Moi, je me préparais mentalement à affronter la journée.

Tandis que je buvais un Coca light en jetant mes livres dans mon sac, Mary K. m'observait sans rien dire, le visage pâle et les traits tirés.

— Je veux que tu arrêtes tout ça, a-t-elle finalement murmuré, si bas que je l'ai à peine entendue. Je veux que tout redevienne comme avant.

J'ai soupiré. Je n'avais jamais été jalouse de Mary K., je ne m'étais jamais sentie en compétition avec elle. J'avais toujours eu une attitude protectrice. Je me suis demandé si les choses allaient changer. En tout cas, la voir souffrir me peinait toujours autant.

— Je suis désolée, Mary K., mais c'est trop tard. Je dois connaître la vérité. Y en a marre des secrets.

Elle a levé les mains en l'air un instant pendant qu'elle cherchait une réponse. Comme il n'y avait rien à ajouter, nous avons pris nos sacs pour monter dans Das Boot.

Sur le parking du lycée, Cal est venu à notre rencontre. Ma sœur l'a dévisagé, comme pour découvrir à quel point il était impliqué dans toute cette histoire. Il a soutenu son regard, l'air compatissant.

— Salut, moi, c'est Cal. On n'a pas encore été présentés, je crois.

— Je sais très bien qui tu es, a rétorqué Mary K. Toi aussi, tu pratiques la sorcellerie ?

— Mary K. ! ai-je rugi, mais Cal m'a interrompue aussitôt.

— C'est bon, a-t-il dit. Oui, je pratique la sorcellerie avec Morgan. Mais nous ne faisons rien de mal.

— Rien de mal ? Parle pour toi ! a lâché ma sœur avant de nous planter là pour aller rejoindre ses copines.

Je me suis demandé ce qu'elle leur dirait. Quand Bakker Blackburn, son petit copain, est arrivé, elle s'est éloignée avec lui.

— Et toi, comment ça va ? m'a interrogée Cal en m'embrassant sur le front. Je me suis fait du souci pour toi. J'ai appelé hier soir, mais ta mère m'a dit que tu dormais.

Tout le monde sur le parking nous observait : Alessandra, Nell, Justin et les autres. Forcément, comment ne pas s'étonner que Cal, le dieu vivant, sorte avec Morgan, Miss Planche à pain ?

— Oh ! ça va, lui ai-je répondu. J'ai juste l'impression que mon cerveau a fermé boutique. C'est gentil d'avoir appelé. Je te raconterai tout après les cours.

Il a passé son bras autour de mes épaules et nous nous sommes dirigés vers les bancs où les membres de Cirrus, notre coven – nous n'étions plus simplement un groupe de copains –, avaient l'habitude de traîner.

Tout le monde nous a regardés arriver, sauf Bree, qui ne s'intéressait manifestement qu'à ses nouvelles bottes en daim. Dire que, deux semaines auparavant, c'était ma meilleure amie, la personne que j'aimais le plus au monde après ma famille, celle qui me connaissait le mieux…

Quelque part, je tenais encore à elle, je voulais lui confier mes malheurs. Même si c'était impossible. J'ai envisagé d'en parler à mes autres amies, comme Tamara ou Janice, mais je savais que j'en serais incapable.

— Salut, Morgan, salut, Cal, a dit Jenna avec sa bonne humeur habituelle.

Matt était assis à côté d'elle, un bras passé autour de ses épaules. Quand Jenna a eu une petite quinte de toux, il l'a scrutée d'un air soucieux. Elle a secoué la tête et lui a souri.

— Salut, Jenna, salut, tout le monde, ai-je répondu.

Raven me fusillait du regard. Ses yeux sombres, aux paupières soulignées d'un épais trait d'eye-liner et couvertes de paillettes, envoyaient des éclairs. Elle aussi voulait Cal pour elle toute seule, comme Bree. Comme moi…

— C'était vraiment génial, samedi soir, quand on a fêté Samhain, a déclaré Sharon en prononçant le mot correctement : S-o-w-e-n. Je me sens vraiment différente, depuis.

Pour une fois, ses sourcils haussés ne lui donnaient pas tant l'air snob que songeuse.

Sans vraiment y penser, j'ai déployé mes sens, tout doucement, pour essayer de deviner les sentiments de ceux qui m'entouraient.

Une petite voix m'a soufflé que, peut-être, les émotions de mes amis devaient rester privées. Elles n'appartenaient qu'à eux.

Jenna était telle qu'elle apparaissait : ouverte et gentille. Matt donnait la même impression, mais je pressentais qu'il dissimulait une petite zone sombre tout au fond de lui. Cal… Cal m'a fixée, surpris, quand il a senti que je frôlais son esprit. Soudain, il m'a transmis une bouffée de désir brûlant qui m'a fait rougir jusqu'aux oreilles. Il m'a lancé un regard, comme pour dire : « Tu l'as cherché ! »

Ethan avait une personnalité intéressante, une vraie mosaïque de pensées et de sentiments, de méfiance contenue, de poésie et de déception. Sharon semblait plus calme qu'à l'accoutumée. J'ai aussi entrevu une tendresse timide, embarrassée… Pour qui ? Ethan ?

Beth, la meilleure amie de Raven, avait l'air de s'ennuyer ferme. Mon autre meilleur ami, Robbie, m'a étonnée : je lisais en lui une certaine colère, du désir et des sentiments réprimés qu'il dissimulait à tous. Qui en était la cible ? Je l'ignorais.

Mais celles qui m'ont le plus stupéfaite, ce sont Bree et Raven. Toutes les deux envoyaient des vagues de colère noire et de jalousie, envers moi et, dans une moindre mesure, envers Cal. C'était clair, mon ex-meilleure amie me détestait et me considérait maintenant comme sa pire ennemie.

— Alors, tes parents ont apprécié la lecture ? m'a-t-elle demandé en évitant mon regard.

Je n'ai pas su quoi répondre à cet affront. Quel culot ! Si seulement elle savait ce que sa vengeance avait entraîné… Voyant mon trouble, Cal m'a pris la main et l'a serrée gentiment.

— De quoi tu parles, Bree ? l'a interrogée Robbie.

— Oh ! rien d'important.

C'est ça, tu as simplement fichu ma vie en l'air, ai-je pensé.

— Si tu le dis, a répondu Robbie en enlevant ses lunettes pour se frotter les yeux.

Le sort que je lui avais lancé la semaine précédente avait fait des miracles. Il était à peine reconnaissable : non seulement son acné avait disparu, mais les cicatrices qui grêlaient son visage appartenaient elles aussi à l'histoire ancienne ; de plus, son nez jadis gonflé et rougi était maintenant parfaitement droit, et même ses lèvres semblaient plus pleines.

— Bon sang ! a-t-il continué. Quelqu'un aurait de l'aspirine ? J'ai un mal de crâne horrible.

Sharon lui a donné un cachet, sous les moqueries d'Ethan. Notre coven avait réuni des gens très différents, les cool et les losers, les têtes et les cancres, les shootés et les petites princesses. Je ne me lassais pas de les regarder interagir.

— En tout cas, j'ai beaucoup apprécié notre réunion de samedi, est intervenu Cal. Je suis content que vous soyez tous venus. C'était une très bonne façon de célébrer le plus important des sabbats.

— Le cercle était incroyable, a lancé Jenna. Et Morgan nous a tous impressionnés.

Gênée, j'ai baissé la tête, un petit sourire aux lèvres.

— Yule arrive bientôt, dans deux mois à peine, a dit Sharon.

— On pourrait peut-être se retrouver pour fêter Yule, ai-je suggéré.

J'ai aperçu le regard méprisant que m'ont jeté Raven et Bree, à croire que j'étais une petite sœur collante et non la plus douée des apprentis de notre coven. Ça m'a énervée et, en voyant une grosse feuille tourbillonner vers nous, je me suis concentrée pour la guider vers la tête de Raven par la seule force de mon esprit.

Sans la lâcher un instant des yeux, je l'ai accompagnée jusqu'aux cheveux noirs et brillants où elle s'est posée comme une crêpe.

J'ai éclaté de rire, fière de moi, et bientôt tout le monde m'a imitée, sauf Cal.

— Qu'est-ce qu'il y a ? a aboyé Raven. Qu'est-ce que vous regardez comme ça ?

Même Bree a dû s'empêcher de pouffer tandis qu'elle chassait la feuille d'un geste gracieux.

— Ce n'est qu'une feuille, lui a-t-elle dit.

La sonnerie a retenti et nous avons tous ramassé nos sacs pour aller en cours.

J'avais encore le sourire aux lèvres quand Cal m'a chuchoté à l'oreille :

— N'oublie pas la règle du triple retour.

Puis il m'a caressé la joue avant de partir de son côté.

La règle du triple retour est l'un des principes fondamentaux de la Wicca. En gros, cela signifie que chacune de nos actions, bonnes ou mauvaises, nous revient triplement. Cal venait de me faire comprendre deux choses. Premièrement, il savait que j'avais délibérément pris le contrôle de la feuille. Deuxièmement, il avait deviné mes motifs mesquins. Et ça, c'était pas cool.

Profitant du départ de Cal, Raven m'a lancé méchamment :

— OK, t'as gagné, il est à toi… pour le moment. Mais tu crois vraiment que ça va durer, entre vous ?

— C'est vrai, a murmuré Bree. Attends un peu qu'il découvre que t'es vierge. Il va être ravi !

J'ai piqué un fard en repensant aux mains de Cal sous mon sweat, à mon sursaut paniqué.

— C'est vrai, elle est encore vierge ? a répété Raven en haussant les sourcils.

— Oh ! Raven, laisse tomber, a soupiré Beth en passant près d'elle.

Raven l'a dévisagée un instant, surprise, puis a reporté son attention sur moi. Bree et elle ont éclaté de rire à mes dépens. J'ai foudroyé mon ex-meilleure amie du regard. Comment avait-elle pu révéler un truc si intime ? Les lèvres pincées, je me suis dirigée vers ma classe.

— Allez, Raven, a ajouté Bree dans mon dos. Y a qu'à la regarder pour savoir qu'il ne sort pas avec elle pour ça.

Je n'arrivais pas à y croire ! Alors que Bree avait passé des années à me rassurer sur mon physique, elle prenait maintenant un malin plaisir à me démolir…

— C'est vrai, tout le monde sait qu'il a craqué à cause de ses pouvoirs !

J'ai couru jusqu'à la salle de classe, poursuivie par l'écho de leurs rires. Quelles garces ! Je les aurais tuées de mes mains si j'avais pu. J'étais tellement furieuse qu'il m'a fallu dix minutes pour réussir à me concentrer sur ce que disait le prof.

L'espace d'un instant, je me suis réjouie d'avoir été mesquine envers Raven. J'aurais dû l'être dix fois plus. Je n'y pouvais rien. J'avais envie de les faire souffrir. De les voir malheureuses.

6. Recherches

9 janvier 1980

Hier soir, on a découvert le corps de Morag Sheehan au pied des falaises, près de la ferme du vieux Jowson. La marée aurait dû l'emporter et personne n'aurait rien su, mais, à cause de la lune, la mer était particulièrement basse. C'est pour ça que deux gamins, Billy Martin et Hugh Beecham, l'ont trouvée. Au début, ils pensaient qu'il s'agissait des restes carbonisés d'un mât de bateau. Mais non, c'était seulement le corps calciné d'une sorcière.

Du coup, tous les membres de Belwicket se sont réunis avant l'aube. Nous avons calfeutré les fenêtres et nous nous sommes rassemblés autour de la table de la cuisine de mes parents. Le problème, c'est que ma mère et moi avions lancé un sort de protection très puissant sur Morag l'année passée et que, depuis, elle n'avait plus été ennuyée. Tout allait bien.

— Vous savez ce que ça signifie, a annoncé Paddy McTavish. Aucun humain n'aurait pu l'approcher, pas avec ce sort de protection, sans compter tous les sortilèges contre le mal qu'elle lançait elle-même.

— Où veux-tu en venir ? a demandé ma mère.

— À l'évidence, elle a été assassinée par l'un de nos semblables, a répondu Paddy.

À ces mots, tout le monde a compris qu'il avait raison. Mais cela ne pouvait pas être l'un d'entre nous. Quelqu'un de l'extérieur alors, d'un autre coven ?

J'en tremble rien que d'y penser.

Lors de notre prochaine réunion, nous lancerons un sort de divination. En attendant, j'ouvre l'œil.

Bradhadair

Après les cours, j'ai raconté à Cal ce que j'avais découvert sur Maeve Riordan. Malheureusement, il devait partir tout de suite pour aider sa mère à jeter un sort de guérison sur l'un des membres de son coven. J'ai bien vu qu'il aurait préféré rester un peu plus à mes côtés et qu'il s'inquiétait pour moi. Il m'aimait vraiment, et ça n'avait rien à voir avec mes pouvoirs. Raven et Bree étaient juste jalouses, elles cherchaient simplement à me faire du mal.

Il m'a embrassée tendrement et s'est dirigé vers son Explorer. En le regardant partir, j'ai aperçu Tamara et Janice qui s'apprêtaient à monter en voiture. Elles m'ont adressé de grands sourires, en haussant les sourcils d'un air suggestif. Tamara a levé un pouce. J'ai souri moi aussi, un peu gênée mais flattée. Lorsqu'elles sont parties à leur tour, je me suis promis de leur proposer un ciné, bientôt.

— Alors, comme ça, mademoiselle sèche le club d'échecs ? m'a soudain lancé Robbie, qui approchait vers moi à grands pas.

Le soleil se reflétait sur ses lunettes, et sa coupe de cheveux, qui paraissait si minable le mois dernier, avait à présent un petit côté tendance.

— Eh oui, c'est comme si les échecs avaient perdu tout intérêt depuis que j'ai découvert la magye.

— C'est vrai. Et pas seulement les échecs. Le lycée et tout le reste aussi semblent complètement vains une fois qu'on a vu une amie faire éclore une fleur…

Je me sentais fière et embarrassée tout à la fois. J'étais restée tant d'années dans l'ombre de Bree que j'avais du mal à m'habituer à être le centre de l'attention.

— Tu vas rentrer chez toi ? a-t-il voulu savoir.

— Je ne sais pas trop, je crois que je préférerais traîner un peu.

En vérité, la simple idée d'affronter mes parents me nouait l'estomac.

— Hé ! Ça te dirait d'aller à *Magye Pratique*, Robbie ?

Je savais que ma mère n'apprécierait pas que j'aille dans une librairie occulte, mais tant pis.

— Cool ! Et après, on ira se prendre une glace. Laisse ta voiture là, je t'emmène.

Alors que je suivais Robbie vers sa voiture, j'ai aperçu la chevelure auburn de ma sœur. Qui était collée à Bakker contre le mur du bâtiment scientifique. Quelle étrange sensation que de voir sa sœur de quatorze ans rouler des pelles à un mec !

— Bien joué, Bakker, a murmuré Robbie.

Je lui ai donné un coup de poing dans le bras, sans cesser de les regarder. Mary K. a éclaté de rire en s'arrachant à l'étreinte de Bakker. Il l'a rattrapée et l'a reprise dans ses bras.

— Bakker ! s'est-elle écriée, les cheveux en bataille.

— Mary K. ! ai-je appelé sans savoir pourquoi.

Elle a relevé la tête dans ma direction.

— Je vais faire un tour avec Robbie.

— OK, Bakker me ramènera. Pas vrai ?

— Tout ce que tu veux, lui a-t-il répondu en l'embrassant dans le cou.

Je suis montée dans la voiture de Robbie, mal à l'aise.

Pendant les vingt-cinq minutes du trajet, Robbie n'a pas arrêté de se frotter les yeux.

— Qu'est-ce qui t'arrive, tu fais une allergie ?

— Non, c'est mes lunettes. Elles ne sont plus à ma vue. Ma mère m'a pris rendez-vous pour demain.

— Tant mieux, ça fait un moment que ça dure.

Après, il m'a demandé de lui expliquer ce qui se passait avec Bree. Alors, je lui ai tout raconté, tout, sauf l'histoire de l'adoption. C'était encore trop tôt.

— Enfin, l'important, c'est que Cal et moi sortions ensemble, non ?

Robbie m'a jeté un coup d'œil avant de marmonner :

— Mmmm…

— Mmmm quoi ? ai-je fait. Mmmm comme « ouais, c'est génial » ou mmmm comme « non, c'est pas cool » ?

— Mmmm comme « c'est compliqué », plutôt. Avec Bree et le reste…

Je l'ai dévisagé, mais il scrutait la route et son profil ne trahissait rien de ses pensées. Pour changer de sujet, je suis revenue sur une discussion que nous n'avions jamais vraiment développée :

— Robbie, tu sais, je suis sincèrement désolée pour le sort et la potion. Je ne le ferai plus, promis.

— Ne dis pas ça, promets-moi simplement que tu ne le feras plus sans me le dire, a-t-il répondu en se garant en face de la boutique. J'étais furax parce que tu ne m'en avais pas parlé avant, mais bon, regarde-moi ! J'aurais jamais imaginé que je pouvais ressembler à ça. Je pensais que j'aurais toujours ma tête de clafoutis aux cerises, ou alors que des cicatrices me défigureraient pour toujours. Maintenant, je suis trop content quand je me regarde dans la glace ! Les filles s'intéressent à moi alors qu'avant elles m'ignoraient ou me prenaient juste en pitié. Franchement, de quoi je pourrais me plaindre ?

— Merci, Robbie, j'avais peur que tu ne m'en veuilles…

Il m'a fait un grand sourire et nous sommes descendus de voiture.

Comme d'habitude, un parfum d'encens mêlé d'herbes et d'huiles essentielles flottait dans la boutique. L'espace était divisé en deux, d'un côté des étagères montant du sol au plafond, garnies de livres, de l'autre des présentoirs couverts de bougies, d'accessoires magyques, de dagues cérémonielles appelées athamés, de robes de cérémonie et même de magnets pour les frigos !

Laissant Robbie du côté des bouquins, je me suis dirigée vers les herbes et les plantes. Je n'aurais pas assez de toute ma vie pour les étudier. Pourtant, j'étais attirée par elles. Je m'en étais servie pour la potion de Robbie et, dans le jardin de l'abbaye de Killburn, je m'étais sentie transportée.

Alors que je feuilletais un manuel sur les plantes de notre région, j'ai vu que David, un des deux vendeurs, m'observait. Je me suis crispée, comme chaque fois qu'il était là.

Un jour, il m'avait demandé à quel clan j'appartenais. Et il avait dit à Alyce, l'employée plus âgée, que j'étais une sorcière qui faisait semblant de ne pas en être une.

Je l'ai regardé s'approcher de moi en restant sur mes gardes. Ses courts cheveux gris prenaient des reflets argentés sous les spots fluo de la boutique.

— Quelque chose en toi a changé, a-t-il déclaré en guise de salutation.

J'ai repensé à la nuit de Samhain, où l'Univers avait tourbillonné autour de moi, et au lendemain, quand ma famille avait volé en éclats. Mais je n'ai rien répondu.

— Tu es une sorcière de sang, a-t-il affirmé. Et maintenant, tu le sais.

Comment pouvait-il être au courant ? Il m'effrayait presque.

— As-tu vraiment été surprise de l'apprendre ? m'a-t-il demandé.

J'ai cherché Robbie des yeux ; il était toujours du côté librairie.

— Ça, oui, on peut le dire, ai-je reconnu.

— Il te faut un Livre des Ombres, maintenant.

— J'en ai déjà un.

Deux semaines auparavant, j'avais acheté un magnifique carnet blanc à la couverture marbrée. J'y avais noté le sort pour l'acné de Robbie et mes impressions lors de Samhain. Mais je ne voyais pas en quoi ça le concernait.

— Et tu en as d'autres ? Ceux de ton clan, de ton coven ou de ta mère ?

— Non, ça ne risque pas.

— Oh, comme c'est dommage !

Puis la clochette de la porte d'entrée a retenti et il est parti s'occuper d'une cliente qui voulait choisir des bijoux.

De l'autre côté de l'allée, Alyce était accroupie, en train d'arranger des bougeoirs. Elle m'avait toujours inspiré confiance. Sa silhouette ronde se noyait dans des jupes froufroutantes et elle coiffait toujours ses superbes cheveux gris en un chignon lâche au sommet de son crâne. Le guide des plantes dans une main, je me suis dirigée vers elle.

Elle m'a accueillie par un sourire, comme si elle m'attendait.

— Comment ça va, ma chérie ?

Sa question était lourde de sens, à croire qu'elle savait tout ce qui m'était arrivé depuis le jour où elle m'avait aidée à choisir une bougie pour Samhain.

— C'est la cata, ai-je répondu malgré moi. Je viens de découvrir que je suis une sorcière de sang et que mes parents m'ont menti depuis toujours.

Alyce a hoché la tête d'un air entendu, puis elle a murmuré :

— Alors, David avait raison. Je m'en doutais, moi aussi.

— Comment cela ?

— Même si nous ne connaissons pas nos clans, nous sommes nous-mêmes sorcière et sorcier de sang, et il nous est facile d'identifier nos semblables.

Je l'ai dévisagée, bluffée par ses paroles.

— David est particulièrement puissant, a-t-elle ajouté, tandis que ses mains formaient des rangs bien nets de bougeoirs en forme d'étoiles, de lunes, de pentacles.

— Et vous appartenez à un coven, tous les deux ?

— Oui, à Starlocket, celui de Selene Belltower.

Ils connaissaient la mère de Cal !

Du coin de l'œil, j'ai aperçu Robbie qui papotait avec une fille. Elle buvait ses paroles, un sourire enjôleur sur les lèvres. Puis ils ont disparu derrière une rangée de livres. Pendant une seconde, j'ai eu envie de me concentrer pour épier leur conversation, mais j'ai compris que ce n'était pas parce que je le pouvais que j'en avais le droit.

Soudain, une idée m'a traversé l'esprit.

— Alyce, Meshomah Falls, ça vous dit quelque chose ?

À voir sa tête, on aurait juré qu'elle venait de se faire mordre par un serpent. Elle s'est relevée doucement, comme si un lourd fardeau pesait sur ses épaules.

— Et pourquoi tu t'intéresses à cette ville ?

— En fait, j'aimerais en savoir plus sur… une femme nommée Maeve Riordan. C'est important pour moi.

Elle m'a regardée un long moment sans rien dire avant de déclarer :

— Effectivement, ce nom ne m'est pas inconnu.

7. Brûlée vive

8 mai 1980

À Beltane, Angus m'a demandée en mariage. J'ai refusé. Je n'ai que dix-huit ans et je ne suis pratiquement jamais sortie de Ballynigel. Moi, ce qui me plairait, c'est de partir un mois pour visiter l'Europe. J'aime vraiment Angus, et je sais à quel point il est bon. Il est peut-être mon muirn beatha dàn, mon âme sœur, mais comment en être certaine ? J'ai rencontré si peu de sorciers en dehors de ma famille... Je veux en apprendre davantage si je dois décider de rester avec lui pour toujours.

— Et si tu pars, où iras-tu ? a-t-il voulu savoir. Et avec qui ? Quelqu'un qui n'est pas des nôtres, comme David O'Hearn ? Un simple humain ?

Ça, c'est impossible. Si je veux des enfants, je dois épouser un sorcier. Mais peut-être que je n'en veux pas, après tout. Je n'en sais rien. Les membres de notre clan ne sont pas nombreux. Me marier avec un sorcier de l'extérieur reviendrait à trahir les miens. Mais sceller mon destin à dix-huit ans, c'est une trahison envers moi-même.

Après tout ce qui s'est passé – le meurtre de Morag, les sorts de malchance et les runes magyques (maman appelle ça des sceaux) qu'on a trouvées –, je veux juste m'en aller. Plus que trois semaines avant le bac et la fin de l'école. J'ai hâte.

Il est tard, il faut que je lance un sort de protection avant de me coucher pour tenir le mal à distance. Nous en sommes tous là, maintenant.

Bradhadair

Je me suis installée sur un haut tabouret, abîmé et couvert de taches de peinture, pendant qu'Alyce replongeait dans le passé :

— Je ne l'ai pas connue personnellement. J'habitais à Manhattan, à l'époque. Je n'ai appris son histoire que des années plus tard, en arrivant ici. Mais toute la communauté des sorciers en a été ébranlée et, dans la région, nous en avons tous entendu parler.

Incroyable ! Tous ces gens en savaient plus sur ma vraie mère que moi-même !

— Voici ce qu'on m'a raconté : Maeve Riordan était une sorcière de sang, issue de l'un des Sept Grands Clans, mais nous ne savons pas lequel. Elle était membre d'un coven nommé Belwicket et venait de Ballynigel, en Irlande.

J'ai acquiescé, reconnaissant ces deux noms pour les avoir vus sur le site de généalogie.

— Ce coven était plutôt refermé sur lui-même et communiquait peu avec l'extérieur. D'ailleurs, ses membres avaient peut-être une bonne raison de s'isoler. Bref. Dans les années 1970 et 1980, les sorciers de Ballynigel ont été persécutés. On les montrait du doigt dans la rue et, à l'école, les enfants excluaient les petits sorciers de leurs jeux. Il ne faut pas oublier qu'il s'agissait d'un village de fermiers et de pêcheurs, sur la côte ouest de l'Irlande. Les habitants, étroits d'esprit et peu éduqués, étaient sans doute très conservateurs.

Pendant qu'Alyce reprenait son souffle, j'ai imaginé des collines verdoyantes ondulant à l'horizon, balayées par les embruns, et j'ai même cru sentir une odeur de poisson et d'algue, ainsi qu'un parfum âcre mais non désagréable : de la tourbe, m'a soufflé une petite voix, même si j'ignorais de quoi il s'agissait.

— Les villageois et les sorciers cohabitaient paisiblement depuis des siècles, mais, de temps en temps, les gens prennent peur. Après des mois de persécution, une sorcière a été assassinée, brûlée vive et jetée du haut d'une falaise.

J'ai senti ma gorge se serrer. Je savais grâce à mes lectures que le bûcher était la méthode traditionnelle pour exécuter une sorcière.

— Une rumeur a même circulé, selon laquelle l'assassin n'aurait pas été un simple humain, mais une autre sorcière.

— Et Maeve Riordan ?

— C'était la fille de Mackenna Riordan, la grande prêtresse de Belwicket. À quatorze ans, Maeve a officiellement intégré ce coven sous le nom de Bradhadair – la flammèche. On dit qu'elle était puissante, vraiment très puissante.

Ma mère.

— Ensuite, la vie des sorciers et des sorcières s'est encore dégradée. Ils devaient faire leurs courses dans les villes voisines et étaient souvent expulsés de chez eux. Mais ils se débrouillaient toujours pour s'en sortir.

— Mais pourquoi ne sont-ils pas partis ?

— Ballynigel était un lieu de pouvoir. Du moins pour ce coven. La plupart des membres de Belwicket descendaient de plusieurs générations de sorciers de la région. Ils avaient toujours vécu là et ne pouvaient sans doute pas imaginer aller vivre ailleurs.

Pour une Américaine, dont les racines familiales ne remontaient qu'à une centaine d'années, c'était difficile à comprendre. J'ai inspiré profondément. Robbie discutait toujours avec la fille de l'autre côté de la boutique. J'ai jeté un coup d'œil à ma montre. Déjà cinq heures et demie. Il faudrait que je rentre bientôt, mais je devais entendre la fin de l'histoire. Enfin, je découvrais mon passé.

— Et comment se fait-il que vous sachiez tout ça ?

— Les gens se sont transmis cette histoire au fil des années. La même chose pourrait arriver à n'importe lequel d'entre nous.

Cette idée m'a fait froid dans le dos. Pour moi, la magye était synonyme de joie et de beauté. Alyce venait de me rappeler que depuis toujours des hommes et des femmes avaient été tués parce qu'ils étaient des sorciers.

— Mais Maeve Riordan, elle, a fini par partir, a repris Alyce sur un ton grave. Une nuit, il y a eu un immense… carnage, pour appeler un chat un chat. Belwicket a été décimé. On ne sait pas si c'est le fait des villageois ou d'une puissante magye noire, mais cette nuit-là des maisons ont été brûlées, des voitures, incendiées, des champs, ravagés… et vingt-trois hommes, femmes et enfants se sont fait assassiner.

Je me suis rendu compte que j'avais le souffle court et l'estomac noué. Cette histoire horrible me donnait envie de vomir.

— Mais pas Maeve. Cette nuit-là, elle s'est échappée avec un certain Angus Bramson, son fiancé. Elle avait vingt ans, lui, vingt-deux. Ils ont pris le bus pour Dublin puis se sont envolés pour l'Angleterre. Ensuite, ils sont partis pour New York et se sont retrouvés à Meshomah Falls.

— Ils étaient mariés ?

— On n'a retrouvé aucun document officiel l'attestant. Ils se sont simplement installés dans ce petit village, où ils ont trouvé du travail. Et ont renoncé à la magye. Quelle horreur ! Imagine-toi dans une camisole de force, voilà l'effet que ça doit faire… Puis ils ont eu un bébé, et il semblerait que leurs ennuis aient commencé juste après.

En l'écoutant, j'avais l'impression d'étouffer.

— Au début, ce n'était pas grand-chose : des runes appelant le danger et la menace peintes sur leur maison. Des sceaux maléfiques – les sceaux sont des runes utilisées pour sceller un sort – gravés sur leur voiture… Un chat mort pendu sur leur perron. Ils auraient pu demander de l'aide au coven de la région, mais, depuis la destruction de Belwicket, Maeve ne voulait plus rien avoir affaire avec la Wicca. Pourtant, la magye coulait dans ses veines. Il est inutile de lutter contre soi-même. Et leur histoire prend fin avec l'incendie de la grange qui a causé leur mort.

Maintenant, j'avais envie de hurler et de partir en courant.

— Le Livre des Ombres de Maeve a été retrouvé après l'incendie. Il est passé de main en main et les gens se sont transmis l'histoire qu'il racontait.

— Et maintenant, où est-il ? Et qu'est-il arrivé au bébé ?

— Personne n'a la réponse à ces questions, ma chérie, a-t-elle dit en me caressant la joue et en me fixant de son regard empreint de sagesse. Mais, moi aussi, j'aimerais savoir ce qu'il est advenu du bébé.

Mes yeux s'embuaient quand j'ai entendu la voix de Robbie :

— Eh, Morgan, on y va ? Il est déjà tard.

— Au revoir, ai-je murmuré à Alyce, et je suis sortie de la boutique en courant tandis que Robbie me suivait, visiblement inquiet de me voir dans cet état.

— À bientôt, m'a-t-elle répondu. À très bientôt.

8. Colère

1er novembre 1980

Hier soir, on a fêté Samhain comme jamais ! Après un cercle très puissant que maman m'a laissée diriger, on a dansé, joué de la musique et regardé les étoiles. Tout en espérant que des jours meilleurs viendraient. Ça a été une nuit pleine de cidre, de rires et d'espoir. Ces derniers temps, il semblerait que le mal nous ait délaissés. J'espère qu'il n'a pas trouvé de nouvelles victimes, car je ne souhaite à personne de souffrir autant que nous, mais je suis contente que nous ne sursautions plus au moindre bruit.

Angus, plus gentil que jamais, m'a donné un chaton adorable, un petit mâle tout blanc que j'ai appelé Dagda. Avec un nom pareil, sa vie promet d'être riche. Je l'aime déjà de tout mon cœur ! Aujourd'hui, la vie est belle et paisible.

Louée soit la Déesse, qui nous a protégés une année encore.

Louée soit la Terre Mère, qui partage ses fruits avec nous.

Louée soit la magye, source de bienfaits.

Loué soit mon cœur ; je le suivrai où qu'il me porte.

Loués soient-ils.

Bradhadair

P-S : Dagda est en train de miauler pour que je le laisse sortir !

Sur le chemin du retour, lorsque Robbie m'a demandé ce que j'avais, je lui ai expliqué que je ne pouvais pas encore lui en parler. Il a fait un peu la tête, mais il a compris et m'a offert son épaule compatissante pour le jour où j'aurais besoin de me confier. Depuis que je ne voyais plus Bree, il était incontestablement devenu mon meilleur ami.

Il faisait déjà nuit lorsqu'il m'a raccompagnée au parking du lycée, où j'ai récupéré Das Boot. J'étais certaine que cette Maeve Riordan était la bonne. J'ai essayé de me rappeler si j'avais vu sur mon extrait de naissance le nom de la ville où j'étais née, s'il s'agissait de Meshomah Falls ou de Widow's Vale. En vain. Sur la route menant chez moi, des milliers de questions m'ont assaillie. Est-ce que mes parents connaissaient cette histoire ? Comment m'avaient-ils trouvée ? Comment m'avaient-ils adoptée ? Etc.

Il fallait que je sache la vérité. Ce soir.

La colère avait repris le dessus et j'étais bien déterminée à les interroger, mais, quand je suis entrée dans le salon, j'ai découvert ma tante Eileen et sa petite amie, Paula, assises sur le canapé.

— Morgan ! m'a lancé Eileen. Comment va ma nièce préférée ?

— Elle vient de me dire la même chose, a plaisanté Mary K.

— Vous êtes toutes les deux mes nièces préférées ! a conclu Eileen en riant.

J'ai souri, essayant de retrouver ma bonne humeur. Je ne pouvais quand même pas faire une scène à mes parents devant elles. Puis, soudain, j'ai compris que ma tante savait forcément que j'avais été adoptée. C'est quand même la sœur de ma mère ! D'ailleurs, tous les amis de mes parents devaient être au courant. Ils avaient toujours vécu là. À moins que ma mère n'ait fait semblant d'être enceinte – ce qui ne lui ressemblait pas –, tout le monde m'avait vue débarquer de nulle part ! Puis, deux ans plus tard, elle avait vraiment accouché d'un bébé : Mary K. Je me sentais complètement humiliée, morte de honte.

— À table ! a appelé ma mère depuis la salle à manger.

— On va se régaler, m'a dit ma tante. On a apporté des plats chinois.

Je n'avais aucune envie de me joindre à eux, mais je ne pouvais pas y couper. La conversation s'est bornée à des : « Délicieux, ce bœuf à l'orange », « Tu peux me passer le porc laqué, s'il te plaît ? », mais, si Eileen et Paula ont remarqué que l'atmosphère était tendue, elles ne l'ont pas montré. Moi, j'étais si contrariée que je menaçais de m'étouffer à chaque bouchée.

— Au fait, Morgan, Janice a appelé, m'a informée mon père, qui essayait de faire comme si tout était normal. Il faut que tu la rappelles après le dîner.

— D'accord, ai-je répondu en me concentrant sur mon assiette.

À la fin du repas, ma tante s'est éclipsée dans la cuisine et est revenue en portant sur un plateau une bouteille de cidre et des verres.

— Qu'est-ce qui se passe ? a demandé ma mère avec un sourire surpris.

— Eh bien, a soufflé Paula en se levant à son tour, nous avons une très bonne nouvelle.

Mary K. et moi avons échangé un regard.

— On va s'installer ensemble ! a annoncé Eileen, le visage rayonnant de bonheur.

— Félicitations ! ont lancé mes parents.

— Génial, c'est trop cool ! a dit Mary K.

— On aimerait bien emménager dans une maison, a ajouté Paula.

— C'est vraiment formidable, a affirmé ma mère, bien que quelque chose dans son regard ait trahi sa pensée : elle aurait clairement préféré qu'elles se connaissent depuis plus longtemps.

Eileen a fait sauter le bouchon et rempli les verres, que Paula nous a présentés. Mary K. et moi avons aussitôt vidé les nôtres cul sec.

— Vous cherchez à louer ou à acheter ? s'est enquise ma mère.

— On préférerait acheter. Nous avons déjà chacune un appartement, mais, comme j'aimerais bien avoir un chien, il nous faut un jardin.

— Et je compte bien m'y faire un petit potager, a précisé Paula.

— Chien et potager ne font pas bon ménage, a assuré mon père d'un ton docte, ce qui a fait rire tout le monde.

J'ai souri moi aussi, mais tout ça me paraissait irréel, comme si je regardais la scène à la télévision.

— D'ailleurs, a continué ma tante en se tournant vers ma mère, on se demandait si tu pourrais nous aider à trouver une maison.

Ma mère a souri pour la première fois depuis la veille.

— Bien sûr, passez au bureau dans la semaine. J'ai déjà deux ou trois idées.

— Le déménagement va être cauchemardesque, a déclaré Paula. J'ai des affaires à droite et à gauche, chez ma mère, chez mon père et même chez ma sœur ! Mon appartement était devenu bien trop petit…

— Ne t'en fais pas, non seulement l'aînée de mes nièces est forte comme Hercule, mais en plus elle a une voiture immense ! a lancé Eileen en me faisant un clin d'œil.

Je l'ai dévisagée sans répondre. Après tout, je n'étais pas vraiment sa nièce, si ? Elle aussi, ma tante préférée, avait joué la comédie et m'avait menti pendant des années.

— Dis-moi, Eileen, tu sais pourquoi maman et papa ne m'ont jamais avoué que j'avais été adoptée ? ai-je lâché de but en blanc.

Là, tout le monde m'a regardée comme une pestiférée. Sauf Mary K., qui a baissé le nez vers son assiette, et Paula, qui contemplait Eileen avec inquiétude.

À voir la tête d'Eileen, on aurait cru qu'elle avait vu un fantôme.

— Quoi ? a-t-elle fait en glissant un coup d'œil vers mes parents.

— C'est vrai, tu ne penses pas que quelqu'un, n'importe qui, aurait dû m'en parler ? Toi, tu aurais pu me le dire. Mais peut-être que ça ne te semblait pas si important. Après tout, tout le monde a l'air de s'en foutre, de ma vie !

Je savais que c'était injuste de ma part de me défouler sur elle, mais c'était plus fort que moi.

— Morgan, a soufflé ma mère, le regard suppliant.

— Euh… a repris ma tante qui, pour une fois, ne savait pas quoi dire.

Tout le monde était aussi gêné que moi. J'avais jeté un froid sur l'ambiance festive.

— Laisse tomber, ai-je aboyé en me levant. On pourra toujours en parler plus tard. Après tout, au bout de seize ans, on n'est plus à un jour près !

— Morgan, j'ai toujours pensé que c'était à tes parents de te l'annoncer.

— C'est ça ! Autant attendre le déluge !

Sous les regards ébahis de ma sœur et de mes parents, j'ai écarté ma chaise d'un geste brusque et je me suis levée. Leur hypocrisie me dégoûtait, il fallait que je sorte ou j'allais exploser.

Cette fois-ci, j'ai pensé à prendre mon manteau avant de monter dans Das Boot et de filer dans la nuit.

9. Une lumière apaisante

Le soir de la Saint-Patrick, 1981

Oh, Jésus, Marie, Joseph, je suis tellement soûle que j'arrive à peine à écrire ! Cette nuit, tout Ballynigel a fêté la Saint-Patrick, le saint patron de l'Irlande, et les sorciers comme les humains étaient habillés en vert. Pat O'Hearn avait même teint la bière de cette couleur ! Il en servait dans des pintes, des seaux, des sabots, n'importe quel récipient faisait l'affaire. Le vieux Jowson en a donné à son âne, et l'animal ne s'est jamais montré si docile ! J'ai ri à m'en tenir les côtes.

Les Irish Cowboys ont joué de la musique irlandaise toute la soirée, et tout le monde a dansé avec tout le monde, pendant que les gamins se jetaient des choux et des patates. On s'est bien amusés, à croire que notre période difficile est bel et bien derrière nous.

Là, je suis rentrée à la maison. J'ai allumé trois bougies vertes en hommage à la Déesse, pour nous attirer prospérité et bonheur. Comme ce soir c'est la pleine lune, je dois reprendre mes esprits, m'habiller chaudement et aller ramasser mes luibhs. Les patiences qui poussent près de l'étang sont prêtes à être cueillies, et j'ai aussi vu des violettes, des pissenlits et des quenouilles. Du coup, je ne peux plus boire de bière avant d'y aller, sinon je risque de m'étaler dans le marais et je serais incapable de me relever seule ! Quelle journée !

Bradhadair

Je me suis retrouvée sur la route, à huit heures du soir, sans savoir où aller. Je me voyais mal débouler en larmes dans un salon de thé, ou même chez Janice. J'aurais trop de choses à lui expliquer d'un seul coup. Robbie ? J'y ai pensé un instant, mais, entre son père vautré devant la télé avec sa canette de bière et sa mère coincée et hystérique, la perspective n'était pas réjouissante. Bien sûr, aller chez Bree était hors de question. Quand je repensais à ce qu'elle avait dit ce matin, quelle garce !

J'ai fait demi-tour pour me diriger vers mon seul refuge : chez Cal. J'étais terrifiée à l'idée de débarquer sans prévenir, mais le désespoir m'a donné le courage nécessaire.

Une fois arrivée devant chez lui, je me suis sentie idiote. Qu'est-ce que j'étais venue faire ici ? Si ça se trouve, j'allais les déranger, ils recevaient peut-être du monde, ou…

Un bruit de moteur m'a sortie de mes pensées et j'ai vu une grosse voiture familiale se garer derrière moi. La portière s'est ouverte : une grande femme mince en est descendue et s'est approchée de moi. Ses cheveux sombres étaient presque invisibles dans la nuit. L'éclairage extérieur de la maison s'est soudain mis en marche, baignant l'allée d'une lumière jaune chaleureuse.

Quand Selene s'est approchée devant ma voiture, j'ai baissé ma vitre. Je me sentais très bête. Elle m'a dévisagée longuement, comme pour me jauger. Ni l'une ni l'autre n'avons dit le moindre mot.

— Viens donc à l'intérieur, Morgan, m'a-t-elle proposé finalement. Tu dois mourir de froid. Je vais nous préparer du chocolat chaud.

Je suis sortie de Das Boot en claquant la portière et je l'ai suivie sur les larges marches de pierre qui montaient jusqu'à l'imposante porte en bois. Puis elle m'a fait entrer et m'a guidée vers une immense cuisine au style campagnard que je n'avais pas vue lors de ma visite précédente.

— Assieds-toi, m'a-t-elle ordonné en désignant un grand tabouret.

J'ai obéi pendant qu'elle versait du lait dans une casserole. J'espérais que Cal était là. Je n'avais pas vu sa voiture dehors, mais elle était peut-être au garage. Pour en avoir le cœur net, j'ai déployé mes sens. Soudain, Selene Belltower s'est tournée vers moi, les sourcils froncés.

— Tu es très puissante, Morgan. J'avais plus de vingt ans quand j'ai appris à déployer mes sens. Cal n'est pas là, si c'est ce que tu voulais savoir.

— Je m'excuse, ai-je balbutié. Je ferais mieux de m'en aller. Je ne veux pas vous déranger…

— Ne t'inquiète pas, je suis contente de te voir, a-t-elle répondu en versant le chocolat en poudre dans le lait. Cal m'a tellement parlé de toi.

Quoi ? Il avait parlé de moi à sa mère ?

Mon expression l'a fait rire, d'un rire rauque et chaleureux.

— Nous sommes très proches, lui et moi, m'a-t-elle révélé. Son père est parti alors qu'il n'avait que quatre ans, et nous avons appris à compter l'un sur l'autre.

— C'est triste…

Elle me parlait comme à une adulte, ce qui paradoxalement me donnait l'impression d'être encore une petite fille.

— Oui, surtout pour Cal. Son père lui a beaucoup manqué. Il vit en Europe, maintenant, et ils ne se voient que rarement. Quoi qu'il en soit, tu ne devrais pas t'étonner que mon fils se confie à moi. Après tout, il serait bête d'essayer de me cacher des choses.

Alors, voilà à quoi ressemblait la vie dans une maison de sorciers de sang ; pas de secrets possibles.

Selene a versé le chocolat chaud dans deux tasses peintes à la main de couleurs vives, puis m'en a tendu une. Le breuvage était brûlant, et j'ai reposé ma tasse. De son côté, la mère de Cal a agité la main au-dessus de la sienne et en a pris une gorgée sans attendre.

— Fais comme moi, m'a-t-elle conseillé. Trace un cercle de la main gauche au-dessus du chocolat, dans le sens inverse de celui des aiguilles d'une montre. Puis dis : « Apaise le feu. »

J'ai obéi, intriguée. Et j'ai senti de la chaleur pénétrer dans ma main.

— Goûte-le, maintenant.

Il était à température parfaite, ni brûlant ni tiède. J'ai souri malgré moi.

— La main gauche prend, la main droite donne, m'a-t-elle expliqué. Dans le sens des aiguilles d'une montre pour augmenter, dans le sens inverse pour diminuer. Et les mots simples sont les plus efficaces.

J'ai acquiescé en dégustant mon chocolat. Cette formule toute bête me fascinait.

— Tu sembles en avoir vu des vertes et des pas mûres, m'a-t-elle dit en me souriant d'un air compatissant.

Et encore, elle était loin du compte.

— Est-ce que… Cal vous a raconté… quelque chose ?

Elle a posé sa tasse avant de répondre :

— Il m'a expliqué que tu venais de découvrir que tu avais été adoptée. Et que tes parents biologiques étaient sans doute des sorciers de sang. Et, cet après-midi, il m'a appris que tu pensais être la fille d'une sorcière et d'un sorcier irlandais qui sont morts ici il y a seize ans.

— Pas vraiment ici, ai-je rectifié. À Meshomah Falls. C'est à deux heures de voiture, environ. Je pense que ma mère s'appelait Maeve Riordan.

— On m'a raconté son histoire, a annoncé Selene, la mine grave. Je m'en souviens très bien. À l'époque, j'avais quarante ans, et Cal, deux. Je me disais que rien de tout cela ne pourrait m'arriver à moi, à mon mari, à notre enfant. À présent, je sais que je me trompais… Je suis désolée pour toi, ce doit être très dur d'apprendre tout cela en même temps.

Ma gorge s'est nouée. J'ai bu un peu de chocolat pour ne pas fondre en larmes, puis je me suis changé les idées en pensant à des détails. Si elle avait quarante ans à l'époque, alors elle en avait cinquante-six à présent. Pourtant, elle semblait en avoir trente-cinq…

— Si tu le souhaites, je peux t'aider à te relaxer, m'a-t-elle proposé d'un ton un peu hésitant.

— Comment ça ?

Pendant une fraction de seconde, je me suis demandé si elle allait m'offrir de la drogue…

— Je sens des ondes négatives, pleines de colère et de désespoir, s'échapper de toi. Nous pourrions former un cercle, juste toi et moi, pour t'aider à te sentir mieux.

J'ai retenu mon souffle. Je n'avais formé des cercles qu'avec Cal et notre coven. À quoi cela ressemblerait-il avec une sorcière encore plus puissante que lui ?

— Je serais ravie, si ça ne vous ennuie pas, me suis-je surprise à répondre.

Elle m'a souri et, à cet instant, elle ressemblait plus que jamais à Cal.

— Dans ce cas, viens avec moi.

La maison suivait un plan en U, avec un bâtiment central flanqué de deux ailes. Elle m'a entraînée vers une vaste pièce au fond de l'aile gauche qu'elle devait utiliser lors des cercles de son coven. Elle a ouvert une porte dissimulée dans les panneaux de bois qui couvraient les murs. Une porte secrète ! me suis-je exclamée mentalement, comme une gamine surexcitée.

Nous sommes entrées dans une petite pièce meublée d'une table étroite, de bibliothèques et de chandeliers. Selene a commencé par allumer les bougies.

— Voici mon sanctuaire privé, a-t-elle dit en faisant glisser sa main le long du montant de la porte.

J'ai aperçu quelques sceaux scintiller sous ses doigts. Incapable de les déchiffrer, je devinais qu'ils devaient garantir l'intimité et la sécurité de l'endroit. J'avais tant de choses à apprendre. J'étais une parfaite novice.

Selene avait déjà tracé un cercle sur le parquet, à l'aide d'une poudre rougeâtre au parfum fort et épicé. Elle m'a fait signe de la rejoindre dedans avant de le fermer.

On s'est assises l'une en face de l'autre et chacune a purifié son côté avec du sel. Puis elle a baissé la tête et posé les mains sur ses genoux, comme pour faire du yoga.

— À chaque expiration, relâche une émotion négative et, à chaque inspiration, remplis-toi d'une lumière blanche, apaisante et réconfortante. Sens-la pénétrer chaque partie de ton corps et remonter jusqu'à ta tête.

Petit à petit, sa voix se faisait plus lente, plus profonde, hypnotique. J'avais les yeux fermés et mon menton touchait presque mon torse. J'ai expiré fort, avant d'inspirer lentement en écoutant ses paroles.

— Je relâche la tension, a-t-elle murmuré, et je l'ai imitée sans hésiter. Je relâche la peur et la colère.

Lorsque j'ai prononcé ces paroles à mon tour, les nœuds de mon estomac se sont dénoués et mes muscles, détendus.

— Je relâche l'incertitude.

Les minutes suivantes, nous avons inspiré sur un même rythme, en silence. Ma migraine s'est dissipée, mes tempes ont cessé de me lancer, mon diaphragme s'est ouvert. Je respirais mieux. Puis Selene a dit :

— Je me sens calme, maintenant.

— Moi aussi.

— Non, répète après moi, m'a-t-elle corrigée sur un ton amusé.

— Oh !… Je me sens calme, maintenant.

— Ouvre les yeux et trace ce symbole de la main droite, m'a-t-elle ordonné en dessinant dans l'air une ligne verticale surmontée d'un triangle. C'est la rune du réconfort.

J'ai obéi.

— Je me sens en paix avec moi-même, a-t-elle poursuivi en retraçant la rune sur mon front du bout de ses doigts chauds.

En répétant ces mots, j'ai senti le souvenir du destin tragique de mes parents s'enfoncer dans ma mémoire. Je n'avais rien oublié, mais j'en souffrais moins.

— Je suis amour, paix et force.

Une torpeur délicieuse s'est emparée de moi.

— J'appelle la force de la Déesse et du Dieu. J'appelle la force de la Terre Mère, a-t-elle continué en traçant une autre rune sur mon front, qui m'évoquait un demi-rectangle un peu tordu.

Dès qu'il a pénétré ma peau, je l'ai reconnu : le sceau de la force.

Selene et moi étions unies. Sa présence dans mon esprit apaisait mes émotions et atténuait le moindre résidu de peur ou de colère. Elle s'est enfoncée plus loin encore, et ma douleur a si bien disparu que j'ai eu l'impression d'être en transe.

Au bout d'une éternité, j'ai repris mes esprits. J'étais si bien que je souriais béatement. En ouvrant les yeux, j'ai vu qu'elle me souriait aussi.

— Ça va, maintenant ?

— Oh ! oui…

— J'ai encore une chose pour toi, a-t-elle ajouté, et elle a tracé sur le dos de mes mains deux triangles accolés. C'est la rune des nouveaux départs.

— Merci, ai-je dit, éblouie par son pouvoir. Ça va beaucoup mieux.

— C'est bien.

On s'est levées, puis elle a brisé le cercle et éteint les bougies. En traversant le grand salon, j'ai vu son reflet dans un miroir gigantesque au cadre doré : elle souriait d'un air triomphant. Puis l'image a disparu et je me suis dit que j'avais dû l'imaginer.

Sur le perron, elle m'a tapoté le bras et m'a saluée. Je l'ai remerciée de nouveau et j'ai regagné ma voiture en ayant l'impression de flotter dans l'air. Le vent glacial de ce début de novembre ne m'atteignait plus. En rentrant chez moi, je me sentais si bien que je ne me suis même pas demandé ce que Cal avait fait de sa soirée.

10. Ruptures

14 août 1981

On nous a dit que le coven de Much Bencham venait de recruter trois nouveaux apprentis. Et nous, aucun. Depuis l'arrivée de Tara et de Cliff parmi nous, nous n'avons accueilli personne. Et c'était il y a trois ans.

D'accord, à Much Bencham, ils acceptent n'importe qui. À mon avis, on devrait faire pareil. À condition de trouver quelqu'un que cela intéresserait. Bien sûr, la voie empruntée par Belwicket ne convient pas à tout le monde, mais nous devons nous développer. Si nous nous contentons des sorcières et sorciers de sang issus des clans, nous sommes condamnés à disparaître. Malheureusement, ma mère et les anciens refusent de m'écouter. Ils veulent que nous restions purs. Ils refusent d'accueillir des candidats extérieurs.

Quitte à en mourir.

Bradhadair

Quand je suis rentrée, mes parents étaient déjà couchés, mais Mary K. m'avait attendue en écoutant de la musique dans sa chambre.

— Coucou, ai-je fait en glissant la tête par la porte.

Je débordais d'affection pour elle. Après tout, elle avait toujours été ma sœur, et je regrettais de l'avoir peinée.

— Où t'étais passée ? m'a-t-elle demandé en enlevant ses écouteurs.

— Chez Cal. Il n'était pas là, mais j'ai papoté avec sa mère.

— Je te raconte pas l'ambiance, après ton départ ! J'ai cru que maman allait fondre en larmes. Tout le monde était super gêné.

— Je suis vraiment désolée. Mais, quand même, j'arrive pas à croire que les parents m'aient menti depuis toujours. En plus, ce soir, je me suis rendu compte que toute la famille et tous leurs amis devaient être au courant !

— Je n'avais pas pensé à ça, mais t'as raison. Ils le savaient forcément. Enfin, moi, en tout cas, j'en savais rien ! Tu me crois, dis ?

— Bien sûr ! Toi, t'aurais jamais pu garder un secret pareil, ai-je répondu en riant et en esquivant l'oreiller qu'elle me balançait à la figure. Écoute, je sais que ça ne va pas être marrant pour vous trois, mais je ne lâcherai pas papa et maman tant qu'ils ne m'auront pas raconté la vérité. Ne t'inquiète pas, on s'en sortira tous ensemble. Tu verras.

— Si tu le dis, a-t-elle soupiré après un instant d'hésitation.

— Je suis vraiment contente pour tante Eileen et Paula, ai-je continué pour changer de sujet.

— Moi aussi. Je ne voulais pas que tante Eileen reste toute seule. Tu crois qu'elles auront des enfants ?

— Chaque chose en son temps, ai-je répondu dans un éclat de rire. Voyons d'abord si la cohabitation se passe bien.

— T'as raison. Bon, je suis fatiguée, moi, a-t-elle soupiré en posant ses écouteurs au sol.

— Laisse-moi t'aider, lui ai-je murmuré en traçant sur son front la rune du réconfort, comme Selene l'avait fait pour moi.

J'ai senti un courant de chaleur quitter mes doigts, mais Mary K. m'a interrompue :

— Arrête, Morgan, s'il te plaît. Je préfère que tu me laisses en dehors de ça.

Confuse, j'ai obéi et regagné ma chambre. Comment ce qui me donnait tant de joie pouvait la contrarier à ce point ? Voilà qui témoignait un peu plus du vide qui nous séparait désormais.

Cette nuit-là, j'ai dormi profondément, sans faire le moindre rêve, et je me suis réveillée en pleine forme. J'ai placé mes mains l'une à côté de l'autre, comme si j'y lisais toujours le sceau qui y avait été tracé : daeg. Une aube nouvelle. Un éveil.

Mary K. et moi sommes arrivées en retard, comme d'habitude.

En me garant, j'ai aperçu Bakker.

— Tiens, regarde qui est là, ai-je sifflé. On dirait une araignée tapie dans sa toile.

— Hé ! a-t-elle protesté en me claquant la cuisse. Je croyais que tu l'aimais bien ?

— Ouais, si on veut. Au fait, il sait que tu n'as que quatorze ans ?

— Tu rigoles ? Je lui ai dit que j'en avais quinze. Alors, pas de gaffe, hein ? m'a-t-elle répondu en descendant de voiture pour le rejoindre.

Dans le couloir, j'ai aperçu Janice. Mince, j'avais complètement oublié de la rappeler. Elle m'a rassurée en me disant qu'elle voulait juste papoter un peu, ce que nous avons fait en attendant le prof.

À midi, j'ai retrouvé les autres membres de Cirrus au self. Raven et Bree n'étaient pas là. Et Beth non plus. Tant mieux. Je me suis assise à côté de Cal, qui m'a accueillie avec un sourire craquant.

— On ne t'a pas vue ce matin, t'étais en retard ?

— Eh oui, comme d'habitude !

— Je peux te piquer une frite ? m'a-t-il demandé sans attendre ma réponse pour se servir.

Son geste si simple, si intime, m'a remplie d'amour.

— Ma mère m'a dit que tu étais passée hier soir, a-t-il repris en posant la main sur mon genou. C'est dommage qu'on se soit ratés. Comment tu te sens aujourd'hui ?

— Ça va. Selene a été très gentille. Elle m'a appris deux ou trois trucs sur les runes.

— Trop cool ! a lancé Jenna, qui m'avait entendue. Comme quoi, par exemple ?

— Elle m'a montré les runes du réconfort, de la force et des nouveaux départs.

— Et ça a marché ? a voulu savoir Ethan.

— Et comment ! me suis-je exclamée. Comme si un sort lancé par Selene Belltower pouvait échouer ! Ça serait chouette qu'on commence à étudier les runes et leurs propriétés, hein, Cal ?

— D'accord. Elles sont très puissantes et sont utilisées en magye depuis des siècles. En voilà une, a-t-il ajouté en traçant deux lignes parallèles au centre de la table, barrées par deux autres traits. C'est la rune de l'interdépendance. De la communauté. C'est ce qui nous unit au sein de Cirrus.

— Bon sang, il y a tellement de trucs à apprendre, a soupiré Sharon. Je n'arriverai jamais à tout retenir, entre les plantes, les sorts, les runes et les potions…

— Est-ce que je peux te parler ?

C'était Beth, qui était venue se planter devant Cal. Un bonnet multicolore en crochet couvrait ses cheveux courts.

— Bien sûr. En privé ?

— Non. Ils peuvent entendre, ça ne me dérange pas.

— Je t'écoute.

Elle a haussé les épaules. Son ombre à paupières bleue pailletée contrastait avec sa peau café au lait. Elle a reniflé, comme si elle était enrhumée.

J'ai jeté un coup d'œil à Jenna, qui m'a rendu mon regard interrogatif.

— En fait… tout ça me dépasse, a-t-elle enfin expliqué. Je pensais que ce serait cool, mais c'est vraiment trop bizarre. Ces cercles… et Morgan qui fait éclore des fleurs… C'est flippant. Je préfère ne plus venir. Je n'aime pas ça. J'ai l'impression de faire quelque chose de mal.

Son piercing au nez a brillé sous les néons.

— C'est dommage. Tu sais, la Wicca n'a pas pour but de déstabiliser les gens. Au contraire, elle vise à célébrer la beauté et la puissance de la Terre.

Beth l'a toisé, l'air de dire : « Sans blague ? »

— Bon, si tu es certaine de vouloir quitter le coven, c'est ton droit. Merci pour ton honnêteté. Par contre, je vais te demander un truc : respecte notre intimité. Tu es venue aux cercles, tu as senti le pouvoir de la magye. Garde ces expériences pour toi, d'accord ? Cela ne concerne que nous.

— Pas de problème, je comprends.

Elle est partie sans un regard en arrière. Après son départ, l'atmosphère s'est tendue.

— Qu'est-ce qui lui prend ? ai-je demandé.

— J'en sais rien, a répondu Jenna dans une quinte de toux, mais c'est étrange.

— Oui, a confirmé Cal, la mine sombre. Enfin, comme je disais, la Wicca n'est pas faite pour tout le monde. Pour notre prochain cercle, je pensais vous montrer d'autres runes, et peut-être un petit sort.

— Super, a fait Ethan en se penchant vers Sharon. Tu comptes le manger, ton brownie ?

Elle a pris un air offusqué, mais je voyais bien qu'elle plaisantait.

— Oui.

— On fait moitié moitié ?

Ethan, l'ancien fumeur de joints, faisait les yeux doux à Sharon, Miss Perfection. On aurait dit un chien errant en train de renifler un caniche bien toiletté.

— Je veux bien t'en donner un petit morceau, a répondu Sharon, les joues un peu roses.

— T'aurais de l'aspirine, m'a alors demandé Robbie, qui se massait les tempes.

— Non, désolée. C'est aujourd'hui, non, ton rendez-vous chez l'ophtalmo ? me suis-je enquise en mordant dans mon hamburger.

— Oui.

— Tiens, prends ça, lui a dit Jenna.

Elle lui a tendu deux cachets sortis de son sac, puis s'est détournée pour tousser de nouveau dans sa main. Robbie a avalé les comprimés avec une gorgée de soda avant de se renseigner :

— Qu'est-ce que c'était ?

— Du cyanure, a lancé Sharon, ce qui a fait rire tout le monde.

— Un truc que je prends quand j'ai mes règles, a rectifié Jenna.

Matt a hurlé de rire devant l'expression ahurie de Robbie.

— C'est très efficace, a insisté Jenna. J'en prends toujours quand j'ai des migraines.

— C'est pas vrai… a soupiré Robbie.

Je riais tellement que j'étais pliée en deux.

— Regarde le bon côté des choses, tu ne seras pas ballonné, a ajouté Cal.

— Et tu te sentiras belle toute la journée, a renchéri Matt, qui riait aux larmes.

C'est le moment qu'a choisi Raven pour s'immiscer dans la conversation !

— Quelle ambiance ! a-t-elle lancé. Tout ce petit monde qui rigole ensemble. Comme c'est mignon.

— Très mignon, a répété Bree, qui l'accompagnait.

Je n'arrivais pas à détacher les yeux de Bree. Grâce à Selene, je me sentais toujours parfaitement détendue, mais mon ex-meilleure amie me manquait, malgré son comportement.

— Salut, leur a dit Cal en souriant. Prenez des chaises, on va se serrer autour de la table.

— Non merci, a répondu Raven en sortant une de ses Gauloises puantes, qu'elle a tapotée sur son poignet. Alors, ça y est, Beth a largué Cirrus ?

— Oui, pourquoi ?

Raven et Bree ont échangé un regard complice. Dire que, quelques semaines auparavant, Bree et moi, on se moquait de Raven et de son look pseudo-gothique. Maintenant, elles passaient pour les meilleures amies du monde. J'ai respiré profondément pour rester calme.

— On est venues vous dire que nous aussi, on se casse, a annoncé Raven en souriant.

Tout le monde a été surpris par la nouvelle. À côté de moi, Cal fronçait les sourcils, contrarié.

— Vous rigolez ou quoi ? s'est écrié Robbie. C'est quoi ce délire ?

— Je comprends pas, a enchaîné Jenna. Vous étiez à fond dedans, toutes les deux !

— C'est toujours le cas, mais on ne veut plus perdre notre temps avec vous, a répondu Raven en tapotant si fort sa cigarette que je sentais son désir brûlant de l'allumer.

— En fait, on a rejoint un autre coven, a annoncé Bree.

Son expression m'a rappelé celle d'un gamin que j'avais gardé un soir. Il avait lâché un lézard vivant sur la table en plein milieu du repas, juste pour voir ce qui se passerait.

— Lequel ? a voulu savoir Sharon, qui a fait tinter ses bracelets en tirant sur sa jupe en daim.

— Un autre, c'est tout, a rétorqué Raven avec mépris.

— Bree, ne sois pas stupide, a lancé Robbie.

— On a formé notre propre groupe, lui a expliqué celle-ci, comme blessée par sa remarque.

Raven lui a jeté un regard oblique. Est-ce que Bree venait de révéler un secret ?

— Pourquoi ? Qu'est-ce qui cloche avec Cirrus ? a demandé Cal.

— Pour être franche, Cal, a répondu Bree, je ne veux pas être dans le même coven que des traîtres et des menteurs. Pour pratiquer la magye, je dois pouvoir me fier à ceux qui m'entourent.

Ça, c'était pour moi, et peut-être aussi pour Cal ; je suis devenue toute rouge.

— Je vous comprends parfaitement, a dit Cal, les sourcils froncés. Mais justement, êtes-vous sûres de pouvoir faire confiance aux membres de ce nouveau coven ?

— Évidemment ! a sifflé Raven. Tu crois peut-être que tu es le seul sorcier de sang de cette ville ?

— Mais non. La preuve, il y a déjà Morgan, a-t-il répliqué en passant son bras autour de mes épaules. Vous avez une sorcière de sang avec vous ?

Tous les regards se sont braqués sur moi.

— Morgan, une sorcière de sang ? a répété Bree, d'un ton où perçait la dérision.

— Arrête, Cal, a ricané Raven. Tu nous l'as déjà sorti le soir de Samhain ! Tu nous as manipulés !

— Mais c'est la vérité, a-t-il affirmé calmement.

Je n'aimais pas le tour que prenait la conversation. S'ils y réfléchissaient un peu, ils arriveraient à la même conclusion que moi.

— C'est ridicule, a repris Bree, tu voudrais nous faire croire que Sean et Mary Grace Rowlands sont eux aussi des sorciers de sang ? La bonne blague !

Cal n'a rien répondu, comme s'il venait de comprendre où tout cela allait nous mener. Je me suis blottie contre lui, sachant qu'il me protégerait.

— Peu importe, ne nous égarons pas. Alors, comme ça, vous quittez Cirrus ?

— Et plutôt deux fois qu'une, a dit Raven en plaçant sa cigarette entre ses lèvres.

— Bree, réfléchis bien à ce que tu es en train de faire, a insisté Robbie.

J'étais bien contente qu'il essaie de la raisonner, puisque moi je ne pouvais rien dire.

— C'est tout vu.

— Bon, eh bien, soyez prudentes, a conclu Cal en se levant. N'oubliez pas que, si la plupart des sorciers sont bons, ce n'est pas le cas de tous.

— Mais oui, papa ! a rétorqué Raven en ricanant.

Cal les a observées une dernière fois, pensif, avant de m'inviter à le suivre d'un signe de tête.

Il m'a accompagnée jusqu'à mon casier, où j'ai enfin pu lui poser la question qui me brûlait les lèvres :

— Tu crois que leur nouveau coven va nous poser des problèmes ?

— Non, mais j'aimerais bien savoir qui les chapeaute. Elles ne peuvent pas étudier la sorcellerie toutes seules. J'espère juste qu'elles se méfient, car tous les sorciers n'ont pas que de bonnes intentions…

Ma sérénité a commencé à se fissurer. J'ai levé la tête vers Cal, qui m'a embrassée fougueusement.

— À plus tard, m'a-t-il lancé en souriant avant de rejoindre sa classe.

11. Âmes sœurs

3 janvier 1982

La nuit dernière, le vieux Jowson a perdu trois moutons de plus. Et ce, malgré tous les sorts de protection contre le mal qu'on a lancés. Le pauvre, il est ruiné, et il n'est pas le seul dans cette situation.

J'ai l'impression de passer mon temps à jeter des sorts de protection. Nous sommes tous paranoïaques, comme si une ombre planait au-dessus de nous. Cette semaine, je n'ai cessé de lancer des sorts de guérison sur maman. Elle s'est cassé la jambe en tombant de vélo. Malgré tous mes efforts, elle souffre et affirme que les os ne se remettent pas comme il faut.

Je n'ai plus qu'une envie : partir. Nos pouvoirs ne nous servent à rien, comme s'ils avaient soudain diminué. Je ne sais plus quoi faire. Angus non plus. Il s'inquiète, mais il essaie de ne pas le montrer.

Enfer et damnation ! J'étais persuadée que les mauvais jours étaient derrière nous ! Mais non, ce n'était qu'un court répit ; à croire que l'hiver nous porte malheur.

Bradhadair

Mercredi matin, j'ai été étonnée de voir que ma mère ne partait pas travailler, elle qui fait visiter des maisons même quand elle a quarante de fièvre. La veille au soir, elle et mon père avaient dîné au restaurant, ce qui ne leur arrivait pratiquement jamais non plus. À croire qu'ils m'évitaient.

J'ai failli profiter de l'occasion pour aller interroger ma mère, mais j'avais peur d'être en retard pour le lycée.

Ou alors j'avais peur d'apprendre la vérité, maintenant que l'occasion se présentait.

J'ai pris mes clefs de voiture, me disant que je la questionnerais après les cours, puis je suis partie avec Mary K.

Au bout du compte, rien ne s'est passé comme prévu. Quand je suis rentrée, remontée à bloc et bien décidée à lui faire une scène, je l'ai trouvée endormie sur son lit, ses cheveux roux étalés sur l'oreiller. Une nouvelle fois, les mèches grises qui striaient sa chevelure m'ont paru plus nombreuses qu'avant.

Je n'ai pas eu le cœur de la réveiller, alors je suis redescendue sur la pointe des pieds.

Puis Tamara a appelé pour me demander de passer chez elle : elle voulait que je l'aide à réviser les maths avant le contrôle du lendemain. J'ai accepté, bien contente d'avoir une raison de quitter la maison. Je suis restée manger chez elle et, à mon retour, mes parents étaient déjà couchés.

Comme je ne me sentais pas fatiguée, je me suis dit que, sur Internet, je dénicherais peut-être des informations à propos des runes que Selene avait utilisées. Et puis je voulais consulter une nouvelle fois le site généalogique qui mentionnait le nom de Maeve Riordan.

Pendant que l'ordinateur démarrait, j'ai rongé mon frein à l'idée que j'allais devoir attendre encore avant d'apprendre la vérité sur mon adoption. D'un autre côté, je devais admettre que j'étais un peu soulagée. Je redoutais le moment où la vérité éclaterait et blesserait tout le monde.

Je me suis connectée, mais je n'ai pas réussi à retrouver le site. En tapant l'adresse html, je n'obtenais qu'un message d'erreur disant que la page était indisponible.

En entrant « Maeve Riordan » dans un moteur de recherche, je n'ai obtenu que vingt-six résultats, au lieu des vingt-sept de la dernière fois. Le site généalogique n'apparaissait plus dans la liste !

J'ai fait une recherche sur Ballynigel, qui a abouti sur une carte de l'Irlande. Ballynigel était un petit point sur la côte ouest. Impossible de zoomer dessus.

En tapant « Belwicket », je n'ai obtenu aucun résultat.

J'étais si contrariée que j'ai frappé le clavier du plat de la main. Le site avait disparu. Comme s'il n'avait jamais existé.

J'ai tenté de me raisonner. Après tout, la page était peut-être indisponible le temps d'une mise à jour ou je ne sais quoi. Je devais réessayer dans la semaine.

La tête en arrière, j'ai fermé les yeux et pris une grande inspiration. Une fois calmée, j'ai rentré une adresse que m'avait donnée Ethan à propos de la magye des runes.

Quand la page s'est affichée, des symboles mystérieux sont apparus devant mes yeux, piquant ma curiosité. En un instant, j'ai oublié mes soucis et je me suis absorbée dans ma lecture.

Une heure plus tard, j'ai éteint l'ordinateur et j'ai dessiné sur une feuille de papier ma nouvelle rune préférée : Ken. Elle ressemblait à un V couché sur le côté et représentait le feu, ainsi que l'inspiration et la passion spirituelle. Tellement simple, tellement puissante.

Au-dessous, j'ai tracé Ur, la rune de la force.

J'en avais bien besoin, en ce moment.

Jeudi soir, j'ai sursauté quand ma mère est apparue dans le salon alors que je faisais mon devoir d'histoire en regardant l'émission d'Oprah à la télé.

— Bonsoir, Morgan. Tu sais où est Mary K. ? m'a-t-elle demandé comme si elle cherchait une excuse pour entamer la conversation.

— Je l'ai déposée chez Jaycee.

— Ah ? Bien.

Elle s'est avancée jusqu'au mur du fond et a pris une sculpture en argile que j'avais faite à la maternelle, puis l'a reposée sur l'étagère.

— Tiens, on n'a pas vu Bree de la semaine, que se passe-t-il ?

J'ai repensé à la scène du self et ma gorge s'est serrée. On ne la reverrait pas de sitôt chez nous…

— Oh ! elle est pas mal prise en ce moment, ai-je répondu pour noyer le poisson.

— Ah ! ces jeunes…

À ma grande surprise, elle n'a pas insisté. Elle a continué à tourner dans la pièce, à prendre et à reposer des objets. Puis elle a soudain lâché :

— Dis-moi, Mary K. m'a dit que tu avais un petit copain, c'est vrai ?

— Quoi ? Ah ! euh, oui, il s'appelle Cal…

Lui parler de Cal me gênait. C'était bien la première fois qu'on abordait la question des garçons ! Après tout, elle, ça ne la dérangeait pas de garder des secrets.

— Il vit avec sa mère. Ils ont emménagé en septembre, ai-je ajouté.

— Et que pense-t-il de la sorcellerie ?

— Euh… ça lui plaît, ai-je admis en éteignant la télé.

Maintenant, ai-je songé, *c'est le moment*.

— Maman, pourquoi vous ne m'avez jamais dit que j'avais été adoptée ? Tout le monde sait qu'il vaut mieux l'expliquer très tôt aux enfants concernés pour qu'ils l'acceptent facilement.

— Je sais. Mais à l'époque, nous avions de très bonnes raisons de ne pas le faire, s'est-elle défendue après un silence. Je sais que tu veux des réponses… que tu en as besoin…

— Non seulement j'en ai besoin, mais j'ai le droit de savoir ! Vous nous avez menti à moi et à Mary K. depuis le début, alors que tout le monde connaissait la vérité !

— Personne ne connaît toute la vérité, pas même ton père et moi, a-t-elle répliqué en secouant la tête.

— C'est quoi encore ces histoires ?

— Nous en avons discuté. Et nous avons décidé de tout te raconter. Bientôt.

— Mais quand ?

— Il y a seize ans qu'on a enterré cette histoire. Donne-nous un peu de temps pour nous préparer, m'a-t-elle dit gentiment, un petit sourire sur les lèvres.

Elle m'a caressé la joue avant de sortir de la pièce et, soudain, un souvenir m'est revenu : quand j'étais petite, j'adorais me faufiler la nuit dans leur lit ; une fois installée entre eux, je m'endormais tout de suite. Depuis, je n'avais jamais éprouvé un tel sentiment de sécurité. Maintenant, je trouvais ça bizarre. Même mes souvenirs perdaient de leur signification.

Quand le téléphoné a sonné, j'ai décroché en sachant d'avance que c'était Cal. Sa voix m'a réconfortée, m'emplissant d'un bonheur total. Il voulait venir me voir, mais je préférais qu'on se retrouve chez lui. Là-bas, on était plus tranquilles ! J'ai filé de la maison, impatiente de le serrer dans mes bras.

Quand je suis arrivée chez lui, il faisait déjà presque nuit. L'air était lourd et humide, comme s'il allait bientôt neiger.

Sa mère était partie à l'hôpital voir un des membres de son coven, et il devait la rejoindre un peu plus tard.

— De toute façon, je ne vais pas pouvoir rester longtemps, lui ai-je annoncé en le suivant dans l'escalier qui menait à sa chambre.

L'idée que nous étions seuls dans sa grande maison m'a donné des frissons de plaisir !

— Au fait, Robbie a vu le médecin, non ? m'a-t-il demandé pour entamer la conversation. Il va changer de lunettes ?

— Je crois qu'il doit d'abord passer une série d'examens.

On s'est installés sur son grand lit et, en regardant autour de moi, je me suis souvenue du cercle qu'on avait formé là : j'avais vu les auras de tout le monde, c'était incroyable ! La magye m'avait conquise et, désormais, je ne pouvais plus m'en passer. En voyant les étagères pleines de livres sur la sorcellerie, les plantes et les runes, je me suis dit que j'aimerais bien rester là pour toujours, à lire et à apprendre.

— Je suis content que tu sois venue, Morgan. Je voulais te donner quelque chose.

Il a levé les bras pour détacher le cordon en cuir qui retenait son pentacle en argent. Le jour où j'avais rencontré Cal, son collier m'avait tout de suite frappée par sa beauté. J'ai penché la tête vers lui et il me l'a attaché autour du cou.

— Merci, ai-je murmuré. Je l'ai toujours trouvé magnifique !

Puis je l'ai attiré vers moi pour l'embrasser.

— Comment ça se passe chez toi ? s'est-il enquis au bout d'un moment.

— C'est bizarre. J'ai l'impression que mes parents m'évitent. Aujourd'hui, ma mère m'a dit qu'ils me raconteraient tout bientôt, mais qu'il leur fallait un peu de temps. Je suis toujours furieuse qu'ils m'aient caché la vérité, mais, tout à l'heure, ma mère m'a semblé… vieillie et fragile. En fait, d'un côté, j'ai l'impression que je ne fais plus partie de la famille et, de l'autre, je me dis qu'ils seront toujours mes parents, quoi qu'il arrive.

— Les histoires de famille, moi aussi, j'ai donné. Regarde mon père : avant, il était le grand prêtre du coven de ma mère. Mais il a fait la connaissance d'une autre sorcière, du même coven. Ma mère et moi, on se moquait d'elle en disant qu'elle l'avait ensorcelé. Sauf que l'explication était bien plus simple : il aimait cette femme plus que ma mère.

Je savais, au ton de sa voix, qu'il en souffrait encore. J'ai posé ma tête sur son épaule et l'ai serré dans mes bras.

— Ils sont partis vivre dans le nord de l'Angleterre. De son premier mariage, elle avait déjà un fils de mon âge, mais il me semble qu'ils ont eu deux autres enfants ensemble.

— C'est horrible, ai-je murmuré.

— Oh ! je crois que je me suis habitué, maintenant. Tu sais, rien n'est jamais figé, et on est obligé de s'adapter aux changements, c'est comme ça. L'important, c'est de vaincre la colère, car les sentiments négatifs bloquent nos pouvoirs magyques.

On est restés un bon moment comme ça, dans les bras l'un de l'autre, puis l'heure de partir est venue.

— Déjà ? a-t-il lancé avant de m'embrasser et de chuchoter quelque chose contre mes lèvres.

— Qu'est-ce que tu as dit ?

— Euh... rien. Rien du tout, a-t-il fait, l'air gêné.

— Dis-moi !

— C'est juste que... je pensais à un truc. Muìrn beatha dàn, ça te dit quelque chose ?

— Murbéta quoi ?

— Mais si, tu sais, muìrn beatha dàn, tu as dû voir ça dans tes livres, a-t-il insisté d'une petite voix presque timide.

— Non, ça ne me rappelle rien. Qu'est-ce que c'est ?

— C'est l'âme sœur. Le compagnon pour la vie. Celui qui nous est prédestiné.

Je n'en croyais pas mes oreilles. J'ai cru que mon cœur allait lâcher !

— Dans la forme de Wicca que je pratique, on pense que, pour chaque sorcier ou sorcière de sang, il n'existe qu'une et une seule âme sœur. On est lié à cette personne, on est faits l'un pour l'autre. Il n'y a qu'avec elle qu'on a une chance d'être heureux dans la vie. Et... je viens d'y penser, pendant qu'on s'embrassait.

— Je n'en avais jamais entendu parler, ai-je murmuré. Et comment on sait si cette personne est la bonne ?

Ma question l'a fait rire.

— C'est le problème ! Certains choisissent quelqu'un, se persuadent que c'est la bonne personne et s'entêtent à rester avec elle alors qu'ils se trompent et refusent de l'admettre.

— Il n'y a pas de méthode infaillible pour le savoir ?

— Il paraît que certains sorts compliqués permettent de découvrir à qui nous sommes destinés. Mais la plupart des sorciers se fient à leurs sentiments, à leurs rêves et à leur instinct. Ils le sentent.

J'avais l'impression d'être un volcan en éruption tellement ses paroles me rendaient heureuse.

— Alors, tu crois que toi et moi... on est des âmes sœurs ?

— Oui, c'est bien possible.

— Et maintenant, qu'est-ce qu'on est censés faire ?

— Rien de spécial. On reste ensemble, et on devient adultes ensemble.

J'avais envie de crier : « Cal, je t'aime ! Nous serons toujours ensemble ! Nous sommes faits l'un pour l'autre ! »

— Comment ça se prononce, déjà ?

— Muìrn beatha dàn, a-t-il soufflé doucement.

Les mots semblaient anciens et mystérieux. Je les ai répétés, et nous nous sommes embrassés.

— Je dois y aller, ai-je soupiré à contrecœur, sinon je vais être en retard.

— Je pars avec toi, comme ça j'irai rejoindre ma mère à l'hôpital.

— J'allais oublier, ça t'embête que Beth, Raven et Bree aient quitté le coven ? lui ai-je demandé en mettant mon manteau.

— Oui et non. Non, parce qu'on ne peut pas forcer quelqu'un à faire de la magye. Tout ce qu'on y gagnerait, ce sont des énergies négatives. Et oui, parce qu'elles avaient toutes les trois des personnalités intéressantes qui enrichissaient nos cercles. Mais bon, on verra bien comment on s'en tire sans elles.

Dehors, les arbres étaient presque nus et des feuilles brunes tapissaient le sol.

— Brrr, ai-je gémi en voyant les vitres gelées de Das Boot.

— L'automne est pressé de se changer en hiver, a susurré Cal dans un nuage de vapeur.

En voyant sa poitrine se soulever, j'ai ressenti un désir violent. Je voulais à tout prix le toucher, glisser mes mains dans ses cheveux, le long de son dos, embrasser son cou et son torse. Je voulais me coller à lui. Être sa muìrn beatha dàn.

Je me suis arrachée à lui avec regret. Puis je me suis dirigée vers ma voiture en cherchant mes clefs dans mes poches. J'avais le cœur gros, mais je sentais encore la magye crépiter en moi.

12. Le sort

Imbolc, 1982

Oh, Déesse, Déesse, je t'en supplie, aide-moi. Aide-moi ! J'ai vu la main de ma mère sortant toute noire des cendres encore chaudes. Mon petit Dagda. Mon propre père...

Oh, Déesse, mon âme se déchire et mon corps se brise, la douleur est trop pénible.

Bradhadair

Ce soir-là, pendant le repas, mes parents ont fait comme si de rien n'était. Moi, je les scrutais, des questions plein les yeux. Le temps que le dessert arrive, nous avions tous le nez dans notre assiette. Mary K. ne supportait pas ce silence. Dès la fin du repas, elle a foncé à l'étage pour mettre la musique à fond dans sa chambre. À entendre les « boum-boum » qui résonnaient au plafond, j'en ai déduit qu'elle dansait pour se défouler.

Si seulement Cal n'avait pas été obligé de rejoindre sa mère... Pour ne pas rester là à subir leur silence, j'ai appelé Janice, qui m'a proposé un ciné avec Ben et Tamara. Je les ai accompagnés, mais j'ai passé toute la séance à penser à Cal : mon muìrn beatha dàn.

Samedi matin, mon père est sorti ramasser les feuilles mortes du jardin et tailler les buissons pour éviter qu'une éventuelle tempête hivernale ne brise leurs branches. Ma mère est partie juste après le petit déjeuner rejoindre l'association des femmes de la paroisse. Puisque je n'avais rien pu tirer d'elle, j'allais essayer avec lui.

— Alors, quand est-ce que vous allez me dire la vérité ? lui ai-je demandé en frissonnant malgré mon manteau. Vous ne pouvez pas continuer à me mentir.

— Nous le savons bien, Morgan, a-t-il répondu d'une voix triste en s'appuyant sur le râteau.

Lui aussi avait pris un coup de vieux. De nouveau, je sentais ma colère faiblir. Non ! Il fallait que je sois forte !

— Alors, où est-ce que vous m'avez trouvée ? Qui étaient mes parents ? Est-ce que vous les connaissiez ? Et qu'est-ce qui leur est arrivé ?

Mon père a fait la grimace, comme si mes questions le blessaient.

— Je suis désolé, chérie, m'a-t-il dit, les yeux au sol. Il est encore trop tôt pour en parler. Je sais que nous avons commis beaucoup d'erreurs, ces seize dernières années. Mais nous avons fait de notre mieux, Morgan.

Il a relevé la tête et a poursuivi :

— Remuer toute cette histoire n'est pas facile pour nous. Toi, tu veux des réponses, et j'espère que nous pourrons te les apporter. Mais, au bout du compte, tu risques de regretter de connaître la vérité.

Je l'ai dévisagé, bouche bée. Puis j'ai secoué la tête et je suis rentrée dans la maison.

Le soir, j'ai déposé ma sœur chez Jaycee. Elles devaient retrouver Bakker et d'autres copains au cinéma. Moi, j'allais rejoindre ce qui restait de notre coven chez Matt.

— Bon, sois sage et ne fais rien que ta grande sœur ne ferait pas ! ai-je lancé à Mary K. quand elle est descendue de voiture.

— Promis, je ne danserai pas toute nue sous la lune en me prenant pour une sorcière ! m'a-t-elle envoyé en claquant la portière.

J'ai soupiré, avant de reprendre la route.

Dix minutes plus tard, je suis arrivée chez Matt. Il habitait une maison moderne loin du centre-ville. Je n'étais jamais venue, et j'ai été frappée par les meubles et la décoration : on se serait cru dans une série télé des années 1960 ! C'est Jenna qui m'a fait visiter et qui m'a dit que nous étions tranquilles pour la soirée puisque les parents de Matt étaient partis à un congrès médical.

— Salut, Morgan, m'a accueilli Matt. Bienvenue chez les Adler.

Ethan et Sharon étaient déjà là, ils discutaient sur un canapé rouge rétro.

Quand la sonnerie a retenti, j'ai pensé : « Cal ! Mon muìrn beatha dàn ! » Jenna est partie lui ouvrir et, dès qu'il est entré dans la pièce, je suis allée l'embrasser, surprise par mon propre culot.

— Quelqu'un veut du thé, de l'eau ou un soda ? a demandé Matt pendant que Cal se débarrassait d'une grosse sacoche en cuir. On n'a pas d'alcool à la maison parce que mon père est aux Alcooliques Anonymes.

— De l'eau, ça ira, ai-je répondu, épatée par sa franchise.

Quand il est revenu de la cuisine, Robbie l'accompagnait.

Je n'arrivais pas à le lâcher des yeux. Depuis le temps, j'aurais dû être habituée à son nouveau look, mais non ! Si sa personnalité n'avait pas changé, il avait maintenant l'air d'un jeune acteur hollywoodien.

— Hé, Robbie, où sont tes lunettes ? ai-je lancé.

— Vous allez rire, je n'en ai plus besoin.

— Mais c'est impossible ! Tu t'es fait opérer sans nous le dire ?

— Pas du tout. D'après les tests que j'ai passés cette semaine, ma vision est devenue normale. En fait, si j'avais tellement mal à la tête, c'est parce que les verres de mes lunettes me fatiguaient les yeux.

Pourtant, il ne semblait pas satisfait. J'ai mis quelques minutes à me rendre compte que tout le monde avait reporté son attention sur moi.

— Non, non et non ! ai-je protesté en les regardant tour à tour. Je n'ai rien fait ! Ce n'est pas moi ! J'ai promis à Robbie et à vous tous que je ne lancerais plus de sort et j'ai tenu parole, je vous le jure ! Arrêtez de me considérer comme une bête curieuse !

— Alors, comment t'expliques ça ? a-t-il lâché. La vue ne s'améliore pas toute seule. Tu te rends compte, mes globes oculaires ont carrément changé de forme ! J'ai même passé une IRM pour vérifier que ce n'était pas une tumeur !

— La vache, a murmuré Ethan.

— Je ne sais pas quoi dire, ai-je gémi. Mais je n'y suis pour rien, je te le jure !

— C'est incroyable ! s'est exclamée Jenna. Est-ce que quelqu'un d'autre aurait pu lui jeter un sort ?

— Moi, j'aurais pu, a répondu Cal, mais je n'ai rien fait. Morgan, tu te rappelles ce que tu as dit en lançant le sort ?

— Oui… Mais je l'ai lancé sur la potion, pas sur lui. « Ta beauté intérieure au-dehors se verra, cette potion tes défauts gommera. Cette eau bienfaisante te purifiera, ainsi ta beauté perdurera. »

— C'est si simple ? a gloussé Sharon. Mais pourquoi tu ne l'as pas fait plus tôt ?

— Sharon, c'est pas drôle, a grogné Robbie.

— OK, je vois plusieurs explications possibles, a repris Cal. La première : ses yeux se sont guéris miraculeusement.

Ethan a pouffé de rire, et Sharon l'a fusillé du regard.

— La deuxième, c'est que le sort de Morgan n'était pas assez spécifique et qu'il ne s'est pas limité à l'acné de Robbie. Il était censé éliminer les défauts, les imperfections, et, comme sa vue n'était pas parfaite, il l'a améliorée aussi.

— Génial ! a lancé Ethan. Avec un peu de chance, ça changera aussi son sale caractère !

Jenna n'a pas pu s'empêcher de rire, pendant que moi, je m'effondrais dans un fauteuil orange.

— Troisième possibilité : quelqu'un que nous ne connaissons pas lui a jeté un autre sort. Mais je n'y crois pas. Pourquoi un inconnu ferait un truc pareil ? À mon avis, c'est bien la potion de Morgan.

— C'est assez effrayant, ai-je chuchoté, un peu déroutée par l'étendue de mes pouvoirs.

— Voilà pourquoi on ne doit pas lancer de sort avant d'avoir été complètement initié, a déclaré Cal. Quand on abordera les sorts, je vous montrerai comment les circonscrire. C'est aussi important que de savoir canaliser son énergie. Un sort doit toujours être limité dans le temps, dans ses effets, son but et sa cible.

— C'est pas vrai, ai-je gémi en me prenant la tête entre les mains. Je n'ai rien fait de tout ça !

— En plus, ça me revient, tu as banni les limites lors de notre premier cercle, tu te rappelles ? C'est peut-être lié à tout ça.

— Et maintenant, a demandé Robbie, qu'est-ce qui va encore m'arriver ?

— À mon avis, rien, l'a rassuré Cal. D'une part, même si Morgan est très puissante, elle reste novice. Elle n'est pas encore capable d'utiliser tous ses pouvoirs.

J'étais contente qu'il ne me désigne plus comme une sorcière de sang. Je voulais que tout le monde oublie cette information. Pour le moment.

— D'autre part, a poursuivi Cal, ce genre de sort est limité en soi. La potion était pour ton visage et tu ne t'en es pas mis ailleurs, n'est-ce pas ? Tu ne l'as pas bue ?

— Bien sûr que non !

— Alors, le sort n'agira que sur cette zone.

— J'y crois pas, ai-je marmonné. Quelle idiote ! Je suis vraiment désolée, Robbie.

— Pourquoi tu t'excuses ? m'a coupée Ethan. Grâce à toi, il peut devenir pilote de ligne !

Sharon a gloussé, avant de se reprendre.

— Mais, au fait, tu ne t'es pas senti particulièrement intelligent ces derniers temps ? a demandé Cal en souriant. Je plaisante, a-t-il repris en voyant la tête de Robbie et la mienne. Eh bien, on dirait que c'est le bon moment pour parler des sorts et des limites !

Tout le monde a rigolé, sauf moi.

— Ce soir, nous allons former notre premier cercle sans Beth, Raven et Bree, a-t-il continué.

— Elles vont me manquer, a déclaré Jenna en me regardant du coin de l'œil.

Est-ce qu'elle pensait que j'étais responsable de leur départ ?

— À moi aussi, a répondu Cal. Mais on sera peut-être plus concentrés sans elles. On verra bien. Asseyez-vous en cercle. Voilà. D'abord, je vais vous parler des clans. Vous savez déjà que chaque clan possède ses qualités particulières. Les Brightendale étaient des guérisseurs. Les Woodbane – le « clan noir » – étaient connus pour convoiter le pouvoir à tout prix.

— Houuuuu, a hululé Robbie en feignant la peur.

Mais moi, j'ai frissonné. Le simple fait de penser aux Woodbane me donnait froid dans le dos. Je n'avais pas du tout envie d'en rire.

— Les Burnhide étaient réputés pour leur magye liée aux cristaux et aux pierres précieuses. Les Leapvaughn aimaient surtout jouer des tours. Les Vikroth étaient des guerriers, etc. Tout comme chaque clan possède ses qualités, on leur associe certaines runes. Nous allons commencer à les étudier.

Sur ces mots, il a sorti de sa sacoche une liasse de fiches qui représentaient chacune une rune différente.

— Les runes sont utilisées en magye depuis des siècles, a-t-il continué. Je vais vous les montrer une par une, et je veux que vous vous concentriez sur elles. Chaque symbole possède plusieurs significations.

Il a brandi les fiches en nous expliquant ce que les runes impliquaient et nous l'avons tous écouté, fascinés.

— Selon que l'on suit la tradition nordique, germanique ou gaélique, les runes n'ont pas les mêmes noms. Je vous expliquerai plus tard quelles runes sont associées à quels clans.

— Je trouve ça très beau que, malgré les siècles écoulés, on les utilise à notre tour, a annoncé Sharon.

Ethan s'est tourné vers elle et a hoché la tête. À ma grande surprise, leurs regards se sont croisés et ils sont restés un moment les yeux dans les yeux.

Qui aurait cru que Sharon Goodfine serait sensible à la beauté de la magye ? Et qu'Ethan serait attiré par Sharon ?

Non seulement la sorcellerie nous aidait à nous connaître nous-mêmes, mais encore elle nous en apprenait beaucoup sur les autres.

— Allez, c'est le moment de former un cercle, a conclu Cal.

13. A la lumière des étoiles

17 mars 1982

Nous sommes à New York ; c'est la Saint-Patrick. Toute la ville célèbre une fête qui vient de mon pays, mais je n'ai pas le cœur à me joindre à la foule. Angus est parti chercher du travail pendant que moi je reste assise à la fenêtre à pleurer, même si, la Déesse m'en soit témoin, je n'ai plus de larmes à verser.

Tout ce que j'aimais a disparu. Mon village est parti en fumée. Mon père et ma mère sont morts, ce que j'ai encore du mal à croire. Dagda, mon petit chat. Mes amis. Belwicket a été détruit, nos chaudrons ont été brisés, nos balais, brûlés, nos plantes, incendiées.

Comment une telle horreur a-t-elle pu se produire ? Pourquoi Angus et moi avons-nous été les seuls à survivre ?

Je déteste New York, je déteste le moindre recoin de cette ville puante. Le bruit me vrille les oreilles. Je ne sens aucun être vivant. Je n'arrive même pas à discerner l'odeur de la mer et je ne l'entends plus dans le lointain comme une berceuse apaisante. Les gens sont partout, serrés comme des sardines. La ville est sale, ses habitants sont grossiers. Je me languis de ma terre.

Ici, il n'y a pas de magye.

Et, sans magye, le mal ne peut pas exister, n'est-ce pas ?

M.R.

Nous avons purifié le cercle avec du sel avant d'invoquer la terre, l'air, l'eau et le feu avec une coupelle pleine de sel, un bâton d'encens, un bol rempli d'eau et une bougie. Cal nous a montré les runes qui symbolisaient ces éléments pour que nous les mémorisions.

— Essayons de générer de l'énergie puis de la diriger vers un objectif. Cet objectif, ce sera nous-mêmes, et nous limiterons ses effets à une bonne nuit de sommeil et à notre bien-être. Si quelqu'un a un problème particulier, on pourrait tenter de l'aider.

Il m'a alors regardée. J'ai compris qu'il m'invitait à évoquer ma situation familiale, mais j'ai préféré garder le silence.

— Tu veux dire qu'on pourrait aider ma demi-sœur à être moins chiante ? a demandé Sharon.

Je ne savais même pas qu'elle avait une demi-sœur !

— Non, on ne peut pas changer les autres, a répondu Cal en riant. Mais on pourrait t'aider toi à mieux t'entendre avec elle.

— Moi, mon asthme s'est aggravé depuis l'arrivée du froid, a déclaré Jenna.

Je me rappelais l'avoir souvent vue tousser, mais j'ignorais qu'elle était asthmatique. Encore une découverte inattendue. Les filles comme elle, Sharon et Bree étaient les reines du lycée. Je n'avais jamais songé qu'elles aussi devaient avoir leurs problèmes. En tout cas, jamais avant l'arrivée de la magye dans ma vie.

— OK, on va penser à ton asthme, a dit Cal. Quoi d'autre ?

Comme personne n'a pris la parole, Cal a fermé les yeux et nous l'avons imité. Dans la pièce, on n'entendait que nos respirations profondes et, au fil des minutes, elles se sont synchronisées.

Puis la voix grave et légèrement éraillée de Cal a retenti :

Loués soient les animaux, les plantes et tout ce qui vit.
Loués soient la terre, le ciel, les nuages et la pluie.
Loués soient les gens, qu'ils croient ou non à la magye.
Loués soient la Déesse et le Dieu,
Et tous les esprits qui nous aident.
Loués soient-ils. Nous dédions nos cœurs,
Nos voix, nos esprits à la Déesse et au Dieu.

Pendant qu'on tournait dans le sens des aiguilles d'une montre, les mots ont fini par trouver leur rythme, comme un psaume. On évoluait si vite qu'on courait presque, et le chant est devenu un cri de joie remplissant toute la pièce. Je riais, à bout de souffle, et je me sentais heureuse et légère, à l'abri de tout. Ethan souriait tout en restant concentré, son visage avait pris des couleurs et ses longues bouclettes rebondissaient sur ses épaules. Sharon, dont les cheveux noirs et soyeux voletaient, resplendissait, belle et insouciante. Avec sa blondeur, Jenna évoquait une reine des fées, et Matt restait concentré et sérieux. Tandis que nous tournions de plus en plus vite, Robbie bougeait avec une grâce que je ne lui connaissais pas. La seule chose qui manquait au cercle, c'était le visage radieux de Bree.

J'ai senti l'énergie s'accumuler, serpenter autour de nous, s'amasser et tourbillonner dans notre cercle. Le sol du salon était chaud et lisse sous mes chaussettes, et j'avais l'impression que, si je lâchais les mains de Sharon et de Jenna, je m'envolerais. J'ai levé la tête tout en continuant à chanter, et j'ai vu le plafond blanc se brouiller puis disparaître pour me révéler l'indigo profond de la nuit et les étoiles dorées qui la constellaient. J'étais fascinée par l'infinité de possibilités qu'offrait l'Univers. L'envie de lever les mains vers le ciel et de toucher les étoiles était trop forte. Sans hésiter, j'ai lâché les mains de mes voisines pour céder à mon impulsion.

Au même instant, les autres m'ont imitée, et le cercle s'est arrêté net tandis que le courant magyque n'en finissait pas de virevolter autour de nous, de plus en plus fort. Tout mon être s'étirait vers les étoiles, et je sentais l'énergie peser sur ma colonne vertébrale.

— Absorbe l'énergie, m'a ordonné Cal.

Automatiquement, j'ai ramené mes poings serrés contre ma poitrine et la lumière blanche et chaude s'est fondue en moi. Soudain, tous mes soucis ont disparu. J'ai un peu vacillé, puis j'ai levé une nouvelle fois les bras vers le ciel. J'ai senti mes doigts frôler une petite lumière chaude et piquante. On aurait dit une étoile !

Je l'ai prise au creux de ma main et l'ai redescendue. Est-ce que les autres la voyaient aussi ? Puis j'ai constaté que Cal était à mon côté, au cas où je canaliserais trop d'énergie, comme d'habitude. Mais, ce soir-là, je me sentais bien : je n'avais pas le tournis ni envie de vomir. J'étais simplement heureuse, le cœur léger. Et toute-puissante.

— Waouh ! a murmuré Ethan, les yeux posés sur moi.

— Qu'est-ce que c'est ? a demandé Sharon.

— Morgan ! s'est écriée Jenna, la respiration sifflante, le souffle court.

Je me suis tournée vers elle. J'avais l'impression de détenir un pouvoir infini. J'ai tendu les mains pour presser la petite lumière contre sa poitrine. Elle a eu un hoquet puis a émis un petit « Ah ! ». J'ai fait glisser mes mains sous ses clavicules avant de les poser sur sa gorge. J'ai fermé les yeux et la lumière s'est dissoute en elle. Elle a gémi et vacillé un instant. Cal a allongé son bras vers moi, mais il ne m'a pas touchée. Sous mes paumes, je sentais les poumons de Jenna se libérer et s'emplir d'air. Je sentais même ses bronches se dilater, la moindre alvéole s'ouvrir pour absorber de l'oxygène.

— Je peux respirer normalement ! s'est-elle exclamée pendant que j'ouvrais les yeux, le sourire aux lèvres. Je commençais à me sentir oppressée, à cause du cercle, mais je ne voulais pas utiliser mon inhalateur devant tout le monde…

Elle a cherché Matt du regard, et il est venu la prendre dans ses bras.

— Matt, c'est dingue, elle m'a dégagé les bronches avec cette lumière !

— OK, on arrête tout, a dit Cal en me prenant les mains gentiment. Ne touche plus à rien. Peut-être que tu devrais t'allonger et relâcher l'énergie, comme à Samhain.

Je me suis libérée de son étreinte.

— Je n'en ai pas envie, ai-je déclaré. Je veux garder cette énergie en moi.

J'avais envie de toucher autre chose, pour voir ce qui se passerait.

Cal m'a dévisagée. Une drôle de lueur est passée dans ses yeux.

— Je ne veux pas que cette sensation s'en aille, ai-je expliqué.

— Mais tu ne peux pas la garder pour toujours, Morgan. L'énergie est mobile, elle a besoin de se déplacer. Tu pourrais finir par détruire des choses autour de toi. Ce n'est pas ce que tu souhaites, pas vrai ?

— Ça pourrait être drôle, non ? ai-je plaisanté.

— Non, vraiment pas.

Il m'a guidée vers un espace dégagé et je me suis allongée sur le sol. J'ai senti la force de la terre sous mon dos, l'énergie me quitter pour retourner vers le berceau de la vie. Au bout de quelques minutes, j'étais redevenue… affreusement normale.

— Comment peut-elle faire tout ça ? a demandé Matt pendant que Jenna s'émerveillait encore de pouvoir respirer si facilement.

— Moi aussi, ça m'épate, a avoué Cal. Morgan accomplit des choses que même une grande prêtresse aurait du mal à accomplir. Elle a énormément de pouvoir, voilà tout.

— L'autre jour, tu as dit qu'elle était une sorcière de sang, s'est souvenu Ethan. Comme toi. Pourtant, c'est impossible, non ?

— Je préfère ne pas en parler, ai-je coupé en me relevant. Je suis désolée si j'ai encore fait une bourde. Je voulais simplement aider Jenna. On oublie cette histoire de sorcière de sang, d'accord ?

Ils ont tous accepté. Cependant, je savais qu'un jour ou l'autre il faudrait bien leur dire la vérité.

— J'ai faim, a annoncé Ethan. T'as rien à grignoter ?

— Si, bien sûr, a répondu Matt en se dirigeant vers la cuisine.

— C'est dommage qu'on ne puisse pas aller se baigner, a soupiré Jenna.

— Et pourquoi pas ? Je n'habite pas si loin… a répondu Cal en me lançant un regard malicieux.

J'ai esquissé une grimace, les bras croisés sur la poitrine.

— Pas question, a tranché Sharon. Même si l'eau est chaude, il fait trop froid dehors. On attraperait la mort !

— Bon, tant pis, s'est lamenté Cal en prenant une poignée de pop-corn dans le bol que Matt venait d'apporter. Une prochaine fois.

Comme personne ne me regardait, je lui ai tiré la langue et il s'est mis à rire. Je me suis pressée contre lui, contente de sentir sa chaleur. La soirée avait été incroyable, même sans Bree.

Mon sourire s'est dissipé quand je me suis demandé où elle et Raven avaient passé la soirée, et avec qui.

14. Confession

7 mai 1982

On va bientôt partir de cette horrible ville. J'ai trouvé un emploi de caissière dans une cafétéria et Angus travaille dans une boucherie : il décharge des carcasses de vaches et les suspend aux crochets du boucher. Tous les deux, on a l'impression d'avoir vendu notre âme. Mais on doit économiser pour quitter cet endroit le plus rapidement possible.

Je n'ai pas de nouvelles du pays. Il n'y a aucun survivant de Belwicket qui pourrait nous raconter ce qui s'est passé. Je ne sais même pas pourquoi je continue à écrire sur ces pages, à part pour tenir mon journal intime. Ce n'est plus un Livre des Ombres ; plus depuis mon anniversaire, le jour où mon univers a été détruit. Je n'ai pas fait appel à la magye depuis que nous sommes arrivés, et Angus non plus. J'y ai renoncé. Elle ne nous a apporté que la mort et le chaos.

Je n'ai que vingt ans et, pourtant, je me sens prête à mourir.

M.R.

Le lendemain matin, pendant la messe, j'ai eu une idée. Après le service, j'ai annoncé à mes parents que je voulais me confesser et que je n'avais pas envie d'aller au restaurant avec eux. Ils ont eu l'air surpris, mais ne s'y sont pas opposés.

J'ai attendu dans la file avec impatience, résistant à l'envie d'écouter ce qui se disait dans le confessionnal. J'en étais probablement capable, mais ce serait mal. Le père Hotchkiss devait entendre des histoires bien croustillantes, parfois.

Quand mon tour est venu, je me suis agenouillée dans l'obscurité, attendant que la petite fenêtre grillagée s'ouvre. Ensuite, j'ai dit :

— Pardonnez-moi, mon père, car j'ai péché. Je ne me suis pas confessée depuis… euh… quatre mois.

— Je t'écoute, mon enfant, m'a-t-il répondu, comme toujours.

— Euh…

Je n'avais pas réfléchi à ce que je lui confesserais exactement. Je ne voulais pas lui parler de mes nouvelles activités et, d'ailleurs, je ne les considérais pas comme des péchés, n'en déplaise à mon père et à ma mère.

— En fait, ai-je repris, je suis très en colère contre mes parents. Enfin, je les adore et j'essaie de les respecter, mais récemment… j'ai découvert que j'avais été adoptée.

Voilà, c'était dit. De l'autre côté, le prêtre a relevé la tête, comme si mes paroles avaient éveillé son intérêt.

— Je leur en veux de ne pas me l'avoir révélé plus tôt, et je les déteste parce qu'ils refusent, même aujourd'hui, de m'en parler. Je voudrais en savoir plus sur mes vrais parents. Sur mes origines.

Le père Hotchkiss a pris le temps de digérer mes paroles, puis il m'a répondu :

— Tes parents ont dû faire ce qui leur semblait le mieux.

Il ne remettait pas en question le fait que j'aie été adoptée ! Quelle humiliation, même lui était au courant !

— Ma vraie mère, ma mère biologique, est morte, ai-je insisté malgré ma gêne. Je voudrais en savoir plus sur elle.

— Mon enfant, je te comprends, mais je peux te dire, grâce à mon expérience, qu'il vaut parfois mieux laisser le passé derrière soi. Les voies du Seigneur sont impénétrables.

Comment osait-il me sortir un cliché pareil ! J'ai senti les larmes me monter aux yeux. Qu'est-ce que j'avais cru ? Qu'il serait d'accord avec moi ? Qu'il m'aiderait à convaincre mes parents de tout me raconter ?

— Dieu avait ses raisons de te confier à Sean et à Mary Grace, et je sais qu'ils t'aiment plus que tout. Il serait sage de respecter Sa décision.

J'ai réfléchi un instant. À quel point était-ce vrai ? Puis je me suis rappelé que d'autres personnes attendaient de se confesser, alors j'ai remercié le prêtre et je suis partie.

Dehors, le soleil de novembre illuminait la ville. Après des jours et des jours de grisaille, j'appréciais de pouvoir marcher par ce beau temps, de shooter dans les feuilles mortes qui tourbillonnaient autour de moi avant de retomber au sol.

J'ai traversé le centre-ville de Widow's Vale en prenant le temps de regarder les vitrines des magasins. En passant devant la mairie, je me suis souvenue qu'elle datait de 1692. Aujourd'hui, la ville me paraissait charmante et pittoresque. Une légère brise m'a décoiffée, m'apportant l'odeur du fleuve Hudson qui bordait la ville.

Le temps de rentrer à la maison, j'avais compris que les paroles du père Hotchkiss n'étaient pas dénuées de sagesse, mais je ne pouvais accepter de rester dans l'ignorance. Je ne savais plus quoi faire. Peut-être que j'en parlerais lors de notre prochain cercle.

J'allais m'installer dans la cuisine pour manger un morceau quand j'ai entendu un bruit sourd à l'étage. Bizarrement, j'ai tout de suite pensé que Bree avait pénétré chez moi, peut-être même avec Raven, pour jeter un sort sur ma chambre. L'idée qu'il pouvait s'agir de cambrioleurs ne m'a même pas traversé l'esprit.

J'entendais des bruits de pas et des grincements de meubles qu'on déplace. Je suis allée chercher ma batte de base-ball à la cave, j'ai enlevé mes chaussures et je suis montée à l'étage sur la pointe des pieds.

En haut de l'escalier, j'ai compris que les bruits venaient de la chambre de Mary K. Puis je l'ai entendue crier :

— Aïe ! Arrête, Bakker ! Mais arrête, bon sang !

Que faire ?

— Enlève-toi de là !

— Allez, Mary K., a-t-il répondu. Tu m'as dit que tu m'aimais ! Je pensais que tu voulais...

— Je t'ai dit que je ne voulais pas !

J'ai ouvert la porte à la volée : Bakker était en train de plaquer ma sœur sur le lit pendant qu'elle lui donnait des coups de pied.

— Hé ! ai-je lancé, ce qui les a fait sursauter tous les deux. Tu entends ce qu'elle te dit ? Dégage de là !

Aussitôt, ma sœur a semblé soulagée par mon intervention.

— On ne fait que parler, a riposté Bakker.

Il me prenait pour une imbécile, ou quoi ? Mary K. continuait à le repousser, mais il résistait. Alors, j'ai vu rouge et, brandissant la batte, je l'ai frappé à l'épaule. Je ne m'étais pas sentie aussi furieuse depuis ma dernière dispute avec Bree.

— Aïe ! a-t-il hurlé. Non, mais ça va pas ! T'es cinglée, ma pauvre !

Soudain, il s'est approché de moi et, d'un geste brusque, il a envoyé la batte rouler au sol. L'expression de son visage était un mélange de honte et de colère.

— Reste en dehors de ça, Morgan. On ne faisait que parler.

— T'as une drôle de façon de parler ! a lâché Mary K. en sautant du lit, la chemise en bataille. Tu débloques, Bakker. Va-t'en !

— Je ne partirai pas avant que tu te sois expliquée ! Tu me dis : « Viens chez moi ! » Et puis : « Viens dans ma chambre, mes parents ne sont pas là ! » Qu'est-ce que j'étais censé comprendre ? On sort ensemble depuis presque deux mois !

— Mais c'est pas ce que je voulais dire, a sangloté Mary K. en serrant son oreiller dans ses bras. Je voulais juste qu'on se retrouve un peu seuls, tous les deux.

— Et, à ton avis, qu'est-ce qu'on fait à deux dans une chambre ? a-t-il demandé en avançant d'un pas vers elle.

— T'approche pas, ai-je grogné, mais il m'a ignorée.

— C'est pas ce que je voulais dire ! a répété ma sœur en enfouissant sa tête dans l'oreiller.

— Putain, tu sais vraiment pas ce que tu veux !

— La ferme, Bakker, ai-je coupé en me glissant vers la batte. Elle n'a que quatorze ans !

— Toi, ta gueule, ça te concerne pas !

— Hé, c'est de ma petite sœur dont tu parles, espèce de…

Je me suis interrompue. Malgré moi, mon bras s'est tendu, les doigts pointés vers lui, et une petite boule de lumière bleue qui crépitait a jailli de ma main vers ses côtes. On aurait dit la lumière que j'avais transmise à Jenna la veille au soir, mais dans une version différente. Les mains sur le flanc, Bakker a gémi et a failli tomber, mais il s'est rattrapé au lit de justesse. Je l'observais, terrifiée par ce que je venais de faire, et lui me dévisageait comme si je m'étais changée en dragon. Pourvu qu'il ne saigne pas !

— Putain, c'était quoi, ça ?! a-t-il hurlé en regardant l'endroit que j'avais frappé.

Heureusement, quand il a enlevé sa main, j'ai vu que son pull était intact : pas de traces de sang. Ouf !

— C'est bon, je me casse, a-t-il lancé d'une petite voix.

Il a jeté un dernier coup d'œil à Mary K., mais celle-ci avait toujours la tête enfouie dans son oreiller : elle n'avait rien vu. La porte d'entrée a claqué, et Bakker est sorti dans la rue en se tenant le côté. Ses lèvres remuaient comme s'il était en train de jurer. Bon débarras !

J'ai apporté un mouchoir à ma sœur, qui pleurait toujours.

— Bon sang, Mary K. ! Qu'est-ce qui s'est passé ? Pourquoi tu n'es pas au restau avec les parents ?

Ses sanglots ont repris de plus belle, et elle s'est jetée dans mes bras. Je l'ai serrée fort, contente qu'il ne lui soit rien arrivé de grave. J'étais rentrée au bon moment. Pour la première fois depuis une semaine, je me sentais proche d'elle, comme avant. Elle m'avait manqué.

— S'il te plaît, n'en parle pas à maman et papa, m'a-t-elle implorée, le visage dégoulinant de larmes. Je voulais juste qu'on se retrouve tous les deux, lui et moi. D'habitude, on est toujours avec du monde. Alors, j'ai dit aux parents que je devais travailler toute la journée, et ils m'ont déposée après la messe. Je ne pensais pas qu'il croirait que je…

— Oh ! Mary K., c'est juste un malentendu. Ce n'est pas ta faute. Le fait que tu veuilles être seule avec lui ne veut pas dire que tu dois forcément coucher avec lui ! Il aurait dû le comprendre, ce crétin ! Et moi, j'aurais dû appeler les flics, tiens !

— Je ne pense pas qu'il allait me… faire du mal, tu sais. Les apparences étaient trompeuses et…

— Comment tu peux le défendre ?!

— Je ne le défends pas, et d'ailleurs je ne veux plus le voir. Mais ça ne lui ressemble pas. D'habitude, il m'écoute quand je dis non. Je suis sûre qu'il me demandera pardon demain.

Je n'en croyais pas mes oreilles !

— Mary Kathleen Rowlands ! Je t'interdis de lui chercher des excuses. Je te rappelle que, quand je suis arrivée, il te plaquait sur le lit !

— C'est vrai, a-t-elle admis.

— Dis-moi que tout est fini entre vous.

— Tout est fini entre nous.

— Voilà, c'est mieux. Tu ferais bien de te débarbouiller et de ranger ta chambre avant que les parents reviennent.

— OK. Merci de m'avoir sauvée, sœurette ! Mais au fait, comment tu t'y es prise pour le chasser ? Je l'ai entendu crier et tomber contre le lit.

— Je lui ai donné un coup de pied dans le genou et il a trébuché, ai-je dit après avoir réfléchi une seconde.

— Bien fait pour lui ! a-t-elle conclu en souriant. Il n'a pas dû comprendre ce qui lui arrivait.

— Moi non plus, ai-je avoué.

Puis j'ai descendu les escaliers en tremblant un peu. Je lui avais envoyé une boule de lumière ! Même chez les sorciers, ça ne devait pas être courant.

15. La vérité, enfin

1er septembre 1982

Aujourd'hui, nous déménageons enfin loin de cet endroit sordide. Nous avons déniché une petite maison à Meshomah Falls, un village à environ trois heures de voiture d'ici. Je crois que Meshomah est un mot indien. Là-bas, il y a des mots indiens partout. C'est un endroit très joli, qui me rappelle un peu l'Irlande.

Nous avons déjà trouvé du travail : moi comme serveuse au café du centre, et Angus comme assistant du charpentier local. Quelques habitants portent d'étranges habits anciens. Un villageois m'a dit qu'il s'agissait d'amish.

La semaine dernière, Angus est revenu d'Irlande. Je ne voulais pas qu'il y retourne, mais il ne m'a pas écoutée. De Ballynigel, il ne reste rien. Toutes les maisons qui abritaient des sorciers et des sorcières ont été réduites en cendres et, depuis, on les a rasées pour y reconstruire des immeubles. Il m'a dit qu'aucun des nôtres n'avait survécu ou que, du moins, il n'avait rencontré personne. Dans le village voisin, à Much Bencham, on lui a raconté que tout le monde parlait d'une vague noire colossale qui aurait balayé la ville, une vague qui n'était pas faite d'eau. Qu'est-ce qui pourrait créer une chose aussi puissante ? Une alliance entre plusieurs covens ?

J'étais terrifiée à l'idée qu'Angus s'en aille, que je ne le reverrais peut-être jamais. Il voulait qu'on se marie avant son départ, mais j'ai refusé. Je ne peux épouser personne. Rien n'est éternel, et je ne veux pas me voiler la face.

Enfin, maintenant, il est de retour, et j'espère que nous pourrons démarrer une nouvelle vie.

M.R.

En fin d'après-midi, j'ai décidé de récupérer mes livres sur la Wicca. Allongée sur mon lit, j'ai déployé mes sens, essayant d'explorer tous les recoins de la maison. Au début, je n'ai rien décelé, puis j'ai fini par les sentir : dans l'armoire de ma mère, au fond d'une valise. Après vérification, ils étaient bel et bien là ! Je les ai rapportés dans ma chambre et les ai posés sur mon bureau. Tant pis pour mes parents.

Ils sont venus frapper à ma porte un peu plus tard, pendant que je faisais mes exercices de maths.

— Entrez.

Ils se sont assis sur mon lit, mais n'ont rien dit. Seule la musique que Mary K. écoutait dans sa chambre meublait le silence. J'attendais qu'ils parlent tout en évitant de regarder mes livres.

Mon père s'est éclairci la gorge et ma mère lui a pris la main.

— Nous venons tous de vivre une semaine… difficile, a-t-elle commencé. Si tu n'avais pas découvert ça toute seule, je n'aurais probablement jamais envisagé de te parler de ton adoption. Je sais qu'il vaut mieux être honnête avec ses enfants et ne rien leur cacher. Mais, à l'époque, il nous a semblé préférable d'agir ainsi.

Elle a fait une pause pour scruter mon père, qui a hoché la tête.

— Maintenant que tu es au courant, a-t-elle repris, il vaut peut-être mieux que tu en saches autant que nous. Et puis, tu ne nous laisses pas vraiment le choix.

— Mais j'ai le droit de savoir ! C'est ma vie et j'y pense tout le temps, toute la journée !

— Oui, je m'en doute… Bon, tu sais que quand on s'est mariés, ton père et moi, j'avais vingt-deux ans et lui, vingt-quatre.

On a tout de suite essayé de fonder une famille, mais, au bout de huit ans, on n'avait toujours pas réussi à avoir d'enfant. Les docteurs m'ont diagnostiqué des tas de problèmes : dérèglement hormonal, endométriose... Au point que, tous les mois, lorsque mes règles arrivaient, je pleurais pendant trois jours.

Mon père ne la quittait pas des yeux. Il a lâché sa main pour passer le bras autour de ses épaules.

— Je priais tous les jours Dieu de m'envoyer un enfant, j'allumais des cierges, je récitais des neuvaines... En vain. Finalement, on a fait une demande d'adoption, et on nous a dit que ça pourrait prendre trois, voire quatre ans. C'est là que...

— C'est là qu'une de nos connaissances, un avocat, nous a téléphoné, a continué mon père. Il disait qu'on lui avait confié un bébé, une petite fille, qui cherchait une famille d'accueil.

— Nous avons accepté sans hésiter une seconde, a repris ma mère. Il est venu le soir même avec elle – il pleuvait, je m'en souviens très bien – et, quand je l'ai prise dans mes bras et que je l'ai regardée, j'ai su que c'était *mon* bébé, celui pour lequel je priais depuis si longtemps.

La voix brisée, elle s'est essuyé les yeux.

— C'était toi, a ajouté mon père en souriant. Tu avais sept mois et tu étais si...

— Si parfaite ! Toute dodue, en pleine santé, avec des bouclettes et des grands yeux... Et tu m'as rendu mon regard ! À cet instant, tu es devenue mon enfant et j'aurais tué de mes mains le premier qui aurait essayé de te reprendre. L'avocat nous a dit que tes parents étaient trop jeunes pour élever un enfant et qu'ils lui avaient demandé de te trouver un bon foyer. On n'a posé aucune question, franchement, on était trop contents de t'avoir. Le reste, on s'en moquait...

J'ai serré les dents en sentant ma gorge se nouer. L'avocat disait-il la vérité ? Mes parents biologiques m'avaient-ils abandonnée pour me protéger, parce qu'ils se savaient en danger ? Ou m'avait-on découverte quelque part après leur mort ?

— Tu représentais ce qu'on avait toujours voulu, a déclaré mon père. Cette nuit-là, tu as dormi entre nous et, le lendemain matin, on a fait les magasins pour acheter tout ce qui existait pour les bébés ! C'était comme un Noël puissance mille, nos rêves les plus fous venaient de se réaliser.

— Mais, une semaine plus tard, a murmuré ma mère, on a lu un article sur un incendie à Meshomah Falls. On avait découvert deux corps calcinés dans une grange en flammes. Les noms des victimes correspondaient à ceux qui figuraient sur ton extrait de naissance.

— Bien sûr, on aurait voulu en savoir plus, a expliqué mon père, mais on craignait que les services d'adoption ne te reprennent, pour une raison ou pour une autre. Alors, on n'a rien dit.

— Au bout de plusieurs mois, quand l'adoption a été définitive, on a cherché à en apprendre davantage. On a rappelé l'avocat, mais il avait déménagé dans un autre État et n'a jamais répondu à nos messages. Comme s'il voulait nous éviter.

— Après cela, a expliqué mon père, j'ai fait des recherches dans la presse et j'ai même parlé au journaliste qui avait couvert l'affaire. Grâce à lui, j'ai pu entrer en contact avec la police de Meshomah Falls. Ensuite, j'ai profité d'un voyage professionnel en Irlande pour mener ma petite enquête. Tu avais deux ans, à l'époque, et ta mère attendait Mary K.

— Et alors, qu'est-ce que la police t'a dit ?

— Tu es sûre de vouloir le savoir ?

J'ai acquiescé, les doigts crispés sur ma chaise de bureau. Après ce que j'avais lu dans les journaux et ce que m'avait raconté Alyce, je voulais connaître toute la vérité.

— Maeve Riordan et Angus Bramson sont bien morts dans ce feu, a poursuivi mon père, les yeux baissés vers ses chaussures. C'était un incendie criminel. On les a assassinés : les portes étaient fermées de l'extérieur et on avait versé de l'essence autour de la grange.

Je tremblais comme une feuille. Un meurtre ! C'était la première fois qu'on me le disait avec certitude…

— Ils ont relevé des symboles sur le bois brûlé, a continué ma mère. Des runes. Mais personne ne savait ce qu'elles signifiaient ni pourquoi les victimes avaient été tuées. Apparemment, le couple restait à l'écart des autres habitants, n'avait aucune dette et allait à la messe le dimanche. Le crime n'a jamais été résolu.

— Et en Irlande, tu as trouvé quelque chose, papa ?

— Je suis allé à Ballynigel, le village dont était originaire Maeve Riordan. Mais il n'y avait pas grand-chose à voir. Deux ou trois boutiques et quelques immeubles modernes et moches. Mon guide disait qu'il s'agissait d'un ancien village de pêcheurs, mais c'était difficile à croire.

— Et tu as découvert ce qui s'était passé ?

— Pas vraiment. J'ai interrogé une dame qui tenait une papeterie, mais elle m'a jeté dehors !

— Une vieille dame t'a jeté dehors ? ai-je répété, amusée par cette idée.

— Eh oui ! Finalement, je me suis rendu dans le village voisin, Much Bencham, et j'ai déjeuné dans un pub. Les deux types qui mangeaient au bar ont engagé la conversation en me demandant d'où je venais, etc. Mais, dès que j'ai mentionné Ballynigel, ils sont devenus muets comme des tombes. « Et pourquoi que vous voulez savoir ? » m'ont-ils interrogé, l'air soupçonneux. Je leur ai dit que j'étais un journaliste américain et que je préparais un article sur les villages irlandais, pour la section voyage.

Je n'en revenais pas ! Mon père était parti enquêter en Irlande et avait menti délibérément pour découvrir la vérité sur mes origines ! Et ils avaient gardé ça pour eux pendant toutes ces années…

— Pour faire court, Ballynigel était vraiment un petit village de pêcheurs. Jadis. Mais, en 1982, il avait été complètement détruit. Par les forces du mal, d'après eux.

Voilà qui correspondait à ce qu'Alyce m'avait raconté.

— Ils m'ont dit que Ballynigel était avant tout un village de sorciers et de sorcières, et que la plupart des habitants descendaient des « anciens clans », comme ils les appelaient, depuis des milliers d'années. L'histoire voulait que les forces du mal se soient abattues sur les sorciers. Je leur ai ri au nez en leur affirmant que je ne croyais pas aux sorcières, et ils m'ont traité d'imbécile. Dans la région, tout le monde savait que, avant le drame, Ballynigel abritait un puissant coven de sorciers. Je leur ai demandé s'il y avait eu des rescapés. Selon eux, quelques humains avaient survécu. Des « humains », comme s'il y avait une différence ! Mais aucun sorcier. Ils m'ont assuré que, si la moindre sorcière s'en était tirée, elle ne serait jamais en sécurité, où qu'elle aille. Elle serait traquée et, tôt ou tard, elle mourrait.

Mais deux sorciers avaient survécu et étaient venus aux États-Unis ! Avant d'être assassinés trois ans plus tard.

Ma mère avait arrêté de renifler et observait mon père comme si elle n'avait pas entendu cette histoire depuis des siècles.

— En rentrant à la maison, j'ai tout raconté à ta mère et, pour être honnête, nous étions morts de trouille. La façon dont tes parents biologiques avaient été tués nous effrayait. On était persuadés qu'un déséquilibré rôdait dans les environs à la recherche des rescapés et que, s'il apprenait ton existence, tu serais en danger. Alors, on a tourné la page et on a tenté d'oublier le passé.

Avec ce que je venais d'entendre et le récit d'Alyce, j'essayais de recomposer l'histoire complète. Pour la première fois, je comprenais presque pourquoi ils s'étaient tus. Ils voulaient simplement me protéger. Me protéger de ce qui avait tué mes vrais parents.

— On voulait même changer ton prénom, a ajouté ma mère, mais tu étais juridiquement Morgan. Alors, on t'a donné un surnom.

— Molly, ai-je complété, me rappelant que jusqu'en CE2 ils m'avaient appelée comme ça.

— Oui. Mais tu as fini par détester qu'on t'appelle Molly et tu es redevenue Morgan. Après toutes ces années, on se sentait en sécurité. Les choses avaient changé. Nous n'avions plus jamais entendu parler de Meshomah Falls, de Ballynigel ou de sorcières. Nous pensions que cette histoire était derrière nous.

— Jusqu'à ce qu'on trouve tes livres sur la Wicca, a continué mon père. D'un coup, tout ce qu'on avait voulu oublier nous est revenu, et la peur avec. On pensait que quelqu'un te les avait donnés exprès…

— Je les ai achetés moi-même.

— On a peut-être réagi de façon disproportionnée, a reconnu ma mère. Mais tu ne sais pas ce que c'est de redouter qu'on te prenne ton enfant ou qu'on lui fasse du mal. Tes activités sont sans doute inoffensives et les gens qui t'accompagnent ne pensent peut-être pas à mal…

— Évidemment ! ai-je lancé en pensant à Cal, à sa mère et à mes amis.

— Mais nous ne pouvons nous empêcher d'avoir peur, m'a coupée mon père. J'ai vu de mes propres yeux un village rayé de la carte. J'ai lu des articles sur la grange incendiée. J'ai parlé à ces hommes en Irlande. Si tout ça est lié à la sorcellerie, nous ne voulons pas que tu y sois mêlée !

Nous sommes restés un instant silencieux. J'essayais d'encaisser cette histoire. J'étais bouleversée, mais ma colère envers eux avait disparu.

— Je ne sais pas quoi vous dire, ai-je enfin déclaré. Je suis contente que vous m'ayez enfin tout raconté. Et peut-être que je n'aurais pas pu comprendre si j'avais été plus jeune. Mais je reste persuadée que vous auriez dû m'en parler plus tôt. Au moins de mon adoption.

Mes parents ont acquiescé, me laissant poursuivre.

— Quelque part, j'ai l'impression que la Wicca n'a rien à voir avec ce… cette catastrophe, en Irlande. C'est juste une… coïncidence bizarre. La magye fait partie de moi, maintenant. Je suis vraiment une sorcière. Et je sais que ce que nous faisons, mes amis et moi, ne pourrait jamais provoquer un tel désastre.

J'ai cru que ma mère allait me demander des détails, mais elle s'est ravisée.

— Au fait, maman, comment ça se fait que tu sois tombée enceinte de Mary K. ?

— Je n'en sais rien, a-t-elle soupiré. C'est arrivé comme ça. Mais, après ta sœur, je n'ai pas pu avoir d'autre enfant. Dieu voulait que j'aie deux filles, et vous avez toutes les deux été pour nous une source de joie indescriptible. Je tiens tellement à vous que l'idée de vous savoir en danger m'est insupportable. C'est pour ça que je veux que tu arrêtes tes histoires de sorcellerie. Je t'en supplie, Morgan, fais-le pour moi.

Elle a fondu en larmes, ce qui n'a pas manqué de me faire pleurer aussi.

— Mais c'est impossible, ai-je gémi. Je suis une sorcière de sang, la magye est en moi... C'est comme avoir des yeux bruns ou des grands pieds. C'est juste... moi.

— Mais tu n'as pas de grands pieds, a observé mon père.

Je n'ai pas pu m'empêcher de rire à travers mes larmes.

— Je sais que vous m'aimez et que vous ne voulez que mon bien, ai-je reconnu en m'essuyant les yeux. Et je ne veux pas vous faire de peine ou vous décevoir, non plus. Mais c'est comme si vous me demandiez de ne plus être Morgan...

— Nous ne pensons qu'à ta sécurité et à ton bonheur, a répondu ma mère en haussant le ton.

— Mais je suis heureuse. Et prudente.

Nous nous sommes dévisagés un instant.

— En tout cas, merci, ai-je conclu. Je sais que ça a été dur pour vous, mais je devais savoir. Et je vous promets de penser à ce que vous m'avez dit.

Ma mère a soupiré et regardé mon père. Ils se sont levés, puis m'ont prise dans leurs bras pour la première fois depuis une semaine.

— Nous t'aimons, a soufflé ma mère dans mes cheveux.

— Je vous aime aussi.

16. Hostilité

15 décembre 1982

Cette année, nous allons fêter Noël pour la première fois. On a pris l'habitude de fréquenter l'église du village, et les gens sont très gentils avec nous. C'est drôle, le gui et toutes ces décorations de Noël rouges et vertes me rappellent Yule... Mais jamais plus nous ne célébrerons notre fête.

Le village est charmant, bien plus verdoyant que New York ! La nature est omniprésente, et je peux enfin sentir l'odeur de la pluie.

Je dois sans cesse me retenir de lancer un sort, que ce soit pour chasser les limaces, attirer le soleil ou faire lever mon pain. Ma vie est ordinaire, désormais. Il le faut. Plus de magye, de sorts, d'incantations. Plus jamais.

Enfin, j'adore notre petite maison. Elle est coquette et vite nettoyée !

Je n'arrive pas à oublier la catastrophe qui s'est abattue sur nous. Elle est gravée au fer rouge dans mon âme. Mais je suis heureuse d'être venue vivre ici avec Angus. Je me sens en sécurité.

M.R.

Comme d'habitude, le vestiaire des filles sentait à la fois la sueur, le déodorant et le shampooing. À côté de moi, Tamara a enfilé son short de sport et s'est assise pour mettre ses chaussettes. Quand j'ai enlevé mon tee-shirt, je l'ai vue jeter un œil vers le pentacle en argent qui pendait à mon cou. Je me suis baissée pour lacer mes baskets, me demandant si elle savait qu'il symbolisait mon engagement envers la Wicca et envers Cal.

De l'autre côté de la pièce, Bree se changeait près de son casier. Comme Raven était en terminale et n'avait pas sport avec nous, Bree se retrouvait toute seule, ce qui n'arrivait pour ainsi dire jamais.

Ses yeux ont croisé les miens, et j'ai été choquée par leur froideur. Dire qu'à une époque on s'était promis de tout se dire ! J'avais été la première à apprendre qu'elle avait perdu sa virginité, qu'elle avait fumé un joint et qu'elle avait découvert que sa mère avait une liaison. De mon côté, je n'avais jamais rien eu de croustillant à lui confier, jusqu'à aujourd'hui. Mais, évidemment, je ne pouvais rien lui révéler.

— Hé, Morgan, a lancé Tamara en réunissant ses frisettes dans une queue-de-cheval. Devine qui m'a demandé de sortir avec lui !

— J'en sais rien, dis-moi ! ai-je répondu en séparant mes cheveux en deux longues tresses qui me donnaient une allure de Pocahontas irlandaise.

— Chris Holly, a-t-elle murmuré.

— C'est pas vrai ! Et qu'est-ce que t'as répondu ?

— J'ai refusé ! D'une, je suis sûre qu'il l'a fait simplement parce qu'il est nul en maths et qu'il a besoin de cours particuliers. Et de deux, j'ai bien vu comment il s'était conduit avec Bree, cet abruti ! D'ailleurs, pourquoi vous vous faites la gueule, toutes les deux ? T'as essayé de lui piquer Cal ?

— Pas du tout ! C'est vrai qu'il me plaisait, mais je savais que Bree l'aimait beaucoup et je pensais qu'ils finiraient ensemble... Sauf que Cal m'a choisie moi, et pas elle.

Soudain, on a entendu le sifflet de la prof de sport qui venait d'entrer dans la pièce. Qu'est-ce qu'elle pouvait l'aimer, son sifflet !

— Les filles, comme il pleut aujourd'hui, vous allez me faire cinq fois le tour du gymnase, mais à l'intérieur. Hop, hop, hop !

On est sorties du vestiaire en ronchonnant et on a commencé à trotter. Tamara et moi avons dépassé Bree, qui traînait exprès.

— Sale sorcière, a murmuré Bree.

Les joues en feu, j'ai fait mine de ne pas entendre.

— Elle t'a traitée de salope, m'a chuchoté Tamara, qui avait mal entendu. Quelle mauvaise perdante ! En plus, elle ne sortait même pas avec lui. Il les lui faut tous, ou quoi ?

Puis les garçons nous ont rejointes et ont commencé à courir dans le sens inverse. Certains ne se gênaient pas pour nous siffler ou envoyer des vannes. Quand j'ai croisé Robbie, j'ai eu droit à une grimace qui m'a fait rire.

— En réalité, Bree m'a assuré qu'ils étaient sortis ensemble une fois, ai-je rectifié, le souffle court.

Plus exactement, Bree m'avait dit qu'ils avaient couché ensemble. Ce qui n'était pas tout à fait pareil.

— Ça ne voulait rien dire, a répondu mon amie en haussant les épaules. À propos, tu ne dois pas être au courant non plus : Janice a un mec !

— C'est vrai ? Qui ça ?

— Ben. Ils sont en période d'essai !

— C'est génial, je suis sûre que ça va marcher entre eux, ils s'entendent tellement bien…

Quel bonheur de pouvoir avoir une conversation de lycéenne normale ! Si la Wicca avait été un bouleversement incroyable dans ma vie, elle m'avait aussi isolée des autres.

Après l'échauffement, on a formé plusieurs équipes de six pour jouer au volley – garçons sur un terrain, filles sur l'autre. Je me suis retrouvée dans la même équipe que Tamara, contre celle de Bree.

Pendant que la prof donnait des consignes, j'ai entendu Bettina et Paula parler de Robbie. Elles n'en revenaient pas qu'il soit devenu si beau, et se demandaient même s'il sortait avec quelqu'un. Eh bien, Robbie allait bientôt avoir un fan-club !

Comme tout le monde chuchotait en même temps, j'ai dû me concentrer pour entendre la suite de leur conversation.

— Dommage qu'il traîne avec Cal et ses sorcières, a continué Bettina.

Quoi ? C'est comme ça qu'on nous avait surnommées, au lycée, les « sorcières » ?

Après ça, les équipes ont pris place sur les terrains et les matchs ont commencé. C'est Bree qui devait servir et, alors qu'elle s'apprêtait à frapper la balle, elle s'est fait siffler par un des mecs : Seth Moore, un beau gosse qui portait deux anneaux à l'oreille gauche et qui lui souriait comme un loup affamé. Elle l'a encouragé en lui envoyant un baiser.

— Toi et moi, poupée, c'est pour quand ?

— Quand tu veux, mon vieux ! lui a-t-elle lancé en riant.

Puis elle m'a regardée de haut, l'air de dire : « C'est pas à toi qu'un mec proposerait ça ! » Seth a fait mine de se précipiter sur elle, et ses copains, de le retenir. Tout le monde se marrait, tout le monde sauf moi et Chris – l'ex de Bree –, ainsi qu'une troisième personne : Robbie. Les poings serrés et la mâchoire crispée, il regardait Bree et Seth d'un œil jaloux. Robbie ? Jaloux ? Il ne m'avait jamais dit qu'il s'intéressait à Bree…

— Hé, Bree, c'est pour aujourd'hui ou pour demain ? l'a réprimandée la prof, qui perdait patience.

Bree m'a offert un sourire méprisant, comme pour m'enfoncer un peu plus et affirmer sa supériorité. J'ai senti la colère monter en moi. En la regardant droit dans les yeux, j'ai passé la main dans le col de mon tee-shirt pour en sortir mon pentacle.

Elle a pâli, puis elle a froncé les sourcils, a lancé la balle en l'air et l'a frappée de toutes ses forces dans ma direction. Par réflexe, j'ai voulu me protéger le visage, mais trop tard : j'étais déjà par terre, sonnée de m'être pris la balle en pleine figure. J'ai senti du sang me remplir le nez et la bouche. Je me suis relevée pour courir aux lavabos, la main plaquée sur mon visage, ce qui n'a servi à rien : le sang dégoulinait sur mon jogging.

Tout le monde avait assisté à la scène et la commentait maintenant à voix basse. La prof est arrivée et m'a demandé d'enlever ma main pour lui laisser constater l'ampleur des dégâts. J'ai obéi, révélant mon visage ensanglanté, et j'ai vu Bree me regarder avec inquiétude, horrifiée par son propre geste.

Elle a ouvert la bouche et j'ai lu sur ses lèvres qu'elle disait : « Je suis désolée. » Elle ressemblait tellement à la Bree d'avant que je me suis presque sentie heureuse. Puis j'ai commencé à avoir mal, très mal.

— Il va falloir appeler ta mère, Morgan, a annoncé la prof. Tu peux te lever ? Viens dans mon bureau, je vais te donner de la glace pour que ça n'enfle pas. Les autres, retournez jouer. Bettina, va chercher des serviettes en papier pour essuyer tout ce sang, que personne ne glisse dessus. Bree Warren, tu viendras me voir dans mon bureau à la fin de l'heure.

En partant, j'ai jeté un dernier coup d'œil vers Bree, mais toute trace d'amitié ou d'émotion avait disparu de son visage. J'en aurais pleuré.

Ma mère m'a emmenée passer une radio aux urgences. Bilan : j'avais le nez cassé et la lèvre fendue, ce qui m'a valu un point de suture. Dommage qu'Halloween soit passée, avec ma tronche, j'aurais fait un malheur…

Je n'en revenais pas que les choses entre Bree et moi aient dégénéré à ce point.

17. Le nouveau coven

14 avril 1983

Je craignais de les avoir plantés trop tôt, mais mes petits pois grandissent à vue d'œil. Ils symbolisent ma nouvelle vie : j'ai du mal à croire qu'ils s'adaptent si vite. Sans aucune aide magyque. Parfois, le besoin de communier avec la Déesse est si fort qu'il en est douloureux. C'est comme si quelque chose ne demandait qu'à sortir. Mais cette époque est terminée, et il n'en reste que deux choses : mon nom et Angus.

Nous sommes maintenant trois à la maison : une petite chatte gris et blanc nous a rejoints. Je l'ai appelée Bridget. Elle est adorable et ronronne comme une locomotive. Sa présence me remplit de joie.

M.R.

En fin d'après-midi, alors que j'étais dans mon lit avec un sac de glace sur le visage, on a sonné à la porte.

J'ai tout de suite deviné que c'était Cal. J'ai essayé d'écouter ce qu'il disait à ma mère, mais, même en me concentrant, je n'entendais presque rien.

— Eh bien, Cal, je ne sais pas trop…

— Maman ! est intervenue Mary K. Je ferai le chaperon, si tu veux.

Un instant plus tard, ma mère est entrée. Elle voulait sûrement s'assurer que j'étais habillée convenablement et que je ne portais pas une chemise de nuit transparente… J'avais enfilé un bas de jogging informe et un sweat blanc. Ma mère m'avait aidée à nettoyer le sang qui me poissait les cheveux, mais je ne les avais pas séchés et ils pendouillaient sur mes épaules comme des queues de rat humides. En bref, je m'étais rarement sentie aussi moche.

Cal est venu s'asseoir au bord du lit. En sa présence, ma chambre rose, avec ses rideaux à volants, me semblait bien enfantine.

Note pour plus tard : redécorer tout ça.

— Comment va la blessée de guerre ? m'a-t-il demandé, ce qui m'a fait rire malgré moi.

— Aïe, faut pas que je rigole, ça fait mal.

Ma mère, sans doute rassurée sur ma tenue, a quitté la pièce, laissant la place à Mary K.

— Avoue que tu ne l'as jamais trouvée aussi belle ! a lancé celle-ci à Cal. Je parie que d'ici à jeudi son visage sera tout jaune et vert ! Un vrai feu d'artifice !

Elle serrait dans ses bras un ours en peluche qui portait un tablier en forme de cœur.

— C'est pour moi ? ai-je demandé naïvement.

— Non, c'est Bakker qui me l'a donné, a-t-elle déclaré, l'air embarrassé.

Ça ne m'étonnait pas. Il avait déjà envoyé des tonnes de fleurs et laissé des messages sur notre perron. Il avait aussi appelé plusieurs fois et, quand j'avais décroché, il m'avait même présenté des excuses. Mary K. était en train de se laisser amadouer.

— T'as pas des devoirs à finir ? lui ai-je demandé.

— J'ai promis à maman de tenir la chandelle, a-t-elle protesté.

Devant mon expression, elle s'est ravisée et est partie dans sa chambre.

— Je ne voulais pas que tu me voies comme ça, ai-je dit à Cal.

— Tamara m'a raconté ce qui s'était passé. Tu crois que Bree l'a fait exprès ?

J'ai repensé à l'expression de son visage, à son air effrayé quand elle m'avait vue en sang.

— Non, c'est un accident.

— Si tu le dis… Je t'ai apporté des bricoles.

Il a brandi devant mes yeux une petite plante en pot d'un gris argenté.

— *Artemisia*, ai-je murmuré, me rappelant le nom latin.

Je l'avais appris dans mon manuel d'herbologie.

— Merci, elle est très jolie.

— Oui. On l'appelle plus couramment « armoise ». Elle a plein de propriétés.

Il m'a ensuite donné un petit tube où l'on pouvait lire *Arnica montana*.

— C'est un médicament homéopathique. Il aide à guérir les contusions, les bleus, etc. Je lui ai jeté un sort pour que tu te remettes plus vite, a-t-il ajouté en chuchotant. Et le meilleur pour la fin : un Yop ! Je parie que tu ne peux pas mâcher, mais ça, tu pourras toujours le boire à la paille. En plus, c'est un aliment parfaitement équilibré : bien crémeux, bien gras et plein de chocolat. Tout y est !

Je n'ai pas pu m'empêcher de rire, malgré la douleur.

— Merci beaucoup, t'as vraiment pensé à tout !

— Le dîner sera prêt dans cinq minutes, a crié ma mère dans la cage d'escalier.

— OK, j'ai compris le message, m'a murmuré Cal en souriant.

Il m'a pris la main et a fait courir ses doigts sur ma peau. Je n'avais qu'une envie, le serrer dans mes bras, lui, mon muìrn beatha dàn.

— Est-ce que je peux t'être utile ?

Je savais que cela signifiait : « Veux-tu que je te venge ? »

— Non. Laisse couler.

— OK pour cette fois, mais c'est tout. Ça craint qu'elle réagisse comme ça. Bon, il faut que j'y aille, appelle-moi dans la soirée si tu veux.

Il s'est levé et, très délicatement, il a posé la main sur mon visage. Il a fermé les yeux et a marmonné des mots que je ne comprenais pas. Puis j'ai senti une vague de chaleur pénétrer ma peau, et la douleur s'est en partie dissipée.

— Merci, ai-je répété. Et surtout merci d'être venu.

Je l'ai regardé partir, puis j'ai placé quatre petites billes d'arnica sous ma langue. Ensuite, je me suis rallongée, apaisée.

Le soir même, mon nez et ma bouche étaient nettement moins enflés et je n'avais presque plus mal.

Le jour suivant, je suis restée à la maison. J'avais bien meilleure mine, mis à part le point de suture noir sur ma lèvre.

À deux heures et demie, j'ai appelé ma mère à son travail pour l'avertir que je passais chez Tamara récupérer les devoirs. Elle s'est un peu inquiétée que je sorte si vite, mais je l'ai rassurée en lui promettant de conduire avec prudence.

Arrivée au lycée, comme je ne pouvais pas camoufler Das Boot – elle méritait bien son surnom tant elle était énorme –, je me suis garée dans une rue parallèle. Je savais que Bree passerait par là en sortant du parking. J'aurais pu l'attendre devant chez elle, mais je n'étais pas sûre qu'elle rentrerait directement.

Je n'avais pas de plan précis. Je voulais simplement qu'on mette les choses au point une bonne fois pour toutes. Avec un peu de chance, on pourrait même se réconcilier. Comme ils m'avaient tout raconté, la situation avec mes parents s'était améliorée et, depuis l'incident avec Bakker, je me sentais aussi plus proche de ma sœur. Maintenant, je voulais arranger les choses avec Bree. Chassez le naturel, il revient au galop : je la considérais toujours comme ma meilleure amie et je ne supportais pas de la détester. La scène dans le gymnase avait été la goutte d'eau qui avait fait déborder le vase, il fallait que ça cesse.

En plus, j'avais lu dans les livres que la seule voie vers la magye pure était la clarté. Les sentiments négatifs voilaient le chemin. À long terme, une telle inimitié ne pourrait que bloquer mes pouvoirs.

Quand Bree est passée devant moi dans sa voiture, j'ai failli ne pas la voir. J'ai démarré au quart de tour et je suis restée aussi loin derrière elle que possible.

Elle a conduit jusque chez elle, mais, au moment où je m'arrêtais derrière un minibus marron, la Peugeot noire de Raven a déboulé dans la rue et Bree est ressortie de la maison. Elles ont échangé quelques mots sur le trottoir puis ont grimpé dans la voiture de Raven, qui a laissé un nuage de fumée grise et puante dans son sillage.

Mince, ça, ce n'était pas prévu au programme. Où est-ce qu'elles allaient ?

Poussée par la curiosité, je les ai suivies jusqu'en dehors de la ville, vers le cimetière où on avait passé Samhain. J'ai caché ma voiture à bonne distance, derrière un arbre énorme.

Je les avais perdues de vue, mais je me rappelais le chemin qui serpentait entre les champs, traversait le ruisseau et grimpait vers le bois. J'avançais doucement, les sens déployés pour guetter leurs voix. Je ne savais pas vraiment ce que j'étais venue faire ici et je me sentais un peu coupable de les espionner, mais il fallait que j'en apprenne plus sur leur nouveau coven. C'était le moment ou jamais.

Quand je suis arrivée près du cimetière, je les ai aperçues de loin : elles étaient appuyées contre le sarcophage de pierre qui nous avait servi d'autel lors de Samhain. Comme elles ne parlaient pas, j'ai compris qu'elles attendaient quelqu'un.

Je me suis assise derrière une vieille tombe, sur le sol froid et humide. J'avais mal au visage, et le point de suture sur ma lèvre me démangeait. J'ai regretté de ne pas avoir emporté mes granules d'arnica.

Soudain, Bree s'est retournée vers le bois.

Une femme est sortie de l'ombre, ou plutôt une fille ayant un ou deux ans de plus que Raven à tout casser. Plus je la regardais, plus elle me semblait jeune. Sa beauté était indescriptible, presque étrange. Ses cheveux blond très clair – à la limite du blanc – étaient coupés à la garçonne et contrastaient avec sa veste en cuir noir. Ses pommettes saillantes lui donnaient l'air d'une Suédoise et sa bouche pulpeuse semblait trop grande pour son visage. Mais son regard était plus fascinant encore, même aperçu de loin : tels deux puits sans fond, ses grands yeux noirs absorbaient la lumière et ne renvoyaient aucun éclat.

Elle les a saluées à voix basse et, à la réaction de Bree et de Raven, j'ai compris qu'elle leur demandait si elles étaient sûres que personne ne les avait suivies. Malgré l'assurance des deux autres, la nouvelle venue a scruté les environs et son attention s'est portée plusieurs fois dans ma direction. Si c'était une sorcière, elle sentirait ma présence. J'ai vite fermé les paupières en essayant de bloquer mon esprit, de devenir invisible, de me fondre dans l'environnement. *Je ne suis pas là, tu ne me vois pas, tu ne m'entends pas, tu ne sens rien du tout.* J'ai répété cette phrase dans ma tête jusqu'à ce que les trois filles reprennent leur discussion.

Centimètre par centimètre, je me suis redressée un peu pour les surveiller.

— Une vengeance ? a demandé la blonde d'une voix riche et mélodieuse.

— Oui, a répondu Raven. En fait, il y a...

Un coup de vent a secoué les branches et le bruissement des feuilles m'a empêchée d'entendre la suite. Elles parlaient si bas que je devais me concentrer de toutes mes forces pour saisir leurs paroles.

— La magye noire, a dit Raven, et Bree lui a lancé un drôle de regard.

— ... pour qu'une personne cesse d'en aimer une autre.

Leurs propos ne me parvenaient que par bribes. C'était l'inconnue qui avait parlé en dernier. À côté des auras de Raven et de Bree, la sienne brillait d'une lumière pure qui s'élevait vers le ciel comme une épée brandie dans la pénombre du cimetière.

— Leur coven... notre nouveau groupe... une fille très puissante... Cal... Le samedi soir, à différents endroits...

La conversation n'en finissait pas, et j'étais de plus en plus frustrée de ne pouvoir en entendre davantage. Le soleil allait bientôt se coucher, et je commençais vraiment à avoir froid. Je n'y comprenais rien. Elles avaient mentionné le nom de Cal, et je supposais que la « fille très puissante », c'était moi. Mais qu'est-ce qu'elles manigançaient ? Il fallait que j'en parle à Cal.

Mais je ne pouvais pas partir maintenant, elles me verraient à coup sûr. J'ai dû attendre qu'elles se séparent enfin, quarante minutes plus tard. Je ne sentais plus mes jambes, mes fesses étaient gelées et mon visage me faisait un mal de chien. Avant de me lever, j'ai attendu que le bruit de la voiture de Raven disparaisse au loin.

En regagnant Das Boot, j'ai eu l'impression que quelqu'un m'observait, mais, quand j'ai pivoté, je n'ai vu personne. Je me suis dépêchée de monter dans ma voiture et de fermer la portière.

Mes mains étaient si engourdies, si raides qu'il m'a fallu un instant pour insérer la clef dans le démarreur. J'ai allumé les phares et fait demi-tour. J'avais peur et j'étais agacée. Je me sentais complètement idiote et naïve d'avoir pu penser que Bree et moi, on pourrait se réconcilier. Que manigançaient-elles : elles n'allaient quand même pas se tourner vers la magye noire pour se venger de moi et de Cal ?

En arrivant, j'ai pris une douche brûlante pour me réchauffer et j'ai appelé mon muìrn beatha dàn pour lui donner rendez-vous le lendemain après les cours, sous le grand saule.

18. Désir

20 septembre 1983

Ce soir, Angus et moi sommes d'humeur taciturne. Si nous avions été à la maison et si rien n'avait changé, nous nous préparerions à fêter le temps de la récolte.

L'été a été radieux : il a fait chaud et tout était calme. Les longues journées et les nuits emplies des coassements des grenouilles et du chant des criquets ont fait notre bonheur. Mon jardin est magnifique, maintenant, et j'en suis très fière. Le soleil, la terre et la pluie ont fait leur œuvre, sans besoin de ma magye.

La petite chatte se porte à merveille. Elle chasse les souris et arrive même à attraper des sauterelles.

Au travail, je m'ennuie souvent, mais je fais avec. De son côté, Angus apprend à faire des choses merveilleuses avec le bois. Nous ne roulons pas sur l'or, mais, au moins, nous sommes à l'abri.

M.R.

— J'imagine que tu te demandes pourquoi je t'ai donné rendez-vous ici, ai-je dit à Cal lorsqu'il s'est installé sur le siège passager de ma voiture.

— Parce que tu es folle de mon corps ?

J'ai ri et je l'ai pris dans mes bras pendant qu'il essayait de trouver un endroit de mon visage qu'il pouvait embrasser sans me faire mal.

— Essaie là, lui ai-je conseillé en tapotant mes lèvres doucement.

Il a effleuré ma bouche avec une délicatesse extrême.

— Dis, Morgan, on serait pas mieux à l'arrière ?

J'ai hoché la tête. La banquette de Das Boot était énorme et moelleuse. On s'est allongés confortablement et Cal m'a demandé comment je me sentais. Je l'ai aussitôt rassuré : son arnica avait fait des merveilles. Je m'apprêtais à lui raconter ce que j'avais vu la veille, mais le moment semblait mal choisi. On était si bien, là, tous les deux ! J'ai préféré garder le silence et me laisser aller contre lui.

— C'est agréable ? m'a-t-il demandé en me caressant le dos.

— Mmmm, ai-je ronronné tout en glissant ma main sur son torse.

Au bout de quelques secondes, j'ai défait le premier bouton de sa chemise. Il a poussé un petit soupir et s'est tourné vers moi. Puis il m'a embrassée, toujours aussi délicatement.

Soudain, j'ai été saisie par une sensation inattendue : la chaleur de sa peau contre la mienne. Sa chemise et son tee-shirt s'étaient un peu relevés, si bien que nos ventres se frôlaient. Quel délice ! J'ai enroulé ma jambe autour de sa hanche.

En me pressant un peu plus contre lui, je n'arrêtais pas de penser : *C'est lui, l'homme de ma vie. Mon muìrn beatha dàn. Nous sommes faits l'un pour l'autre. C'était écrit.*

Il s'est penché vers mon oreille pour chuchoter :

— Est-ce que je suis le premier ?

— Oui, ai-je murmuré, et j'ai senti qu'il souriait dans mon cou. Mais moi, je ne suis pas la première, pour toi.

— Non. Ça t'embête ?

— Est-ce que tu as couché avec Bree ? ai-je marmonné malgré moi en regrettant aussitôt mes paroles.

— Bree ? Pourquoi… pourquoi tu me poses cette question ?

— Parce que c'est ce qu'elle a dit.

— Et tu la crois ?

J'ai haussé les épaules, m'enjoignant de ne pas paniquer.

— J'en sais rien. Elle est vraiment canon et, d'habitude, elle obtient toujours ce qu'elle veut. Alors, je ne serais pas surprise si…

— Je ne suis pas du genre à parler de ça, j'estime que ça doit rester entre ceux qui sont concernés.

J'ai cru que mon cœur allait s'arrêter.

— Mais je ne veux pas qu'il y ait de malentendu entre nous. C'est vrai, Bree m'a bien fait comprendre qu'elle en avait envie. Mais, comme je n'étais pas libre, il ne s'est rien passé.

— Comment ça, tu n'étais pas libre ?

— Je t'avais déjà repérée ! a-t-il lancé en riant et en me caressant les cheveux.

— Et t'as craqué pour mes pouvoirs…

Mais qu'est-ce qui me prenait tout à coup ? J'allais tout gâcher, si je continuais…

— Qu'est-ce que tu veux dire ?

— C'est Raven et Bree… Elles disent que tu n'es avec moi que pour mes pouvoirs hors du commun, même pour une sorcière.

— Et toi, tu le penses aussi ?

— J'en sais rien…

Je me haïssais d'avoir entamé cette conversation… Il s'est tu un instant, pensif.

— Je ne sais pas quoi te dire, Morgan. Bien sûr, tu es une sorcière de sang et tes pouvoirs incroyables m'ont attiré vers toi. L'idée qu'on puisse faire de la magye ensemble, que je t'enseigne ce que je sais est… irrésistible. Mais… je pense aussi que tu es très belle. Et sexy. Et je ne peux plus m'imaginer sans toi. Je ne comprends même pas pourquoi tu me sors tout ça alors que je t'ai dit que tu étais ma muìrn beatha dàn.

Je suis restée muette ; j'aurais voulu disparaître dans un trou de souris.

— Morgan, je peux te demander une faveur ?

— Bien sûr, ai-je répondu, redoutant ce qu'il allait dire.

— Oublie ce que les gens disent autour de toi.

— Promis, je vais essayer.

— Je peux t'en demander une autre ? Tu veux bien m'embrasser ? Ça commençait à devenir intéressant.

J'avais envie de rire et de pleurer en même temps. Je me suis penchée vers lui et l'ai embrassé, pendant qu'il me serrait fort tout contre lui. Il a passé les mains sous mes vêtements pour caresser ma peau nue et ses doigts ont rencontré la petite marque de naissance que j'avais sur le flanc, juste sous le bras. Avec sa forme allongée et pointue, elle ressemblait à une dague. En y repensant, on pouvait même la comparer à un athamé !

— Je l'ai depuis que je suis née.

— Je l'aime déjà, a-t-il déclaré en suivant le contour du bout des doigts. Elle fait partie de toi.

Puis il m'a embrassée de nouveau et j'ai été envahie par une vague d'émotion indescriptible.

— Pense à la magye, m'a-t-il ordonné. La magye est une émotion forte, comme ce qu'on éprouve en ce moment. Essaie de les superposer.

Au début, je ne comprenais rien à ce qu'il me disait, puis tout m'est apparu clairement. Nos bouches unies, nos respirations cadencées, nos esprits à l'unisson, mes mains sur sa peau, les siennes sur la mienne, on aurait presque dit un cercle magyque, au moment où l'énergie nous entoure et attend d'être absorbée.

À cet instant, un courant magyque tourbillonnait autour de nous et nous enveloppait en son sein. Mon tee-shirt s'est relevé et ma poitrine s'est collée à son torse, et nous nous serrions si fort que, lorsque nous nous sommes embrassés une nouvelle fois, de la magye a crépité dans l'air. Chacun de mes mots serait un sortilège. Chacune de mes pensées, une directive magyque. Il me suffisait de demander, et j'obtiendrais.

C'était une sensation absolument indescriptible, merveilleuse et stimulante.

Lorsque nous avons repris notre souffle, je me suis rendu compte que la nuit était tombée. Un coup d'œil à ma montre m'a appris que j'étais en retard pour le dîner.

J'ai rajusté mon tee-shirt en grommelant.

— Déjà ? s'est exclamé Cal tout en reboutonnant sa chemise.

— Malheureusement oui, il faut que j'y aille.

Alors que je m'apprêtais à ouvrir la portière, il m'a attirée en arrière pour m'asseoir sur ses genoux.

— Tu as senti toute cette magye, Morgan ? m'a-t-il demandé en m'embrassant la joue. C'était incroyable !

J'ai ri, encore grisée par l'impression d'être toute-puissante. On s'est donné rendez-vous le lendemain au lycée, puis il est retourné à sa voiture.

Bien plus tard ce soir-là, alors que j'allais m'endormir, je me suis souvenue que je ne lui avais même pas parlé de la sorcière blonde.

Le jeudi matin, le parking était plein et j'ai dû me garer derrière Breezy, la très chic voiture de Bree. Je me suis dit que Das Boot n'aurait aucun mal à l'écrabouiller, et cette pensée mesquine – si peu digne d'une sorcière de sang – m'a arraché un sourire.

Mary K. a aperçu Bakker qui tournait en rond devant le bâtiment scientifique et s'est écriée :

— Regarde, il est là !

— Mary K., je te rappelle qu'il a voulu te faire du mal.

— Je sais, je sais, a-t-elle répondu sans le lâcher des yeux. Mais il est vraiment désolé.

— Tu ne peux pas lui faire confiance ! ai-je lancé alors qu'elle était déjà descendue de voiture et qu'elle se dirigeait vers ses copines.

Je marchais vers notre lieu de rendez-vous habituel quand j'ai entendu des pas derrière moi.

— Salut, Morgan.

En me retournant, j'ai vu que Raven et Bree allaient dans la même direction que moi. Mais je n'ai rien répondu.

— Ta tronche va mieux, on dirait, a sifflé Raven. T'as utilisé un sort pour t'arranger ? Ah ! non, c'est vrai, t'as pas encore le droit !

J'ai continué à avancer en les maudissant de me suivre. Jenna et Matt nous ont aperçues les premiers. Puis Cal a croisé mon regard et m'a accueillie avec un petit sourire complice, que je lui ai rendu. Mais son expression s'est figée lorsqu'il a remarqué les deux autres.

— Bonjour, tout le monde, a lancé Jenna. Alors, Bree, comment ça va ?

— On ne peut mieux, a-t-elle répondu sur un ton sarcastique. Et toi ?

— Super bien. Je n'ai pas eu de crise d'asthme depuis une semaine ! a-t-elle répondu en jetant un œil dans ma direction.

— Salut, Bree !

C'était Seth Moore. Il venait vers nous de sa démarche souple, dans son baggy en accordéon sur les chevilles.

— Salut, beau gosse, a-t-elle lancé en minaudant. Alors, pourquoi tu ne m'as pas téléphoné hier soir ?

— Je savais pas que j'étais censé le faire. Tu sais quoi ? Je me rattraperai ce soir en t'appelant deux fois, a-t-il promis, l'air tout content qu'elle se montre si intéressée.

— Ça marche ! a-t-elle roucoulé. Je te préviens, je n'aime pas attendre…

— Arrête ton cinéma, Bree ! a coupé Robbie, sous les regards ébahis de tous les autres.

Soudain, je me suis rappelé la tête qu'il avait tirée lundi dans le gymnase.

— Pardon ? s'est-elle indignée.

— À quoi tu joues avec ce naze ? Seth, laisse tomber, c'est pas la peine de l'appeler. Elle sortira jamais avec toi.

— Pour qui tu te prends ? a grogné Seth. Son père ?

— Là, Robbie, tu dérailles ! a sifflé Bree. Je sors avec qui je veux ! T'es encore pire que Chris !

Quand la sonnerie a retenti, Robbie a haussé les épaules avant de partir. Comparé à Seth, il avait l'air super baraqué. Bree l'a regardé s'éloigner sans comprendre, puis elle s'est tournée vers moi et j'ai eu l'impression que tout était soudain redevenu comme avant, que l'on pouvait se dire mille choses d'un simple coup d'œil. Mais elle est partie avec Raven, qui s'est mise à ricaner. Du coup, Seth est resté tout seul, comme un imbécile.

19. Sky et Hunter

11 mars 1984

Nous avons conçu un enfant. Ce n'était pas notre intention, mais c'est arrivé quand même. Voilà deux semaines que j'essaie de trouver le courage de me faire avorter pour que cet enfant ne souffre jamais comme nous avons souffert. Mais j'en suis incapable. Les forces me manquent. Le bébé grandit en moi et il verra le jour en novembre.

Ce sera une fille. Une sorcière. Mais je ne lui apprendrai pas notre art. La magye ne fait plus partie de ma vie et il en ira de même pour mon enfant. Nous l'appellerons Morgan, comme la mère d'Angus. C'est un nom puissant.

M.R.

Vendredi soir, Sharon est passée me prendre : on avait rendez-vous chez Cal avant d'aller au cinéma avec Jenna, Matt et Ethan. Comme Ethan était assis à côté d'elle sur le siège passager, je me suis installée à l'arrière.

Ils ont passé tout le trajet à s'envoyer des vannes et je me suis demandé quand ils allaient enfin se décider à sortir ensemble.

Malgré la conduite acrobatique de Sharon, on est arrivés chez Cal en un seul morceau. La voiture de Matt était déjà là, ainsi qu'une douzaine d'autres véhicules.

— La mère de Cal doit organiser un cercle, a déclaré Sharon.

Je n'avais pas revu Selene depuis le jour où elle m'avait aidée à apaiser mes peurs, et je voulais en profiter pour la remercier une nouvelle fois.

Quand Cal nous a ouvert la porte, il m'a embrassée et nous a guidés vers la cuisine. Matt avait déjà un verre à la main et Jenna était en train de téléphoner au cinéma. Elle a raccroché et nous a dit que le film commençait à huit heures et quart. On devait donc partir vers sept heures quarante-cinq.

— Bon, ça nous laisse un peu de temps, a dit Cal. Vous voulez boire quelque chose ? Par contre, je vous demanderai de ne pas faire trop de bruit car le coven de ma mère se réunit ce soir.

Je lui ai expliqué que je comptais remercier Selene pour son aide, et il m'a guidée vers le grand salon. Comme le cercle ne commençait pas avant dix heures, on pouvait entrer sans les déranger. La pièce était illuminée par une centaine de bougies au moins et un parfum d'encens flottait dans l'air. Autour de nous, des hommes et des femmes discutaient par petits groupes.

— Morgan, ma chérie, comme je suis contente de te voir !

C'était Alyce, de *Magye Pratique*, qui était venue à ma rencontre. Elle portait une longue robe violette et elle avait détaché ses cheveux argentés, qui tombaient en cascade sur ses épaules.

— Bonjour, ai-je murmuré.

J'avais oublié qu'elle était membre de Starlocket, tout comme David, le vendeur qui me rendait nerveuse. Quand j'ai aperçu ce dernier à l'autre bout de la salle, il m'a souri, et je me suis forcée à faire de même.

— Comment ça va ? m'a demandé Alyce, et je savais que ce n'était pas seulement par politesse.

— Comme ci, comme ça.

Elle a hoché la tête, à croire qu'elle me comprenait parfaitement.

Cal, qui avait lâché ma main pour un instant, est alors revenu avec sa mère. Elle aussi portait une robe longue, mais la sienne était d'un rouge vif parsemé de lunes, d'étoiles et de soleils dorés. L'effet était saisissant.

— Bonjour, Morgan, m'a-t-elle saluée de sa voix suave.

Elle m'a pris les mains et fait la bise. Cette démonstration d'affection m'a flattée. Puis elle a posé une main sur ma joue et plongé ses yeux dans les miens. Au bout de quelques secondes, elle a hoché la tête.

— Ça a été difficile, a-t-elle murmuré, et je crains que le pire ne soit à venir. Mais tu es très forte…

— C'est vrai, ai-je répondu en me surprenant moi-même. Je suis très forte.

Selene m'a observée un moment, puis elle nous a souri, à tous les deux. Apparemment, elle approuvait notre relation. Cal a souri lui aussi et m'a pris la main.

Sa mère a parcouru la foule des yeux, puis elle a dit :

— Cal, je voudrais te présenter quelqu'un.

J'ai suivi son regard et j'ai failli sauter au plafond en apercevant la sorcière blonde du cimetière. J'allais parler lorsque la main de Cal s'est crispée dans la mienne. Je me suis tournée vers lui et son expression m'a presque brisé le cœur : il avait l'air… d'un prédateur observant sa proie. J'ai soudain eu l'impression de ne pas le connaître vraiment.

Nous nous sommes approchés d'elle et Selene a fait les présentations :

— Sky, voici mon fils, Cal.

Ils se sont salués sans se quitter du regard. Je la haïssais, elle et ses yeux noirs sans fond. J'avais l'estomac noué et j'aurais voulu me jeter sur elle, lui griffer le visage et lui arracher les yeux. Puis Cal a pivoté vers moi et m'a présentée comme sa petite amie, ce qui m'a vaguement rassurée.

— Bonjour, Morgan, a-t-elle dit de sa belle voix mélodieuse où perçait son accent britannique.

Bizarrement, j'ai eu envie de l'entendre chanter, réciter des incantations et jeter des sorts. Ce pour quoi je l'ai haïe encore plus.

— Selene m'a beaucoup parlé de toi, j'ai hâte qu'on fasse connaissance.

« Tu peux toujours courir, blondasse. » Enfin, ça, c'est ce que j'aurais voulu lui répondre. Mais je me suis forcée à grimacer un sourire.

— Cal, je crois que tu as déjà rencontré Hunter.

La personne qui se trouvait derrière elle s'est retournée et j'en ai eu le souffle coupé. Si on pouvait dire que Sky était lumineuse, Hunter, lui, ressemblait carrément à un rayon de soleil. Des cheveux dorés très clairs encadraient un visage pâle, des petites taches de son recouvraient son nez et ses joues, et ses grands yeux étaient d'un vert limpide. Sa beauté ne pouvait qu'attirer l'attention, mais je ne pouvais m'empêcher de le haïr lui aussi.

— Oui, on se connaît, a répondu Cal d'un ton sec.

— Salut, a dit Hunter avant de se tourner vers moi. Et toi, tu es... ?

J'ai deviné à son accent que lui aussi était anglais. Je n'ai pas répondu.

— Morgan, a précisé Sky. La copine de Cal.

Je suis restée silencieuse tandis que Hunter me dévisageait comme s'il cherchait à voir mon squelette. Je n'avais plus qu'une envie, partir loin de ces deux-là.

— Cal, ai-je réussi à articuler. Il faut qu'on y aille, tu sais.

C'était faux, il nous restait au moins une demi-heure, mais je n'en pouvais plus.

On les a salués puis, au moment où nous franchissions la porte de la pièce, Selene a rappelé Cal. Je suis partie l'attendre dans le couloir, l'esprit torturé par des images de lui et de Sky enlacés. Quelle nulle ! La jalousie ne servait à rien et n'apportait que des ennuis. Mais c'était plus fort que moi.

Je me voyais mal retrouver les autres dans cet état, alors je suis passée par la salle d'eau du rez-de-chaussée pour me rafraîchir le visage et boire un peu.

Qu'est-ce qui m'arrivait ? Je n'avais jamais réagi aussi violemment face à quelqu'un. Au bout de quelques minutes, je me suis sentie apte à regagner la cuisine. Je me suis engagée dans le couloir, mais j'ai entendu les voix de Sky et de Hunter venir dans ma direction.

Je me suis tapie contre le mur, comme si je pouvais me fondre dedans. Soudain, un clic a retenti et je suis tombée en arrière.

J'ai réussi à retrouver mon équilibre et, quand j'ai vu où je me trouvais, je suis restée bouche bée. Je venais d'ouvrir une porte dérobée !

Tandis que les voix se rapprochaient, je suis entrée dans la pièce et j'ai refermé la porte tout doucement. Une poignée bien visible m'assurait que je pourrais sortir facilement. J'ai plaqué l'oreille contre le bois. Ouf ! leurs voix s'éloignaient. Même en me concentrant, je n'ai pas réussi à saisir ce qu'ils se disaient. Pourquoi est-ce qu'ils me faisaient un tel effet ? Pourquoi avais-je si peur ?

Je me suis retournée et là, incroyable, j'ai vu que j'étais dans le bureau de Selene ! Dans une chambre secrète ! En face de la fenêtre, une table de banquet était couverte de mortiers et de pilons de toutes tailles et de petits chaudrons. Un canapé en cuir massif occupait le centre de la pièce, près d'un bureau ancien où trônaient un ordinateur et une imprimante. Mais, ce qui m'a laissée sans voix, ce sont les étagères de chêne qui recouvraient tous les murs, du sol au plafond. Des étagères remplies de livres !

Comme la petite lampe du bureau était allumée, je me suis approchée des rayonnages pour déchiffrer quelques titres, et j'ai soudain complètement oublié que mes amis m'attendaient pour aller au cinéma.

20. La bibliothèque secrète

9 septembre 1984

Je sens mon bébé bouger tout le temps, maintenant. C'est la sensation la plus magyque qui soit. Je sais que ses pouvoirs seront immenses.

Angus veut absolument qu'on se marie pour que notre enfant porte son nom, mais une part de moi se révolte à cette idée. Je l'aime, mais je sens une distance entre nous. Ici, tout le monde pense que nous sommes déjà mariés, et pour moi c'est suffisant.

M.R.

P-S : Angus vient de rentrer. Il a trouvé un sceau magyque sur la palissade. Déesse, quel malheur nous a suivis jusqu'ici ?

Selene avait la collection de livres la plus incroyable qui soit. Si j'avais pu faire un vœu, j'aurais souhaité qu'on m'enferme ici jusqu'à la fin de mes jours, et j'aurais passé ma vie à lire et à apprendre. Les étagères montaient si haut qu'il y avait des escabeaux pour les atteindre, des escabeaux sur rails, comme dans les bibliothèques.

Dans la lumière tamisée qu'offrait la petite lampe, j'observais le dos des ouvrages. Certains ne portaient pas de titre, d'autres étaient si anciens que les lettres s'étaient effacées et d'autres encore présentaient des caractères dorés ou argentés. J'en ai aperçu quelques-uns dont les titres avaient été écrits au marqueur. Une ou deux fois, j'ai même vu des lettres apparaître seulement quand je les regardais de près : elles brillaient doucement, comme des hologrammes, puis disparaissaient.

Je savais que je ne devais pas m'attarder là. C'était un endroit privé, le bureau secret de Selene. Mais, tant que j'y étais, je pouvais quand même jeter un œil, non ?

Il nous restait près d'une demi-heure avant de partir au cinéma. D'ici là, personne ne remarquerait mon absence… Je pourrais toujours dire que j'étais aux toilettes !

L'atmosphère était imprégnée de magye, j'en absorbais à chaque respiration. Tous ces livres ne parlaient que de sorcellerie. Ici se trouvait une étagère qui ne contenait que des recueils de recettes : de potions, de plats magyques, de repas appropriés aux différents sabbats. Là, une autre était remplie d'ouvrages sur l'élaboration des sorts et les rituels. J'aurais voulu pouvoir les lire tous, surtout les plus anciens, avec leurs pages jaunies.

Devant ce trésor de connaissances, j'ai pensé aux Rowanwand, qui étaient réputés pour conserver en lieu sûr leur savoir et leurs secrets. Selene était peut-être des leurs. Cal m'avait dit qu'ils ne savaient pas de quel clan ils descendaient, mais cette bibliothèque pouvait constituer un indice. Est-ce que Selene accepterait de me prêter ses précieux livres ?

Le rayonnage suivant était consacré aux « Arts noirs », aux « Utilisations de la magye noire » et aux « Sortilèges maudits ». Un ouvrage était même intitulé *Convoquer les esprits*. Le simple fait de posséder de tels livres me semblait dangereux, et je me demandais pourquoi Selene les gardait chez elle. J'ai frissonné, et je me suis dit que j'aurais vraiment intérêt à m'en aller.

J'étais décidée à partir de là lorsque j'ai aperçu une vitrine dont les étagères en verre étaient éclairées par-dessous. Des coupelles en marbre regorgeaient de cristaux et de pierres de toutes les tailles et de toutes les couleurs. J'ai vu des pierres de sang, des œils-de-tigre, des lapis-lazulis et des turquoises. Il y avait même des pierres précieuses, joliment taillées et mises en valeur dans la vitrine.

Dire que Selene pouvait entrer là tous les jours, voir ces merveilles et disposer de tout ce dont elle avait besoin pour ses sorts ! Soudain, j'ai compris ce que j'allais faire de ma vie : travailler et travailler encore pour devenir une sorcière aussi puissante que possible. Mes parents avaient toujours rêvé que je devienne chercheuse, mais je n'y avais jamais vraiment cru moi-même. Ma quête de savoir allait simplement prendre une autre forme.

Je n'arrivais pas à m'arracher à cette pièce. Encore cinq minutes ! Tiens, c'est là qu'elle gardait les ouvrages sur les différents covens. Rangée après rangée, les Livres des Ombres occupaient une bonne partie du mur. Au hasard, j'en ai pris un et l'ai ouvert, redoutant qu'un éclair ne vienne soudain me frapper.

Le volume était lourd et ancien, ses pages jaunies menaçaient de tomber en poussière sous mes doigts. Certains passages dataient de 1502 ! Mais l'écriture était indéchiffrable, alors je l'ai rangé.

Je me suis enfin décidée à rejoindre les autres. Il fallait que je trouve une excuse pour expliquer mon absence. Me croiraient-ils si je leur disais que je m'étais perdue ?

En longeant les rayonnages vers la porte, je me suis cogné le pied dans un escabeau. Sur un coup de tête, j'ai décidé de grimper dessus. En hauteur, l'odeur de poussière, de vieux cuir et de papier en décomposition était plus forte. Accrochée aux étagères, je me suis penchée pour lire quelques titres : *Les Covens dans la Rome antique*, *Théories de Stonehenge*, *Les Rowanwand et les Woodbane : de la préhistoire à nos jours.*

Alors que je faisais courir mes doigts sur leurs dos en essayant de déchiffrer les titres effacés, j'ai soudain senti des picotements. Chaque fois que je passais ma main devant un petit livre rouge sans titre, le phénomène se répétait. Le sourire jusqu'aux oreilles, je l'ai sorti et je suis redescendue pour avoir plus de lumière.

Je me suis installée au bureau et j'ai ouvert le livre sous la lampe, à la page de titre. *Belwicket.*

Mon sang n'a fait qu'un tour. Belwicket ! Le coven de ma vraie mère !

À la page suivante, j'ai lu cette inscription :

Je lègue ce livre à Bradhadair, mon petit lutin incandescent, ma fée du feu, pour son quatorzième anniversaire. Te voilà membre de Belwicket.
Ta Mathair qui t'aime.

Je n'arrivais pas à y croire. Bradhadair. C'était le nom de sorcière de ma mère. Alyce me l'avait dit. Et je tenais entre mes mains son Livre des Ombres. Comment était-ce possible ? Je croyais qu'il avait disparu !

Les mains tremblantes, je l'ai feuilleté en m'arrêtant ici ou là pour lire quelques passages : « Tout Ballynigel s'est réuni pour fêter Beltane. » « J'étais trop vieille pour danser autour du mât de cérémonie, mais les plus jeunes ont tourné autour et c'était très mignon. J'ai aperçu Angus près des vélos, il m'observait, comme toujours. J'ai fait mine de ne pas le voir. Je n'ai que quatorze ans et lui en a seize. Ensuite, le banquet était super et maman a dirigé un cercle près des falaises. Tout le monde en a bien profité. – Bradhadair. »

Vers la fin, elle ne signait plus de son nom de sorcière, mais avec des initiales : M.R.

C'étaient mes initiales. Mais aussi celles de Maeve Riordan.

La pièce a commencé à virevolter autour de moi et j'ai cru que j'allais m'évanouir. Je me suis laissée tomber dans le fauteuil de Selene, qui a grincé sous mon poids. Je me suis concentrée sur ma respiration pour me calmer.

Mille pensées tourbillonnaient dans ma tête : j'avais trouvé le Livre des Ombres de Maeve Riordan. Ma vraie mère. Ce livre m'avait attirée à lui, comme s'il m'appelait et voulait que je le trouve. Mais comment avait-il atterri dans la bibliothèque de Selene ?

Je me suis ressaisie et j'ai poursuivi ma lecture. Au fil des pages, Maeve se transformait : l'adolescente émerveillée par la magye devenait une adulte qui découvrait l'amour puis l'horreur. À vingt-deux ans, elle avait tout perdu et attendait un bébé qu'elle n'avait pas souhaité. Moi.

J'en avais les larmes aux yeux. Ce livre m'appartenait. À l'évidence, je repartirais avec. Mais je me demandais comment Selene l'avait récupéré et pourquoi elle ne m'en avait jamais parlé alors qu'elle connaissait mon histoire. Elle aurait dû me le donner aussitôt. Je refusais de croire qu'elle ait pu oublier qu'elle le possédait.

Je tenais entre mes mains le secret de mes racines, de mon histoire et de celle de ma vraie famille. Grâce à lui, j'allais trouver toutes les réponses à mes questions.

En regardant ma montre, j'ai vu qu'il était huit heures moins le quart. Mince, j'étais restée là trop longtemps, les autres devaient me chercher.

J'étais sur le point de me lever lorsque…

— Morgan !

La porte de la chambre secrète venait de s'ouvrir. Cal et sa mère se tenaient là et m'observaient, la mine sombre. J'étais prise sur le fait, assise au bureau de Selene, un livre ouvert devant moi.

Je n'avais aucun droit d'être là.

PARTIE 3

Sorcière de sang

1. Révélations

Le 4 mai 1978

Aujourd'hui, pour la première fois, j'ai aidé maman à tracer un cercle de protection autour de Belwicket. Un jour, mon tour viendra d'être grande prêtresse. On vient déjà me demander des sortilèges et des potions alors que je n'ai que seize ans ! Maman, qui est la sorcière la plus puissante de Belwicket, pense que j'ai hérité de la vision des Riordan, et de leur pouvoir, comme ma grand-mère. Et qu'un jour ma propre puissance dépassera la sienne.

Et tout ça pour quoi ? Soigner des moutons et fertiliser des champs ? La belle affaire.

Trop de questions se bousculent dans ma tête. Pourquoi est-ce que j'aurais un tel pouvoir ? Moi, je serais capable de soulever des montagnes ? Je n'y comprends rien. D'après le Livre des Ombres de ma grand-mère, notre magye ne doit être utilisée qu'ici, au village, loin de l'agitation des grandes villes. Je ne sais pas si c'est vrai... Je devrais faire confiance à la Déesse, elle a peut-être besoin de moi. Mais pour accomplir quoi ?

Bradhadair

Bradhadair, « la flammèche » en gaélique. Pendant un instant, ce mot a voleté devant mes yeux comme un insecte noir.

Comment aurais-je pu résister ? Depuis que j'avais découvert la vérité – que j'avais été adoptée, que ma vraie mère, une puissante sorcière, avait été brûlée vive –, mille questions me tourmentaient. Et je venais de mettre la main sur son Livre des Ombres, le journal intime dans lequel elle notait ses sortilèges, ses pensées et ses rêves. Dans ces pages, j'étais certaine de trouver les réponses qui me manquaient. J'avais beau me sentir coupable, inconsciemment, j'ai serré le livre un peu plus fort.

— Morgan, a repris Cal, qu'est-ce que tu fais là ? Je t'ai cherchée partout.

— Je suis désolée, ai-je répondu sans savoir comment me tirer d'affaire. En fait…

— Les autres sont partis au ciné. Je leur ai dit qu'on les rattraperait, mais maintenant c'est trop tard.

— Je suis vraiment désolée, je voulais juste…

La mère de Cal s'est avancée d'un pas et, pour la première fois, j'ai vu son beau visage, si semblable à celui de son fils, se crisper.

— Morgan, ici, c'est mon sanctuaire. Personne à part moi n'a le droit d'y pénétrer.

J'étais morte de peur. Malgré sa voix posée, je sentais sa colère contenue. Je me suis levée et j'ai refermé le livre.

— Je… je sais que je ne devrais pas être là et je ne voulais pas me montrer indiscrète. Je me suis cognée contre la porte et elle s'est ouverte toute seule. C'est la vérité. Et, quand j'ai vu tous ces livres, je n'ai pas pu m'empêcher d'entrer. C'est la bibliothèque la plus incroyable que j'aie jamais…

J'ai été incapable de finir ma phrase. Selene et Cal m'observaient. Leurs visages ne trahissaient aucune émotion, ce qui me rendait encore plus nerveuse. Si je ne leur avais pas menti, je n'avais pas tout dit non plus. Je m'étais retrouvée là en essayant d'éviter Sky et Hunter. Je ne savais pas pourquoi, mais les deux invités de Selene venus d'Angleterre me flanquaient une peur bleue.

Voilà, j'étais arrivée dans la bibliothèque par hasard et je n'avais donc rien à me reprocher. Et puis, moi aussi, j'attendais une explication.

— Et vous, comment se fait-il que vous ayez le Livre des Ombres de Maeve Riordan ? ai-je lancé. Pourquoi vous ne m'en avez pas parlé ? Vous ne vous êtes pas dit que ça pourrait m'intéresser ?

Cal, l'air surpris, s'est tourné vers sa mère. Avant de répondre, Selene a refermé la porte de la chambre secrète.

— Je sais bien que tu cherches des informations sur ta mère, a-t-elle expliqué d'une voix plus calme. As-tu trouvé quelque chose de déroutant dans ce journal ?

— « Déroutant » ? Non, pas vraiment. Mais je n'ai lu que quelques pages…

— Morgan, un Livre des Ombres est un objet très personnel. On peut y découvrir des secrets, des vérités étonnantes. Je ne voulais pas t'en parler tout de suite parce que je sais ce qu'il contient et que je n'étais pas sûre que tu sois prête. Et, aujourd'hui encore, je pense qu'il est trop tôt.

Peu à peu, la colère a remplacé la culpabilité et la nervosité.

— Ce n'est pas à vous d'en décider, ai-je rétorqué. C'était quand même ma mère ! Son Livre des Ombres me revient, à moi. C'est la règle. D'ailleurs, comment l'avez-vous récupéré ?

— Par hasard, a répondu Selene, un sourire fugace sur les lèvres. Mais, bien sûr, la plupart des sorcières ne croient pas au hasard. Pour tout te dire, je collectionne les Livres des Ombres et, comme tu as pu le remarquer, les ouvrages qui traitent de sorcellerie en général. Les Livres des Ombres me fascinent car, grâce à eux, on entrevoit le côté humain de notre art. Ces journaux et ces comptes rendus d'expériences en disent long sur leurs auteurs. J'en ai plus de deux cents, maintenant, et celui de ta mère n'est que l'un d'eux.

Peu convaincue par ses explications, j'ai attendu en vain qu'elle développe. Elle commençait vraiment à m'énerver. Comment pouvait-elle ne pas comprendre que, pour moi, le livre de Maeve n'était pas n'importe quel Livre des Ombres ? J'enrageais à l'idée qu'elle s'était permis de lire le journal de ma mère. À ce moment-là, Cal est venu vers moi et a posé la main sur mon épaule, comme pour me dire qu'il était de mon côté. Qu'il me comprenait.

— Où l'avez-vous trouvé exactement ? ai-je repris, déterminée à en apprendre davantage.

— Chez un libraire de Manhattan, il y a dix ou onze ans. Je l'ai acheté sans l'ouvrir, et j'ai découvert plus tard qu'il appartenait jadis à la jeune sorcière qui avait péri dans les flammes, non loin d'ici. C'est un Livre des Ombres spécial, tu sais.

— Je vais l'emporter chez moi, ai-je déclaré, surprise par ma propre audace.

Long silence. Mon cœur s'est remis à palpiter. Je m'étonnais moi-même : depuis quand avais-je autant de culot ? Je ne m'étais jamais opposée à la mère de Cal. D'ailleurs, je tenais rarement tête aux adultes... Pourtant, là, je défiais une puissante sorcière !

Le regard de Cal allait et venait entre elle et moi.

— Évidemment, ma chérie, a-t-elle fini par dire. Il est à toi.

Ouf ! J'avais eu chaud.

— Dès que Cal m'a raconté ton histoire, j'ai su que je te le donnerais... un jour. Quand tu l'auras fini, n'hésite pas à venir me voir si tu as des questions ou des soucis.

— Merci, ai-je marmonné avant de me tourner vers Cal. En fait, j'ai surtout envie de rentrer chez moi, maintenant.

— Pas de problème, m'a-t-il répondu. Je te ramène.

Selene s'est écartée pour nous laisser passer, cependant, elle n'est pas sortie du bureau. Elle voulait sûrement vérifier que je n'avais touché à rien d'autre. Je la comprenais, sans regretter mon geste : à présent, je possédais le journal de ma mère. L'histoire de sa vie, écrite de sa propre main. Quels que soient les mystères qu'il contenait, je savais que j'étais prête à les découvrir. Il le fallait.

Dehors, le vent d'automne a plaqué mes cheveux sur mon visage. Je les ai dégagés d'un geste, puis je suis montée dans la voiture de Cal, le Livre des Ombres coincé sous mon manteau, tout contre moi.

Cal a pivoté vers moi et m'a caressé la joue : sa main était chaude contre ma peau transie.

— Ça va ? m'a-t-il demandé.

J'ai hoché la tête, sans en être vraiment certaine. Sa tendresse n'y changeait rien : je n'arrêtais pas de penser à ce livre mystérieux, et la scène avec sa mère m'avait chamboulée.

— Je suis vraiment entrée par hasard, ai-je répété tandis qu'il s'engageait sur la route. Je n'essayais pas de fouiner dans les affaires de ta mère.

— En réalité, la porte est fermée par un sort, m'a-t-il expliqué, l'air pensif. Quand je veux prendre un bouquin dans la bibliothèque, je dois demander la permission à ma mère, comme un gosse. Je n'ai jamais réussi à entrer par moi-même. Et, tu peux me croire, ce n'est pas faute d'avoir essayé.

Son sourire a scintillé dans la nuit.

— C'est dingue ! ai-je lancé. Je ne l'avais même pas vue, cette porte, elle s'est dérobée d'un coup et j'ai failli me retrouver par terre !

Cal n'a pas émis de commentaire. Soit il se concentrait sur la route, soit il réfléchissait. Il devait se demander si je m'étais servie de mes pouvoirs, mais je n'avais vraiment rien fait. Ou alors, malgré moi. C'était peut-être le destin : il fallait que j'entre dans ce bureau pour trouver le livre de ma mère. C'était écrit.

J'avais hâte d'arriver et de me replonger dans ma lecture. Sans savoir pourquoi, j'ai soudain pensé à Sky et Hunter. D'entrée de jeu, tout chez ces deux-là m'avait énervée : leurs regards perçants, le snobisme de leurs manières, la façon dont ils nous observaient, Cal et moi.

Je n'arrivais pas à comprendre pourquoi ils me semblaient si importants. Je ne les connaissais même pas. J'avais déjà vu Sky une fois au cimetière, quelques jours plus tôt, avec Raven et Bree. Mais Hunter… Impossible de dire ce qui me déplaisait chez lui. Lorsque Cal s'est arrêté devant chez moi, j'y pensais encore.

— Tes parents sont là ?

J'ai fait oui de la tête.

— Ça va aller ? Tu veux que je reste un peu ?

— Non, c'est bon, lui ai-je répondu, même si j'étais contente qu'il le propose.

— Comme tu veux. En tout cas, je serai chez moi toute la soirée, alors n'hésite pas à m'appeler.

Avant de nous séparer, nous nous sommes embrassés longuement. La douceur de l'instant a chassé pour quelques secondes la confusion et les doutes qui m'assaillaient. À contrecœur, j'ai fini par sortir de la voiture.

— Merci, Cal. Je t'appellerai.

— Ça marche.

Il m'a souri et a attendu que je sois rentrée pour partir.

— Salut, tout le monde, ai-je lancé en pénétrant dans la maison.

Mes parents regardaient un film dans le salon.

— Déjà ? a fait ma mère, les yeux levés vers la pendule.

— Ben ouais, on a raté la séance. Bon, si vous me cherchez, je suis en haut.

Une fois dans ma chambre, j'ai laissé tomber mon manteau par terre et me suis affalée sur mon lit. J'ai sorti un magazine, *Scientific American,* pour cacher le Livre des Ombres si mes parents ou ma sœur ouvraient soudain la porte. Nous étions parvenus à une espèce de trêve fragile et je ne voulais pas tout gâcher. Je ne voulais pas les blesser.

Les mains tremblantes, j'ai ouvert le livre de ma mère et repris ma lecture.

2. Sur la route

Je ne sais plus quoi penser. Je suis tellement sous pression que ma tête est sur le point d'exploser. Jusqu'à présent, j'étais toujours en accord avec ce qu'on attendait de moi. Maintenant, j'hésite. Qui aurait pu imaginer que le petit bourgeon dissimulait une orchidée à la beauté bouleversante, une fleur naissante qui implore qu'on la cueille ?

J'ai des scrupules. Je sais qu'il le faut, que c'est nécessaire, inévitable. Et je sais aussi que je le ferai, mais ils me harcèlent, ils me pressent. Rien ne se passe comme prévu. Il me faut davantage de temps pour l'attacher à moi, pour que nous fusionnions mentalement et émotionnellement afin qu'elle voie les choses par mes yeux. L'idée de m'unir à elle me réjouit, désormais. Je parie que la Déesse se rit de moi.

Question magye, j'ai trouvé une nouvelle interprétation d'Hellorus : en s'asseyant sous un chêne, il serait possible d'infléchir la volonté d'Eolh. J'essaierai bientôt.

Sgàth

Samedi matin, le réveil a été pour le moins difficile. Forcément, j'avais lu jusqu'à l'aube. Jusque-là, je n'avais rien trouvé de « déroutant », contrairement à ce que m'avait laissé entendre Selene. Les pages étaient couvertes de mots gaéliques imprononçables, et de tonnes de sorts et de recettes. Pas de quoi fouetter un chat. Je savais que mes vrais parents, Maeve Riordan et Angus Bramson, avaient été assassinés peu après leur arrivée aux États-Unis, brûlés vifs. Ce que j'ignorais, c'était pourquoi. Ce livre allait peut-être m'aider à le découvrir. Je prenais mon temps pour le lire, car je voulais en savourer chaque mot.

Quand je suis descendue à la cuisine pour grignoter un peu, le téléphone a sonné. J'ai tout de suite pensé à Cal, et j'ai senti une vague de bonheur m'envahir.

— Allô ? a fait Mary K. en décrochant dans l'autre pièce. Oh ! salut. Ouais, elle est là, je te la passe.

Elle m'a tendu le combiné en articulant silencieusement : « C'est Cal ! »

Je le savais. Depuis que j'avais découvert la Wicca, depuis que j'avais fait la connaissance de Cal, j'avais toujours réussi à deviner qui appelait.

— Salut, ai-je murmuré.

— Comment vas-tu ? Je parie que tu as passé la nuit à lire !

Il me connaissait bien…

— C'est vrai. D'ailleurs, je voudrais t'en parler.

La présence de ma mère et de Mary K. me mettait mal à l'aise, enfin, surtout celle de ma sœur : les mains plaquées sur sa poitrine, elle mimait des battements de cœur. J'ai fait la grimace.

— Super ! s'est-il exclamé. Avec plaisir. Tu veux qu'on aille à *Magye Pratique* cet après-midi ?

— Bonne idée.

Ma grimace s'est muée en sourire ravi. Je sortais enfin de la brume du sommeil.

— Je passe te chercher à une heure et demie ?

— D'accord, à tout à l'heure.

Quand j'ai raccroché, ma mère m'a regardée par-dessus son journal.

— Quoi ? ai-je demandé, un peu gênée malgré le grand sourire qui illuminait mon visage.

— Tout va bien avec Cal ?

— Oh ! oui, ai-je répondu en sentant le feu me monter aux joues.

J'avais du mal à parler de Cal à mes parents. Avant, je leur racontais toujours tout, mais la magye était un aspect de ma vie qu'ils auraient préféré ne jamais connaître, et c'est Cal qui m'y avait initiée. Du coup, ces derniers temps, une sorte de mur s'était dressé entre nous.

— Il a l'air sympa, a dit maman gentiment pour m'amadouer et me soutirer des informations. Et il est très joli garçon.

— Euh… ouais, il est vraiment gentil. Bon, faut que j'aille me doucher, ai-je soufflé en quittant la pièce.

Une demi-heure plus tard, j'étais sortie faire des courses avec Mary K.

— OK, pour commencer, un bon café, m'a indiqué ma sœur en glissant dans sa poche la liste que ma mère nous avait donnée.

J'ai manœuvré ma vieille voiture aux allures de sous-marin dans le parking du centre commercial, et nous nous sommes laissé guider par les odeurs de café et de pâtisserie venant du *coffee shop*. Les yeux sur la carte, j'hésitais entre un grand *café latte* et la sélection du jour. Mary K. louchait sur la vitrine, vers les énormes cookies maison. J'ai jeté un œil au contenu de mon porte-monnaie.

— Prends-en un si tu veux, ai-je suggéré. C'est ma tournée. J'en prendrai un aussi.

En voyant son grand sourire, j'ai été de nouveau frappée par son physique de femme. Certaines filles de quatorze ans sont un peu dégingandées : elles n'ont pas fini leur croissance et conservent un petit côté enfantin. Ce n'était pas le cas de Mary K. De plus, elle était mûre et avait la tête sur les épaules. Pour la première fois depuis longtemps, je me suis dit que j'avais de la chance qu'elle soit ma sœur, même si le sang qui coulait dans nos veines n'était pas le même.

Soudain, la porte de la boutique s'est ouverte à la volée et Bakker Blackburn est entré. Mon sang s'est figé. Mary K. a levé les yeux vers lui, puis s'est détournée rapidement.

— Salut, Mary K., salut, Morgan, a marmonné Bakker en évitant mon regard.

Il devait me haïr. La semaine précédente, je l'avais chassé de la maison en lui envoyant une boule de feu bleue. Il me prenait sûrement pour une extraterrestre. Je ne savais toujours pas comment j'avais pu faire une chose pareille. Mes pouvoirs me surprenaient chaque jour.

Mary K. l'a salué d'un signe de la tête. Manifestement, elle ne savait pas quoi dire.

— On ferait mieux d'y aller, ai-je lancé en me dirigeant vers la sortie.

Elle a acquiescé, mais a pris tout son temps pour me suivre. Elle voulait peut-être donner à Bakker une chance de lui parler. Ce qui n'a pas loupé.

— Mary K., a-t-il gémi en s'approchant.

Elle l'a regardé un instant avant de me rattraper vite fait, sans lui répondre. J'étais soulagée. Je savais qu'il rampait à ses pieds depuis l'incident, et je voyais bien qu'elle était en train de céder. Comme je ne voulais pas la pousser vers lui en lui disant franchement ce que je pensais de ce mec, je me suis forcée à me taire. Mais je me suis promis qu'au premier dérapage je raconterais tout à mes parents, à ses parents à lui et à tous ceux que je connaissais.

C'est ça, et après Mary K. m'en voudrait sûrement jusqu'à la fin de mes jours, ai-je pensé en montant dans la voiture.

En comparaison, ma propre vie sentimentale était idyllique. Je n'ai pas pu m'empêcher de sourire. Est-ce que Cal était mon âme sœur ? Lui, en tout cas, en était persuadé. Cette idée me faisait frissonner de plaisir.

Au supermarché, on a empilé les paquets de gâteaux et de chips. Au rayon boissons, j'ai chargé le Caddie de canettes de Coca light. Bizarrement, j'ai pensé à Bree et à toutes les fois où on avait dévoré des boîtes de gâteaux au ciné ou bien la nuit, quand nous allions dormir chez l'une ou l'autre et qu'on se racontait tous nos secrets.

Bree. Mon ex-meilleure amie...

Ma gorge s'est nouée. Je n'arrivais toujours pas à m'y habituer. Ces derniers temps, j'aurais donné n'importe quoi pour pouvoir lui parler. Elle ne savait même pas que j'avais été adoptée. À ses yeux, j'étais toujours la fille des Rowlands, comme Mary K.

Pour rentrer, ma sœur a proposé de faire un détour par les collines.

— C'est plus long, mais le paysage en vaut la peine, m'a-t-elle expliqué, comme si je l'ignorais.

Moi aussi, je préférais passer par là : les collines alternaient avec les virages en épingle à cheveux, et parfois on apercevait même des chevaux. La route, qui était couverte de feuilles mortes, ressemblait à un tapis aux mille couleurs.

Soudain, j'ai aperçu deux voitures qui me semblaient familières rangées sur le bas-côté : la Jeep blanche de Matt et la vieille Peugeot noire de Raven.

— Ça alors... ai-je murmuré.

— Qu'est-ce qu'il y a ? a demandé ma sœur tout en tripotant le bouton de l'autoradio.

— Tu as vu les voitures ? C'étaient celles de Matt et de Raven.

— Et alors ?

— Ils se connaissent à peine, ai-je répondu en haussant les épaules. J'aimerais bien savoir ce qui les amène ici.

— Hé, ils ont peut-être tué quelqu'un, alors maintenant ils enterrent le corps...

— Très drôle. Ça m'étonne, c'est tout. Matt sort avec Jenna, et Raven...

J'ai gardé la suite pour moi : Raven s'en fichait bien qu'un mec soit déjà pris. Quand elle en voulait un, elle faisait tout pour l'avoir, puis le jetait comme un vieux mouchoir usagé.

— Ils ont peut-être sympathisé pendant vos séances Wicca...

Elle avait dit ça tout en vérifiant son maquillage dans le miroir du pare-soleil, comme pour éviter de me regarder. Elle m'avait déjà fait comprendre tout le bien qu'elle pensait de ces « séances Wicca », comme elle disait.

— Sauf que Raven ne fait plus partie de notre coven, lui ai-je appris. Elle et Bree en ont formé un autre de leur côté.

— C'est parce que Bree et toi vous ne vous parlez plus ? a-t-elle voulu savoir sans se détourner du miroir.

Je me suis mordu la lèvre. Si je n'avais pas vraiment expliqué à ma famille ce qui s'était passé entre Bree, Cal et moi, ils avaient remarqué que je ne la voyais plus et qu'elle n'appelait plus dix fois par jour. J'avais vaguement expliqué qu'elle avait un nouveau copain, et personne ne m'avait demandé des détails. Jusqu'à aujourd'hui.

— Oui, c'est en partie pour ça, ai-je concédé en soupirant. Elle croyait qu'elle était amoureuse de Cal alors qu'elle ne le connaissait même pas. Mais lui, c'est avec moi qu'il voulait sortir, depuis le début. Du coup, elle m'a envoyée paître. Enfin, c'est compliqué.

— Et toi, entre Cal et elle, tu as choisi Cal.

— Pas du tout, je croyais qu'on pourrait quand même rester amies... Tu penses que je n'aurais pas dû sortir avec Cal simplement parce que Bree s'intéressait à lui ?

Je serrais le volant si fort que mes jointures ont blanchi.

— Non... J'ai un peu de peine pour Bree, c'est tout. À l'arrivée, elle a tout perdu : toi et Cal.

— Tu parles, elle se comporte comme une vraie garce avec moi, ai-je marmonné, oubliant soudain à quel point elle me manquait. Alors, ça m'étonnerait qu'elle ait le cœur brisé.

— Peut-être que c'est sa manière d'exprimer sa tristesse, a répondu Mary K. en regardant les arbres nus défiler. Si t'étais ma meilleure amie depuis douze ans et que tu me laissais soudain tomber pour un mec que tu connais à peine, je t'assure que moi aussi je pourrais me comporter comme une garce.

Je me suis tue. Qu'elle se mêle de ses affaires ! Qu'est-ce qu'elle pouvait bien en savoir, à quatorze ans ? En plus, depuis son histoire avec Bakker, elle était mal placée pour me juger.

Pourtant, au plus profond de moi, j'ai songé que si j'étais agacée, c'était peut-être parce qu'elle avait raison.

3. Woodbane

Litha, 1998

À cette période de l'année, je me sens toujours triste. Triste et en colère. C'était pour Beltane qu'on avait formé notre dernier cercle, mes parents et moi. À l'époque, j'avais huit ans, Linden, mon frère, en avait six et Alwyn, ma sœur, quatre. Je me souviens de nous trois, assis en compagnie des autres enfants du coven. La chaleur du mois de mai tentait de s'imposer, de chasser le froid mordant d'avril. Autour du mât de cérémonie, les adultes riaient et buvaient du vin tandis que nous dansions en agitant nos rubans pastel pour invoquer la magye. C'était il y a huit ans.

J'avais senti la magye en moi, en toute chose. J'étais tellement impatient que devoir attendre d'avoir quatorze ans pour me faire initier me paraissait un supplice. Je me souviens du coucher de soleil, des reflets flamboyants dans les cheveux de maman. Papa la serrait dans ses bras, ils s'embrassaient. L'air crépitait de vie, tout resplendissait de lumière, d'extase et de bonheur.

Et sept semaines plus tard, juste avant Litha, maman était partie, papa aussi, tous deux disparus sans laisser de traces, sans un mot, même pour nous, leurs enfants. Ma vie en a été bouleversée. Mon âme s'est tordue, s'est recroquevillée sur elle-même.

Aujourd'hui, j'ai seize ans. Me voilà sorcier, et presque adulte. Pourtant, au plus profond de moi, mon âme est toujours aussi torturée. Même si depuis j'ai appris la vérité, je suis toujours en colère, peut-être plus que jamais. En sera-t-il ainsi éternellement ? Seule la Déesse peut le dire.

Giomanach

Après le déjeuner, alors que j'étais dans ma chambre en train de me tresser les cheveux, j'ai su que Cal arrivait. Et j'ai souri. Je me suis concentrée pour déployer mes sens et j'ai repéré mes parents dans le salon, ma sœur dans la salle de bains et Cal qui s'apprêtait à appuyer sur la sonnette. Je me suis précipitée en bas, mais ma mère a été plus rapide que moi et a ouvert la porte.

— Bonjour, Cal.

Elle l'avait déjà rencontré une fois, lorsqu'il était venu me voir quand Bree m'avait cassé le nez en m'envoyant un ballon de volley en pleine figure. Je savais qu'elle en profitait pour l'inspecter sous toutes les coutures.

— Bonjour, madame Rowlands, a répondu Cal. Est-ce que Morgan… Oh, la voilà !

Nos regards se sont croisés et nous nous sommes souri comme des idiots. Je ne pouvais pas cacher à quel point j'étais contente de le voir, pas même à ma mère.

— À plus tard tout le monde, ai-je lancé avant de me précipiter vers la voiture de Cal.

— Toujours partante pour aller à *Magye Pratique* ? s'est-il enquis en démarrant.

— Bien sûr !

Dès que la maison a été loin dans le rétro, Cal s'est arrêté sur le côté de la route et m'a prise dans ses bras pour m'embrasser.

— Ça va ? m'a-t-il demandé ensuite. Tu as découvert quelque chose dans le Livre des Ombres ?

— Pas encore… Ta mère n'est pas fâchée que je l'aie pris ?

— Pas du tout. Elle sait qu'il te revient. D'ailleurs, elle aurait dû t'en parler avant. Qu'est-ce que tu veux, elle a l'habitude de tout contrôler. En tant que grande prêtresse, elle a toujours aidé les autres à résoudre leurs problèmes. Du coup, elle veut parfois faire le bien des gens malgré eux.

— Je comprends. Je pense juste que, là, ce n'était pas son affaire.

Un éclair de surprise a illuminé les yeux de Cal.

— T'es drôle, Morgan. D'habitude, tout le monde admire ma mère pour son pouvoir et sa puissance. Les gens lui déballent leurs soucis et veulent se rapprocher d'elle le plus possible. C'est rare que quelqu'un s'oppose à elle.

— Oh ! je l'aime beaucoup quand même, ta mère, ai-je répliqué, de peur d'avoir été trop dure. En fait, je…

— T'inquiète pas, m'a-t-il coupée. Ça change. Tu veux agir comme tu l'entends et tu ne te laisses pas faire. Tu sais, tu n'en es que plus intéressante.

Je n'ai pas su quoi répondre, et je me suis sentie rougir.

— J'adore tes cheveux, a-t-il murmuré en entortillant ma longue natte entre ses doigts. Tu as une chevelure de sorcière.

Il m'a adressé un petit sourire en coin et a redémarré.

Je devais ressembler à une tomate, mais je me sentais bien, heureuse et forte. Dehors, les nuages s'étaient assombris et avançaient dans le ciel comme des limaces grisâtres. Le temps qu'on arrive à Red Kill, de gros flocons de neige fondue s'étaient mis à tomber et avaient tout recouvert d'une pellicule poisseuse.

— Cal, il y a quelque chose que je voulais te dire : l'autre jour, j'ai suivi Bree après les cours. J'avais l'intention de m'expliquer avec elle une bonne fois pour toutes.

— Ah bon ?

— Oui et, au lieu de ça, j'ai découvert qu'elle et Raven avaient rendez-vous avec Sky.

— Avec Sky ?

— Ouais, la sorcière blonde que j'ai croisée hier soir chez ta mère.

Celle qui est si belle, ai-je ajouté intérieurement, un peu jalouse. Même si je savais que Cal m'aimait, qu'il m'avait choisie moi et aucune autre, je manquais encore de confiance en moi. Surtout devant des jolies filles. Lui était si beau, avec ses yeux dorés et son corps parfait, alors que moi, j'étais si… si peu parfaite.

— Enfin bref, j'ai vu Sky avec Bree et Raven. Je parie que c'est elle, la sorcière de sang de leur coven.

Il n'a pas répondu tout de suite, comme s'il réfléchissait à cent à l'heure.

— Oui, c'est bien possible, a-t-il finalement admis.

— Sky, elle est… maléfique ? lui ai-je demandé, ne sachant pas si c'était le bon mot. J'ai l'impression que tu ne l'aimes pas et que tu n'aimes pas Hunter non plus. Est-ce qu'ils sont… euh… du côté obscur ?

J'avais eu du mal à finir ma phrase : dit comme ça, ça semblait ridicule.

Cal a éclaté de rire.

— Le côté obscur ? Tu regardes trop la télé, Morgan ! La Wicca n'a pas de mauvais côté. C'est comme un grand cercle qui englobe tout ce qui est magyque. Toi, moi, le monde entier, Hunter, Sky… absolument tout. Nous sommes tous liés.

J'étais perplexe. Comment pouvait-il affirmer une chose pareille alors qu'il les avait fusillés du regard ?

— Pourtant, hier soir, j'ai bien senti que vous vous détestiez, ai-je insisté.

Il a haussé les épaules et s'est engagé dans la rue principale de Red Kill pour chercher une place. Après quelques minutes de silence, il a fini par m'expliquer :

— Parfois, on rencontre des gens qu'on ne supporte pas, c'est tout. Je connais Hunter depuis plusieurs années et on ne s'entend pas.

Il a ri, comme si ce n'était guère important.

— Je n'y peux rien, Morgan, tout m'énerve chez ce mec, et c'est réciproque. C'est comme ça, même si ça peut te paraître puéril. Il ne m'inspire pas confiance.

Cal s'est garé et a coupé le moteur.

— Et cette histoire de grand cercle, alors ? Comment peut-il t'énerver autant si nous sommes tous liés ? ai-je insisté.

— C'est juste que… a-t-il commencé avant de secouer la tête. Laisse tomber. Parlons d'autre chose.

Il est sorti de voiture et s'est élancé sous la neige. J'allais l'interpeller, puis je me suis ravisée. Pourtant, cette conversation me paraissait importante. Hunter et Sky m'avaient tous deux fait un drôle d'effet, et je n'arrivais toujours pas à savoir pourquoi. Enfin, si Cal ne voulait plus en parler, il fallait que je l'accepte. Moi aussi, il y avait des sujets que je préférais ne pas aborder avec lui. Je me suis dépêchée de le rattraper.

— C'est vraiment dommage que tu ne possèdes rien d'autre de ta mère, a déclaré Cal tandis qu'on se dirigeait vers la boutique, nos cols remontés pour nous protéger du froid. Comme les outils de son coven : l'athamé, la baguette ou même la tunique qu'elle portait. Ce serait formidable si tu pouvais les retrouver.

— J'aimerais bien, mais j'imagine que tous ces objets ont disparu depuis longtemps.

Cal a poussé la lourde porte en verre de *Magye Pratique*. Une vague d'air chaud chargé d'encens a déferlé sur nous. Nous avons tapé des pieds pour retirer la neige de nos chaussures et j'ai enlevé mes gants. J'ai souri tout en commençant à inspecter les titres des livres sur les rayonnages. J'adorais cet endroit. J'aurais pu y passer la journée. J'ai jeté un œil vers Cal, qui lui aussi était plongé dans les bouquins.

Alyce et David parlaient à des clients dans l'arrière-salle. Mes yeux sont allés directement de David – qui avait des cheveux courts et grisonnants, un visage juvénile et des yeux perçants – vers Alyce. Je m'étais sentie proche d'elle dès le premier jour. C'est elle qui m'avait raconté l'histoire tragique de ma vraie mère.

— Tu l'as lu, celui-là ? m'a demandé Cal, m'interrompant dans mes pensées.

Il me tendait un livre intitulé *Jardins magyques.*

— Ma mère l'a et elle s'en sert tout le temps, m'a-t-il appris.

— Ah bon ?

Intriguée, je lui ai pris le livre des mains. Je ne me souvenais pas de l'avoir vu dans la bibliothèque de Selene. Ce qui ne voulait rien dire : elle comptait tant de livres ! En le feuilletant, j'ai constaté qu'il expliquait comment organiser un jardin aromatique pour que les propriétés des plantes médicinales et autres plantes à sortilèges se développent au mieux.

— Oh ! Cal, c'est incroyable, c'est exactement ça que je cherch…

Je n'ai pas fini ma phrase, car je suis tombée sur le dernier chapitre : « Sorts contre les ennemis ». J'en ai eu froid dans le dos. Qu'est-ce que ça signifiait ? Est-ce que la magye des plantes pouvait être utilisée à mauvais escient ? Cela me semblait presque un sacrilège. À moins qu'une sorcière ne doive connaître leurs propriétés nocives pour ne pas faire d'erreurs… Cette connaissance participait sans doute du grand cercle de la Wicca que Cal venait de mentionner.

Doucement, Cal m'a repris le livre et l'a coincé sous son bras.

— Je te l'offre, m'a-t-il déclaré en m'embrassant. Disons que c'est un cadeau de pré-anniversaire.

J'ai acquiescé, et le plaisir a chassé toutes mes préoccupations. J'aurais dix-sept ans dans huit jours. J'étais surprise et contente que Cal y pense déjà.

Nous n'étions jamais venus ensemble à *Magye Pratique*. Je l'ai suivi dans le magasin, et il m'a fait découvrir des trésors cachés. D'abord, nous avons regardé les bougies : il m'a expliqué que chaque couleur véhiculait des propriétés particulières et m'a indiqué les bougies correspondant aux rituels. Tous ces noms tournoyaient dans mon esprit, il y avait tant à apprendre ! Puis nous avons examiné des petites coupes dont les sorciers se servent pour recueillir du sel ou d'autres substances, comme l'eau ou l'encens. Cal m'a dit que, lorsqu'il vivait en Californie, Selene et lui avaient passé tout un été à puiser de l'eau de mer et à la laisser s'évaporer pour en récolter le sel. Ils en avaient tant obtenu qu'ils avaient pu l'utiliser pour purifier leurs cercles pendant presque une année.

Ensuite, il m'a montré des cloches de cuivre qui facilitent la formation de champs d'énergie pendant les cercles, de la ficelle, du fil et de l'encre chargés de magye. Des objets ordinaires que la magye avait transformés. *Comme moi*, ai-je pensé. Cette idée m'a fait rire. La magye était partout. Une sorcière vraiment puissante pouvait se servir de n'importe quoi pour renforcer la portée d'un sort. J'avais entrevu ces possibilités par le passé, mais, avec Cal près de moi, qui me dévoilait les choses sous leur jour véritable, la magye me semblait plus réelle, plus accessible et bien plus palpitante que jamais.

Et il y avait des livres dans tous les coins : à propos des runes, de la façon dont la position des étoiles influençait les sortilèges, de la magye médicinale, de la manière d'augmenter son pouvoir. Cal m'en a montré plusieurs qu'il me conseillait de lire. Comme il les avait chez lui, il m'a dit qu'il me les prêterait.

— Tu as déjà pensé à acheter une robe de cérémonie ? m'a-t-il soudain demandé en me désignant sur une tringle une robe en soie d'un bleu profond qui chatoyait comme un cours d'eau.

J'ai fait non de la tête.

— Je pense qu'à partir d'Imbolc, ce serait mieux que tout le monde en porte une pendant les cercles, a-t-il déclaré. J'en parlerai aux autres. Elles favorisent la magye : elles sont conçues pour ça et ne sont pas chargées des mauvaises vibrations de la vie quotidienne. En plus, elles sont confortables et pratiques.

J'ai acquiescé, caressant le tissu de différents modèles. Le choix était impressionnant. Il y en avait des unies, des peintes à la main ou décorées de symboles et de runes magyques. Elles avaient beau être toutes magnifiques, je n'ai pas eu de coup de cœur. Tant pis, Imbolc n'arriverait qu'à la fin du mois de janvier, j'avais largement le temps d'en trouver une.

— Et toi, tu en as une ?

— Bien sûr, je la porte pendant les cercles de ma mère ou quand je médite seul. Elle est blanche, en lin très épais. Je l'ai depuis des années. J'aimerais bien la porter tout le temps, mais je ne suis pas sûr que les habitants de Widow's Vale apprécieraient le spectacle.

Je l'ai imaginé entrant dans un supermarché en longue robe blanche, et j'ai ri.

— Dans certaines lignées, les robes de cérémonie se transmettent de génération en génération, comme les outils magyques. On peut aussi les tisser et les coudre soi-même. C'est comme tout : plus on consacre ses pensées et son énergie à créer quelque chose, plus cet objet se charge en énergie magyque et plus il peut nous aider à nous concentrer lorsqu'on jette un sort.

Cal a soudain traversé l'allée pour attraper un article en haut d'une étagère. Un athamé : une dague cérémonielle de vingt-cinq centimètres environ. La lame en argent était tellement polie qu'elle pouvait servir de miroir. Des roses avaient été gravées sur le manche et la garde était ornée d'un crâne.

— Il est magnifique, non ? a murmuré Cal.

— Pourquoi il y a un crâne dessus ?

— Pour nous rappeler que, dans la vie, la mort est inévitable, m'a-t-il répondu doucement en faisant tourner la dague entre ses doigts. Il n'y a pas de lumière sans ténèbres, pas de joie sans peine, pas de rose sans épines.

Il a prononcé ces paroles d'un ton solennel, comme s'il était plongé dans ses pensées. J'ai frissonné, et il a levé les yeux vers moi.

— Peut-être qu'une petite veinarde l'aura pour son anniversaire.

J'ai haussé les sourcils, pleine d'espoir, et il a ri.

Comme il se faisait tard, nous nous sommes dirigés vers la caisse. Cal a acheté des bougies vertes, de l'encens et le livre sur les plantes qu'il voulait m'offrir. J'ai senti le regard d'Alyce se poser sur moi.

— Et toi, alors ? Tu n'as rien trouvé ? m'a-t-elle demandé gentiment.

— Non, pas aujourd'hui.

Elle a jeté un œil vers Cal.

— Je crois que j'ai quelque chose pour toi, a-t-elle lâché avant de se diriger vers les livres.

Elle se déplaçait avec une grâce surprenante pour une femme de son gabarit. Cal m'a lancé un regard interrogateur. J'ai haussé les épaules tandis qu'Alyce revenait vers le comptoir, ses jupes parme froufroutant autour de sa petite silhouette ronde. Elle m'a tendu un livre à la couverture marron unie.

— *Les Woodbane : histoire et mythe,* ai-je lu à voix haute.

Ce titre m'a donné la chair de poule. C'était un des Sept Clans anciens, le clan maudit, célèbre pour sa quête de pouvoir à tout prix. Ses membres étaient maléfiques. Je ne comprenais pas où Alyce voulait en venir.

— Pourquoi est-ce que je devrais lire ça ?

— Parce que c'est un livre intéressant, qui dément beaucoup des histoires qu'on raconte sur les Woodbane, m'a-t-elle expliqué en me regardant droit dans les yeux. Tous ceux qui étudient la sorcellerie devraient le lire.

Ne sachant quoi répondre, j'ai sorti mon porte-monnaie. Je faisais confiance à Alyce. Si elle me conseillait ce bouquin, je le lirais. Pourtant, je sentais que Cal s'était crispé à côté de moi. Il ne semblait pas contrarié, mais paraissait sur la défensive. Je lui ai passé le bras autour de la taille et il m'a souri.

Nous nous sommes dirigés vers la porte, moi avec mes deux livres sous le bras – un que j'avais envie de lire, un autre qui ne m'inspirait pas du tout. Pourtant, je comptais les lire tous les deux. Même si je n'étudiais la magye que depuis deux mois, j'avais déjà appris une chose : la médaille a toujours son revers. Je devais prendre le meilleur et le pire, l'excitant et l'effrayant. Les épines et la rose.

Lorsque Cal a poussé la porte, la clochette a retenti. Il s'est soudain figé sur place, si brusquement que je lui suis rentrée dedans.

— Oups, ai-je lâché en reprenant mon équilibre.

J'ai jeté un coup d'œil dehors et j'ai vu pourquoi il s'était arrêté soudainement.

Hunter Niall se trouvait là, dehors, allongé sous la voiture de Cal.

4. Sortilège

Litha, 1990

J'ai peur. Ce matin, des bruits de sanglots m'ont réveillé. Alwyn et Linden étaient dans ma chambre. Ils pleuraient parce qu'ils n'arrivaient pas à trouver maman et papa. Je me suis fâché et je leur ai dit qu'ils n'étaient plus des bébés et que maman et papa reviendraient bientôt. Je pensais qu'ils étaient partis faire des courses.

Maintenant, il fait nuit et nous sommes toujours seuls. Personne n'est venu nous voir, ni les voisins ni les membres du coven. Je suis allé chez Siobhan et chez Caradog Owen à Grasmere, pour leur demander s'ils savaient où étaient nos parents. Mais il n'y avait personne.

Ce n'est pas tout. En faisant mon lit, j'ai trouvé la lueg de papa sous mon oreiller – c'est sa pierre de divination. Comment a-t-elle atterri là ? Il la garde toujours à l'abri avec le reste de ses outils magyques. Il ne m'a jamais permis d'y toucher. J'ai un mauvais pressentiment...

Papa m'a souvent dit que, quand lui et maman ne sont pas là, c'est moi le chef de famille. Je dois alors veiller sur mon frère et ma sœur. Seulement, je ne suis pas un homme comme papa, je n'ai que huit ans. Et mon initiation n'aura lieu que dans plusieurs années ; qu'est-ce que je pourrais faire si on a des ennuis ?

Et s'il leur était arrivé quelque chose ? Ils ne nous ont jamais abandonnés comme ça. Est-ce qu'on les a enlevés ? Est-ce qu'ils sont retenus prisonniers quelque part ?

Il faudrait que je dorme, mais je n'y arrive pas. Alwyn et Linden n'ont qu'à dormir à ma place. Moi, je veillerai sur eux.

Déesse, fais qu'ils rentrent bientôt à la maison.

Gìomanach

Comme s'il nous avait sentis venir, Hunter s'est relevé rapidement. Ses yeux verts étaient gonflés et injectés de sang, et des flocons de neige parsemaient sa casquette en cuir. Que fichait-il là, sous la voiture ? Et, plus important encore, pourquoi me semblait-il si menaçant ? Je savais que je devais faire confiance à mon instinct de sorcière de sang.

— Qu'est-ce que tu fous là, Niall ? lui a lancé Cal.

Il avait parlé avec une voix grave et posée que je ne lui connaissais pas. Les poings sur les hanches, il serrait les mâchoires.

— J'admirais ta belle voiture américaine, lui a rétorqué Hunter avant d'éternuer et de sortir un mouchoir de sa poche.

Il avait l'air sacrément enrhumé. Je me suis demandé combien de temps il avait passé dehors, sous la neige.

Cal a examiné son Explorer de l'arrière vers l'avant, comme pour vérifier que tout était normal.

— Salut, Morgan, a murmuré Hunter. Je vois que tu as des fréquentations intéressantes. Alors comme ça, Cal t'apprend les secrets de la Wicca ? Bien sûr, lui-même garde ses petits secrets pour lui, pas vrai, Cal ?

— Dégage, Niall, a répliqué celui-ci.

— J'ai pas trop envie, en fait, a répondu Hunter comme si de rien n'était. Je pense que je vais rester dans le coin quelque temps. Qui sait, j'ai peut-être moi aussi deux ou trois trucs à apprendre à Morgan…

— Tu insinues quoi, là, exactement ? me suis-je indignée.

Hunter s'est contenté de hausser les épaules.

— Lâche-moi un peu, Hunter ! a enchaîné Cal.

Hunter a levé les mains en l'air en souriant, comme pour montrer qu'il n'était pas armé. Le regard de Cal allait et venait entre sa voiture et lui. Je ne l'avais jamais vu si énervé, si près de perdre son sang-froid : on aurait dit un tigre sur le point de bondir, et ça me faisait un peu peur.

— Il y a au moins une chose que tu dois savoir, Morgan, m'a dit Hunter. Cal n'est pas le seul sorcier de sang des environs. Il aime bien se la jouer, mais en réalité il ne vaut pas grand-chose.

Un jour, tu t'en rendras compte par toi-même. Et j'espère bien être là pour voir ça !

— Va te faire ! a grommelé Cal.

— Hé, me suis-je récriée, tu ne sais rien de moi, tu ne me connais pas du tout. Alors, ferme-la et fous-nous la paix.

Tandis que je me dirigeais d'un pas décidé vers la voiture, une décharge d'énergie m'a frappée à l'estomac au moment où je frôlais Hunter. Si forte que j'en ai eu le souffle coupé. J'ai paniqué, pensant qu'il m'avait jeté un sort, puis je me suis calmée aussitôt : c'était impossible, il n'avait prononcé aucune parole, n'avait pas esquissé le moindre geste.

— Cal ? On s'en va ! l'ai-je imploré.

Cal, qui avait pâli, fusillait toujours Hunter du regard, comme s'il voulait le tailler en pièces.

Hunter, qui luttait pour ne pas détourner les yeux, a baissé un instant sa garde, comme ébranlé. Puis, aussitôt, il a retrouvé son aplomb.

— Cal, s'il te plaît ! ai-je insisté.

Je savais qu'il m'était arrivé quelque chose. J'avais chaud, je me sentais bizarre et je n'avais qu'une envie : rentrer chez moi. Mon ton suppliant a dû l'inquiéter, car il a enfin lâché Hunter des yeux. Il est monté dans la voiture et m'a ouvert la portière côté passager.

Je me suis affalée sur le siège, le visage caché dans les mains.

— Au revoir, Morgan ! m'a lancé Hunter.

Tandis que Cal démarrait, j'ai jeté un œil en arrière. Hunter nous regardait partir avec une expression indéchiffrable. Était-ce… de la colère ? Non. Ce n'est qu'une fois arrivée devant chez moi que j'ai su. Il nous avait observés avec des yeux de prédateur.

5. Dagda

Beltane, 1992

J'ai envie de taper tout le monde, de cogner sur tout ce qui m'entoure. Je hais ma vie, je déteste vivre avec tonton Beck et tata Shelagh. Depuis que maman et papa ont disparu, il y a deux ans, rien n'est plus comme avant.

Aujourd'hui, Linden est tombé de l'échelle de tonton Beck et s'est écorché le genou. C'est moi qui ai dû nettoyer la plaie et lui faire un pansement, et lui, il n'a pas arrêté de pleurer. J'ai maudit papa et maman parce qu'ils nous ont abandonnés et parce que maintenant je dois faire leur boulot. Pourquoi sont-ils partis ? Et où ? Tonton Beck le sait, et il ne veut pas me le dire. Il pense que je ne suis pas prêt. D'après tata Shelagh, il fait ça pour mon bien. Mais je ne peux pas croire que c'est bien de ne pas savoir la vérité. Je déteste tonton Beck.

Quand j'ai fini le pansement de Linden, je lui ai fait une grimace et ça l'a fait rire malgré ses larmes. Ça m'a fait du bien de l'entendre rigoler. Un instant seulement. Le bonheur ne dure jamais, ça, je le sais maintenant. Linden aussi ferait mieux de s'y habituer.

Gìomanach

Ce soir-là, ma mère est montée me voir pendant que je m'habillais pour aller chez Jenna. On s'était donné rendez-vous chez elle pour former un cercle.

— Vous allez au ciné ? m'a-t-elle demandé en repliant mécaniquement les habits éparpillés sur mon lit.

— Non, pas ce soir, me suis-je contentée de répondre.

Je ne voulais pas m'étendre sur la question, car la Wicca était toujours un sujet tabou.

Je me suis tournée vers la glace, mais le résultat de mes efforts vestimentaires n'était pas concluant : comme d'habitude, je ressemblais à un sac à patates. J'ai appelé Mary K. à la rescousse. Avoir une sœur branchée, ça peut parfois servir.

— J'ai besoin de ton aide ! l'ai-je implorée quand elle est entrée dans la pièce.

Son doux regard brun m'a inspectée de haut en bas. Puis elle a secoué la tête, consternée.

— Enlève-moi tout ça.

J'ai obéi docilement, sous le regard amusé de notre mère.

Pendant que Mary K. farfouillait dans ma penderie, ma mère a essayé de me tirer les vers du nez :

— Tu vas chez Jenna, c'est ça ? Il y aura Bree ?

Je n'ai pas répondu tout de suite. Dans la même journée, ma mère et ma sœur m'avaient parlé de Bree. Ce n'était pas étonnant vu que, pendant des années, elle avait pratiquement fait partie de la famille. Cependant, moi, j'avais encore du mal à aborder le sujet.

— Je ne crois pas, lui ai-je finalement répondu. On se retrouve entre copains, c'est tout. Je ne suis jamais allée chez Jenna, tu te rends compte ?

J'essayais tant bien que mal de changer de sujet. À ce moment-là, Mary K. m'a envoyé un jean moulant avant de partir chercher la suite dans sa chambre. J'ai dû me tortiller dans tous les sens pour rentrer dedans.

— Ça fait longtemps qu'on n'a pas vu Bree à la maison.

Ma mère avait vraiment décidé de me faire parler. J'ai hoché la tête, consciente qu'elle ne me quittait pas du regard.

— Vous vous êtes disputées, c'est ça ? m'a-t-elle interrogée franchement.

— Plus ou moins, ai-je avoué en soupirant.

Je ne voulais pas en parler, pas ce soir. Mary K. est revenue en me tendant un pull en coton brodé que j'ai enfilé sur-le-champ.

Il m'allait comme un gant, à ma grande surprise. Je suis plus grande et plus mince que ma sœur, mais elle a hérité du tour de poitrine avantageux de notre mère. Enfin, de sa mère à elle... L'espace d'un instant, je me suis demandé si Maeve Riordan avait le même physique que moi.

— Vous vous être brouillées à cause de la Wicca ? Peut-être que Bree n'aime pas beaucoup ça...

Ma mère avait vraiment le chic pour mettre les pieds dans le plat !

— Non, maman, ça n'a rien à voir. En fait, Bree est partie dans un autre coven.

J'ai inspecté mon nouveau look dans la glace : c'était beaucoup mieux. Du coup, je me suis sentie de meilleure humeur.

— Si tu veux tout savoir, ai-je fini par avouer, c'est à cause de Cal. Elle s'intéressait à lui, et lui m'a choisie. Et maintenant, elle me déteste pour de bon.

Voilà qui lui a cloué le bec. Elle n'a rien répondu et Mary K. s'est contentée de fixer le sol d'un air gêné.

— C'est dommage, a fini par lâcher ma mère. C'est triste que des amies se disputent pour des garçons.

Elle a émis un petit rire doux, rassurant.

— La plupart du temps, ils n'en valent pas la peine ! a-t-elle conclu.

La gorge serrée, j'ai acquiescé. Je n'aimais pas qu'on parle de Bree, ça me faisait trop de peine. J'ai jeté un coup d'œil vers la pendule.

— Je sais, et j'aurais préféré qu'on reste amies. Bon, je suis en retard, il faut que j'y aille, ai-je déclaré, la voix tendue. Merci pour tout, Mary K.

J'ai déposé une bise sur la joue de ma mère et je me suis ruée dans l'escalier. Je suis partie si vite que j'ai fini d'enfiler mon manteau dehors, en frissonnant.

J'étais si impatiente d'arriver chez Jenna que j'ai bien vite oublié ma tristesse. Ce soir, on allait former un cercle !

Jenna habitait près de chez nous, dans une petite maison victorienne un peu défraîchie, quoique charmante. Le jardin n'avait pas vu de tondeuse à gazon depuis longtemps, la peinture s'écaillait et un des volets battait de l'aile.

J'avais à peine commencé à monter les marches du perron qu'un chat est venu se frotter contre ma jambe en ronronnant. J'ai sonné et Jenna m'a aussitôt ouvert, un grand sourire aux lèvres.

— Salut, Morgan ! m'a-t-elle lancé tout en regardant le chat qui se faufilait à l'intérieur. Hugo ! Je t'avais dit que ça caillait, dehors ! Tu ne m'as pas écoutée, et maintenant je parie que tu as les pattes gelées !

En entrant, j'ai constaté que Cal n'était pas encore arrivé. Ce qui ne m'a pas surprise : je n'avais pas vu sa voiture et je n'avais pas non plus senti sa présence. Robbie était en train d'examiner la chaîne hi-fi de Jenna, qui était pourvue d'un tourne-disque à l'ancienne. Près de la cheminée, des piles de vieux disques menaçaient de s'effondrer.

Je n'en revenais pas. Jenna était l'une des filles les plus populaires du lycée, l'une des plus branchées, comme Mary K., mais sa maison semblait tout droit sortie des années 1970. Les meubles avaient connu des jours meilleurs, les plantes envahissaient chaque rebord de fenêtre et le tout était recouvert d'une bonne couche de poussière et de poils de chat. *Et de chien*, me suis-je dit en voyant les deux bassets couchés dans un coin du salon. *Pas étonnant que Jenna soit asthmatique !*

— Tu veux du cidre ? m'a-t-elle demandé en me tendant une tasse chaude d'où montait un doux parfum épicé.

J'en ai bu une gorgée et la sonnerie a retenti de nouveau.

— Salut, tout le monde !

C'était Sharon. D'un haussement d'épaules, elle a ôté son épais manteau de cuir et l'a accroché sur la rampe de l'escalier.

— Hugo ! Pas touche à mon manteau ! s'est-elle écriée lorsque le chat a levé une de ses grosses pattes blanches.

Apparemment, elle connaissait déjà la maison.

Ethan est arrivé juste après elle. Il portait une veste kaki bien trop légère pour la saison.

Sharon lui a tendu une tasse de cidre chaud en lui disant d'un ton moqueur :

— Toi, il te manque le gène qui permet de s'habiller en fonction de la météo !

Il lui a répondu par un sourire de loup, l'air un peu défoncé même s'il ne fumait plus de joints. Elle lui a rendu son sourire. Quand est-ce que ces deux-là allaient se rendre compte qu'ils étaient faits l'un pour l'autre ? Ils en étaient encore au stade où on s'envoie des vannes de peur d'afficher ses sentiments…

Puis Cal est entré à son tour, ce qui m'a un peu remonté le moral. Je n'avais pas trop la pêche depuis qu'on avait vu Hunter à la sortie de *Magye Pratique*. En plus, en revenant, on ne s'était pratiquement pas adressé la parole dans la voiture. Heureusement, j'ai tout de suite vu dans ses yeux que lui aussi était content de me retrouver.

— Morgan, je peux te parler un instant ?

— Qu'est-ce qui se passe ?

Il s'est mis un peu à l'écart et a sorti de sa poche une petite pierre grise, ronde et lisse, de la taille d'une balle de ping-pong. Quelqu'un y avait tracé une rune à l'encre noire. J'ai reconnu Peorth, la rune des secrets révélés, pour l'avoir rencontrée plusieurs fois dans mes lectures.

— Je l'ai trouvée coincée dans les amortisseurs de ma voiture, a murmuré Cal.

— Tu crois que Hunter…

Je n'ai pas eu besoin d'aller au bout de ma question, Cal a acquiescé tout de suite.

— Qu'est-ce que ça veut dire ?

— Ça veut dire qu'il nous espionne comme une sale fouine, a-t-il marmonné avant de ranger la pierre dans sa poche. T'inquiète pas, c'est pas dangereux, ça prouve simplement qu'il n'est pas très puissant.

— Mais Cal…

— T'en fais pas, je t'assure, m'a-t-il coupée en m'offrant un sourire rassurant. D'ailleurs, je ne sais même pas pourquoi je t'ai montré la pierre. C'est rien. Promis.

Je l'ai observé pendant qu'il rejoignait les autres dans le salon. Il ne m'avait pas tout dit, et je n'avais pas besoin de mon instinct de sorcière pour le savoir. La rune de Hunter l'inquiétait, au moins un peu.

Que manigançait Hunter ? Que nous voulait-il ?

Il était déjà neuf heures, heure à laquelle on avait l'habitude de commencer. Au lieu de cela, on a bu du cidre pendant que Robbie passait des disques. J'ai essayé d'oublier cette histoire de rune. Je me suis soudain rendu compte que le seul qui manquait, c'était Matt, le copain de Jenna. Elle n'arrêtait pas de regarder la grosse horloge, et plus ça allait, plus elle semblait mal à l'aise.

— Bon, je vais commencer à tracer les cercles, a déclaré Cal en s'asseyant par terre. On laisse encore dix minutes à Matt.

— Je ne comprends pas, a gémi Jenna, ça ne lui ressemble pas d'être en retard. Je l'ai appelé sur son portable, mais je suis tombée sur le répondeur.

À ce moment-là, je me suis souvenue que, le matin même, j'avais vu la voiture de Matt garée près de celle de Raven. Je n'ai pas osé en parler aux autres.

— Qu'est-ce que tu fais ? ai-je demandé à Cal.

D'habitude, il traçait un simple cercle avec du sel. Une fois qu'on était tous à l'intérieur, il le refermait et le purifiait avec de la terre, de l'air, du feu et de l'eau. Ce soir, c'était différent. Tout le monde s'est approché pour l'observer. Il dessinait plusieurs cercles, les uns à l'intérieur des autres, sans les fermer complètement. Le plus grand occupait tout le parquet du salon de Jenna. Aux quatre points cardinaux, Cal a tracé une rune, à la fois par terre, à la craie, et du doigt, dans l'air : Mann, la rune de la communauté et de l'interdépendance ; Daeg, celle qui symbolise l'aube, l'éveil, la clarté ; Ur, la force ; et enfin Tyr, pour les batailles victorieuses. Cal a prononcé leurs noms tout en les dessinant, sans rien ajouter. Avant qu'on ait le temps de poser la moindre question, Matt a déboulé dans la maison, tout décoiffé et débraillé.

— Salut, tout le monde. Désolé pour le retard. Ma caisse est tombée en rade.

Il a enlevé son manteau en gardant les yeux rivés au sol. Visiblement inquiète, Jenna ne l'a pas quitté du regard. Lorsqu'il est venu voir ce que Cal faisait sans même la saluer, Jenna a paru troublée. Après un instant d'hésitation, elle a fini par le rejoindre. Quand elle lui a pris la main, il s'est contenté de lui sourire vaguement.

— OK. Tout le monde s'installe et ensuite je ferme les cercles, a indiqué Cal.

Je me suis placée entre Matt et Sharon. Pendant les cercles, j'essayais de ne jamais me mettre à côté de Cal : je savais par expérience que je ne pourrais pas contrôler l'afflux de pouvoir. Au moins, avec Matt et Sharon, je ne risquais rien.

— Ce soir, on se concentre sur les buts que l'on s'est fixés.

Il a donné un petit bol de sel à Ethan pour qu'il purifie le cercle, puis il a demandé à Jenna d'allumer l'encens, qui symbolisait l'air, et à Sharon de placer une goutte d'eau sur le front de chacun d'entre nous. Le feu de la cheminée nous servirait évidemment pour représenter cet élément. J'avais l'impression que ce cercle serait spécial.

— Pendant nos exercices de respiration, a repris Cal, je veux que vous vous concentriez sur votre objectif personnel. Essayez de le formuler simplement et d'être sincères. Et on oublie les trucs du genre « je veux une nouvelle voiture », d'accord ?

On s'est tous mis à rire.

— Pensez à ce qui compte pour vous et à la façon dont la Wicca peut vous aider à l'obtenir. Des questions ?

J'ai fait non de la tête. Il y avait tellement de choses que je voulais améliorer chez moi. J'aurais voulu être quelqu'un de confiant, de souriant, une personne ouverte, honnête et généreuse : la sorcière idéale, quoi ! J'aurais aimé oublier la colère, l'envie, la jalousie. J'ai soupiré. Il y avait du pain sur la planche.

— Allez, on se donne la main et on commence l'exercice de respiration, a conclu Cal.

Comme Matt venait d'arriver, ses doigts étaient encore gelés. De l'autre côté, les bracelets de Sharon tintaient contre mon poignet. J'ai commencé à respirer doucement et profondément, essayant de me libérer de toutes les tensions de la journée et d'attirer à moi le plus d'énergie positive possible. Je me suis efforcée de détendre chaque muscle de mon corps, du sommet de mon crâne jusqu'à mes orteils. Au bout de quelques minutes, j'étais calme et concentrée, j'avais atteint cet état de méditation pendant lequel j'avais à peine conscience de ce qui se passait autour de moi. Je me sentais bien.

— Maintenant, pensez à votre objectif.

J'ai eu l'impression que la voix de Cal me parvenait de toutes les directions en même temps. Spontanément, on s'est tous mis à tourner en rond, d'abord lentement, puis plus vite. En ouvrant les yeux, j'ai vu le salon de Jenna défiler comme une série de formes sombres, un brouillard grisant de plus en plus flou. À chaque fois que j'apercevais les couleurs rougeoyantes de la cheminée, je savais qu'on avait effectué un tour supplémentaire. Même à distance, je sentais la chaleur du feu, sa lumière et son pouvoir.

— Je veux m'ouvrir aux autres, a murmuré Sharon.

— Je veux être heureux, a dit Ethan.

Je pensais à ce que je voulais quand j'ai entendu Jenna déclarer :

— Je veux être digne d'être aimée.

Dans ma main, j'ai senti les doigts de Matt se crisper, puis il a soufflé :

— Je veux être plus honnête.

J'ai eu l'impression qu'il avait prononcé ces mots à contrecœur, et que ça lui avait fait de la peine.

— Je veux être fort, a murmuré Cal.

— Je veux être quelqu'un de bien, a déclaré Robbie.

Tu es déjà quelqu'un de bien, idiot ! ai-je pensé. C'était à mon tour. Je ne savais toujours pas ce qui était le plus important. Mais les mots ont jailli de ma bouche :

— Je veux connaître l'étendue de mon pouvoir.

Soudain, un courant électrique a traversé le cercle : je l'ai senti s'emparer de moi, et j'ai eu l'impression que je pourrais m'envoler si je le souhaitais.

Un chant m'est venu à l'esprit. Je ne me rappelais pas l'avoir déjà entendu, et je n'avais aucune idée de ce qu'il signifiait. Je l'ai simplement laissé franchir mes lèvres :

An di allaigh an di aigh
An di allaigh an di ne ullah
An di ullah be nith rah
Cair di na ulla nith rah
Cair feal ti theo nith rah
An di allaigh an di aigh.

Je l'ai entonné pour moi-même, d'abord tout doucement, puis plus fort. Les mots, qui sonnaient comme du gaélique, semblaient venir de la nuit des temps. Quelqu'un parlait à travers moi. Je ne me contrôlais plus, pourtant, je n'avais pas peur. Au contraire, je n'avais jamais éprouvé une telle joie. J'ai levé les bras en l'air et me suis mise à tourner sur moi-même au centre du cercle. J'étais devenue un astre aveuglant et les autres orbitaient autour de moi comme autant de planètes autour du Soleil. Une pluie argentée m'inondait le visage, j'étais une déesse. Mes cheveux nattés se sont libérés et déployés autour de moi, cascade reflétant le feu de la cheminée. J'étais toute-puissante, omnisciente : oui, une déesse. Le chant devait être un sort, un sort ancien qui permettait de convoquer une puissance extérieure.

Ce soir-là, cette puissance était venue à moi.

— Ralentis, Morgan.

C'était la voix de Cal. De nouveau, j'ai eu l'impression que ses paroles venaient de partout et de nulle part. J'ai donc ralenti ma danse et me suis arrêtée, vacillante. J'étais aussi vieille que le temps lui-même ; j'étais toutes les femmes qui avaient un jour dansé sous la lune pour appeler la magye, toutes les déesses qui avaient célébré la vie et la mort, la joie et la tristesse.

Le visage de Hunter Niall m'est soudain apparu, avec son air supérieur et son sourire méprisant. « Regarde-moi, Hunter ! avais-je envie de hurler. Contemple ma puissance ! Je suis aussi puissante que toi ou que n'importe quel sorcier ! »

Puis, soudain, j'ai eu peur. Sans que Cal ait besoin de me le dire, je me suis tout de suite mise sur le ventre, les mains à plat près des épaules, le visage contre le sol. Le bois était chaud et lisse sous ma joue, et l'énergie s'est échappée de moi en courants rapides, comme un torrent.

Petit à petit, ma respiration est redevenue normale. La peur s'est estompée et je me suis rendu compte que quelqu'un me tenait la main droite. C'était Jenna.

— S'il te plaît, Morgan, a-t-elle imploré en plaçant ma main sur sa gorge.

Je savais ce qu'elle attendait de moi : la semaine précédente, j'avais soulagé son asthme en lui transmettant mon énergie. J'ai fermé les yeux, pensant à une lumière blanche et apaisante. Je l'ai emmagasinée en moi avant de la diffuser dans mon bras et mes doigts jusqu'aux bronches de Jenna. Elle a respiré à fond, un peu étonnée par la chaleur qui l'envahissait.

— Merci, a-t-elle murmuré.

J'étais couchée sur le côté, à présent. J'ai alors constaté que tout le monde m'observait, que j'étais de nouveau le centre de l'attention générale. Je ne comprenais pas comment j'avais pu danser toute seule devant eux alors que maintenant je me sentais timide et embarrassée. Pourquoi ces moments de toute-puissance ne duraient-ils jamais ?

Cal s'est assis près de moi.

— Tout va bien ? m'a-t-il demandé, à la fois excité et essoufflé par la ronde.

— Euh, oui, je crois, ai-je murmuré.

— D'où il vient, ce chant ? Et qu'est-ce qui s'est passé ?

— C'est curieux, les mots se sont imposés à moi, et c'est comme si, grâce à eux, j'étais devenue toute-puissante.

— En tout cas, ce chant était magnifique, a affirmé Jenna.

— On aurait dit une vraie sorcière, a ajouté Sharon.

— C'était trop cool, a conclu Ethan.

Robbie n'a rien dit, mais il me regardait d'un air satisfait. Je lui ai souri. À cet instant, je me sentais vraiment bien… Ça n'a pas duré, car des griffes se sont plantées dans ma jambe.

— Aïe !!!

En m'asseyant, j'ai aperçu une petite boule de poil grise qui s'est mise à miauler. Son cri pitoyable m'a fait rire.

— Désolée, Morgan ! s'est excusée Jenna en souriant. Notre chatte a eu des chatons il y a deux mois. On essaie de s'en débarrasser. D'ailleurs, si l'un d'entre vous est preneur…

J'ai soulevé cette petite chose. Dans ses yeux de bébé chat, on voyait tout un monde de sagesse féline. Son pelage court était d'un gris uniforme, il avait le ventre tout rond et sa petite queue pointue se dressait comme un point d'exclamation. Il s'est remis à miauler et a tendu une patte vers ma joue.

— Salut, toi ! lui ai-je dit.

J'ai repensé au chaton de Maeve. J'avais lu dans son Livre des Ombres qu'elle l'avait appelé Dagda. En regardant ce petit animal tout doux, j'ai compris qu'il était fait pour moi.

— Bon, maintenant, tu t'appelleras Dagda et tu vas venir vivre avec moi. D'accord ?

Il a miaulé une nouvelle fois, et j'ai craqué pour de bon.

6. Communion

Imbolc, 1993

Un traqueur de sorcières est arrivé il y a deux jours. Il a pris une chambre au pub de Gosse Lane. Hier, il a parlé longtemps à tonton Beck. Tonton Beck dit qu'il interrogera tout le monde et qu'il faut que nous soyons honnêtes. Mais je n'aime pas cet homme. Il est pâle, ne sourit jamais, et ses yeux ressemblent à deux trous noirs. Quand il me regarde, mon sang se fige dans mes veines.

Gìomanach

— Un rat ! a hurlé Mary K. le lendemain matin.

Franchement, comme réveil, j'avais connu mieux.

— Morgan, surtout, ne bouge pas, y a un rat dans ton lit !

Dagda, les oreilles rabattues, a craché dans sa direction. À ce moment-là, ma mère et mon père ont déboulé dans ma chambre.

— C'est pas un rat, ai-je grogné de ma voix enrouée du matin. C'est un chaton. La chatte de Jenna a eu des petits, et ses parents veulent s'en débarrasser. Je peux le garder ? Promis, je m'en occuperai et je paierai ses croquettes !

Dagda s'est mis sur ses petites pattes et a regardé ma famille d'un drôle d'air. Puis, comme s'il voulait prouver à tout le monde qu'il était adorable, il a commencé à miauler, et ils ont tous craqué.

Mary K. est venue s'asseoir sur mon lit. Quand elle a tendu la main vers lui, il lui a léché les doigts.

— Il est tout mignon, a admis ma mère. Quel âge a-t-il ?

— Huit semaines. Il vient tout juste d'être sevré. Alors, c'est d'accord, je peux le garder ?

Mes parents ont échangé un regard plein de sous-entendus.

— Morgan, il n'y a pas que les croquettes et la litière à payer, m'a rappelé mon père. Il faut penser aux vaccins, aux examens…

— Il faudra aussi le stériliser, a ajouté ma mère.

— Heureusement, nous avons une vétérinaire dans la famille, ai-je rétorqué, un grand sourire aux lèvres, en faisant référence à la copine de tante Eileen. En plus, j'ai économisé l'argent que j'ai gagné cet été. Je pourrai payer tout ça.

Mes parents ont haussé les épaules en même temps, avant de sourire.

— Pourquoi pas, a finalement déclaré ma mère. Après la messe, on ira lui acheter une litière et le reste…

— Il a faim, a déclaré Mary K., qui le serrait contre elle.

Elle s'est levée d'un bond en le tenant comme un bébé endormi.

— Il reste du poulet d'hier soir. Je vais lui en donner un peu, a-t-elle annoncé.

— D'accord, mais pas de lait, ai-je lancé tandis qu'elle quittait la pièce. Ça lui donnerait mal au ventre…

Je me suis radossée à mon oreiller, heureuse. Dagda venait d'entrer officiellement dans la famille.

Comme on approchait des fêtes de fin d'année, l'église était joliment décorée et l'ambiance, chaleureuse. Je me sentais pourtant détachée, probablement parce que je n'étais pas sûre que la Wicca soit compatible avec ma religion. Je me suis levée quand il le fallait, j'ai même récité les prières et chanté les hymnes. Mais je l'ai fait un peu malgré moi, en pensant à mille autres choses.

Les rayons du soleil illuminaient les vitraux de l'église et l'air était chargé d'encens. Je me suis refermée sur moi-même et j'ai soudain perçu la présence oppressante de toute l'assistance. Leurs pensées, que je distinguais presque, me parvenaient et formaient un grondement sourd dans ma tête. J'entendais même les battements de leur cœur. J'ai respiré à fond et j'ai fermé les yeux pour les chasser de mon esprit.

Je me suis alors sentie en paix, joyeuse. La musique qui s'élevait de l'orgue était belle et le sermon du prêtre me touchait profondément. C'était une cérémonie traditionnelle, intemporelle. On était loin du côté très naturel de la Wicca, et ce que j'éprouvais n'avait pas la force de l'énergie que je canalisais pendant nos cercles. Mais c'était aussi beau, d'une certaine façon.

Quand est venu le moment d'aller communier, je me suis levée, comme d'habitude. J'ai suivi mes parents et ma sœur jusqu'à l'autel, là où le prêtre nous donnait l'hostie. Les mains jointes, j'attendais patiemment. J'avais hâte de rentrer pour m'occuper de Dagda et continuer à lire le Livre des Ombres de Maeve. Je voulais aussi étudier les runes. La veille au soir, celles que Cal avait tracées au-dessus du cercle avaient concentré notre énergie différemment. Ça m'intriguait.

Devant moi, Mary K. a reçu son hostie. Quand mon tour est arrivé, le père Hotchkiss a trébuché et s'est cogné contre l'autel. Le calice contenant le vin de messe est alors tombé par terre avec un bruit métallique. Autour de la flaque rouge qui tranchait avec la blancheur du marbre, les hosties s'étaient éparpillées comme des pétales de fleur.

J'ai posé ma main sur le bras du prêtre.

— Ça va, mon père ? Vous n'avez rien ?

— Non, tout va bien. J'espère que tu n'as pas été éclaboussée.

— Ma robe est intacte, l'ai-je rassuré.

M. Benes, le diacre, et le père Hotchkiss sont partis chercher un autre calice consacré et d'autres hosties.

Mary K. m'attendait, l'air hésitant. Toujours à genoux, je contemplais le vin rouge sombre se répandre sur le blanc immaculé du sol de marbre.

C'est là qu'une idée m'a frappée : et si c'était moi qui avais fait tomber le père Hotchkiss ? Et si, quelque part en moi, une force avait décrété que je ne devais pas communier ? Cette idée m'a horrifiée. Je me suis dépêchée de retourner m'asseoir près de mes parents et de Mary K.

Je voulais croire que c'était une simple coïncidence. Mais une petite voix de sorcière m'a susurré à l'oreille : « Le hasard n'existe pas. Tout a une raison d'être. »

Dans ce cas, qu'est-ce que cela signifiait ? Que je ne devais plus venir à la messe ? Je ne pouvais même pas me l'imaginer : le catholicisme contribuait à souder notre famille, il faisait partie de moi. Par contre, je pouvais toujours arrêter de communier tout en continuant à aller à l'église, le temps d'y voir plus clair. Comme ça, j'appartiendrais toujours à la communauté. Enfin, je l'espérais...

J'ai repris ma place à côté de Mary K., qui m'a dévisagée sans rien dire.

À chaque porte que m'ouvrait la Wicca, ai-je songé, une autre se refermait. Je devais trouver un équilibre.

Après notre déjeuner dominical rituel au Widow's Diner, nous nous sommes arrêtés au supermarché. J'ai acheté une litière, une pelle et un sac de croquettes. Ma mère et mon père ont craqué devant des petits jouets pour chat, et Mary K. a trouvé des friandises pour chaton.

J'étais si touchée que je les ai tous serrés dans mes bras, là, dans le rayon animalerie !

Évidemment, en rentrant à la maison, on a constaté que Dagda avait fait pipi sur ma couette, mangé les plantes de ma mère et vomi sur le tapis. En plus, il s'était aussi fait les griffes sur l'accoudoir du fauteuil préféré de mon père.

Et maintenant il dormait sur un coussin, enroulé sur lui-même comme un petit escargot plein de poils.

— Il est vraiment adorable ! me suis-je exclamée.

7. Symboles

Ce soir, j'ai dû lancer un sort de protection. J'ai invoqué la Déesse et dessiné les runes aux quatre points cardinaux : Ur, Sigel, Eolh et Tyr. J'y ai aussi enterré des clous en fer, en portant une bague en or. Désormais, je garderai toujours sur moi un morceau de malachite pour me protéger.

Un Traqueur est arrivé en ville.

Mais je n'ai pas peur. Je lui ai porté le premier coup et, à mesure que le Traqueur faiblit, mon amour décuple.

Sgàth

Le lundi matin, Mary K. et moi, on est arrivées en retard en cours. J'avais passé une partie de la nuit à lire le journal de ma mère, et ma sœur avait eu une conversation à cœur ouvert avec Bakker qui avait duré jusqu'à l'aube. Alors, forcément, le réveil avait été difficile.

Je n'arrêtais pas de penser au livre de Maeve. Elle aussi, elle adorait la magye des plantes : elle avait écrit de nombreux passages détaillant leurs propriétés et la façon dont l'époque de l'année, la pluie, la position des étoiles et les phases de la Lune les influençaient. Est-ce que je descendais des Brightendale, le clan qui cultivait la terre pour en récolter les bienfaits médicinaux ?

En entrant en classe, j'ai cherché Bree du regard, mais elle a fait mine de ne pas me voir. Ça m'a peinée, et je m'en suis voulu de ne pas réussir à l'oublier.

J'ai repensé à Dagda : Bree craquerait pour lui, j'en étais sûre. Elle adorait les chats. Je me souvenais que le sien était mort deux jours après son quatorzième anniversaire et que ça l'avait traumatisée. Je l'avais aidée à l'enterrer dans son jardin.

— Ben alors, t'as eu une panne d'oreiller ? m'a taquinée mon amie Tamara, assise au bureau d'à côté.

Je ne la voyais presque plus, maintenant que la Wicca me prenait tout mon temps.

J'ai hoché la tête avant de sortir mes livres.

— T'as raté la grande nouvelle du jour, alors. Ben et Janice sortent officiellement ensemble. Ils forment un vrai couple !

— C'est vrai ? Chouette ! ai-je répondu en glissant un regard de l'autre côté de la classe vers les deux tourtereaux.

Assis côte à côte, ils parlaient à voix basse, le sourire aux lèvres. J'avais beau être contente pour eux, je me sentais à peine concernée. Eux non plus, je ne les fréquentais plus depuis des semaines.

Soudain, j'ai senti des picotements envahir mes membres. J'ai levé la tête : Bree m'observait. L'expression profonde de ses grands yeux sombres m'a frappée. Elle s'est retournée aussitôt, et je me suis demandé si je n'avais pas tout imaginé. Je m'inquiétais. Même si Cal m'avait dit qu'il n'existait pas de côté obscur dans la Wicca, il y avait bien deux parties opposées dans un cercle. Et si l'une était bonne, l'autre… ne pouvait être que mauvaise. Dès que je l'avais vue, j'avais trouvé Sky antipathique. Qu'est-ce que Bree fichait avec elle ?

Pendant le cours de littérature américaine, j'ai failli m'endormir. Je n'avais pas eu le temps de prendre mon Coca light matinal. Je pensais à mon lit douillet, à la maison et, pendant une fraction de seconde, j'ai envisagé d'aller chercher Cal pour qu'on sèche les cours tous les deux. On aurait pu se retrouver seuls chez moi, s'allonger sur mon lit pour lire le journal de Maeve et parler de magye…

Quel programme alléchant ! À la pause de midi, j'étais vraiment tentée. Mais, comme je savais que ma mère rentrait parfois déjeuner à la maison, je n'en ai pas parlé à Cal lorsque je l'ai retrouvé au self.

— Tiens, t'as acheté un sandwich ? s'est-il étonné en voyant le plateau que j'avais posé sur la table.

Puis il m'a regardée droit dans les yeux et j'ai entendu dans mon esprit, aussi distinctement que la pluie qui tombait dehors, les mots : « Tu m'as manqué. »

J'ai souri, puis j'ai répondu :

— Oui. Je me suis réveillée tard ce matin, je n'ai pas eu le temps de me préparer un truc.

— Hé, Morgan, a lancé Jenna en repoussant ses longs cheveux blonds derrière son épaule. Tu sais quoi ? La chanson que tu as chantée l'autre fois était si incroyable que je l'ai eue dans la tête tout le week-end.

— Ah bon ? Le pire, c'est que je ne sais même pas d'où elle m'est venue, ai-je déclaré en ouvrant ma canette. Sur le coup, j'ai trouvé que ça ressemblait à un sort. Un sort de pouvoir. Je n'en sais rien, en fait. En tout cas, on aurait dit une langue ancienne.

Sharon, qui nous avait rejoints, a hoché la tête.

— Pour être franche, tu m'as fait un peu peur, a-t-elle murmuré en enlevant le couvercle de son bol de soupe. La chanson était très belle, mais c'était flippant de te voir réciter des mots si étranges !

— Et toi, Cal, tu reconnais cette langue ? lui ai-je demandé.

— Non. Après coup, j'ai regretté de ne pas t'avoir enregistrée. J'aurais pu interroger ma mère.

— Cool, tu parles des langues inconnues, a raillé Ethan. Comme la fille dans *L'Exorciste*.

— Super, ai-je marmonné, ce qui a fait rire Robbie.

Cal m'a jeté un regard amusé, puis m'a tendu un quartier de pomme.

— T'en veux un bout ? m'a-t-il demandé.

J'ai pris le morceau et l'ai croqué : cette pomme avait un goût incroyable, à la fois acide et sucré, et elle était juteuse à souhait.

— Ça, c'est de la pomme ! ai-je reconnu.

— Tu sais, les pommes sont très symboliques, a-t-il annoncé. On les associe surtout à la Déesse. Regarde.

Il a coupé sa pomme en deux, horizontalement cette fois. De la pointe de son couteau, il nous a montré le pentacle formé par les pépins.

— Wouahou ! me suis-je exclamée.

Les autres en sont restés bouche bée.

— Tout a une signification, rien n'est dû au hasard, a affirmé Cal en croquant dans le fruit.

Je me suis soudain rappelé ce qui s'était passé la veille à l'église.

De l'autre côté de la salle, j'ai vu Bree s'asseoir avec Raven, Chip et Beth. Je me suis demandé si Bree se plaisait parmi sa nouvelle clique… Avant, elle les traitait de shootés et de nazes. Son ancien groupe d'amis – Nell Norton, Alessandra Spotford, Justin Bartlett et Suzanne Herbert – avait pris place près des fenêtres. Ils devaient penser que Bree avait perdu la tête.

— J'aimerais bien savoir comment s'est passé leur cercle samedi soir, ai-je marmonné. Robbie, tu le sais, toi ? T'as parlé à Bree ?

Il s'est contenté de hausser les épaules et de finir sa part de pizza.

— Ça s'est super bien passé, nous a sorti Matt.

Il a aussitôt froncé les sourcils, comme s'il regrettait d'avoir ouvert la bouche.

— Comment tu le sais ? s'est étonnée Jenna.

Le rouge aux joues, Matt a baissé les yeux vers son plateau.

— J'étais à côté de Raven pendant le cours d'anglais. C'est elle qui me l'a dit.

Jenna l'a dévisagé, puis s'est levée pour aller ranger son plateau. Une fois de plus, j'ai repensé aux deux voitures garées sur le côté de la route. Soudain, j'ai entendu le rire de Mary K. Elle était assise à quelques tables de nous avec sa meilleure amie, Jaycee, d'autres filles et… Bakker. Ils se dévoraient mutuellement du regard. Ça me consternait. Cette ordure avait peut-être regagné le cœur de ma sœur, mais il avait intérêt à se tenir à carreau.

— Tu fais quoi, maintenant ? m'a interrogée Cal après les cours.

— Rien de particulier, lui ai-je répondu en regardant ma montre. J'attends ma frangine et après je dois rentrer préparer le dîner.

Robbie nous a rejoints sur le parking.

— Je voulais vous demander un truc, a-t-il déclaré. Vous trouvez pas qu'il est bizarre, Matt, en ce moment ?

— Si, ai-je admis. On dirait qu'il veut casser avec Jenna et qu'il n'y arrive pas.

— Je ne les connais pas aussi bien que vous, a ajouté Cal en passant le bras autour de mes épaules. Son comportement est vraiment différent ?

— Oui, a confirmé Robbie. Bon, on n'était pas les meilleurs amis du monde, mais là je le trouve hyper distant. Comme s'il pensait toujours à autre chose.

J'ai hésité à leur parler des voitures, je ne voulais pas avoir l'air de lancer des ragots. Je n'étais même pas sûre que c'était important. Si seulement j'avais pu en parler à Bree…

— Morgan !

Je me suis retournée pour voir qui m'appelait. C'était Jaycee, la copine de Mary K.

— Ta sœur m'a chargée de te dire qu'elle rentrait avec Bakker.

— C'est pas vrai ! Cal, il faut que je file chez moi.

— Qu'est-ce qui se passe, tu veux que je vienne avec toi ?

— Ça, ça serait génial, ai-je reconnu.

Au moins, je ne serais pas seule s'il fallait mettre de nouveau Bakker dehors. On a salué Robbie et on est partis. *Bon sang, Mary K.*, me suis-je dit, *t'es bête ou quoi ?*

8. Muìrn Beatha Dàn

Ostara, 1993

Tata Shelagh m'a raconté que, quand elle était enfant, elle avait vu un Traqueur neutraliser une sorcière avec un braigh. C'était en Écosse, alors qu'elle passait ses vacances chez sa grand-mère. Des bruits couraient à propos d'une femme qui vendait des potions et des sortilèges néfastes. Quelques jours après l'arrivée de ma tante, le Traqueur était apparu dans le village.

Tata m'a dit qu'elle avait été réveillée par des cris et des hurlements. En sortant de chez elle, elle avait vu que tous les habitants s'étaient rassemblés pour voir le Traqueur emmener la sorcière malfaisante. Sous le clair de lune, elle avait vu le braigh d'argent scintiller autour des poignets de la prisonnière : là où la chaînette touchait la peau, la chair avait brûlé. Après cela, personne ne l'avait revue, et le bruit courait qu'elle vivait à présent dans la rue à Édimbourg.

Tata pense qu'après ça cette femme n'a plus été capable d'utiliser sa magye, blanche ou noire. Elle m'a confié que, cette nuit-là, elle s'était promis de ne jamais se servir de ses pouvoirs à mauvais escient. La vision de la sorcière brisée par le braigh était trop épouvantable.

Elle m'a raconté son histoire le mois dernier, quand le Traqueur était parmi nous. Mais, heureusement, celui-là n'a emmené personne. Notre coven a retrouvé sa tranquillité.

Et je suis bien content qu'il soit parti.

Gìomanach

Je suis rentrée le plus vite possible, malgré les plaques de verglas sur la route.

— Je croyais que Mary K. avait rompu après ce qui s'était passé, m'a dit Cal.

— C'est vrai, ai-je marmonné, mais depuis il n'a pas arrêté de la supplier de lui pardonner. Tu vois le genre : « Excuse-moi, j'ai fait une erreur, je suis désolé, ça n'arrivera plus », etc.

Mes pneus ont crissé lorsque j'ai braqué pour m'engager dans notre allée. J'ai bondi hors de la voiture et, en me précipitant vers la maison, j'ai aperçu Mary K. et Bakker assis devant le perron, tout bleus d'avoir patienté dans le froid.

— Je voulais t'attendre, m'a expliqué Mary K.

J'ai poussé un soupir de soulagement. Apparemment, ma sœur n'était pas si bête que ça !

— C'est bon, on rentre, ai-je dit en ouvrant la porte d'entrée. Vous deux, vous restez en bas !

— Pas de problème, a ronchonné Bakker en claquant des dents. Tant qu'il y a du chauffage, ça me va !

Cal a annoncé qu'il allait nous préparer du cidre chaud tandis que je m'attardais à l'extérieur. J'avais décidé de saler le perron et l'allée pour éviter une mauvaise chute à mes parents. J'ai ensuite retrouvé avec délice la chaleur de la maison. J'ai même poussé le bouton du thermostat au maximum avant de rejoindre les autres dans la cuisine. Ce soir-là, c'était mon tour de préparer le repas. J'ai lavé quatre pommes de terre, que j'ai piquées à la fourchette et aussitôt enfournées.

— Hé, Morgan, on peut monter dans ma chambre cinq minutes ? Tous mes CD sont en haut.

— Ça, c'est pas de chance ! ai-je ironisé en soufflant sur mon cidre. Vous restez en bas, sinon maman va me tuer.

Ma sœur a soupiré, puis a emmené Bakker dans la salle à manger. Bien sagement, ils se sont mis à leurs devoirs. Ou du moins ils ont fait semblant.

À l'abri de leurs regards, j'ai tracé un cercle dans l'air avec ma main gauche au-dessus de ma tasse et j'ai murmuré : « Apaise le feu. » La gorgée suivante était juste à la bonne température. C'était chouette, d'être une sorcière !

Le sourire aux lèvres, Cal m'a demandé :

— Et maintenant, on fait quoi ? Nous aussi, on est obligés de rester en bas ?

— Ben ouais, ai-je admis à contrecœur. Ma mère serait folle si elle nous trouvait seuls dans ma chambre. Tout le monde sait que vous, les mecs, vous n'avez qu'une idée en tête !

— C'est pas faux, a reconnu Cal en riant. Mais je t'assure que c'est une très bonne idée !

On est passés dans le salon, où on s'est affalés sur le canapé. Dagda a sauté sur mes genoux et a commencé à ronronner.

— C'est pas juste, a repris Cal en souriant. Lui aussi, c'est un mâle, et pourtant il a le droit d'aller dans ta chambre !

— Oui, et il a même le droit de venir dans mon lit ! l'ai-je taquiné.

Il m'a caressé les cheveux, l'air grave.

— Qu'est-ce qu'il y a ?

— Tu me surprends de jour en jour, Morgan.

— Comment ça ?

— En fait, tu es très différente de ce à quoi je m'attendais.

Il a posé son bras sur le dos du canapé et s'est penché vers moi comme s'il essayait de mémoriser mon visage, mon regard.

— Et tu t'attendais à quoi, exactement ? lui ai-je demandé, ne voyant pas où il voulait en venir.

L'odeur de lessive de son tee-shirt m'a effleuré les narines. Je nous ai imaginés allongés sur le canapé, à nous embrasser. Rien ne nous en empêchait. Mary K. et Bakker étaient dans l'autre pièce, ils ne nous embêteraient pas. Pourtant, je me sentais soudain intimidée : j'avais presque dix-sept ans, et Cal était mon premier petit copain, celui qui m'avait donné mon premier baiser.

— Tu pensais que je serais du genre coincée ? ai-je repris.

Ça l'a fait marrer.

— Mais non. Je ne te croyais pas si forte, si intéressante, a-t-il dit avant de froncer les sourcils, comme s'il regrettait ses paroles. Enfin, quand on s'est rencontrés, je t'ai trouvée très mignonne et j'ai tout de suite su que tu avais un don pour la magye. Je voulais me rapprocher de toi, mieux te connaître. Maintenant, je te considère comme mon égale, ma muìrn beatha dàn. Je n'avais jamais ressenti ça.

Je ne savais pas quoi lui répondre. Je l'ai dévoré des yeux, éblouie par sa beauté et impressionnée par les sentiments qu'il éveillait en moi.

— Embrasse-moi, ai-je finalement murmuré.

Il s'est penché vers moi, et ses lèvres se sont posées sur les miennes. Ça n'a pas plu à Dagda, qui a commencé à miauler et à s'agiter. Dans un éclat de rire, Cal s'est un peu éloigné de moi, comme pour se montrer raisonnable. Il a sorti du papier et un stylo de son sac.

— Tiens, entraîne-toi à dessiner les runes.

Bon, j'aurais préféré qu'on continue à s'embrasser, mais c'était mieux que rien... J'ai tracé de mémoire les vingt-quatre runes principales. Il y en avait d'autres, de plus anciennes, que je ne connaissais pas encore.

— Feoh, ai-je chuchoté en dessinant une ligne verticale puis deux barres partant en diagonale vers la droite. Elle représente la richesse.

— Oui, et quoi d'autre ?

La prospérité, l'augmentation, le succès, me suis-je rappelé.

— La réussite, et tout ce qui est favorable. Et ça, c'est Eolh, la protection, ai-je ajouté en traçant une espèce de logo Mercedes à l'envers. Elle est très positive. Et celle-là, c'est Geofu, qui est synonyme d'offrandes et d'entraide. On l'utilise aussi pour évoquer la générosité, le renforcement de l'amitié ou d'autres liens. L'union du Dieu et de la Déesse.

— Très bien, m'a-t-il complimentée.

Je les ai reproduites l'une après l'autre, en laissant un espace blanc pour Wyrd. Elle n'avait pas de symbole, et il valait mieux ne pas connaître sa signification : il s'agissait toujours d'un savoir dangereux ou douloureux, un chemin à ne pas suivre.

— Félicitations, Morgan ! a murmuré Cal. Maintenant, ferme

les yeux et pense à ces runes. Fais glisser tes doigts sur la feuille et arrête-toi quand tu sens que c'est le bon moment.

J'adorais ce genre d'exercices. J'ai suivi ses instructions, mais je n'ai rien ressenti. Alors je me suis concentrée pour oublier les murmures de ma sœur et de Bakker, le tic-tac de l'horloge et le ronronnement de la chaudière.

Petit à petit, j'ai commencé à éprouver différentes sensations, selon l'emplacement de ma main : la douceur d'une plume, la froideur d'une pierre, la chaleur d'une flamme… Je me suis plongée plus profondément encore dans la magye, jusqu'à me perdre dans son pouvoir. Là, oui, là, à cet endroit, l'impression était plus forte. Chaque fois que mes doigts glissaient sur cette rune, je la sentais qui m'appelait.

Quand j'ai ouvert les yeux, j'ai vu qu'il s'agissait d'Yr, la rune de la mort.

— Qu'est-ce que ça veut dire ? ai-je demandé à Cal.

— Mmm, a-t-il murmuré, le menton posé dans la main. En fait, Yr peut être interprétée de différentes façons. Ça ne signifie pas que toi ou quelqu'un que tu connais allez mourir. Parfois, cette rune annonce simplement la fin d'une chose et le début d'une autre. Comme un grand changement, mais pas forcément mauvais.

Le symbole en S anguleux d'Yr brillait d'une lueur sombre sur la feuille blanche. La mort. La fin. On aurait dit un mauvais présage. Mon cœur s'est mis à battre à cent à l'heure.

Soudain, j'ai entendu ma mère entrer par la porte de derrière, ce qui a brisé ma concentration.

— Morgan ? Mary K. ? a-t-elle appelé. Il y a quelqu'un ?

Ses pas ont résonné dans le couloir menant à la salle à manger.

— Salut, ma puce, a-t-elle lancé à ma sœur. Bonjour, Bakker. Morgan est là ?

Sa question signifiait en fait : « Dieu du ciel, ne me dis pas que tu es seule avec un garçon ? »

— Par ici ! ai-je répondu.

J'ai glissé la feuille couverte de runes dans ma poche et je me suis levée pour les rejoindre.

Quand nous sommes entrés dans la pièce, Cal et moi, ma mère a écarquillé les yeux. Je devinais sans mal ses pensées : « Mes filles, seules à la maison, avec deux garçons ! » Comme nous étions tous les quatre au rez-de-chaussée, avec nos vêtements, et qu'au moins Mary K. et Bakker n'avaient pas quitté la table, elle a dû décider de ne pas s'en faire.

— Tu as mis des pommes de terre au four ? m'a-t-elle demandé en reniflant.

— Ouais.

— Ça tombe bien. J'ai invité Eileen et Paula à dîner, a-t-elle expliqué en brandissant une pochette cartonnée. J'ai quelques maisons à leur proposer.

— Super !

— Il faut que j'y aille, a déclaré Bakker.

C'est ça, bon débarras !

— Moi aussi, a ajouté Cal. Bakker, tu pourrais me déposer au lycée ? J'ai laissé ma voiture là-bas…

— Pas de problème, mec.

J'ai suivi Cal à l'extérieur et je l'ai pris dans mes bras. Il m'a embrassée dans le cou.

— Je t'appelle ce soir, m'a-t-il promis. Et t'inquiète pas pour la rune, ce n'était qu'un exercice.

— Si tu le dis, ai-je murmuré, même si je n'en étais pas si sûre. Merci de m'avoir raccompagnée.

Le soir, Eileen est arrivée la première.

— Salut, tout le monde ! s'est-elle exclamée en enlevant son manteau. Paula sera un peu en retard – une histoire de maman chihuahua qui a du mal à accoucher.

Je lui ai adressé un sourire gêné. Je ne l'avais pas revue depuis le jour où, deux semaines plus tôt, je lui avais reproché devant tout le monde de m'avoir menti, comme mes parents. J'espérais que ma mère avait eu le temps de lui fournir quelques explications.

— Salut, Eileen. Je… euh… je suis désolée, pour la scène de l'autre jour.

— T'inquiète pas, ma puce, m'a-t-elle dit en me prenant dans ses bras. Je comprends, je ne t'en veux pas le moins du monde !

Ah, je savais que tout s'arrangerait avec elle ! Soudain, elle a regardé vers le sol, les yeux écarquillés et le doigt tendu : un petit derrière poilu et gris dépassait de sous le fauteuil préféré de mon père.

— Voici Dagda, ai-je annoncé en prenant la boule de poil dans mes bras. C'est mon chaton !

— Ça alors, j'étais persuadée que c'était un rat !

— Tu devrais avoir honte de confondre un chat et un rat : je te rappelle que tu sors avec une véto ! l'ai-je raillée, avant de poser Dagda sur le fauteuil.

— Je sais, je sais, a répondu ma tante, qui n'a pu s'empêcher de rire.

Peu après, Paula est arrivée, les cheveux en bataille et le nez rougi par le froid.

— Bonjour, comment va maman chihuahua ? ai-je voulu savoir.

— Bien, elle a donné le jour à deux chiots. Oh, quel ravissant chaton !

J'étais aux anges : enfin quelqu'un qui appréciait Dagda à sa juste valeur !

Je m'étais tout de suite bien entendue avec la nouvelle copine de ma tante, mais je me rendais compte à l'instant qu'elles étaient vraiment faites l'une pour l'autre. Paula était peut-être la muìrn beatha dàn de ma tante.

Cette idée m'a fait sourire. Tout le monde n'avait-il pas le droit de trouver l'âme sœur ? Moi j'avais de la chance. J'avais rencontré Cal.

9. Aie confiance

Le sortilège fonctionne comme prévu. Le Traqueur ne m'effraie plus. Je pense être plus fort que lui, surtout avec le soutien des autres.

Bientôt, je m'unirai à ma bien-aimée. Je comprends qu'ils soient pressés, pourtant, j'aimerais qu'ils me fassent confiance et me laissent agir comme je l'entends. Mon propre désir est de plus en plus fort. Mais il me faut attendre le bon moment. Je ne veux pas l'effrayer, les enjeux sont trop importants.

J'ai lu les textes anciens à propos de l'amour et de l'union, et j'ai même recopié mon passage favori du *Chant de la Déesse* : « Prendre et donner du plaisir, voilà mon rituel. S'aimer soi-même et aimer les autres, voilà mon rituel. Célébrez votre corps et votre esprit avec joie et passion, ainsi vous m'adorerez. »

Sgàth

— Mary K., Bakker n'est pas digne de confiance, j'espère que tu t'en rends compte, ai-je dit à ma sœur le lendemain matin dans la voiture.

J'avais essayé de ne pas employer un ton trop sec, c'était raté. Elle n'a pas répondu et s'est contentée de regarder par la vitre. Le givre avait tout recouvert d'une couche de sucre glace.

Je conduisais doucement afin d'éviter les plaques de verglas qui s'étaient formées sur les nids-de-poule boueux. Mon souffle formait des nuages dans l'habitacle de Das Boot.

— Je sais qu'il est sincèrement désolé, ai-je poursuivi. Mais je crois qu'il est incapable de se contrôler.

— Eh bien, s'il te demande de sortir avec lui, t'as qu'à refuser, m'a-t-elle rétorqué.

Et merde. J'étais en train de le critiquer et elle le défendait. Bravo, je venais de la pousser vers lui. J'ai pris une grande inspiration, implorant la Déesse de me guider.

— Tu sais, lui ai-je finalement annoncé avant qu'on atteigne le lycée, je parie que t'as raison, que ça n'arrivera plus. Je pense qu'il tient vraiment à toi. Il faudrait quand même que vous en parliez…

Elle s'est tournée vers moi d'un air soupçonneux, mais j'ai continué à observer la route.

— Bien sûr qu'il tient à moi ! s'est-elle emportée. Il s'en veut beaucoup. Maintenant, il sait qu'il doit m'écouter.

Elle paraissait confiante. Quant à moi, j'avais toujours peur qu'il essaie de la forcer. Dans ce cas, il me le paierait très cher.

Je suis arrivée au lycée assez tôt pour voir Cal avant le début des cours. Il m'attendait près des bancs où le coven se rassemblait lorsque la météo était plus clémente.

— Salut, m'a-t-il dit en m'embrassant. Viens voir, on a trouvé un nouveau QG. Plus au chaud.

Il m'a guidée vers l'escalier qui menait au sous-sol. Personne n'avait le droit de descendre, sauf les dames de service. Robbie, Ethan, Sharon et Jenna étaient assis sur les marches et bavardaient gaiement.

— Hello, Morganita !

C'était Robbie. Il m'avait donné ce surnom en sixième. Comme il ne l'avait pas utilisé depuis longtemps, ça m'a fait sourire.

— Salut, Morgan ! a lancé Jenna en me voyant. On parlait justement de toi. Alors, comme ça, dimanche prochain, c'est ton anniversaire ?

— C'est vrai. Comment tu le sais ? ai-je demandé, tout étonnée.

— C'est moi qui le leur ai dit, a admis Robbie.

— Comment va Dagda ? a voulu savoir Jenna.

Matt est arrivé à ce moment-là et s'est assis derrière Jenna. Elle lui a souri vaguement, mais n'a pas réagi quand il a commencé à lui masser les épaules.

— Dagda va très bien. Il grandit à vue d'œil !

— Et si samedi on formait un cercle spécial anniversaire, alors ? a proposé Jenna. Avec gâteau, bougies et tout le reste ?

— Bonne idée, a répondu Sharon.

— Euh, samedi, je ne pourrai pas, a marmonné Matt. J'ai une réunion de famille.

Il a passé la main dans son épaisse chevelure noire, les yeux au sol. Jenna le dévisageait. Il ne savait vraiment pas mentir, celui-là !

— En fait, moi aussi, ça m'arrangerait qu'on organise ça un autre jour, a déclaré Robbie. Bree me tanne depuis un moment pour que je participe à l'un de leurs cercles. Si je n'ai aucune envie de rejoindre leur groupe, je suis tout de même curieux de voir comment ça se passe de leur côté.

Son honnêteté m'a bluffée, et ma colère contre Bree s'est réveillée : elle essayait de nous piquer Robbie !

— Tu veux dire que tu vas les espionner ? a demandé Jenna.

— Ça m'intrigue, c'est tout, a avoué Robbie en haussant les épaules. Je m'inquiète pour Bree, et j'aimerais bien savoir ce qu'elle trafique.

— Je trouve que c'est une bonne idée, ai-je annoncé malgré mon agacement.

— Le problème, a commencé Cal en étendant ses jambes sur les marches, c'est que la continuité est un élément très important de la Wicca. La régularité des cercles reproduit le cycle de l'année, de la roue qui tourne. C'est pour ça qu'on doit se réunir tous les samedis. On ne peut pas sécher quand on veut !

Matt a gardé la tête baissée, et Robbie a regardé Cal droit dans les yeux.

— Je comprends, et je suis d'accord avec toi. Seulement, ce n'est pas comme si je le faisais pour moi, tu vois ? Ce n'est pas comme si j'allais regarder le foot à la place !

Sa confiance en lui m'a impressionnée. Je ne pensais pas qu'il aurait le cran de s'opposer à Cal. Ses lunettes et ses boutons avaient disparu depuis que je lui avais donné une potion de guérison, mais il semblait aussi avoir changé de l'intérieur, et là je n'y étais pour rien. Son évolution faisait plaisir à voir.

Finalement, Cal a hoché la tête.

— Bon, j'imagine que c'est pas la fin du monde si on fait une pause. Étant donné que nous ne sommes plus que sept, le cercle serait déséquilibré avec deux personnes en moins. Mais on se voit sans faute le samedi d'après.

— Et on fêtera l'anniv' de Morgan à ce moment-là ! a conclu Robbie en me souriant.

Sharon s'est éclairci la gorge :

— Euh… j'imagine que le moment est mal choisi pour annoncer que, le samedi suivant, je serai à Philadelphie pour Thanksgiving.

— On s'arrangera comme on pourra, a répondu Cal dans un éclat de rire. C'est toujours difficile en période de vacances, avec les dîners en famille et le reste. Et toi, Matt, tu es disponible le samedi suivant ?

Matt a hoché la tête machinalement. Avait-il seulement écouté la question ? La sonnerie a retenti et on s'est tous levés pour aller en cours. Jenna a pris la main de Matt et l'a dévisagé. Il semblait préoccupé, tendu. Que se passait-il ?

En partant, Cal m'a glissé à l'oreille :

— Samedi, on pourra former un cercle spécial, rien que nous deux.

— Ça serait génial, ai-je répondu, toute frissonnante d'impatience.

Bree est arrivée en retard en classe, toute de noir vêtue et le visage barbouillé de maquillage sombre. On aurait dit le clone de Raven. Ses peintures de guerre dissimulaient la beauté naturelle de ses traits, comme si elle portait un masque. Sa transformation ne me disait rien qui vaille. Elle a échangé quelques mots à voix basse avec Chip Newton, puis ils sont allés s'asseoir.

Qu'est-ce qu'elle pouvait bien lui raconter ? D'accord, Chip était plutôt beau gosse et il avait l'air très sympa. En plus, il était encore meilleur que moi en maths. Le hic : c'était le dealer notoire du lycée. L'année précédente, après lui avoir acheté des barbituriques, Anita Fleming avait été hospitalisée pour une overdose. Du coup, je ne le trouvais plus si sympa que ça.

Plus tard dans la matinée, alors que j'étais aux toilettes, les voix de Bree et de Raven ont résonné devant ma porte. Elles discutaient près des lavabos. Aussitôt, j'ai remonté mes jambes pour qu'elles croient que les W-C étaient inoccupés. Je n'avais aucune envie d'affronter leurs sarcasmes.

— Où est-ce qu'on se retrouve ? a demandé Raven.

— Chez Sky, a répondu Bree dans un froufroutement qui m'a laissé croire qu'elle cherchait son rouge à lèvres dans son sac à main.

Aussitôt, j'ai tendu l'oreille : elles devaient parler de leur nouveau coven.

— C'est trop cool qu'ils vivent dans leur propre maison ! T'imagines, ils sont à peine plus vieux que nous…

— C'est clair, a reconnu Bree. Comment tu le trouves ?

— Il est canon ! s'est exclamée Raven, ce qui les a fait rire toutes les deux. Pourtant, c'est Sky qui me bluffe le plus. Elle sait tout sur tout, elle est super cool et elle a des pouvoirs incroyables. Tout ce dont je rêve.

L'une des deux a fourragé dans ses affaires avant de faire couler de l'eau. Elles devaient se remaquiller.

— Ça ne t'a pas étonnée, ce qu'elle nous a dit samedi dernier ?

— Pas vraiment, a lâché Raven. Si tu considères que tout possède un côté blanc et un côté noir, c'est logique et il faut qu'on l'admette.

— C'est sûr…

Au son de sa voix, je savais que Bree était songeuse, et je me demandais de quoi Sky avait pu leur parler. Est-ce qu'elle les attirait vers la magye noire ? Ou est-ce qu'elle leur avait décrit le grand cercle de la Wicca, comme Cal ? Ça ne me semblait...

— T'as apporté les cheveux ? a demandé Raven.

— Ouais, a répondu Bree sur un ton vraiment... déprimé ?

Je n'y comprenais plus rien. Quels cheveux ?

— T'inquiète pas, Bree, a susurré Raven. Sky nous a promis que c'était inoffensif.

— Je sais, c'est juste que j'ai trouvé ces cheveux sur un vieux peigne...

— Arrête de t'en faire, il n'arrivera rien à Morgan, l'a interrompue Raven.

— C'est pas ce que je voulais dire, s'emporta Bree. Je ne m'inquiète pas pour elle.

Je me suis mordu la lèvre quand j'ai compris ce qui se passait : Bree parlait de mes cheveux, à moi ! Elle allait les donner à une inconnue, à une sorcière !

La seule raison plausible était que Sky voulait me jeter un sort. Alors, pourquoi Bree l'aidait-elle ? Elle pensait vraiment que Sky ne me voulait aucun mal ? Pour quelle autre raison aurait-elle besoin de mes cheveux ?

À moins que Bree ne veuille me blesser...

— Il nous faut plus de membres, a repris Raven.

— Ouais. Déjà, Robbie m'a dit qu'il allait venir. Et on va peut-être récupérer Matt, aussi.

Raven a éclaté de rire.

— Ah ! oui, ce cher Matt... Tu sais, j'ai hâte de voir la tête de Thalia quand Robbie fera son entrée. Je parie qu'elle va se jeter sur lui pour lui arracher ses vêtements !

Thalia ? C'était qui, celle-là ?

— T'es sérieuse ?

— Ouais. Elle vient de rompre avec son mec et elle cherche un remplaçant. Comme Robbie est vraiment beau gosse, maintenant, y a des chances qu'il lui plaise. D'ailleurs, moi aussi, j'en ferais bien mon quatre-heures.

— Oh, Raven, t'es vraiment pas croyable !

— Je plaisante, voyons… Enfin, peut-être…

Silence. J'ai retenu ma respiration. Elles venaient d'ouvrir la porte qui donnait sur le couloir.

— De toute façon, Thalia n'est pas son genre, a déclaré Bree alors que les bruits du lycée pénétraient dans les W-C.

— Crois-moi, si elle le veut, elle l'aura.

La porte s'est refermée, et j'ai pu reprendre mon souffle. Tout est redevenu silencieux. Je suis sortie de ma cachette, tremblant de partout. En résumé, Sky avait manipulé Bree pour obtenir une mèche de mes cheveux. Et elles voulaient vraiment récupérer Robbie et Matt. J'avais aussi appris que Sky vivait dans sa propre maison. Avec Hunter ? Était-ce lui que Raven avait qualifié de « canon » ? Et qui était cette Thalia qui allait se jeter sur Robbie ? Bizarrement, Bree n'avait pas eu l'air emballée par cette idée – pas plus que par celle de donner mes cheveux à Sky. Mais bon, sa réticence était une bien maigre consolation.

Tout cela ne me plaisait pas du tout. Sans compter que, à présent, j'avais peur.

10. Vision de mage

Le temps presse, et pas seulement à cause du Traqueur. Les visiteurs se succèdent chez nous. Certains viennent d'aussi loin que l'Europe ou l'Australie. Ils vont et viennent à toute heure du jour et de la nuit et se réunissent chez nous en petits groupes qui débattent, se disputent ou appellent la magye à eux. Je ne sais pas exactement ce qui se passe, mais, à l'évidence, notre découverte a déclenché de vives réactions. Sans parler des cercles magyques ! Pas un jour ne passe sans qu'on en forme au moins un. Ils concentrent une puissance formidable, incroyable. Le lendemain, je suis toujours épuisé.

Sgàth

Après les cours, j'ai voulu retrouver Cal pour lui parler de la conversation que j'avais surprise, mais il était déjà parti en laissant un mot dans mon casier : il devait rentrer car sa mère tenait à lui présenter des amis à elle. Du coup, j'ai dû garder mes questions pour moi. Même Mary K. m'a laissée tomber pour aller chez Jaycee.

Heureusement, Robbie m'a rejointe sur le parking. J'étais contente de le voir, je ne voulais pas rester seule à ruminer.

— Tu fais quoi, maintenant ? m'a-t-il demandé.

J'ai placé ma main en visière pour me protéger des pâles rayons du soleil. Est-ce que je devais lui parler de Bree et de Raven ? Finalement, c'était si compliqué que j'ai préféré m'abstenir.

— Je pensais aller faire un tour dans le bois, histoire de ramasser des pommes de pin et des feuilles pour les décorations de Thanksgiving.

Robbie a réfléchi un instant.

— Bonne idée, a-t-il finalement répondu. Tu permets que je t'accompagne ?

— Volontiers ! ai-je lancé en déverrouillant la portière côté passager.

— Vous fêtez Thanksgiving en famille ?

— Oui, ai-je répondu tout en sortant du parking. Avec mes grands-parents maternels, le frère de mon père et sa famille. Sans oublier tous ceux qui habitent dans les parages. Cette année, c'est nous qui recevons.

— Nous, on va chez mon oncle et ma tante, m'a expliqué Robbie sans enthousiasme. Ils passeront leur temps devant le match de foot, à beugler contre l'arbitre. La bouffe sera dégueu, mon père et mon oncle Stan finiront bourrés et chercheront à se taper dessus.

— Comme tous les ans, quoi, ai-je rétorqué pour essayer de dédramatiser.

Ce n'était pas la première fois que Robbie me décrivait ses réunions de famille. Chaque fois, ça me déprimait.

— C'est presque une tradition, chez vous, ai-je ajouté.

Il a éclaté de rire tandis que je m'engageais dans Miltown Pike Road.

— T'as sans doute raison, Morgan. La tradition, c'est important. Je l'ai appris grâce à la Wicca.

Quelques minutes plus tard, je me suis garée dans le parking près du bois, puis j'ai sorti un grand panier du coffre. Malgré le froid, le soleil s'entêtait à briller. Ses rayons faisaient scintiller les feuilles mortes ourlées de givre qui jonchaient le sol. Telles des statues colossales, les arbres dénudés tendaient leurs branches tordues vers un ciel pâle et dégagé. Cet endroit paisible m'a calmée peu à peu, et je me suis rendu compte que j'étais bien contente d'être là avec Robbie. Je le connaissais depuis tellement longtemps que je le considérais un peu comme un frère.

— Alors, a-t-on une chance de trouver des plantes magyques à cette époque de l'année ? m'a-t-il demandé tandis que nous marchions tranquillement.

— Il n'y a pas grand-chose qui pousse par ce froid. D'après mon bouquin, on peut toujours tomber sur quelques rescapées, mais c'est peu probable. Au printemps, je viendrai chercher des simples, que je replanterai dans mon propre jardin magyque.

— Morgan, tu ne trouves pas ça bizarre que tu sois si forte en sorcellerie ?

Au début, je n'ai pas su quoi répondre, et j'ai hésité à lui raconter la vérité. C'était encore trop tôt… Je savais que je lui dirais tout un jour, quand le moment serait venu.

— Si, c'est très bizarre, ai-je finalement acquiescé en gardant un ton léger. Enfin, c'est surtout génial ! Qui aurait pu croire un truc pareil ?

Nous avons échangé un sourire, puis j'ai trouvé au sol une jolie branche de sapin qui portait trois petites pommes de pin bien rondes. Je me suis également arrêtée pour ramasser quelques brindilles de chêne où tenaient encore des bouquets de feuilles. J'adore la forme des feuilles de chêne.

— Ça a vraiment tout changé, a murmuré Robbie en me tendant une branche qui correspondait à mes critères et a donc rejoint les autres dans mon panier. La magye, je veux dire. Elle a bouleversé ta vie. Et toi, tu as bouleversé la mienne, a-t-il ajouté en désignant son visage.

— C'est vrai, ai-je reconnu d'une petite voix.

Je me suis penchée vers une drôle de plante qui poussait sur un arbre : il s'agissait d'une espèce de lierre étrange pourvu d'une tige poilue et de petites feuilles rouges.

— Touche pas à ça, m'a conseillé Robbie, ça pique.

— Et je me prétends sorcière ! ai-je lancé en riant.

Il m'a souri, mais il y avait quelque chose de triste dans son expression. Il s'est mordu la lèvre.

— Qu'est-ce qu'il y a, Robbie ?

— Elle ne te manque pas, Bree ? m'a-t-il demandé de but en blanc.

Prise au dépourvu, je n'ai rien trouvé à répondre. Je comprenais pourquoi il pensait à elle à cet instant : on s'amusait dans le bois, comme on l'avait souvent fait autrefois, mais Bree n'était pas là.

— Je suis amoureux d'elle.

Sa révélation m'a laissée bouche bée. Même si je m'en doutais un peu, jamais je n'aurais cru qu'il me l'avouerait si franchement.

— Euh… ouais, j'avais remarqué que tu t'intéressais à elle, ai-je admis en bafouillant.

— Non, tu comprends pas, c'est plus que ça, a-t-il murmuré en se détournant pour jeter un gland dans les buissons. Je suis amoureux d'elle. Je l'aime comme un fou. Depuis toujours.

— Depuis toujours ? Alors là, tu m'épates !

— Je ne voulais pas que tu le saches, a-t-il expliqué en haussant les épaules. Ni personne d'autre, d'ailleurs. Et surtout pas Bree. Elle préférait toujours les beaux gosses un peu cons. Tu peux me croire, je les ai comptés, ses mecs. À l'époque, j'étais sûr que je n'avais aucune chance. Tu sais que, le jour où elle a perdu sa virginité, elle est venue me le raconter ? Elle était toute contente. C'était le meilleur truc qu'on ait inventé après le cappuccino, selon elle. Et avec ce loser d'Akers Rowley, en plus.

— M'en parle pas, ai-je soupiré. Akers était un abruti fini. Je suis désolée pour toi, Robbie.

— Bref, a-t-il repris en retrouvant le sourire. Et maintenant, comment tu me trouves ?

C'est vrai que, depuis ma potion miracle, non seulement son acné monstrueuse avait disparu, mais il n'avait même plus besoin de lunettes.

— T'es super beau, Robbie, un des plus beaux mecs du lycée.

Il a éclaté de rire, comme s'il était gêné. L'espace d'un instant, j'ai reconnu le Robbie d'avant, celui qui manquait de confiance en lui.

— Euh… merci, Morgan… Alors… tu crois que j'ai une chance avec elle ?

— J'en sais rien, en fait. Elle te considère plutôt comme son meilleur ami, non ? Vous vous connaissez depuis tellement longtemps qu'elle ne peut plus avoir le coup de foudre pour toi.

Robbie a hoché la tête. Sourcils froncés, il a commencé à shooter dans les feuilles.

Nous nous sommes enfoncés un peu plus dans le bois. La nuit allait tomber, il nous faudrait bientôt rebrousser chemin.

Je l'ai pris par le bras tout en murmurant :

— Il faut que je te dise quelque chose, à propos de Bree. Ce midi, je l'ai surprise en pleine conversation avec Raven. Elles parlaient de leur nouveau coven.

Je lui ai résumé toute l'histoire, pour qu'il reste sur ses gardes. En revanche, je n'ai pas mentionné la mèche de cheveux. J'avais l'intention de m'en occuper moi-même, avec l'aide de Cal. Je refusais l'idée que Robbie se sente plus tiraillé encore entre Bree et moi. D'un autre côté, je ne voulais pas non plus qu'elle se serve de lui.

— Ouais, elles cherchent à recruter du monde, mais ne t'en fais pas, ça ne m'intéresse pas. Par contre, j'irai quand même voir samedi ce qu'elles trafiquent.

J'étais si bien, là, dans le bois avec Robbie, que mes inquiétudes concernant Bree, Raven et leur coven m'ont semblé exagérées. Elles voulaient leur propre coven, et alors ? Il ne serait pas forcément maléfique. Juste un peu décalé par rapport au nôtre sur la roue de la Wicca. Quant aux cheveux... Sky avait assuré à Bree et à Raven que c'était inoffensif, et elles semblaient lui faire confiance. Et puis Bree ne pouvait pas me vouloir du mal. Nous étions restées amies si longtemps... Je m'en serais aperçue s'il y avait eu un fond de méchanceté en elle, non ?

J'ai secoué la tête pour ne plus y penser. Soudain, je me suis souvenue d'une chose.

— Robbie, tu connais une Thalia ? C'est un membre de leur coven.

Il a réfléchi un instant avant de faire non de la tête.

— C'est peut-être juste une copine de Raven, a-t-il conclu.

— En tout cas, mon petit doigt me dit qu'elle risque de se jeter sur toi, ai-je plaisanté.

— Génial ! s'est-il réjoui.

— Sois quand même prudent. Avec Bree, je veux dire. Tu sais comment elle est avec les mecs. Elle aime bien les manipuler, et elle se lasse vite. Si seulement elle pouvait t'apprécier comme tu le mérites, ce serait cool. Mais j'ai peur qu'elle ne finisse par te briser le cœur.

— Je sais, Morgan.

Je lui ai serré le bras un peu plus fort.

— En tout cas, bonne chance, ai-je chuchoté.

— Merci.

Je me suis demandé si les philtres d'amour fonctionnaient vraiment, et s'ils étaient difficiles à élaborer. Comme s'il lisait dans mes pensées, Robbie m'a lancé :

— Et t'as pas intérêt à t'en mêler avec ta magye !

— Pour qui tu me prends ? ai-je répondu, feignant l'indignation. Je crois que j'en ai déjà assez fait…

Tout à coup, je me suis figée. Il m'a jeté un regard interrogateur et j'ai posé mon doigt sur mes lèvres pour qu'il ne fasse pas de bruit. J'ai scruté le bois sans rien voir, pourtant, mes sens me disaient que nous n'étions pas seuls : deux personnes s'approchaient de nous. Mais de quel côté ?

Peu après, j'ai entendu des voix dans le lointain. On a tous les deux eu le réflexe de se cacher derrière un rocher au bord de l'allée.

— Tu te trompes, je ne veux pas.

Robbie et moi, on s'est regardés : c'était Matt.

— Tu rigoles, Matt. Tu me dévores des yeux ! Tu ne penses qu'à ça !

Raven. Forcément, elle essayait de le séduire. Je me rappelais son éclat de rire et son ton lorsqu'elle avait prononcé son nom dans les toilettes : « ce cher Matt ».

Sans un mot, on a jeté un œil par-dessus le rocher. Ils se tenaient l'un en face de l'autre, à cinq mètres de nous. Raven s'est rapprochée de lui, un grand sourire aux lèvres. Il a fait un pas en arrière et s'est retrouvé coincé contre un arbre. Elle en a profité pour se coller à lui, torse contre torse.

— Arrête, l'a-t-il implorée, sans être très convaincant.

Raven s'est pendue à son cou et, dressée sur la pointe des pieds, elle l'a embrassé.

— Arrête, a-t-il répété, sans plus de conviction.

Il a résisté cinq bonnes secondes, puis l'a prise dans ses bras et l'a serrée contre lui. À côté de moi, Robbie s'est caché le visage dans les mains. Quand Matt a ouvert son manteau avant de déboutonner celui de Raven, j'ai cessé de regarder à mon tour. Robbie et moi, on s'est adossés au rocher, tous les deux embarrassés par les gémissements qui commençaient à nous parvenir.

— Tu crois qu'ils vont s'envoyer en l'air ? m'a chuchoté Robbie.

— Ça m'étonnerait, il fait super froid, quand même, ai-je murmuré en essayant de ne pas rigoler trop fort.

On était morts de rire, et on a dû mordre nos manches pour ne pas se faire repérer. Finalement, Robbie n'a pas pu s'empêcher de jeter un coup d'œil.

— J'y vois rien, s'est-il lamenté, il fait trop sombre.

Je savais que, moi, je n'aurais eu aucun mal à les épier. Ces derniers temps, la nuit, tout ce que je regardais semblait éclairé d'une lumière intérieure. J'avais trouvé une description de ce pouvoir dans un livre de sorcellerie : ça s'appelait la « vision de mage ». Mais, franchement, je ne tenais pas à assister au spectacle !

— J'ai pas l'impression qu'ils sont passés aux choses sérieuses, m'a-t-il appris, les yeux plissés. Même si ça devient chaud, ils sont toujours debout.

— C'est déjà ça, ai-je marmonné.

La voix de Matt nous est alors parvenue :

— On doit arrêter… Jenna…

— Oublie-la, ronronna Raven. J'en ai envie. Toi aussi. Tu dois la quitter pour moi et rejoindre notre coven.

— Non, je…

— Matt, s'il te plaît… Pourquoi résister ? Laisse-toi aller et je serai tout à toi. Je ne te plais pas ?

Il a émis un gémissement étranglé. C'était mon tour de me cacher le visage dans les mains. Si seulement je pouvais secouer Matt… Quel crétin !

— Je te plais, a minaudé Raven. Et je peux te donner ce que tu veux. Ce que Jenna ne te donnera jamais. Ensemble, on pourra faire de la magye, une magye très puissante, dans mon coven. Laisse tomber Cal. Ce n'est qu'un sale con autoritaire.

Sa remarque m'a fait relever la tête. De quel droit parlait-elle ainsi de Cal ?

— Dans notre coven, tout est permis, a poursuivi Raven. Personne ne cherchera à te donner des ordres. Et tu seras avec moi. Allez…

Sa voix ne m'avait jamais semblé si douce, si implorante. Un frisson, qui ne devait rien au froid, m'a secouée de la tête aux pieds.

— Impossible, a répondu Matt, visiblement déchiré.

Les feuilles mortes ont craqué sous leurs pas. Heureusement, ils partaient dans l'autre direction.

— Viens, Morgan, m'a soufflé Robbie. On se barre, j'ai le cul gelé.

On a regagné le parking aussi silencieusement que possible. Sans un mot, j'ai flanqué mon panier garni dans le coffre et on est vite montés dans Das Boot.

— Quelle histoire… a marmonné Robbie en soufflant sur ses mains pour les réchauffer.

— Au moins, maintenant, on sait pourquoi Matt agit si bizarrement, ai-je déclaré en démarrant la voiture. J'ai bien cru que Raven allait lui arracher ses vêtements !

Ma remarque n'a pas réussi à le dérider, et mon propre sourire s'est effacé. Ce n'était pas drôle. Tout cela finirait dans les larmes.

— Qu'est-ce qu'on fait ? lui ai-je demandé. On en parle à Jenna ? J'ai de la peine pour elle. Et même pour Matt. Il a l'air complètement… ensorcelé !

— Tu crois que Raven lui a jeté un sort ?

— Je ne pense pas. Ce n'est pas une sorcière de sang, et elle pratique la Wicca depuis trop peu de temps. À moins que Sky l'ait aidée…

— À croire que la magye du sexe suffit à nous faire perdre la tête, a déclaré Robbie.

J'ai repensé à Cal, à la chaleur qu'il suscitait en moi quand nous nous embrassions, serrés l'un contre l'autre. Dans ces moments-là, j'oubliais tout le reste.

— Ouais, ça doit être ça, ai-je admis. Alors, on fait quoi ?

— Je ne sais pas. Je me vois mal leur en parler directement. Quelque part, ce ne sont pas nos oignons. Tu devrais peut-être en discuter avec Cal. Après tout, c'est son coven qu'elles essaient de briser. Et raconte-lui aussi ce que t'as entendu ce midi dans les toilettes.

J'ai soupiré en hochant la tête.

— Bonne idée… Hé, Robbie, merci de m'avoir avoué ce que tu ressentais pour Bree, je suis contente que tu me fasses confiance. Je garderai ça pour moi, mais fais gaffe à toi, d'accord ?

— Promis, t'inquiète !

11. Le Conseil

La veille de Samhain, 1995

Mes cousins organisent une soirée déguisée pour Samhain, après la célébration. Je serai Dagda, le Seigneur des Cieux, le Grand Roi de la Tuatha Dé Danann. Je porterai une flûte de Pan pour symboliser la musique, ma baguette pour la magye et un livre pour le savoir. Ça va être marrant. J'ai aidé Linden et Alwyn à préparer leurs costumes, on s'est bien amusés.

J'ai vu ma cousine Athar embrasser Dave McGregor derrière un arbre. Comme je n'arrêtais pas de la railler, elle m'a jeté un sort d'entrave et, du coup, je ne peux pas le raconter aux autres. Ça fait deux jours que je cherche le contre-sort, en vain.

L'année prochaine, je serai enfin initié et je deviendrai sorcier pour de bon. J'ai l'impression que, depuis qu'on est arrivés ici, j'ai passé mon temps à étudier la sorcellerie. Avec tante Shelagh, ça va, oncle Beck, lui, est un véritable tyran. Et c'est d'autant plus dur que Linden et Alwyn sont toujours sur mon dos.

Je pense souvent à maman et papa. Je me demande où ils sont, et pourquoi ils nous ont abandonnés. La colère est toujours en moi, mais, l'an prochain, j'apprendrai enfin la vérité.

Gìomanach

— J'ai essayé de t'appeler hier soir, ai-je annoncé à Cal, le visage collé contre son manteau.

Un vent glacial a balayé le parking du lycée et soulevé mes cheveux. Voyant que je frissonnais, Cal m'a frotté le dos. La sonnerie allait bientôt retentir, mais je voulais le garder un peu pour moi toute seule avant de rejoindre les autres. Je n'étais vraiment pas pressée de voir Jenna et Matt. J'avais les nerfs en pelote, d'une part, à cause de ce que Robbie et moi avions découvert, et d'autre part, à cause du terrible cauchemar que j'avais fait cette nuit-là : un nuage sombre, pareil à un gigantesque essaim d'insectes noirs, me poursuivait et m'étouffait. Je m'étais réveillée en sueur, tremblant de tous mes membres. L'aube pointait quand j'avais enfin réussi à me rendormir et, une heure plus tard, Mary K. m'avait tirée du lit.

— Je sais, m'a-t-il répondu en m'embrassant sur la tempe. J'ai eu ton message, mais je suis rentré trop tard pour te rappeler. C'était important ? Je me disais qu'en cas d'urgence tu m'enverrais un message télépathique.

— Je voulais juste te parler... d'une série de trucs bizarres, ai-je expliqué.

— Ah oui ? Raconte.

J'ai hésité un instant puis, comme nous étions seuls sur le parking, je l'ai pris par la taille et je me suis lancée...

— Tu te rends compte, ai-je conclu, Bree va lui donner une mèche de mes cheveux ! Qu'est-ce que Sky va en faire, à ton avis ?

— Je n'en sais rien... mais je compte bien le découvrir, m'a-t-il promis. Ne t'inquiète pas, Morgan, il ne t'arrivera rien. Je veillerai sur toi.

Ses paroles rassurantes m'ont réchauffé le cœur. J'ai eu l'impression qu'on me retirait un poids énorme des épaules. C'était presque magyque !

— Ce n'est pas tout, ai-je continué. Hier soir, Robbie et moi, on a vu Raven et Matt se tripoter dans le bois.

— Sans blague ?

— Je t'assure. On est tombés sur eux par hasard, alors qu'on ramassait des pommes de pin. Crois-moi, on s'est vite planqués. Un peu plus et Raven le violait sur place ! Elle voulait qu'il quitte Jenna et rejoigne leur coven.

— Tu m'étonnes qu'il soit à côté de ses pompes en ce moment... Donc, si je comprends bien, c'est Sky qui dirige leur coven ? C'est logique, puisque tu l'avais aperçue l'autre jour avec Bree et Raven…

Tandis que j'acquiesçais, une idée m'a traversé l'esprit : que faisait Sky chez Selene le soir où j'avais trouvé le Livre des Ombres de Maeve ? Est-ce qu'elle jouait les espionnes ? Selene savait-elle que Sky dirigeait un autre coven ? Était-ce seulement important ? Toutes ces questions me donnaient le tournis. J'allais interroger Cal quand la sonnerie a retenti.

— Il faut que je réfléchisse à tout ça, m'a-t-il confié pendant qu'on se dirigeait bras dessus, bras dessous vers l'entrée du lycée. J'ai deux ou trois choses à dire à Sky. Pour Raven et Matt, je ne sais pas si je dois intervenir.

J'étais soulagée qu'il s'occupe de Sky. Du coup, j'ai décidé que, si j'en avais l'occasion, je me chargerais moi-même de Matt. Après tout, c'était notre ami, et il faisait toujours partie de notre coven.

— Matt ! l'ai-je interpellé dans le hall du lycée. Je peux te parler une minute ?

La pause de midi touchait à sa fin, et je voulais le voir avant de retourner en cours.

— Dis-moi tout, qu'est-ce qui se passe ? m'a-t-il répondu, les mains dans les poches et l'air absent.

J'ai inspiré un bon coup, puis j'ai tout déballé :

— Je t'ai vu avec Raven, hier. Dans le bois.

Les yeux écarquillés, il m'a dévisagée.

— Euh… je vois pas de quoi tu parles…

— Allez, te fous pas de moi, ai-je murmuré en l'attirant dans un couloir pour qu'on puisse discuter en privé. Je sais qu'elle veut que tu rejoignes son coven et qu'elle te veut aussi, toi. Tu trompes Jenna avec Raven…

— On n'a rien fait du tout, s'est-il défendu, paniqué. Enfin, je veux dire, pas encore… Oh ! je sais plus quoi faire…

— Ben… casse avec Jenna si tu veux sortir avec Raven, lui ai-je conseillé.

— Mais je ne veux pas sortir avec elle ! Et je m'en fous, de leur coven… Le problème, c'est que… je l'ai toujours trouvée super sexy, tu comprends ?

Il a secoué la tête, comme pour mettre de l'ordre dans ses idées.

— Je ne vois même pas pourquoi je te raconte ça, s'est-il lamenté.

— Pourquoi tient-elle à ce que tu rejoignes leur coven ?

— J'imagine qu'elles ont besoin de nouveaux membres. Ils étaient plus nombreux, au début. La plupart ont laissé tomber tout de suite et ceux qui restaient se sont fait jeter. Ils ne prenaient pas la Wicca au sérieux.

— Mais pourquoi toi ? ai-je insisté.

— Oh ! je ne pense pas qu'elles me veulent moi en particulier, ça pourrait être n'importe qui d'autre, a-t-il répondu en reniflant.

— Sauf que tu es déjà membre d'un coven, ai-je marmonné. Le nôtre.

D'un côté, j'avais envie de le consoler, de l'autre, je devais me retenir de lui tordre le cou.

— Alors, qu'est-ce que tu comptes faire ? ai-je demandé, essayant de ne pas avoir l'air de le juger.

— Je n'en ai aucune idée.

— Et si tu en discutais avec Cal ? Il pourrait peut-être t'aider à y voir plus clair.

Matt n'a pas semblé convaincu par ma proposition.

— Ouais, j'y penserai. Dis-moi, tu vas en parler à Jenna ?

— Bien sûr que non. Par contre, elle est loin d'être bête, et elle se doute sûrement de quelque chose.

Il s'est mis à rire, d'un rire sans joie.

— Tu m'étonnes ! On est ensemble depuis quatre ans. On se connaît trop bien. Et dire qu'on n'a même pas dix-huit ans…

Sur ces mots, il est parti vers sa classe sans un regard en arrière. Est-ce qu'il regrettait de s'être engagé avec Jenna trop tôt ? Avait-il envie de connaître d'autres filles ? Tandis que j'y réfléchissais, un petit poème s'est glissé dans mon esprit. J'ai répété les mots dans ma tête :

Aide-le à trouver sa voie,
Aide-le à oublier sa peur,
Ici il n'est pas le chasseur,
Pas plus qu'il n'est la proie.

Après les cours, Mary K. et moi sommes rentrées à la maison. Je ne me suis pas méfiée en voyant une voiture grise stationnée devant chez nous, et j'ai suivi ma sœur dans l'allée. Des gens se garaient là tout le temps. C'était sans doute un client de ma mère.

— Morgan !

En entendant cette voix, j'ai fait volte-face. Hunter Niall était en train de sortir du véhicule en question.

— C'est qui, ce beau mec ? m'a demandé Mary K., l'air intéressé.

— M'attends pas, lui ai-je ordonné, le cœur battant la chamade. Je m'occupe de lui.

— Hou ! là, là ! j'ai hâte d'entendre tes explications ! a-t-elle roucoulé, un sourire jusqu'aux oreilles.

Elle a gravi les marches d'un pas lourd et tapé des pieds sur le perron pour chasser la neige de ses Doc.

— Bonjour, Morgan.

Il avait beau être poli, il me semblait toujours menaçant. À en croire son nez rouge écarlate et sa voix éraillée, son rhume avait empiré.

— Qu'est-ce que tu fais là ? lui ai-je lancé, peu rassurée.

Mon cauchemar m'est revenu en tête, l'horrible impression d'étouffer, le nuage noir qui me pourchassait…

— Je voudrais te parler, a-t-il déclaré dans une quinte de toux.

— Ah ouais, et de quoi ?

Je l'ai observé en posant mon sac à dos par terre. Je fixais ses mains, sa bouche et ses yeux, tout ce dont il pouvait se servir pour me lancer un sort. Mon cœur palpitait, et ma gorge était nouée. J'aurais donné n'importe quoi pour que Cal arrive soudain en voiture. J'ai pensé lui envoyer un message télépathique, puis je me suis ravisée. Si la discussion avec Hunter tournait mal, je n'avais qu'à rentrer chez moi.

Lorsqu'il a traversé la pelouse pour me rejoindre, ses pas ont laissé des empreintes noires dans la neige à moitié fondue. Il s'est approché si près que j'ai pu voir son visage en détail : sa peau claire ne présentait pas la moindre imperfection, quelques taches de rousseur parsemaient les ailes de son nez et ses yeux verts me contemplaient avec froideur.

— Je voudrais te parler de toi, Morgan. Tu ne sais pas à quoi tu t'exposes avec Cal.

Il a dit ça sur un ton très neutre, en enfonçant un peu plus profondément sa casquette en cuir sur sa tête. Des mèches de cheveux blonds s'en échappaient.

— Et toi, tu ne sais pas de quoi tu... ai-je commencé, sentant la colère monter en moi.

— Ce n'est pas ta faute, a-t-il coupé. Tout cela est nouveau pour toi.

De quel droit se montrait-il si condescendant envers moi ?

— Malgré toi, te voilà mêlée à une affaire dangereuse, plus importante et plus sombre que tout ce que tu pourrais imaginer. Personne ne te le reprochera : tu ne pouvais pas savoir qui étaient vraiment Cal et sa mère.

— Mais de quoi tu parles, à la fin ? Personne ne me reprochera quoi ? Je ne comprends rien !

— Cal t'a menti, a-t-il répondu d'un ton grave. Il n'est pas celui qu'il prétend être. Idem pour sa mère. Je suis venu te mettre en garde. Ne joue pas les idiotes. Regarde-moi !

Il a levé la main vers ses yeux gonflés et son nez rougi.

— Tu penses que c'est normal, ça ? Ils m'ont jeté un sort...

— Alors ça, c'est la meilleure ! l'ai-je interrompu. Tu essaies de me dire qu'ils complotent contre toi ! Trop drôle !

C'était qui, ce mec ? Il croyait vraiment que j'allais gober son histoire de rhume à la magye noire ? J'enrageais ; j'aurais voulu le projeter au sol et le rouer de coups de poing et de coups de pied. Jamais je n'avais éprouvé de sentiments aussi violents, pas même envers mes parents, Bree ou encore Bakker. Je lui ai tourné le dos pour rentrer chez moi.

Hunter a bondi et m'a attrapé le bras. Comme il me faisait mal, j'ai fermé le poing et je l'ai frappé à la main. Des étincelles bleues se sont échappées de mes doigts et lui ont brûlé la peau. Il m'a tout de suite relâchée, visiblement éberlué.

— Je comprends tout, maintenant, a-t-il murmuré en se frottant la main. C'est pour ça qu'il te veut.

— Dégage, Hunter ! ai-je hurlé. Sinon, je vais vraiment m'énerver.

Hunter a ricané :

— T'essaies de me montrer à quel point tu es forte, petite Woodbane ?

Le temps s'est arrêté.

— Eh oui, a-t-il poursuivi. Je connais ton secret, je sais que tu es une Woodbane.

— Tu ne sais rien du tout, ai-je réussi à murmurer. Tu ne me connais même pas.

Mes mots ont dessiné un nuage blanc dans l'air.

— Maeve Riordan. Et son coven, Belwicket. Tous des Woodbane. Ne fais pas comme si tu l'ignorais.

Au fond de moi, j'ai ressenti une impression horrible, comme un chaudron en ébullition. *Pourvu que je ne vomisse pas,* me suis-je dit.

— Tu mens, ai-je aboyé.

Il a semblé surpris, puis méfiant.

— Ça ne sert à rien de le cacher, a-t-il insisté, maintenant plus irrité qu'arrogant. Tu es une Woodbane, comme Cal. Vous jouez avec le feu, tous les deux. Mais rien n'est joué. Tu as le choix,

Morgan, et lui aussi. Et je suis là pour m'assurer que tu feras le bon.

Allez, bouge, ai-je ordonné à mon corps. *Rentre à la maison. Ne reste pas plantée là…* Impossible d'effectuer le moindre mouvement.

— Tu es qui, à la fin ? Qu'est-ce que tu cherches ?

— Je suis Hunter, a-t-il dit avec un sourire carnassier qui m'a glacé le sang. Le plus jeune membre du Conseil international des sorciers.

Je n'arrivais plus à respirer, je haletais comme si j'avais la mort en face de moi.

— Et Cal est mon frère.

12. L'avenir

Chaque jour, je remercie le Dieu et la Déesse de l'avoir créée. Elle ne cesse de m'émerveiller. Au début de ma mission, elle ne représentait pour moi qu'un exercice pratique. Mais elle est tellement plus que ça. Un oiseau sauvage : fragile, elle possède pourtant une force insoupçonnée. Si je la presse, elle prendra peur et s'envolera au loin.

Pour la première fois de ma vie, je me découvre une faiblesse, et c'est l'amour que j'éprouve pour elle.

Sgàth

J'ai grimpé à toute allure les quelques marches couvertes de verglas qui me séparaient de la maison. Je savais qu'il ne me suivrait pas. À l'intérieur, il faisait merveilleusement chaud. J'en aurai pleuré de soulagement. Arrivée dans ma chambre, j'ai eu la bonne idée de m'enfermer à double tour. Quand Mary K. est venue frapper à ma porte, j'ai répondu :

— Je descends dans un instant.

— D'accord.

Le bruit de ses pas a résonné dans l'escalier.

Mille questions tourbillonnaient dans ma tête. Je me suis d'abord précipitée dans la salle de bains afin d'examiner mon visage dans le miroir. C'était bien moi, trait pour trait, malgré mon air hagard et mon teint pâle. Est-ce que Hunter avait raison ? Est-ce que j'étais une Woodbane ?

J'ai soulevé mon matelas pour prendre le Livre des Ombres de Maeve, puis j'ai feuilleté l'épais volume, comme je l'avais fait si souvent. Jusqu'à présent, je n'avais lu que quelques passages au hasard. Je prenais mon temps, je voulais m'imprégner du moindre sortilège décrit et je savourais chacun des mots qui constituaient mon seul lien avec ma vraie mère.

Bizarrement, il ne m'a pas fallu longtemps pour trouver l'information que je cherchais, dans un paragraphe rédigé à l'époque où elle signait encore Bradhadair : « Malgré le sang des Woodbane qui coule dans nos veines, le coven de Belwicket a décidé de renoncer au mal. »

Les paroles de Selene me sont revenues en tête avec la force d'une gifle : « Je ne voulais pas t'en parler tout de suite parce que je sais ce qu'il contient et que je n'étais pas sûre que tu sois prête. »

Selene savait que Maeve était une Woodbane ! Mon regard a soudain été attiré par un petit livre posé sur mon bureau : l'histoire des Woodbane qu'Alyce m'avait conseillé de lire... Alors, Alyce était au courant, elle aussi ? Pourquoi étais-je la seule à l'ignorer ? Et Cal, est-ce que lui aussi... ?

Non, Hunter avait menti. Je sentais de nouveau la rage m'embraser les tripes. Il avait prétendu être le frère de Cal. Le père de Cal s'était remarié en Angleterre et il avait eu d'autres enfants, mais Hunter ne pouvait pas être son fils : lui et Cal semblaient avoir le même âge.

Mensonges ! Tout cela n'était que mensonges !

Qu'est-ce que Hunter était venu faire en Amérique ? S'était-il donné pour mission de me gâcher la vie ? S'il était bel et bien le frère de Cal, il s'en prenait peut-être à moi pour le blesser, lui. Il pouvait être fier, il y arrivait sacrément bien.

Tous ces mystères me donnaient la migraine. J'ai refermé le livre et pris Dagda dans mes bras. Je suis restée dans cette position jusqu'au dîner, en me laissant apaiser par le ronronnement de mon chaton.

Comme chaque fois que c'était son tour de cuisiner, Mary K. nous avait concocté une mixture végétarienne immangeable. Je n'avais pas faim, de toute façon. Une seule chose m'obsédait : découvrir la vérité.

Après le repas, quand elle m'a interrogée sur Hunter, j'ai habilement détourné la question, puis j'ai demandé à mes parents la permission d'aller chez Cal. Par bonheur, ils ont dit oui.

Dès que je suis montée en voiture, la neige s'est remise à tomber. Malgré le choc causé par les révélations de Hunter, j'essayais de me concentrer sur ma conduite. Les essuie-glaces dansaient follement sur mon pare-brise tandis que les flocons tourbillonnaient dans la lumière de mes phares. La nuit était belle, la route, silencieuse et déserte.

Woodbane. Une fois rentrée à la maison, je lirais le livre qu'Alyce m'avait conseillé. Mais, avant tout, je devais voir Cal.

En arrivant devant chez lui, j'ai remarqué une petite voiture verte inconnue garée derrière son Explorer. La neige a crissé sous mes pas lorsque j'ai traversé l'allée. Les larges marches de pierre avaient été déblayées et salées. Je les ai grimpées quatre à quatre et j'ai sonné.

Et si c'était Selene qui m'ouvrait, comment réagirais-je ? Lors de notre dernière rencontre, j'avais pour ainsi dire volé un livre dans sa bibliothèque personnelle. En même temps, ce livre me revenait de plein droit. Et elle m'avait autorisée à le conserver.

J'ai attendu un moment. Personne ne venait. Je commençais à avoir froid. J'aurais peut-être dû téléphoner d'abord. J'ai sonné une nouvelle fois, puis j'ai déployé mes sens pour m'assurer qu'il y avait quelqu'un à l'intérieur. Je me suis heurtée à une véritable muraille : impossible de détecter quoi que ce soit. À l'évidence, un sort protégeait la maison des intrusions magyques.

Les flocons de neige se déposaient sur ma chevelure et dessinaient une manière de châle qui fondait au contact de mes joues et de mes cils.

Prise de doutes, j'ai sonné de plus belle. Et s'ils étaient occupés ? S'ils recevaient du monde ? Je les dérangeais peut-être au beau milieu d'un cercle… ou d'une fête… Alors que j'avais abandonné tout espoir, la lourde porte en bois a enfin pivoté sur ses gonds.

— Morgan ! a lancé Cal en m'apercevant. Je n'avais même pas senti ta présence. T'as l'air complètement gelée, entre vite.

Il m'a attirée dans le hall, la main posée sur mes cheveux froids et mouillés. Des bruits de pas m'ont fait tourner la tête. Il n'était pas seul, Sky était avec lui.

Je n'en croyais pas mes yeux. Qu'est-ce qu'elle fichait là ? Est-ce que Cal l'avait fait venir pour tirer les choses au clair ? J'ai cherché en vain sur le visage de mon petit ami des signes d'irritation ou de gêne : il semblait parfaitement décontracté.

— J'aurais dû appeler avant de passer, ai-je déclaré en les regardant l'un après l'autre. Je ne voulais pas vous déranger.

Dis-moi que je ne vous dérange pas, ai-je songé tandis que Sky attrapait son lourd manteau en cuir. Une nouvelle fois, sa beauté atypique m'a frappée. À côté d'elle, je me sentais banale à pleurer. Je me suis demandé, un peu jalouse, si Cal la trouvait attirante.

— Ne t'inquiète pas, a répondu Sky en remontant la fermeture Éclair de son manteau. J'allais partir. Souviens-toi de ce que je t'ai dit, Cal.

Elle semblait presque le menacer. Ses yeux noirs, qui jetaient des éclairs, tranchaient avec la pâleur de ses cheveux blonds.

— Relax, Sky, tu te tracasses pour rien, lui a-t-il lancé en riant.

Elle est partie sans un mot, pas même un au revoir. Quelque chose ne tournait pas rond.

— Que faisait-elle ici ?

— Je l'ai croisée par hasard cet après-midi. Je lui ai expliqué que nous devions discuter des activités de son coven. Elle a accepté mon invitation, mais je n'ai pas pu en placer une : elle voulait juste me parler de Hunter.

Il m'a aidée à enlever mon manteau, l'a posé sur le dossier d'un fauteuil et m'a pris les mains pour les réchauffer.

— Au fait, j'ai essayé de t'appeler chez toi il y a quelques minutes à peine et ça sonnait occupé.

— Quelqu'un doit déjà être en ligne, ai-je répondu, les sourcils froncés.

Essayait-il d'esquiver la conversation ?

— Alors, qu'est-ce qu'elle t'a dit ? ai-je insisté.

— Elle voulait me mettre en garde.

Sans me lâcher la main, il m'a guidée vers une double porte en bois sombre donnant sur un salon d'apparat. Dans l'imposante cheminée en pierre brûlait une belle flambée. Devant l'âtre, un canapé bleu moelleux semblait nous attendre. Cal m'a invitée à m'y asseoir près de lui.

— Comment ça ?

— En gros, Hunter m'a dans le collimateur… Sky voulait m'avertir.

Songeuse, j'ai plongé mon regard dans les flammes. D'habitude, leur danse me détendait, mais pas ce soir.

— Qu'est-ce qu'il te veut, Hunter ?

— Euh… c'est une affaire personnelle…

— Alors, pourquoi Sky tenait à te prévenir ? Je croyais qu'elle était avec lui…

— Sky ne sait pas vraiment ce qu'elle veut, s'est-il contenté de répondre, énigmatique.

Il ne s'était pas rasé depuis un moment. Sa barbe naissante lui donnait l'air plus âgé. Plus sexy, aussi. Il est resté un instant silencieux, puis a fini par se rapprocher de moi. Je sentais la chaleur de son corps contre le mien, de mon épaule jusqu'à ma hanche. J'ai soudain repensé aux rares fois où nous nous étions retrouvés allongés l'un contre l'autre, à nos baisers passionnés, à ses mains sur mon corps, à mes doigts sur sa peau… J'ai dû me forcer à reprendre mes esprits, je ne devais pas me laisser distraire.

— C'est qui, Hunter, exactement ? ai-je repris.

— Je préfère qu'on n'en parle pas.

— Et moi j'ai besoin qu'on en parle. Il est venu me voir, aujourd'hui.

— Quoi ?!

J'ai vu dans ses yeux dorés qu'il était abasourdi. Et inquiet. Inquiet pour moi ?

— C'est quoi, le Conseil international des sorciers ? lui ai-je aussitôt demandé.

Dans un soupir résigné, il s'est écarté de moi et s'est adossé au canapé.

— Attends, raconte-moi ce qui s'est passé, Morgan.

— Il m'attendait devant chez moi. Il m'a dit que j'étais une Woodbane. Et que toi aussi, tu en étais un. Il prétend également qu'il est ton frère et qu'il appartient au Conseil international des sorciers. D'après lui, à cause de toi, je suis en danger.

— J'y crois pas, a grogné Cal. Je suis désolé, Morgan. Je vais faire en sorte qu'il te laisse tranquille.

Il a marqué une pause, songeur.

— Tout d'abord, le Conseil, comme son nom l'indique, réunit des sorciers et des sorcières du monde entier. C'est une sorte de gouvernement sans véritable État à gouverner. Un peu comme les sages d'un village dont la population serait éparpillée dans le monde entier. Ils viennent de soixante-sept pays, si ma mémoire est bonne.

— Quel est son rôle ?

— Dans l'ancien temps, il était chargé de régler les querelles de territoires, les guerres entre clans, les cas d'utilisation illicite de la magye. À présent, les membres se contentent de réguler l'utilisation de la magye. Et d'accumuler les connaissances.

— Et Hunter en est membre ?

— Ça, c'est ce qu'il dit. À mon avis, c'est du pipeau, mais on ne sait jamais, ils manquent peut-être vraiment de personnel ! a-t-il plaisanté. Tu parles, Hunter n'est qu'un sorcier de bas étage qui a pris la grosse tête.

— Et parano, en plus, ai-je ajouté en repensant à son histoire de rhume.

— Il t'a donc assuré que tu étais une Woodbane ?

— Oui, ai-je murmuré. Et ensuite, le livre de Maeve me l'a confirmé. Tous les membres de Belwicket l'étaient. Tu le savais, toi ?

Il ne m'a pas répondu tout de suite, comme s'il réfléchissait à ce que je venais de dire. Finalement, il m'a regardée dans les yeux et m'a demandé :

— Et alors, comment tu te sens, maintenant que tu le sais ?

— Super mal, lui ai-je avoué. J'aurais été fière d'être une Rowanwand ou n'importe quoi d'autre. Mais une Woodbane… J'aurais aussi bien pu découvrir que je descends d'une lignée de criminels. En pire. En bien pire.

Il s'est tourné vers moi dans un éclat de rire.

— C'est loin d'être aussi terrible !

— Comment peux-tu affirmer une chose pareille ?

— Tu sais, aujourd'hui, appartenir au clan des Woodbane ou à un autre, ça n'a plus vraiment d'importance. À cause de leurs préjugés, les gens oublient que ce clan possède lui aussi des qualités : la force, la loyauté, le pouvoir et la soif de connaissance.

— Mais toi, tu le savais que j'étais une Woodbane ? En tout cas, ta mère était au courant.

— Non, je l'ignorais. Je n'ai pas lu le Livre des Ombres de Maeve, et ma mère ne m'en a pas parlé. Savoir que tu es une Woodbane vaut mieux que de ne pas savoir de quel clan tu descends. Ou d'être de deux clans différents – une bâtarde. J'ai toujours pensé que les Woodbane avaient servi de boucs émissaires. Qu'on avait réécrit l'histoire en partant du principe qu'ils étaient responsables de tous les maux.

— Après, Hunter m'a affirmé que Selene et toi, vous étiez vous aussi des Woodbane, ai-je murmuré en me tournant de nouveau vers le foyer.

— Ça, on n'en sait rien, m'a-t-il répondu calmement. Ma mère a passé des années à faire des recherches, qui n'ont rien donné. De toute façon, ça changerait quoi ? Tu ne m'aimerais plus ?

— Bien sûr que si ! l'ai-je rassuré en posant ma tête sur son épaule.

Je commençais à me sentir mieux. J'ai enlevé mes chaussures et j'ai tendu les pieds vers les flammes qui crépitaient. La chaleur était un vrai bonheur pour mes orteils. Je me suis un peu détendue, cependant, j'avais encore des questions à lui poser.

— Pourquoi Hunter prétend-il être ton frère ?

Son regard s'est assombri.

— Parce que mon père est un grand prêtre très puissant et que Hunter veut lui ressembler. En fait, c'est le fils de la nouvelle femme de mon père, ce qui fait de nous des demi-frères. Rien de plus. J'aurais préféré ne jamais le connaître !

— Tu l'as rencontré comment ?

— À une convention, il y a quelques années.

Je n'ai pas pu m'empêcher d'éclater de rire.

— Une convention de sorcellerie ?

— Exactement. On venait à peine de nous présenter quand il m'a sorti qu'on était frères. Si c'est vrai, comme on n'a que six mois d'écart, cela signifie que mon père a mis une autre femme enceinte alors que ma mère m'attendait, moi. Je l'ai haï pour avoir affirmé une chose pareille. Et je refuse toujours de le croire. Pour moi, nous n'avons pas le même père. Le mien, même si c'était un crétin, n'aurait jamais fait une chose pareille.

Il m'a passé le bras autour des épaules, et je me suis blottie contre son torse. J'écoutais battre son cœur tout en regardant le feu.

— C'est à cause de ça qu'il t'en veut ?

— Ouais. En fait, il est... je ne sais pas comment dire... tordu ? Sans doute à cause d'un truc qu'il a vécu dans son enfance. Je sais que je ne devrais pas le haïr. Ce n'est pas sa faute si mon père a quitté ma mère pour la sienne. Pourtant, il prend son pied à me répéter sans cesse que mon père l'a engendré. Comme s'il adorait me faire souffrir.

— Je suis désolée pour toi, ai-je murmuré en caressant ses cheveux ondulés.

Il a émis un petit rire sans joie. J'ai eu envie de le consoler comme il l'avait fait si souvent avec moi. Doucement, je l'ai embrassé. Je voulais qu'il sente à quel point il pouvait compter sur mon amour. Il m'a serrée un peu plus fort.

— Alors qu'est-ce qu'il faisait chez toi, l'autre jour ? ai-je poursuivi d'une petite voix.

— Il soigne ses relations familiales, j'imagine, a-t-il répondu, sarcastique. Je n'en sais rien, en réalité. J'ai l'impression qu'il aime nous rappeler, à ma mère et à moi, qu'il existe, pour qu'on n'oublie pas que mon père nous a abandonnés. Comme s'il prenait un malin plaisir à remuer le couteau dans la plaie.

— Quel taré ! Je le déteste, ce mec, ai-je grommelé en frissonnant. Si jamais il continue à te tourmenter, il va avoir affaire à moi. Je te le promets.

— Tu sais que j'aime bien quand tu joues les dures ? m'a-t-il raillée.

— Je ne plaisante pas. Je lui jetterai une boule de feu bleu si puissante qu'il ne l'oubliera pas de sitôt.

J'ai agité mes doigts, surprise par la violence de mes émotions.

Le sourire de Cal s'est encore agrandi.

— Bon, et si on parlait d'autre chose ? a-t-il suggéré avant de m'embrasser. Je voulais justement te poser une question. Tu sais déjà dans quelle université tu voudras aller ?

Sa question m'a surprise.

— Pas encore. D'abord, je pensais envoyer mon dossier au MIT ou peut-être à Caltech[1]. Un truc avec des maths, quoi.

— Intello, va ! s'est-il gentiment moqué.

— Et pourquoi cette question ?

Le sujet semblait étrangement banal, après le Conseil des sorciers et les anciens clans de la Wicca.

— Parce que je pensais à notre avenir, m'a-t-il annoncé d'un ton très calme, très pragmatique. J'envisage de partir en Europe, l'année prochaine. De m'offrir une année de voyage. Je me disais que, à mon retour, je pourrais nous trouver un petit appartement, comme ça on irait en cours tous les deux.

1. Le Massachusetts Institute of Technology et le California Institute of Technology, considérés comme deux des meilleures universités occidentales en sciences et en technologie.

J'en suis restée comme deux ronds de flan.

— Tu veux dire… pour qu'on emménage ensemble ? ai-je murmuré.

— Oui, a-t-il répondu dans un demi-sourire, comme s'il venait de proposer qu'on fasse nos devoirs côte à côte ou qu'on aille au ciné. Je veux être près de toi à chaque instant.

Il s'est reculé un peu pour me dévisager.

— Personne n'a jamais eu envie de me protéger comme tu le fais, a-t-il conclu.

Sa proposition m'a coupé le souffle. Dans un éclat de rire, je me suis jetée sur lui. Je voulais juste l'embrasser, mais ma fougue était telle qu'on s'est retrouvés par terre.

— Aïe ! a gémi Cal en se frottant la tête.

Il m'a souri, et j'ai posé mes lèvres sur les siennes. Du coin de l'œil, j'ai aperçu le cadran de l'horloge du salon. J'ai soupiré. Il était déjà tard. Mes parents allaient s'inquiéter.

— Je dois rentrer, ai-je marmonné.

— Un jour, tu ne seras plus obligée de partir, m'a-t-il promis.

J'ai enfilé mon manteau, plus heureuse que jamais. Cal m'a raccompagnée à la porte et je n'ai même pas senti la morsure du froid en sortant sous la neige.

13. Le côté obscur

Litha, 1996

Jusque-là, ma vie ressemblait à un hiver éternel. Mais hier soir, pendant mon initiation, le printemps a brisé la glace. C'était magyque. Tante Shelagh et oncle Beck ont mené le rituel pendant que les anciens du coven nous entouraient. On m'a bandé les yeux et on m'a servi du vin, puis on a testé mes connaissances. J'ai répondu de mon mieux, traçant un cercle et des runes pour jeter des sorts malgré ma cécité. Quelqu'un a levé la pointe acérée d'un couteau vers mon œil droit et m'a dit d'avancer. Je n'ai pas hésité, et la lame a disparu.

J'ai chanté mon chant initiatique seul, dans les ténèbres, tandis que je sentais la magye m'envahir. J'avais l'impression d'être invincible et puissant, rempli de joie et de savoir. Alors, on m'a enlevé le bandeau et mon initiation a pris fin. Maintenant, je suis un sorcier, et un homme.

Le vin a coulé à flots et tout le monde m'a donné une accolade, même oncle Beck. Il m'a dit qu'il était fier de moi. Athar, ma cousine, a cherché à m'asticoter, mais rien ne pouvait m'ôter mon sourire. J'ai poursuivi Molly F. dans la bruyère pour l'embrasser sur les lèvres. Elle m'a repoussé et m'a menacé de le dire à tante Shelagh.

Je ne suis peut-être pas encore tout à fait un homme, finalement.

Gìomanach

Le vendredi matin, des bribes de rêves étranges se sont attardées un instant dans mon esprit. Je me suis étirée plusieurs fois pour m'éclaircir les idées. Je ne me rappelais pas vraiment le contenu de ces songes : il ne me restait aucune image précise, aucune émotion particulière qui aurait pu me servir d'indice. Je savais pourtant que j'avais fait des cauchemars toute la nuit.

La veille au soir, en rentrant de chez Cal, j'avais lu jusque très tard le journal de Maeve et le livre sur les Woodbane qu'Alyce m'avait recommandé. Je n'en revenais toujours pas : j'étais la fille non seulement d'une sorcière de sang, mais d'une Woodbane, en plus ! Depuis l'enfance, je m'étais sans cesse demandé pourquoi j'avais l'impression d'être un peu différente de ma famille. Étrangement, à présent que je connaissais mes origines, je me sentais bien plus une Rowlands qu'une sorcière irlandaise.

Un seul regard vers la fenêtre m'a suffi pour comprendre que, dehors, régnait un froid de canard. Et moi, j'étais bien au chaud dans mon lit, mon adorable chaton endormi près de moi.

Hors de question que je me lève, ai-je décidé.

— Morgan, grouille-toi ! a hurlé Mary K. dans le couloir.

Une seconde plus tard, elle a déboulé dans ma chambre, paniquée, et a tiré sur ma couette.

— On a très exactement dix minutes pour arriver au lycée, et il neige, alors je ne peux pas prendre mon vélo. Debout, maintenant !

J'ai fini par capituler. Un jour, il faudrait vraiment que je cède à l'appel de l'école buissonnière.

On est arrivées pile pour la sonnerie. Je suis entrée en classe au moment même où le professeur appelait mon nom.

— Présente ! ai-je répondu, le souffle court, tout en m'écroulant sur ma chaise.

J'ai sorti ma brosse pour me démêler les cheveux, sous le regard moqueur de Tamara. À l'autre bout de la classe, Bree était de nouveau en pleine conversation avec Chip. Je me suis rappelé sa conversation dans les toilettes avec Raven. Pourquoi Sky leur avait-elle parlé du côté obscur de la Wicca ? Je n'avais lu que quelques paragraphes sur la question et je voulais en savoir davantage. Peut-être qu'Alyce pourrait m'en dire un peu plus.

J'ai scruté le visage de mon ex-meilleure amie, comme pour y lire ses pensées. Avant, il me suffisait de la regarder dans les yeux pour savoir précisément ce qui lui passait par la tête, et c'était réciproque. Mais plus maintenant. Nous ne parlions plus la même langue.

Quelle étrange journée !

Matt n'avait pas cessé de m'éviter. Jenna semblait nerveuse. Cal, lui, était bien évidemment de bonne humeur. Nous savions tous deux que nous nous étions encore rapprochés. Nous avions des projets d'avenir. Chaque fois que nos regards se croisaient, nous échangions un sourire. Sa présence illuminait ma vie. Robbie restait fidèle à lui-même, à l'aise dans ses baskets. Je m'amusais à observer le manège de quelques filles qui, alors qu'elles ne l'avaient jamais remarqué avant, guettaient la moindre occasion de marcher près de lui, de lui poser mille questions sur les devoirs, de l'interroger sur des problèmes d'échecs et de lui demander quel genre de musique il écoutait... Quant à Ethan et Sharon, ils se tournaient toujours autour avec intérêt.

De mon côté, j'avais été sur les nerfs toute la journée. J'étais épuisée et je me posais bien trop de questions pour pouvoir écouter sereinement les profs. Quand je ne repensais pas à ce que j'avais lu dans le livre de Maeve, je m'interrogeais de nouveau sur le comportement étrange de Hunter ou bien je revivais l'instant magyque où, devant le feu de cheminée, allongée près de Cal, j'avais pris conscience de la force de mon amour pour lui. Pourquoi étais-je incapable de me concentrer ? Je devais me retrouver seule ou, mieux encore, avec Cal, pour méditer et recentrer mon énergie sur moi-même.

Après les cours, j'ai attendu Cal près de sa voiture. Il était en train de parler à Matt. Ce dernier, visiblement mal à l'aise, hochait la tête pendant que Cal semblait le réconforter. J'espérais qu'il lui avait bien dit d'arrêter son manège avec Raven.

Dès qu'il m'a vue, Cal s'est dépêché de me rejoindre. Aussitôt, il m'a enlacée en me plaquant contre sa voiture. Nell Norton est passée devant nous et nous a observés avec envie. Ça m'a fait plaisir.

— Et maintenant, tu fais quoi ? lui ai-je demandé. Tu peux rester un peu avant de rentrer chez toi ?

— J'aimerais bien, m'a-t-il répondu en me caressant les cheveux et en me baisant le front, mais ma mère reçoit d'anciens membres de son coven de Manhattan. Elle tient à ce que je sois là.

— Ah bon ? Elle en a dirigé combien, de covens, ta mère ?

— Huit en tout. Elle aime bien bouger : elle monte un coven dans une ville et, quand il a atteint un niveau de puissance satisfaisant, elle forme son successeur et s'en va en créer un autre ailleurs. Elle sème les graines de la Wicca dans tout le pays !

Sur ces mots, Cal m'a embrassée. Tandis qu'il se glissait derrière le volant de sa voiture, Mary K. est passée dans une camionnette.

— Je rentre avec Jaycee, m'a-t-elle lancé par la vitre en agitant la main.

Robbie a lui aussi quitté le parking. Un peu plus loin, j'ai vu Bree partir dans sa BM. J'aurais aimé savoir où elle se rendait, mais la force physique et émotionnelle me manquait pour la suivre.

Au lieu de quoi, je me suis installée au volant de Das Boot et je me suis dirigée vers *Magye Pratique*.

Les odeurs habituelles d'encens, de thé et de bougie flottaient dans la boutique. À peine entrée, je me suis détendue pour la première fois depuis le matin.

Je me suis attardée un instant sur le seuil, pour me laisser le temps de me réchauffer. J'ai inspiré profondément. Tandis que mes doigts retrouvaient peu à peu le sens du toucher, j'ai secoué mes cheveux pour les débarrasser des flocons de neige. David, qui était à la caisse, s'est tourné vers moi. Il ne m'a pas souri, mais j'ai quand même eu l'impression qu'il était content de me voir. J'avais dû m'habituer à sa présence moi aussi, car, cette fois, il m'a semblé retrouver un vieil ami.

— Bonjour, Morgan. Comment vas-tu ?

J'ai réfléchi un instant, puis j'ai secoué la tête, un sourire fatigué sur les lèvres.

— Je ne sais pas trop… ai-je soupiré.

— Toi, tu as l'air de quelqu'un qui a besoin d'une bonne tasse de thé.

Il a ouvert la petite porte, dissimulée par un rideau, qui se situait derrière la caisse. Elle donnait sur une pièce riquiqui abritant une table et trois chaises, un petit frigo rouillé et deux plaques chauffantes. Comme s'il savait que j'allais venir, il avait mis de l'eau à chauffer.

— Du thé, c'est une excellente idée ! me suis-je exclamée.

Il voulait manifestement qu'on sympathise. *Pourquoi pas,* ai-je songé. J'ai rangé mes gants dans mes poches en balayant le magasin désert du regard.

— Dites donc, il n'y a pas foule, aujourd'hui, ai-je constaté pour entamer la conversation.

— Nous avons eu quelques clients ce matin, a-t-il répondu depuis la petite pièce. En revanche, l'après-midi a été plutôt calme. Ce qui n'est pas plus mal.

Je me suis demandé si leur commerce générait le moindre bénéfice.

— Euh… Elle appartient à qui, cette boutique, David ?

— À une de mes tantes, qui s'appelle Rose. Vu son grand âge, elle ne vient que rarement. Moi, je travaille ici depuis des années… depuis que j'ai terminé mes études, en fait.

Des cliquetis de couverts ont résonné dans la petite pièce, puis David est réapparu avec deux tasses fumantes. J'ai pris celle qu'il me tendait en le remerciant. La boisson chaude exhalait un parfum inhabituel.

— C'est quoi, comme thé ?

— Devine, a-t-il murmuré avec un grand sourire.

Je l'ai dévisagé sans comprendre : il n'a rien ajouté et m'a observée en attendant ma réponse. Était-ce une sorte de test ? J'ai fermé les yeux et j'ai humé profondément. Je discernais différentes senteurs qui se mélangeaient pour former une douce fragrance, mais je ne les reconnaissais pas individuellement.

— Je n'en sais rien.

— Si, m'a-t-il encouragée, concentre-toi !

Une nouvelle fois, j'ai fermé les yeux. Je me suis efforcée d'oublier que je tenais une tasse de thé, de ne penser qu'à l'odeur. J'ai ralenti ma respiration pour me détendre et faire le vide. J'ai visualisé la vapeur parfumée qui se dissolvait dans l'air.

Parle-moi. Montre-moi de quoi tu es faite.

Dans mon esprit, j'ai vu la vapeur se séparer en quatre fumets distincts. Mon inspiration suivante m'a portée dans un jardin baigné par les chauds rayons du soleil. Un parfum sublime m'a guidée vers une fleur fuchsia, un bouton ravissant que je me suis empressée de cueillir.

— Il y a de la rose, ai-je murmuré.

David n'a pas fait de commentaire.

Je me suis tournée vers le deuxième fumet, qui provenait d'une motte de terre. L'image d'une racine s'est imposée à moi, lavée et pelée. Sa chair rose mise à nu dégageait une forte odeur.

— Oh, du gingembre !

La troisième volute s'élevait d'une étendue de plantes vert argenté parsemées de petites fleurs violettes. Un essaim d'abeilles voletait au-dessus d'elles et les recouvrait tel un manteau bourdonnant. La chaleur du soleil, la noirceur de la terre et le vrombissement incessant des insectes m'ont plongée dans un état de contentement proche de la béatitude.

— De la lavande, aussi.

Le dernier filet de vapeur évoquait les sous-bois. C'était une odeur moins familière, moins agréable aussi. Elle émanait d'une plante basse aux feuilles froissées ornées de fleurs miniatures. J'ai broyé quelques feuilles au creux de ma main et je les ai reniflées : ça sentait l'humus, un parfum inconnu, presque désagréable, mais qui, associé aux trois autres, équilibrait parfaitement le mélange. Il renforçait les touches fleuries tout en adoucissant le piquant du gingembre.

— Je dirais que la dernière plante est une « scutellaire », en revanche, je serais incapable de la décrire.

J'ai ouvert les yeux ; David m'observait.

— Bravo, tu as fait un sans-faute ! La scutellaire est une plante vivace. En infusion, elle possède des propriétés calmantes.

Le thé avait eu le temps de refroidir un peu. J'en ai bu une gorgée, sans vraiment retrouver l'arôme de toutes ces plantes. En revanche, j'ai aussitôt perçu l'effet de leurs vertus curatives et apaisantes. Qui a été de courte durée. Je me suis perchée sur un tabouret près de la caisse, en proie à un besoin irrépressible de parler. Mes inquiétudes venaient de resurgir en masse et semblaient m'étouffer. Matt et Jenna, Sky, Bree et Raven, Hunter, mes origines Woodbane, Mary K. et Bakker… Je n'en pouvais plus. Heureusement, j'avais Cal. Seule ma vie sentimentale était au beau fixe.

— Parfois, j'ai l'impression de ne rien savoir du tout, ai-je murmuré malgré moi. Pourquoi faut-il que tout soit si compliqué ? Dès qu'on croit comprendre quelque chose, ou quelqu'un, un nouvel élément surgit et remet notre jugement en question.

— Eh oui, plus on apprend, plus on a besoin d'apprendre, a déclaré David. La vie est comme ça, la Wicca aussi. Et il en va de même pour toi.

— Qu'est-ce que vous voulez dire ?

— Alors que tu pensais te connaître, tu as découvert une chose, puis encore une autre. Du coup, tu ne te vois plus de la même façon et ton regard sur les autres a changé lui aussi.

J'en suis restée bouche bée. David m'avait reproché un jour d'être une sorcière qui feignait de ne pas en être une.

— Vous pensez toujours que je fais semblant de ne pas être une sorcière ?

Il ne s'est pas offusqué qu'Alyce m'ait rapporté ses propos.

— Non, m'a-t-il répondu l'air songeur. Tu ne sais pas encore très bien qui tu es, voilà tout. Moi, j'ai toujours su que j'étais un sorcier… Depuis trente-deux ans, je sais aussi que… je suis un Burnhide, a-t-il ajouté après une hésitation. Il ne s'agit pas seulement de mon identité, il s'agit de ma nature profonde. Je sais qui je suis et ce que je suis, alors que toi, tu viens à peine de découvrir…

— Que j'étais une Woodbane ? l'ai-je interrompu.

Il m'a dévisagée avant de répondre :

— J'allais dire « que tu étais une sorcière », mais je vois que tu connais aussi ton clan.

— Et Alyce m'avait donc menti délibérément en m'affirmant que, tous les deux, vous ne saviez pas de quel clan vous descendiez. Donc, vous, vous êtes un Burnhide !

— Oui. Ce clan était surtout développé en Allemagne, d'où vient ma famille. Tu sais, pour les sorciers de sang, la question du clan est très personnelle. C'est une information que nous ne révélons qu'une fois que nous nous sentons en confiance.

Je me sentais flattée qu'il m'ait fait cet honneur.

— Eh bien, moi, je suis une Woodbane, ai-je répété, un peu gênée.

David m'a souri ; il n'avait visiblement aucun préjugé contre ce clan.

— Est-ce qu'il y a une méthode fiable pour reconnaître les membres de tel ou tel clan ? ai-je demandé ensuite. J'ai lu que les Leapvaughn étaient bien souvent roux.

— Oh ! ce n'est pas très scientifique, tu sais.

La sonnerie du téléphone a retenti. David a penché un instant la tête, concentré, puis a visiblement décidé de ne pas répondre.

— On prétend par exemple que les Burnhide ont plutôt les yeux noirs et que leurs cheveux deviennent gris très tôt, m'a-t-il appris en désignant sa chevelure argentée. Cela ne veut pas dire pour autant que tous ceux qui possèdent ces caractéristiques sont des Burnhide, et inversement.

Une idée m'a soudain traversé l'esprit.

— Et ça, alors ? lui ai-je demandé en relevant mon tee-shirt pour lui montrer la marque de naissance sur mon flanc droit – ma curiosité me faisait oublier toute pudeur.

— Oui, ça, c'est l'athamé des Woodbane, m'a-t-il expliqué sur un ton égal. Là encore, tous les Woodbane ne l'ont pas.

C'était un peu choquant d'apprendre au détour d'une conversation que toute ma vie j'avais porté sans le savoir la marque de mon clan.

— Et… le Conseil international des sorciers, c'est quoi ? ai-je enchaîné tandis que mon esprit passait d'une idée à l'autre.

À ce moment précis, la clochette de la porte d'entrée a tinté et deux filles de mon âge sont entrées. Mécaniquement, j'ai déployé mes sens et constaté que ce n'étaient pas des sorcières. Elles se sont avancées dans la boutique en échangeant des murmures et des gloussements.

— C'est un conseil indépendant, a-t-il expliqué à voix basse. Ses membres représentent tous les clans modernes : il y en a des centaines et des centaines qui ne sont pas affiliés aux Sept Clans ancestraux. C'est un organe de régulation, amené parfois à punir l'utilisation illégitime de la magye. Par exemple, lorsqu'on tente de contrôler, de manipuler ou de blesser autrui par des voies magyques.

— Alors, c'est un peu la police de la Wicca, si je comprends bien…

— Certains les considèrent ainsi, en effet, a-t-il répondu, les sourcils froncés.

— Mais comment peuvent-ils savoir qu'on utilise la magye à mauvais escient ?

Derrière nous, j'entendais les deux filles qui s'extasiaient devant les bougies faites main. J'attendais avec impatience qu'elles tombent sur celles en forme de pénis.

— Oh ! la vache ! a soufflé l'une d'elles, ce qui m'a arraché un sourire.

David n'y a pas prêté attention et a simplement répondu à ma question :

— Au sein du Conseil, certains membres suivent un entraînement spécial pour apprendre à repérer les mésusages de la magye. On les appelle les Traqueurs.

— Les Traqueurs ?

— C'est ça. D'ailleurs, je dois avoir un bouquin là-dessus.

Il s'est aussitôt dirigé vers le coin librairie, où il s'est arrêté quelques secondes devant une étagère. Il a sélectionné un épais volume aux pages cornées qu'il a feuilleté.

— Voilà, a-t-il déclaré en revenant vers moi. Écoute ça : « Il est triste de constater que certains ignorent la sagesse et la ligne de conduite du Grand Conseil. Des clans souhaitent rester isolés de leurs pairs et, bien sûr, on ne peut leur reprocher de vouloir protéger leurs propres connaissances en matière de sorts et de rituels. Mais nous savons aujourd'hui qu'il est sage de se regrouper et de partager tout ce qui peut l'être pour créer une société dans laquelle nous pouvons évoluer librement. Tel est l'objectif de la Communauté internationale des sorciers. »

Il a marqué une pause, les yeux levés vers moi.

— L'idée semble intéressante, ai-je déclaré.

— C'est vrai, a-t-il reconnu d'une drôle de voix avant de poursuivre : « On ne peut que s'interroger sur les motifs de ceux qui refusent de se joindre à nous ou qui œuvrent contre cet objectif et se servent de la magye à de mauvaises fins. Par le passé, cette apostasie a causé la perte d'un grand nombre de sorciers. Seuls, la force nous manque et la magye proscrite n'apporte que peu de joie. Voilà pourquoi les Traqueurs nous sont utiles. »

Il a prononcé le mot « Traqueurs » sur un ton qui m'a fait froid dans le dos.

— « Les Traqueurs sont des membres du Conseil sélectionnés pour retrouver ceux qui enfreignent nos règles. S'ils découvrent des sorciers qui œuvrent contre le Conseil ou qui cherchent à nuire aux autres ou à eux-mêmes, alors, ils sont en droit de prendre des mesures contre eux. Il est dans notre intérêt de nous réguler de l'intérieur avant que le monde extérieur n'exerce une fois de plus sa justice contre nous. »

David a refermé le gros livre et m'a regardée de nouveau droit dans les yeux.

— Telles sont les paroles de Birgit Fallon O'Roark. C'était la grande prêtresse du Grand Conseil, de 1820 à 1860 environ.

Mon thé était maintenant tiède. Je l'ai fini en une gorgée et j'ai posé ma tasse près de la caisse.

— Et qu'est-ce qui se passe si un Traqueur découvre que des sorciers complotent contre le Conseil ?

— Le plus souvent, il leur jette un sort d'entrave magyque, m'a répondu David, l'air troublé et la voix altérée, comme si ces paroles lui faisaient mal. Et alors ils perdent leurs pouvoirs pour toujours.

J'ai eu l'impression qu'un courant d'air glacé me soufflait sur les bras et les jambes, et mon estomac s'est noué.

— Et c'est grave ? ai-je voulu savoir.

— C'est très grave. Sentir la magye en soi sans pouvoir s'en servir, c'est comme étouffer. Ou être brûlé vif. Certains en deviennent fous.

J'ai repensé à Maeve et Angus. Ils avaient vécu en Amérique pendant des années en ayant renoncé à la magye. Comment avaient-ils pu le supporter ? Comment cela les avait-il affectés ? Le cauchemar où je m'étais sentie étouffer m'est revenu en tête. Est-ce à cela que leur vie avait ressemblé sans la Wicca ?

— Quand on abuse de nos pouvoirs, un Traqueur vient nous chercher, tôt ou tard, a conclu David en secouant la tête, comme pour lui-même.

Il m'a soudain paru plus âgé. Des rides s'étaient creusées sur son visage, on aurait dit qu'il se rappelait de mauvais souvenirs. Je préférais ne pas les connaître.

Dehors, la nuit était tombée. Le fil de ma réflexion m'a ramenée vers Cal. Qui devait-il rencontrer ? M'appellerait-il dans la soirée ? Et Hunter, appartenait-il vraiment au Conseil ? Difficile à croire, vu son comportement. Il relevait plutôt de ces sorciers maléfiques que les Traqueurs étaient chargés de retrouver.

Et Maeve et les autres membres de Belwicket ? Avaient-ils vraiment réussi à renoncer au mal ? Le côté obscur se laissait-il oublier si facilement ?

— Est-ce que la Wicca possède un côté obscur ? ai-je demandé d'un ton hésitant.

J'ai senti David se renfermer sur lui-même.

— Oh ! oui, a-t-il murmuré. Oui, il y a un côté obscur.

Cal m'avait assuré l'inverse. Je ne savais plus quoi penser.

— Quelqu'un m'a dit qu'il n'y avait pas de côté obscur, que la Wicca était pareille à un grand cercle qui englobait chaque chose. Dans ce cas, il ne peut pas y avoir deux côtés, comme la lumière et les ténèbres.

— Ça aussi, c'est vrai, a concédé David, toujours songeur. Quand on parle de lumière et de ténèbres, on parle d'une magye utilisée pour faire le bien et d'une autre utilisée pour faire le mal… en simplifiant.

— Il s'agit donc de deux choses différentes ?

— Différentes, oui, mais pas opposées. Il peut être difficile de les distinguer l'une de l'autre. Selon la philosophie de chacun, la façon dont on interprète tel ou tel acte. Enfin, tout cela est très compliqué. Voilà pourquoi un sorcier n'arrête jamais d'étudier.

— Et est-ce qu'on peut considérer que quelqu'un se trouve du côté obscur, qu'il est maléfique et qu'on devrait s'en tenir éloigné ?

— Oui, sans doute, m'a-t-il répondu, un peu troublé. Pourtant, ce serait juger cette personne en la regardant par le petit bout de la lorgnette. Est-ce que certains sorciers utilisent la magye à mauvais escient ? Oui. Est-ce que d'autres nuisent à leurs semblables pour leur propre profit ? Oui. Dans ces cas précis, faut-il intervenir ? Bien sûr. Mais la réalité est souvent loin d'être aussi simple.

J'avais l'impression que tout était compliqué, dans la Wicca.

— Bon, il va falloir que je rentre chez moi, ai-je annoncé. Merci d'avoir pris le temps de répondre à toutes mes questions. Et merci pour le thé.

— De rien. Je t'en prie, n'hésite pas à revenir si tu as besoin de parler. Tu sais, parfois, Alyce et moi… on se fait du souci pour toi.

— Vraiment ? Pourquoi ?

Un petit sourire en coin est apparu sur ses lèvres.

— Parce que tu es en pleine découverte de toi-même, a-t-il répliqué gentiment. Ça ne va pas être facile, et il te faudra peut-être un peu d'aide. Alors, souviens-toi qu'en cas de besoin on est là.

— Merci, ai-je répété.

Même si je n'étais pas certaine de comprendre où il voulait en venir, ses paroles étaient réconfortantes. Je l'ai salué de la main avant de sortir de la boutique. Mes pneus ont un peu glissé quand j'ai fait marche arrière, mais je me suis dépêchée de me replacer sur la route qui me ramènerait chez moi ; dans la lumière de mes phares, chaque flocon de neige s'illuminait – pétale magyque et unique.

14. Divination

Litha, 1996

Tôt ce matin, oncle Beck et moi, on est partis se promener près des falaises. On s'est assis au bord et on a regardé le soleil se lever : mon premier lever de soleil de sorcier. Puis il m'a appris la vérité sur la disparition de mes parents. Toutes ces années, j'avais ravalé mes larmes, refusant de céder à un chagrin puéril.

Mais aujourd'hui je les ai laissées couler le long de mes joues, alors que je suis censé être un homme, maintenant. Oncle Beck avait eu de bonnes raisons de garder le silence : nos parents avaient choisi de disparaître afin de nous protéger, Linden, Alwyn et moi. Mon oncle n'a reçu de leurs nouvelles qu'une seule fois, il y a deux ans. Et il ne s'est jamais servi de la magye pour essayer de les localiser.

Et je sais pourquoi.

Je sais aussi ce que je dois faire et ce que je deviendrai. Mon nom – Hunter, le Chasseur – m'y prédisposait de toute façon. Je vais traquer ceux qui ont détruit ma famille et je ne trouverai le repos que lorsque j'aurai trempé mes doigts dans leur sang et tracé Yr sur leur visage.

Gìomanach

Je n'étais même pas à trois kilomètres de chez moi quand des phares sont apparus soudainement dans mon rétroviseur. Ils illuminaient l'habitacle de Das Boot et m'aveuglaient complètement. J'ai ralenti pour que la voiture me double ou du moins que le conducteur éteigne ses pleins phares. Au lieu de cela, le véhicule m'a collée au train.

J'ai vu rouge. Quel était cet imbécile ? Un abruti qui faisait mumuse avec la voiture de papa ? J'ai écrasé l'accélérateur, mais l'autre ne s'est pas laissé distancer. Quand j'ai pris le virage suivant un peu vite, mes pneus ont dérapé. L'inconnu ne me lâchait pas. J'ai commencé à me sentir nerveuse. Les essuie-glaces, qui chassaient la neige à mesure qu'elle se déposait sur le pare-brise, battaient sur le même tempo affolé que mon cœur. Nulle autre lumière ne brillait dans la nuit. Nous étions seuls sur la route.

Ce n'était vraiment pas normal. J'ai repensé à toutes ces histoires de braquage de voiture, en me demandant qui pourrait avoir envie de voler ma vieille Das Boot. Moi, je l'adorais, mais j'imaginais mal qu'on puisse vouloir me la prendre de force, surtout en pleine tempête de neige. Alors, que cherchait-il, ce taré ?

J'avais carrément la trouille, maintenant. Je ne voyais plus rien... à part ces maudits phares qui semblaient de plus en plus puissants. Je me suis soudain rendu compte que je n'entendais pas le moteur de l'autre voiture, comme si...

De la magye !

Cette idée s'est infiltrée sournoisement dans mon esprit.

Et s'il n'y avait personne derrière moi ? Et si ces lumières n'étaient que la manifestation d'une force magyque ? Soudain, j'ai revu Hunter couché sous la voiture de Cal et Cal me montrant la pierre portant la rune. Hunter avait déjà tenté une fois de se servir de sa magye contre nous... Et s'il m'avait jeté un sort ?

Je n'avais plus qu'une seule idée en tête, rentrer à la maison aussi vite que possible. Il ne me restait qu'un kilomètre à parcourir, mais, dans ces conditions, cela me paraissait le bout du monde. De ma main droite, j'ai tracé des runes sur mon tableau de bord : Eolh, pour la protection ; Ur, pour la force ; et Rad, pour le voyage...

Dans mon rétroviseur, les phares ont gagné en intensité. J'ai sursauté et, sans le vouloir, j'ai tourné le volant vers la droite.

Aussitôt, un cahot a secoué Das Boot, qui a dérapé sur une plaque de verglas. J'étais sortie de la chaussée !

— Par la Déesse ! ai-je hurlé.

Tétanisée par la peur, je me suis cramponnée au volant, prête à encaisser le choc. J'ai été propulsée vers l'avant quand la voiture a percuté un tas de neige dans un bruit de tôle froissée qui m'a fendu le cœur. Un craquement a suivi – un phare avait éclaté. Puis, soudain, le silence. La voiture ne bougeait plus. Je suis restée immobile plusieurs secondes, comme paralysée. Mon souffle était haché, saccadé.

Tout va bien, me suis-je rassurée, *je n'ai rien.*

En levant la tête, j'ai aperçu au loin les feux arrière d'un véhicule. La preuve que c'était bien une autre voiture qui m'avait fait quitter la route.

J'ai coupé le moteur en soupirant. Malgré mes tremblements, je suis parvenue à ouvrir la portière et à m'extirper de mon siège. Das Boot avait le nez plongé dans le fossé. J'ai eu de la difficulté à me concentrer, pourtant, j'ai tout de même réussi à invoquer ma vision de mage pour essayer de lire la plaque d'immatriculation du chauffard. Je n'ai vu que des arbres et des oiseaux endormis.

La voiture avait disparu.

Appuyée contre la portière, le souffle court, j'ai serré les poings au fond de mes poches. Même si j'étais maintenant persuadée que ces phares n'avaient rien de magyque, la peur ne me quittait pas. Quelqu'un m'avait volontairement poussée dans le fossé. Ma gorge s'est serrée. J'étais sur le point d'éclater en sanglots. Que m'arrivait-il ? Comme je l'avais fait sur mon tableau de bord, j'ai tracé dans l'air Eolh, Ur et Rad. Ces petits gestes rapides m'ont aidée à me calmer un peu, du moins suffisamment pour que je réfléchisse à la situation.

En réalité, je n'avais pas vraiment le choix. Je devais rentrer chez moi à pied. N'ayant pas de téléphone portable, je ne pouvais appeler personne, et je n'avais aucune envie d'attendre toute seule dans le noir, au bord de cette voie déserte et gelée, qu'une autre voiture passe.

J'ai pris mon sac à dos avant de verrouiller la portière. J'allais me mettre en route quand j'ai aperçu des phares : quelqu'un approchait.

Mon soulagement a été de courte durée. Lorsque le véhicule s'est arrêté non loin de moi, j'ai cru reconnaître celui du chauffard, même si ses phares n'étaient pas aussi éblouissants. Et s'il était revenu pour finir le travail ?

Mon sang s'est figé dans mes veines. La plaque d'immatriculation… C'était Bree !

Elle a baissé sa vitre et m'a observée. Ses yeux soulignés de noir tranchaient sur sa peau blanche parfaite. On s'est regardées en silence pendant quelques secondes. J'espérais que ma terreur ne se lisait pas sur mon visage. Je voulais avoir l'air forte.

— Qu'est-ce qui s'est passé, Morgan ?

J'ai fait mine de lui répondre avant de me raviser. Une idée horrible venait de me traverser l'esprit : et si c'était Bree qui m'avait jetée dans le fossé ?

Après tout, il n'y avait personne d'autre sur la route. Elle avait pu faire demi-tour pour voir comment je m'en étais tirée. Bree pouvait-elle vraiment m'en vouloir à ce point ?

Rappelle-toi ce que tu as entendu dans les toilettes, a susurré une petite voix dans ma tête. Elle a donné une mèche de tes cheveux à une sorcière. Tu l'as déjà oublié ?

Elle me haïssait peut-être pour de bon. Ou alors c'était Sky qui l'avait manipulée. Mille pensées se sont pressées dans mon esprit : *Bon sang, Bree, ne te laisse pas avoir ! – Je m'inquiète pour toi – Tu me manques – Tu te comportes comme une idiote – Je m'excuse – Il faut que je te parle – Tu ne sais pas ce qui m'arrive ? J'ai appris que j'avais été adoptée – Je suis une sorcière de sang – Une Woodbane – Je suis désolée pour Cal…*

— Morgan ? a-t-elle insisté.

— J'ai glissé sur une plaque de verglas, ai-je répondu en lui montrant Das Boot dans le fossé, comme si elle ne l'avait pas vue.

— Tu n'as rien ? m'a-t-elle demandé sur un ton sec. Tu n'es pas blessée ?

— Non, ça va.

— Tu veux que je te ramène chez toi ?

J'ai fait non de la tête. Je ne pouvais pas prendre ce risque.

— Tu es sûre ?

— Oui, ça va aller, ai-je marmonné.

Sans un mot, elle a remonté sa vitre puis est repartie lentement, pour ne pas m'éclabousser.

Je suis rentrée à pied le cœur gros.

À mon retour, mes parents ont été aux petits soins avec moi, ce qui m'a réconfortée. Je leur ai expliqué que j'avais dérapé, ce qui n'était pas vraiment un mensonge, et j'ai gardé pour moi le rôle joué par l'autre voiture. Je ne voulais pas les inquiéter. Peu après, j'ai appelé un dépanneur pour qu'il remorque Das Boot dans la soirée jusqu'à la maison. Après ça, j'ai décidé de commander un téléphone portable pour Noël.

— Tu ne veux pas venir avec nous, tu es sûre ? m'a demandé ma mère quand j'ai eu repris des couleurs.

Mes parents avaient rendez-vous en ville avec Eileen et Paula. Ma mère avait prévu de leur montrer quelques maisons à vendre, après quoi ils iraient dîner au restaurant chinois. Quant à Mary K., elle était censée passer la soirée chez Jaycee, mais je me doutais qu'elle irait retrouver Bakker à un moment ou un autre.

— Allez-y sans moi. Je préfère attendre le dépanneur.

Ma mère m'a prise dans ses bras pour me déposer un baiser sur la joue.

— Je suis tellement soulagée que tu n'aies rien. Tu aurais pu te blesser…

Elle avait raison. Je m'en étais bien tirée. Si j'étais sortie de la route un peu plus loin, j'aurais pu basculer dans un ravin. J'ai imaginé Das Boot explosant au pied d'une falaise et ça m'a donné des frissons.

Après leur départ, j'ai réchauffé des raviolis que j'ai fait descendre avec un Coca. Puis le téléphone a sonné. C'était Cal.

Il avait profité d'une pause pour m'appeler. Entendre sa voix m'a fait un bien fou, car je n'étais pas complètement remise de mes émotions. Je lui ai raconté mon petit accident, tout en précisant que je n'avais rien.

— Pourquoi ne m'as-tu pas appelé tout de suite ?

— Je devais être sous le choc. Je me sens mieux maintenant. La seule à être amochée, c'est ma voiture. Et je savais que tu étais occupé.

Il est resté silencieux quelques secondes avant de répondre :

— La prochaine fois qu'il t'arrive quelque chose, préviens-moi tout de suite. D'accord ?

Sa réaction m'a fait rire. Venant de n'importe qui d'autre, j'aurais trouvé ça disproportionné.

— Je vais plutôt essayer de ne pas recommencer, ai-je lancé joyeusement.

— J'aimerais pouvoir venir te voir, a-t-il murmuré. Mais le cercle va bientôt débuter, je suis coincé là. Je suis désolé.

— Arrête de t'inquiéter. Je t'ai dit que j'allais bien.

J'ai hésité à lui parler des phares et de Bree, car je ne voulais plus y penser. C'était trop douloureux.

— OK. Bon, il faut que j'y aille. Ma mère commence les préparatifs.

— De toute façon, on se voit demain.

— Et demain, c'est la veille de ton anniversaire. J'ai plein de surprises pour toi.

J'ai ri doucement, en me demandant ce qu'il pouvait mijoter, et nous avons raccroché.

Comme il était reposant de me retrouver seule, sans être obligée de faire la conversation à qui que ce soit ! J'ai vu que le panier à bois près de la cheminée était plein de grosses bûches. Il ne m'a fallu que quelques minutes pour obtenir une belle flambée. Je suis allée chercher le livre de Maeve et me suis installée sur le canapé, devant le feu. Un jour, ma mère s'était essayée au crochet. Le résultat : un couvre-lit hideux aussi lourd qu'un âne mort. Je m'en suis enveloppée. Dagda a escaladé tant bien que mal le bras du canapé et bondi gaiement jusqu'à moi. Il s'est mis à me pétrir les cuisses avec ses petites griffes en ronronnant.

— Coucou, toi, ai-je murmuré en le grattant derrière les oreilles.

Il s'est allongé sur mes genoux, et je me suis plongée dans ma lecture.

Le 6 juillet 1977

Ce soir, je vais lire dans le feu. Je possède la clairvoyance et le pouvoir nécessaires. J'ai essayé une fois la divination dans l'eau, mais le résultat a été décevant. Quand j'en ai informé Angus, il s'est moqué de moi et m'a dit que j'avais dû en renverser la moitié, tellement j'étais maladroite. Je sais bien qu'il ne faisait que me taquiner, pourtant je n'ai pas recommencé.

Le feu, lui, est différent. Il m'ouvre des portes dont je n'avais jamais soupçonné l'existence.

FEU.

Ce mot s'est imposé à mon esprit. Ma mère biologique avait raison. Le feu était différent. J'avais toujours aimé cet élément : sa chaleur, la danse envoûtante de ses flammes pourpre et or. J'adorais aussi les craquements qu'il émettait lorsqu'il dévorait le bois sec. On aurait cru entendre un rire, un rire à la fois fascinant et effrayant par son appétit insatiable et sa soif de destruction.

Mon regard a glissé jusqu'aux bûches embrasées. Doucement, j'ai changé de position pour ne pas déranger Dagda. Précaution inutile, il avait un sommeil de plomb. Sans quitter les flammes des yeux, j'ai posé ma tête sur le haut du canapé et j'ai mis le livre de côté. J'étais merveilleusement bien installée.

Et si j'essayais de lire dans le feu ?

Paupières closes, j'ai tenté de faire le vide, de chasser une à une les images qui me tourmentaient : Bree qui me contemplait alors que j'étais plantée dans la neige sur le bord de la route.

Et Hunter. Son visage était comme incrusté dans mon esprit. Impossible de m'en débarrasser. Ma colère redoublait chaque fois que je pensais à lui. Je le revoyais encore et encore, découpé sur un ciel gris de plomb. Ses prunelles vertes semblaient refléter des champs irlandais, et son arrogance était presque palpable.

J'ai inspiré et expiré lentement. Peu à peu, mes muscles se sont décrispés et j'ai atteint un état de concentration absolue. Quelle sensation délicieuse ! Les détails de mon environnement me parvenaient nettement : les battements du petit cœur de Dagda, la joie sans bornes du feu qui consumait le bois.

J'ai ouvert les yeux.

Le feu était devenu miroir.

J'y ai vu mon reflet qui m'observait : tout y était, mes longs cheveux châtains et Dagda sur mes genoux.

Que veux-tu savoir ? m'a murmuré le feu dans un panache de fumée âcre. Sa voix était râpeuse et sifflante, à la fois séductrice et trompeuse.

Je ne comprends rien, lui ai-je répondu. Mon visage était serein, mais ma voix intérieure hurlait de frustration. *Je ne comprends rien à rien.*

Soudain, un paysage s'est dessiné dans les flammes : j'ai vu Cal, plus beau que jamais, marcher dans un champ de blé aussi doré que ses yeux. Puis il a écarté les bras dans un geste d'une grâce divine, comme pour me signifier qu'il m'offrait ce champ. Tout à coup, Hunter et Sky ont surgi derrière lui, main dans la main. Avec leur teint clair, leurs cheveux blonds, tous deux possédaient aussi leur propre beauté. À leur arrivée, j'ai senti qu'un grand danger se profilait à l'horizon. J'ai fermé les yeux, dans une piètre tentative pour repousser la menace.

Quand je les ai rouverts, je me suis vue en train de fouler le sol d'une forêt si épaisse que la lumière du jour peinait à s'y faufiler. Mes pieds nus ne faisaient aucun bruit sur le tapis de feuilles pourrissantes. J'ai aperçu deux silhouettes, cachées parmi les arbres. J'ai reconnu de nouveau Sky. Elle s'est retournée et m'a souri – ses cheveux blond platine dessinaient comme une auréole lumineuse autour de son visage. Puis elle a tourné la tête : Raven était là, toute de noire vêtue. Sky s'est approchée d'elle et, à ma grande surprise, elle l'a embrassée doucement sur les lèvres.

Ensuite, les images ont défilé dans une séquence incompréhensible. Robbie qui embrassait Bree... Mes parents me regardant partir, les joues sillonnées de larmes... Tante Eileen avec un bébé dans les bras.

Puis, comme si ce film-là était terminé et qu'un autre commençait, j'ai remarqué une petite maison blanche en bois, perchée sur une colline entre les arbres. Des rideaux voletaient derrière les fenêtres ouvertes. Sur le devant s'étendait un petit jardin bien tenu, parsemé de buissons de houx et de chrysanthèmes.

Sur le côté se tenait Maeve Riordan.

J'en suis restée bouche bée. Je me rappelais l'avoir déjà vue en rêve : j'étais encore un bébé, et elle me tenait dans ses bras. Elle m'a souri et m'a fait un signe de la main. Elle portait des habits démodés des années 1980. Derrière elle, je devinais un jardin de plantes aromatiques luxuriant. Elle a fait quelques pas vers la maison et s'est arrêtée sur l'étroite allée qui courait le long du mur. Elle s'est agenouillée et m'a montré du doigt une petite ouverture près du sol.

J'étais perplexe. Qu'est-ce que cela signifiait ? Soudain, une sonnerie de téléphone a retenti au loin. J'ai tenté de rester concentrée, mais la scène a disparu peu à peu et j'ai aperçu une dernière fois ma vraie mère, si jeune, si belle, me saluer de la main.

J'ai cligné les yeux, le souffle court.

Le téléphone sonnait toujours. Que se passait-il ? Il m'a fallu quelques secondes pour comprendre qu'il s'agissait de notre téléphone, et que le bruit strident ne venait pas de ma vision. Les images avaient toutes disparu. Je me retrouvais de nouveau seule dans la maison, et quelqu'un essayait de me joindre.

15. Intrusion

4 septembre 1998

Hier soir, oncle Beck m'a frappé. Aujourd'hui, j'ai un œil au beurre noir et la lèvre fendue. L'effet est très impressionnant. Je vais dire aux gens que j'ai voulu défendre le peu qu'il reste de l'honneur d'Athar.

Il y a deux ans, après mon initiation, oncle Beck m'a révélé la raison de la disparition de mes parents : alors qu'elle cherchait à lire dans le futur, ma mère avait vu la vague noire déferler et cette simple vision avait failli la tuer. Puis, juste après leur départ précipité, leur coven s'est fait anéantir. Ces sorciers et sorcières étaient comme des oncles et des tantes pour moi. Morts. Ils étaient tous morts. Linden, Alwyn et moi sommes venus vivre avec oncle Beck et tante Shelagh, leurs deux filles, Athar et Siobhan, et Maris, leur fils.

Depuis ce jour-là, j'essaie d'en savoir plus sur cette vague, sur la force maléfique qui a dévasté le coven de mes parents et les a condamnés à la fuite. Je sais que c'est lié aux Woodbane. Papa est – ou plutôt était – l'un des leurs. Lors de mon dernier voyage à Londres, j'ai écrémé toutes les libraires occultes, je me suis rendu au Cercle de Morath, où l'on peut consulter plein d'écrits anciens. Pendant deux ans, j'ai fait des recherches, j'ai dévoré tous les livres sur la question. Et hier soir, enfin, Linden et moi étions sur le point d'invoquer le côté obscur pour obtenir des informations. Depuis son initiation le mois dernier, Linden n'arrêtait pas de me harceler pour que je le laisse m'assister. Je n'ai pas pu refuser, après tout, ce sont aussi ses parents. Peut-être que dans deux ans, quand elle sera initiée, Alwyn voudra elle aussi nous aider. On verra bien.

Quand oncle Beck nous a découverts dans les marais hier soir, nous avions à peine commencé le rituel. Il a surgi tel un colosse terrifiant et, fou de rage, il a brisé nos cercles et fauché nos bougies. Puis il m'a arraché l'athamé des mains avant de m'attraper par le col. J'ai beau avoir seize ans et être presque aussi grand que lui, il m'a soulevé et secoué comme on réprimande un chien désobéissant.

« Alors, comme ça, on convoque les ténèbres ? a-t-il grogné alors que Linden se relevait. Sale petit con ! Voilà huit ans que je m'occupe de toi et que je t'instruis, et tu ne trouves rien de mieux à faire que d'invoquer le côté obscur et d'entraîner ton frère dans ta folie ? » Il m'a frappé de toutes ses forces et je suis tombé au sol comme une marionnette dont on aurait tranché les fils. Ses poings sont aussi gros que des jambons, en plus durs.

Ensuite, au cours d'une conversation à bâtons rompus, j'ai pu lui expliquer mes intentions et, au bout du compte, il a fini par comprendre. Et moi j'ai compris qu'il préférerait me tuer plutôt que de me laisser faire. Et que, si j'y mêlais encore Linden, je devrais trouver un autre toit. Je sais que, même si nous nous disputons souvent, c'est un homme bon, mon oncle, et un puissant sorcier. Il souhaite autant que moi venger le mal qui a été fait – c'est le frère de ma mère. À la différence que, moi, j'étais prêt à franchir la limite.

Gìomanach

— Allô ? ai-je dit en décrochant, légèrement troublée.

Pour une fois, je n'avais pas réussi à deviner qui appelait.

Silence.

— Allô ? ai-je répété.

Clic. On avait raccroché.

Bien sûr, il pouvait arriver à n'importe qui de se tromper de numéro. Mais cet appel m'a perturbée : je devais encore être sous le choc de mon accident et des visions. Des souvenirs de films d'horreur ont défilé dans ma tête : *Scream, Halloween, L'Exorciste, Le Projet Blair Witch.* J'étais persuadée qu'on m'avait appelée afin de vérifier que j'étais bien chez moi. Ce qui était le cas. Et en plus j'étais seule.

Lorsque j'ai composé le code pour obtenir le numéro du correspondant, une voix de femme m'a appris qu'il était protégé par le secret d'appel.

J'ai raccroché brutalement.

Puis j'ai fait le tour de la maison à toute vitesse pour fermer les portes et les fenêtres. C'était peut-être stupide de ma part, mais je préférais être stupide et en vie qu'intelligente et morte. J'ai allumé toutes les lumières extérieures en plus de la petite ampoule du perron.

Pourquoi avais-je si peur ? Je l'ignorais, pourtant ma méfiance initiale se muait peu à peu en effroi. Mes paumes étaient moites, ma respiration haletante. Avant de monter m'enfermer dans ma chambre, j'ai pris Dagda d'une main et, de l'autre, j'ai attrapé ma batte de base-ball.

Une fois assise sur mon lit, j'ai lancé un appel au secours. *Cal, aide-moi. J'ai besoin de toi. Viens à moi.* Mon message télépathique s'est envolé dans la nuit. Cal l'entendrait et viendrait me sauver.

Les minutes se sont écoulées sans qu'il donne le moindre signe de vie. Il n'a même pas téléphoné pour dire qu'il arrivait. Je pouvais toujours lui téléphoner, mais je savais que personne ne décrochait quand ils formaient un cercle chez lui.

N'a-t-il donc pas reçu mon message ? Pourquoi ne vient-il pas ? me suis-je demandé, paniquée.

J'ai essayé de me calmer. Mes parents allaient bientôt rentrer, et Mary K. aussi.

Alors que je m'efforçais de m'en convaincre, un mauvais pressentiment m'a alertée. J'ai déployé mes sens et scruté les environs. Et là, j'ai repéré une présence au bout du jardin. Cette intrusion m'a glacé le sang.

Je me suis approchée sans bruit de la fenêtre et, aussitôt, les lumières extérieures se sont éteintes. Qui avait pu faire ça ?

Grâce à ma vision de mage, je percevais les feuilles des buissons, l'ombre glissante d'une chouette, la croûte de glace sur notre grillage.

Et là, deux silhouettes sombres.

J'avais beau plisser les yeux pour tenter de les reconnaître, bizarrement, je ne parvenais pas à distinguer leurs visages. Peu importait : les nuages qui voilaient la lune se sont dissipés et les rayons argentés de l'astre ont illuminé une chevelure d'un blond très clair. Sky était là, et son acolyte, coiffé d'un bonnet, me paraissait trop grand pour être Bree ou Raven. *Hunter.* J'étais sûre que c'était lui.

Et Cal, où était-il ?

Ils se sont avancés jusqu'à la maison et ont disparu de mon champ de perception. J'ai fermé les yeux pour tenter de suivre mentalement leurs déplacements. Ils ont contourné le bâtiment, en s'arrêtant ici et là. Allaient-ils tenter d'entrer ? Ma main s'est resserrée autour de la batte. Je savais pourtant qu'elle ne me servirait pas à grand-chose contre deux sorciers. Deux sorciers de sang.

Que me voulaient-ils ? Et surtout, qu'essayaient-ils de faire ?

Bien sûr ! Ils étaient en train de jeter un sort sur la maison et sur moi. Dans son journal, Maeve expliquait que, lorsque Mackenna, sa mère, et elle lançaient des sorts, elles devaient souvent faire le tour d'une maison, d'une personne ou d'un lieu. Envelopper une chose de magye, c'est l'altérer.

Et c'était moi leur cible.

Que pouvais-je faire ? Le coup de fil anonyme, c'était sans doute eux. Ils voulaient vérifier que j'étais là. Et s'ils avaient réussi à bloquer le message que j'avais envoyé à Cal ? Il pouvait bien ne jamais venir.

Par trois fois, Hunter et Sky ont tourné autour de la maison. Je n'entendais rien, je ne voyais rien non plus, mais je percevais leur présence. Ils étaient toujours là.

Une demi-heure plus tard, ils sont partis. J'ai senti qu'ils refermaient un cercle en prononçant une ultime formule magyque. Un sort qui me visait moi tout autant que la maison. Puis une voiture a démarré avant de disparaître au loin. Les lumières du jardin se sont rallumées. Cela n'a pas suffi à me convaincre de sortir pour voir ce qu'ils avaient fait. Je préférais attendre bien sagement à l'intérieur.

Je suis redescendue, ma batte à la main, et j'ai regardé la télé jusqu'à ce que le dépanneur arrive avec Das Boot. Peu après, le bruit du moteur de la voiture de mes parents a retenti dans l'allée. Je me suis précipitée à l'étage pour les éviter. Je n'étais pas en état de prétendre que tout allait bien.

Et Cal n'est jamais venu.

— Bonjour, ma chérie, a chantonné ma mère le lendemain matin quand j'ai fait mon apparition dans la cuisine. Tu as bien dormi ?

— Hmmm, ai-je marmonné en me dirigeant droit vers le frigo.

C'était un mensonge. En vérité, je m'étais tournée et retournée toute la nuit, hantée par les images que j'avais vues dans le feu et par l'idée que Sky et son mystérieux acolyte m'avaient sans doute jeté un sort. En regardant la pendule, j'ai constaté qu'il n'était que huit heures et demie. Je voulais appeler Cal, mais cela me semblait un peu tôt, surtout pour un samedi matin.

— Alors, les filles, qu'est-ce que vous avez prévu aujourd'hui ? a lancé mon père à la cantonade tout en repliant son journal.

— Moi, une sortie shopping avec Jaycee, a annoncé Mary K., qui était toujours en pyjama. Les soldes pré-Thanksgiving ont commencé !

— Et moi, je commence les préparatifs pour demain, a répondu ma mère en m'adressant un sourire entendu. Qu'est-ce que tu veux comme gâteau, Morgan ? Un vacherin, comme d'habitude ?

Mon anniversaire, me suis-je souvenue, stupéfaite. J'avais oublié que le lendemain, c'était mon anniversaire ! Un événement que j'avais toujours attendu avec impatience... jusqu'à ce que la magye sème le chaos dans ma vie.

— Oui, ai-je répondu en parvenant à sourire. Génoise au chocolat et glace à la menthe.

— Et pour le menu ?

— Des côtes d'agneau, de la gelée de menthe, des pommes de terre sautées, des petits pois et de la salade, ai-je récité, comme tous les ans.

Le repas au moins serait le même que l'année dernière : on le prendrait en famille, chez nous. Cette idée m'a un peu réconfortée.

— Tu fais quelque chose ce soir ? m'a-t-elle ensuite demandé en évitant mon regard.

Elle savait que, le samedi, nous nous réunissions pour former un cercle.

— Oui, je vais chez Cal.

Heureusement, elle n'a pas poussé plus loin.

Après ma douche, je suis sortie dans le jardin. Je n'ai pas repéré le moindre signe de magye, ce qui, évidemment, ne voulait rien dire. Ils étaient sans doute capables de dissimuler leurs sorts. J'ai fait le tour de la maison. Pas de tags ni d'animaux morts cloués aux murs…

Le plus étrange, c'est qu'il n'y avait aucune trace de pas dans la neige. J'avais donc rêvé ? Et les images que le feu m'avait montrées, je les avais aussi imaginées ?

Impossible. Je me rappelais trop bien ces scènes chargées de bruits et d'odeurs.

Et je ne pouvais oublier l'expression de Maeve, souriante, accroupie près de sa maison, pointant le sol du doigt.

Maeve avait vécu à Meshomah Falls, à deux heures de route de Widow's Vale. J'ai jeté un coup d'œil à ma montre. Il fallait que j'appelle Cal.

— Ta pauvre voiture ! Qu'est-ce qui s'est passé ? m'a demandé Robbie une demi-heure plus tard.

J'étais passée le prendre chez lui, car, malgré le pare-chocs tordu et un phare brisé, Das Boot roulait encore. J'avais d'abord essayé de joindre Cal, mais sa mère m'avait répondu qu'il était sorti faire des achats. Bizarrement, le simple fait de parler à Selene m'avait rassérénée. Je m'étais retenue de lui demander s'il avait reçu mon message télépathique, car ma mère était derrière moi.

Du coup, j'avais pensé à Robbie, mon lot de consolation favori pour partir en balade.

Je lui ai raconté la version de l'accident que j'avais déjà servie à mes parents. L'épisode des phares et de Bree, je ne voulais en parler qu'avec Cal.

— Heureusement que tu n'es pas blessée, a-t-il conclu en dépliant une carte routière.

Le ciel se dégageait peu à peu. Il faisait toujours froid, cependant la neige et la glace fondaient doucement. Les rues étaient détrempées, les caniveaux, gorgés d'eau.

— Essaie de trouver Meshomah Falls, lui ai-je indiqué en filant vers l'autoroute. C'est un petit bled au nord de l'Hudson, juste au-dessus du fleuve. On ne devrait pas mettre plus de deux heures et demie pour y arriver.

— Alors... a-t-il marmonné en faisant glisser son doigt sur la carte. Là ! Je l'ai. Il faut suivre l'autoroute et sortir à Hookbridge Falls.

On s'est arrêtés à la station-service pour faire le plein et acheter des trucs à grignoter. Ça m'a rappelé nos virées à trois, avec Bree. J'ai essayé de ne pas y penser pour ne pas gâcher ma bonne humeur.

— Chips ? m'a proposé Robbie en me tendant le paquet.

J'en ai pris une poignée, que je me suis fourrée dans la bouche.

— Et sinon, tu en es où avec Bree ? Tu lui as avoué tes sentiments ?

— Je comptais le faire, mais je me suis dégonflé. Je suis un gros trouillard, tu sais.

— Arrête de dire des bêtises, Robbie. Je sais que parfois ce n'est pas facile de l'aborder.

Il a haussé les épaules, peu convaincu.

— Tu sais qu'elle aussi elle me demande toujours de tes nouvelles ?

— Comment ça ?

— C'est comme toi. Tu parles tout le temps d'elle, eh bien, elle, elle parle tout le temps de toi. Même si c'est pour dire des horreurs… N'importe quel idiot se rendrait compte que tu lui manques autant qu'elle te manque.

J'ai froncé les sourcils, les yeux rivés sur la route.

Le ciel était parfaitement dégagé, à présent, plus bleu qu'il ne l'avait été depuis des semaines. Sentir les rayons du soleil sur mon visage m'a mis du baume au cœur. J'avais l'impression de partir à l'aventure.

On a roulé en silence jusqu'au panneau qui indiquait notre sortie. Robbie a replongé le nez dans la carte.

— On tourne là et on part vers l'est. On devrait arriver directement à Meshomah Falls, a-t-il finalement déclaré.

Quelques minutes plus tard, on est entrés dans le village. J'ai senti des frissons me descendre le long du dos. J'étais née ici !

J'ai suivi la rue principale en inspectant chaque bâtiment. On se serait presque cru à Widow's Vale. C'était vraiment charmant, comme endroit, et je comprenais pourquoi Maeve et Angus avaient décidé de s'y installer. J'ai roulé au hasard et j'ai ralenti pour pouvoir regarder chaque maison en détail. Soudain, Robbie a pivoté vers moi.

— Dis, Morgan, maintenant qu'on est arrivés, tu pourrais peut-être m'expliquer ce qu'on fait là ?

Je ne savais pas par où commencer. Robbie me connaissait trop bien, il ne me croirait pas si je lui répondais que je voulais juste visiter le coin pour le plaisir.

— Je te le dirai tout à l'heure.

Problème : comment lui raconter quelque chose sans tout révéler ? Or je ne me sentais pas encore prête pour le grand saut.

— Tu es déjà venue ici ?

J'ai secoué la tête. La plupart des maisons étaient plutôt modestes. Aucune ne ressemblait vraiment à celle de ma vision. Plus on continuait vers le nord, plus elles s'espaçaient l'une de l'autre. On avait rejoint la campagne et je commençais à croire qu'on avait parcouru tout ce chemin pour rien. Comment avais-je pu m'imaginer que je pourrais reconnaître la maison de Maeve ? Et si par miracle on la retrouvait, qu'est-ce que je ferais ? Toute cette expédition était vraiment déb…

— La voilà !

J'ai écrasé la pédale de frein et Das Boot s'est arrêtée dans un horrible crissement. Robbie m'a regardée comme si j'étais devenue folle, mais je m'en fichais. La maison que j'avais vue dans le feu, la maison de ma vraie mère, se dressait juste devant mes yeux.

16. La cachette

12 janvier 1999

Je viens de reprendre connaissance après six jours de délire fébrile. C'est ma tante Shelagh qui me l'a appris. Je ne sais même pas ce qui m'est arrivé, et personne ne veut me le dire. Je me sens si mal... j'ai l'impression de mourir à petit feu. Que s'est-il passé ? Où est Linden ? Je veux voir mon frère.

À mon réveil, huit sorciers de Vinneag se tenaient autour de mon lit et psalmodiaient des incantations pour me soigner. J'ai entendu Athar et Alwyn qui pleuraient dans le couloir, mais, quand j'ai demandé à les voir, les sorciers se sont regardés et ont secoué la tête. Pourquoi ? Suis-je si malade ? Ou bien y a-t-il une autre raison ?

Je suis si faible...

Gìomanach

Les murs de la maison n'étaient plus blancs, ils avaient été repeints d'une couleur caramel rehaussée de bordeaux autour des fenêtres et de la porte. Le petit jardinet et le potager avaient laissé place à des massifs de rhododendrons qui dissimulaient les fenêtres du rez-de-chaussée.

Voilà, j'y étais. C'était la maison de Maeve, là où j'avais vécu les premiers mois de ma vie. Robbie m'observait en silence. Apparemment, il n'y avait personne. Que faire ? Finalement, je me suis tournée vers mon ami en prenant une inspiration.

— Il faut que je te dise quelque chose, ai-je commencé. Je suis bien une sorcière de sang, comme l'a dit Cal l'autre jour. Mes parents, eux, ne le sont pas. J'ai appris il y a peu qu'ils m'avaient adoptée quand j'étais bébé.

Il a écarquillé les yeux, sans faire de commentaire.

— Je devais avoir huit mois, à l'époque. Ma mère biologique, ma vraie mère, était elle aussi une sorcière de sang. Elle s'appelait Maeve Riordan et elle vivait dans cette maison, avec mon père biologique. Ils venaient d'Irlande. Ils avaient quitté leur pays après la destruction de leur coven et s'étaient installés ici. À leur arrivée, ils avaient juré de ne plus jamais se servir de leur magye.

J'ai marqué une pause pour respirer à fond. Résumée comme ça, mon histoire ressemblait au scénario d'un mauvais feuilleton. Mais Robbie m'a encouragée à poursuivre.

— Après ma naissance, un événement terrible a dû se produire, si effrayant que mes parents ont décidé de me confier à quelqu'un d'autre. Leurs craintes étaient fondées : quelqu'un les a ensuite enfermés dans une grange avant d'y mettre le feu. Ils sont morts brûlés vifs.

Robbie a pâli.

— Quelle histoire… a-t-il marmonné. Je n'en reviens pas. Et qui était ton vrai père ?

— Il s'appelait Angus Bramson. Maintenant, tu sais pourquoi mes pouvoirs sont si forts, pourquoi la potion que je t'ai donnée a si bien fonctionné, pourquoi je canalise autant d'énergie pendant les cercles. Je descends d'une lignée de sorciers vieille de plusieurs centaines, voire de milliers d'années.

Robbie m'a dévisagée longuement.

— Alors là, je suis sur le cul, a-t-il fini par murmurer. J'imagine que ça devait être l'enfer chez toi, ces derniers temps.

— Ouais, ai-je reconnu en rigolant. Ce n'est rien de le dire. On a tous paniqué, en fait. Imagine-toi, pendant seize ans, mes parents m'ont caché qu'ils m'avaient adoptée. Et toute la famille le savait, sauf Mary K. Et leurs amis aussi étaient au courant. Du coup, j'étais vraiment… folle de rage.

— Y a de quoi.

— Ils savaient même que mes vrais parents avaient été tués, et que leur mort avait un lien avec la sorcellerie. Alors, quand ils ont vu que je m'intéressais à la Wicca, ils ont pris peur. Ils s'inquiètent pour moi…

Robbie s'est mordillé la lèvre.

— Et personne ne sait pourquoi on les a assassinés ? m'a-t-il demandé. Il s'agit bien d'un meurtre, non ? Pas d'un double suicide ou d'un rite qui aurait pu mal tourner…

— Non, la grange était bien fermée de l'extérieur. Mais l'enquête n'a rien donné. J'ai récupéré le Livre des Ombres de Maeve, peut-être que j'y trouverai des indices…

— Sérieux ? Comment as-tu fait pour mettre la main dessus ?

— C'est une longue histoire… Je l'ai découvert par hasard dans la bibliothèque de la mère de Cal.

L'air soucieux, il m'a coupé la parole :

— Je croyais que les sorciers ne croyaient pas au hasard.

Sa remarque m'a laissée perplexe. Il avait parfaitement raison.

— Tu ne m'as toujours pas dit ce qu'on faisait ici, a-t-il continué.

— Hier soir, j'ai rêvé que… Non, en vrai, j'ai eu une vision. J'ai fait un essai de divination… par le feu.

— Tu veux dire que tu as vu des images dans le feu ?

— Euh… oui, ai-je admis, les yeux baissés. Je sais ce que tu vas dire. Que je vais trop vite, que je n'ai pas le niveau pour me lancer dans ce genre de trucs. Mais je pense que la divination n'est pas interdite aux débutants puisqu'il n'est pas nécessaire de lancer le moindre sort.

J'attendais qu'il me fasse une réflexion, qui n'est pas venue.

— En tout cas, ai-je repris, le feu m'a montré plein d'images étranges. Dans la vision la plus nette, la plus réaliste, m'est apparue cette maison. Et ma mère. Elle me souriait et me faisait signe de regarder… sous les fondations.

— Attends un peu ! Tu veux dire que nous sommes venus ici à cause d'une vision et que maintenant tu as l'intention de ramper sous cette maison ?

Je me suis retenue d'éclater de rire.

— C'est sûr que, dit comme ça, ça paraît dingue ! ai-je reconnu.

— Tu es certaine qu'il s'agit de la même maison ?

J'ai hoché la tête.

Il a gardé le silence.

— Tu me trouves complètement folle d'être venue ici ? Tu penses qu'on devrait faire demi-tour ?

Il a réfléchi un instant, puis a répondu :

— Franchement, non. Puisque ta vision t'a montré cette maison, il est logique de vouloir l'inspecter. Tant que tu ne me demandes pas à moi de ramper là-dessous, ça me va, a-t-il conclu en me souriant.

— T'inquiète pas, je compte bien y aller moi-même. Bien que j'ignore ce que je suis censée trouver.

— Tu as pensé à emporter une lampe de poche ?

— Bien sûr que non, ai-je lâché dans un demi-sourire. Ce serait trop simple…

Cet aveu m'a valu un rire moqueur de sa part. Je suis sortie de voiture tout en remontant la fermeture de mon manteau. Puis je me suis engagée dans l'allée sans cesser de me répéter : « Je suis invisible, je suis invisible, je suis invisible », au cas où quelqu'un viendrait à passer par là. C'est Cal qui m'avait appris ce truc, mais je n'avais pas encore eu l'occasion de le tester. Pourvu que ça marche !

Derrière les rhododendrons touffus, là où dans ma vision Maeve se tenait accroupie, j'ai découvert qu'il manquait des briques au bas du mur. L'ouverture, qui ne devait pas mesurer plus de cinquante centimètres, permettait de se faufiler entre la terre et le plancher de la maison. J'ai jeté un dernier coup d'œil vers la voiture : Robbie était sorti. Il attendait dans le froid, appuyé contre le capot, prêt à me venir en aide. J'avais de la chance qu'il m'ait accompagnée.

J'avais beau savoir que la maison était vide – j'avais déployé mes sens pour m'en assurer –, mon cœur battait la chamade. Je me suis mise à plat ventre pour jeter un œil dans l'ouverture.

On n'y voyait rien du tout. C'était peut-être plein de rats et de cadavres. J'ai essayé de ne pas y penser et je me suis faufilée à l'intérieur.

J'ai marqué une pause pour que ma vision de mage ait le temps de se stabiliser. Ouf ! pas de squelettes en vue, que des vieux tuyaux et des plaques de métal. J'ai avancé à quatre pattes en évitant les obstacles. Je sentais l'humidité du sol tremper mon jean. J'ai éternué et me suis essuyé le nez d'un revers de manche. Non seulement il faisait froid là-dessous, mais en plus ça puait le moisi.

J'ai guetté la moindre marque, le moindre sceau qui aurait pu me guider, sans succès. Je commençais à me sentir vraiment idiote quand j'ai aperçu quelque chose un peu plus loin, derrière un pilier en brique. Quelque chose de magyque. À dire vrai, je percevais sa présence plus que je ne le voyais. J'ai rampé sur quelques mètres en évitant les fils électriques et j'ai même dû me tortiller pour passer sous une canalisation. J'allais être belle en sortant de là ! Quelle nouille, je n'avais même pas pensé à m'attacher les cheveux et, du coup, ils traînaient par terre.

Bingo ! Là, une boîte était cachée entre deux piliers, à moitié enterrée. J'ai dû m'étirer de tout mon long pour l'atteindre. Lorsque ma main s'est approchée de la boîte, j'ai eu l'impression de la plonger dans une substance gélatineuse. Puis mes doigts ont touché la surface froide du couvercle. Les mâchoires serrées, j'ai agrippé le bord et tiré de toutes mes forces pour la déterrer, en vain. J'ai essayé une nouvelle fois, si fort que mes ongles ont crissé contre le métal. Rien à faire, elle était bel et bien coincée.

J'avais envie de hurler de frustration. Je refusais d'avoir fait tout ça pour rien. En plissant les yeux, j'ai distingué malgré la poussière et la rouille que des initiales avaient été gravées sur le couvercle : M.R. Maeve Riordan. Elles m'apparaissaient aussi nettement qu'en plein jour.

J'ai alors compris pourquoi ma mère m'avait envoyée ici. Cette boîte, elle l'avait cachée là afin que je la trouve un jour, même dix-sept ans après. Il était hors de question que je reparte bredouille. Je me suis rappelé qu'une fois, pour ridiculiser Raven, je lui avais fait tomber une feuille morte sur la tête. Si j'avais été capable de déplacer une feuille par la seule force de ma volonté, pourrais-je recommencer avec un objet plus gros et plus lourd ? J'ai décidé de tenter le tout pour le tout.

J'ai fermé les yeux pour me concentrer. De nouveau, j'ai dû m'étirer pour atteindre la boîte métallique. Mon esprit s'est vidé, à l'exception d'une seule pensée : ce qui avait jadis appartenu à ma vraie mère me revenait de droit. Cette boîte était à moi. Je la voulais à tout prix.

L'instant d'après, elle était entre mes mains.

J'ai ouvert les yeux, un grand sourire aux lèvres. J'avais réussi ! Par la Déesse, j'avais réussi ! J'ai coincé la boîte sous mon bras et je suis sortie de là aussi vite que possible. Dehors, le soleil m'a aveuglée et l'air glacial m'a piqué la gorge. Je me suis relevée en clignant des yeux. J'avais mal partout. J'ai brossé mes vêtements du mieux que j'ai pu et j'ai tapé des pieds pour me débarrasser de la poussière.

Je m'apprêtais à sortir du jardin quand j'ai aperçu sur le trottoir un homme d'une cinquantaine d'années qui venait dans ma direction. Il tenait en laisse un teckel obèse. Quand il m'a aperçue, il s'est arrêté et m'a dévisagée d'un air suspicieux.

Je me suis figée sur place, le cœur battant à cent à l'heure. *Je suis invisible, je suis invisible, je suis invisible.* J'ai projeté cette pensée vers lui avec toute la force mentale dont j'étais capable.

Une seconde plus tard, son regard s'est perdu dans le vague et il a poursuivi son chemin.

Ouf ! J'étais fière de moi, mes pouvoirs semblaient de plus en plus puissants.

Robbie n'en avait pas perdu une miette. En me voyant arriver, il a ouvert la portière arrière pour que je puisse déposer la boîte sur la banquette. Ensuite, il s'est glissé derrière le volant et nous sommes repartis. Dans le rétroviseur, la maison est devenue de plus en plus petite, jusqu'à disparaître après un virage.

17. Les trésors de Maeve

14 janvier 1999

Maintenant, j'arrive à tenir assis dans mon lit. Ce midi, j'ai même réussi à avaler du bouillon. Tout le monde m'évite, et oncle Beck me lance sans cesse des regards froids que je ne lui connaissais pas. Personne ne veut me dire où est Linden. Cet après-midi, ils ont enfin accepté qu'Athar vienne me voir. Je lui ai pris la main et l'ai interrogée sur mon frère, mais elle non plus ne m'a rien dit. Elle s'est contentée de me dévisager de ses grands yeux sombres et profonds. Ils ont également laissé entrer Alwyn, qui n'a fait que sangloter en s'agrippant à moi. Je me suis rendu compte qu'elle avait presque quatorze ans : elle sera initiée dans trois mois.

Je veux savoir où est mon frère ! Pourquoi n'est-il pas venu me voir ?

Toute la semaine, des membres du Conseil se sont succédé dans la maison. Une peur sans nom m'envahit peu à peu, trop terrifiante pour que j'ose l'affronter.

Gìomanach

— Qu'est-ce qu'il y a dans cette boîte ? a voulu savoir Robbie au bout de quelques minutes de trajet.

Il me regardait d'un drôle d'air. C'est vrai que je devais faire peur : j'avais des toiles d'araignée plein les cheveux, de la terre et de la poussière partout sur mes vêtements, et je sentais le moisi.

— Je n'en sais rien. Il y a les initiales de Maeve sur le couvercle…

— On peut aller chez moi, mes parents ne sont pas là.

— Bonne idée, et merci de me relayer pour la route.

Le trajet jusqu'à Widow's Vale m'a paru interminable. Le soleil a disparu du ciel vers quatre heures et demie, nous obligeant à rouler dans une pénombre frigorifiante. Même si je mourais d'envie d'ouvrir la boîte, je m'étais résolue à attendre de me sentir en sécurité pour le faire. Robbie s'est garé devant la petite maison décrépie de ses parents. D'aussi loin que je me souvenais, ils n'avaient jamais repeint la façade, remblayé l'allée ou réparé quoi que ce soit chez eux. La pelouse, clairsemée, n'avait pas été tondue depuis longtemps. Cette corvée revenait à Robbie, mais il trouvait toujours une bonne excuse pour y échapper, ce qui ne semblait pas gêner ses parents.

Je n'aimais pas aller chez lui. Quand nous étions petits, notre petit groupe de trois se réunissait le plus souvent chez Bree, notre repaire favori, ou alors chez moi. On avait toujours évité la maison de Robbie, avec son linoléum défraîchi, son odeur mêlée de tabac froid et de chou bouilli. Pour une fois, je m'en accommoderais.

— Où sont tes parents ? lui ai-je demandé tandis qu'on se dirigeait vers sa chambre.

— Ma mère doit être chez sa sœur et mon père est parti à la chasse.

— Berk ! Ça me rappelle le jour où ton père avait accroché un cerf mort à un arbre de votre jardin.

On a ri ensemble à l'évocation de ce vieux souvenir, puis on a traversé la chambre de sa grande sœur, Michelle. Elle était partie à l'université, pourtant rien n'avait été touché dans la pièce, au cas où elle reviendrait un jour vivre chez eux. Michelle avait toujours été la favorite de ses parents, qui ne s'en étaient jamais cachés. Pourtant, Robbie ne lui en voulait pas. Michelle adorait son petit frère, et ils étaient très proches. Sur une étagère trônait une photo encadrée de Robbie datant de l'année passée. Il était méconnaissable.

Robbie a allumé la lumière. Sa propre chambre était moitié moins grande que celle de sa sœur. On aurait dit un placard. Son lit une place, flanqué d'une vieille couverture mexicaine, y tenait tout juste. Une grosse commode garnie d'étagères occupait un coin. Les rayonnages croulaient sous les livres – surtout des éditions de poche. Il les avait tous lus.

— Comment va ta sœur ? me suis-je enquise en posant délicatement la boîte sur son lit.

— Bien. D'après elle, elle sera encore sur le tableau d'honneur.

— Tant mieux. Elle revient pour Noël ?

J'avais de nouveau des palpitations. J'ai inspiré profondément pour me calmer, puis je me suis assise sur le lit.

— Oui, m'a-t-il répondu dans un grand sourire. Elle va avoir une drôle de surprise en voyant ma nouvelle tête.

— Sans doute, ai-je murmuré.

— Bon, tu l'ouvres, ce truc ? m'a-t-il pressée en s'asseyant de l'autre côté de la boîte.

Même si je ne voulais pas l'admettre, j'étais nerveuse comme tout et je cherchais à gagner du temps. Et si à l'intérieur se trouvait une chose horrible ? Un truc qui…

— Alors, t'attends quoi pour l'ouvrir ? m'a lancé Robbie, les yeux pétillants de curiosité. Tu veux que je le fasse à ta place ?

— Non, non… je m'en charge.

La boîte devait mesurer environ cinquante centimètres de largeur pour soixante de longueur et dix de hauteur. Les deux fermoirs, complètement rouillés, refusaient de s'ouvrir. Robbie s'est levé d'un bond et a farfouillé sur son bureau à la recherche d'un tournevis. Je m'en suis servie pour débloquer les fermoirs et j'ai soulevé le couvercle.

— Waouh !

Robbie et moi avons crié au même moment. Alors que l'extérieur était tout abîmé, l'intérieur était resté intact et brillait d'un éclat argenté. Le premier objet que j'ai vu, c'est l'athamé. Je l'ai pris dans mes mains : il était lourd et semblait très ancien. Sa lame en argent terni témoignait de son grand âge et son manche en ivoire était orné de motifs celtiques sculptés à la main. En le retournant, j'ai vu que la lame portait une succession d'initiales gravées : il y en avait dix-huit paires en tout. La dernière et l'avant-dernière étaient identiques : un M et un R.

— Maeve Riordan, ai-je murmuré en suivant les initiales du bout du doigt. Et avant, Mackenna Riordan, sa mère. Ma grand-mère. Ça marche aussi avec mon nom ! Dire que ce poignard s'est transmis de génération en génération jusqu'à moi !

J'ai déposé délicatement le poignard sur le lit, puis j'ai sorti une étoffe de soie vert émeraude que j'ai tenue à bout de bras. Lorsqu'elle s'est dépliée, j'ai vu qu'il s'agissait d'une robe de cérémonie.

— Cool ! a murmuré Robbie en la caressant du bout des doigts.

J'ai hoché la tête, émue. Si sa forme simple rappelait une toge, les broderies qui la décoraient étaient stupéfiantes : des nœuds celtiques mêlés à des dragons, des pentacles, des runes, des étoiles et des plantes stylisées, tout ça tissé de fils d'argent et d'or. Comme Maeve avait dû se sentir fière de l'hériter de sa mère et de la porter le jour où elle avait dirigé un cercle pour la première fois ! Je n'avais qu'une envie, l'essayer sur-le-champ... cependant, j'attendrais d'être seule, chez moi.

— Je n'en reviens pas, a lâché Robbie.

— Moi non plus.

Je l'ai repliée doucement et je l'ai mise de côté. Ensuite, j'ai trouvé quatre petites coupelles en argent, gravées elles aussi de symboles celtiques. J'ai reconnu les runes qui désignaient l'air, le feu, l'eau et la terre. Dire que ma mère s'en était servie pour ses cercles !

La boîte contenait également une baguette en bois noir. De fines lignes d'or et d'argent couraient sur toute la longueur, et la pointe était munie d'une sphère de cristal sertie à la base de quatre pierres rouges. Je me suis demandé si c'étaient de vrais rubis.

Enfin, au fond de la boîte, j'ai découvert d'autres morceaux de cristal, plusieurs pierres, une plume et une chaîne en argent au bout de laquelle se balançait un pendentif orné du symbole de Claddagh : deux mains encadrant un cœur surmonté d'une couronne. C'était un bijou irlandais qui représentait l'amour, l'amitié et la fidélité. L'année dernière, pour leurs vingt-cinq ans de mariage, mon père adoptif avait offert à ma mère une bague ornée du même symbole. Au creux de ma main, la chaîne m'a paru lourde et chaude.

J'ai regardé tous ces trésors, les outils magyques de Maeve : ils étaient à moi, maintenant, c'était mon héritage. Je sentais leur magye, leur mystère et leur pouvoir. J'éprouvais une joie indescriptible.

— Tu te rends compte, Robbie, il y a deux semaines, je ne possédais rien de ma vraie mère, et maintenant, non seulement j'ai récupéré son Livre des Ombres, mais encore j'ai tout cela ! Je n'arrive pas à croire qu'elle les a touchés, qu'elle les a utilisés pour ses rituels… Ils sont imprégnés de sa magye ! C'est vraiment incroyable…

— Non, ce qui est vraiment incroyable, c'est que tu les aies trouvés grâce à la divination, a-t-il murmuré.

— Je sais, je n'en reviens toujours pas ! C'est comme si elle était venue à moi pour me transmettre un message.

— Ça me donne des frissons rien que d'y penser… Tu m'as bien dit qu'ils avaient renoncé à la magye en arrivant ici, non ? Alors, pourquoi a-t-elle emporté ses outils avec elle ? Imagine, elle a dû souffrir de les avoir à portée de main sans pouvoir les utiliser…

Bizarrement, cette idée m'a dégrisée. Et j'ai commencé à me sentir mal.

— Je l'ignore, Robbie. Peut-être qu'elle n'a pas pu se résoudre à s'en séparer…

— Ou bien elle savait qu'elle aurait un enfant, a suggéré Robbie, et elle voulait les emporter avec elle pour les lui transmettre plus tard. Et elle a réussi, finalement.

— Qui sait ? ai-je soufflé en haussant les épaules. Je trouverai peut-être des indices dans son livre, je ne l'ai pas encore fini.

— Elle pensait peut-être qu'elle serait en sécurité tant qu'elle ne toucherait pas à ces objets. Je me demande s'ils l'auraient trouvée plus tôt, si elle s'en était servie.

Je l'ai observé un instant, puis mon regard est revenu sur les outils. Mon malaise s'est accru. J'ai froncé les sourcils et je lui ai demandé :

— C'est possible… Tu crois qu'ils sont toujours dangereux ? Je ferais peut-être mieux de les reposer là-bas…

— Non, ne t'inquiète pas. Maeve elle-même t'a indiqué où les trouver. Elle n'avait pas l'air de te mettre en garde, dans ta vision, si ?

— Pas du tout, au contraire. Elle semblait m'encourager à venir les chercher.

J'ai tout rangé dans la boîte, en songeant que Cal m'aiderait sûrement à y voir plus clair. Peut-être qu'Alyce et David pourraient m'aider eux aussi.

— Au fait, Morgan, tu rejoins Cal ce soir ? a voulu savoir Robbie, un grand sourire sur les lèvres. Il va halluciner en voyant tout ça !

— Ça, c'est sûr ! me suis-je exclamée en sentant ma bonne humeur revenir. D'ailleurs, je ferais mieux de rentrer me préparer, parce que là, y a du boulot !

On a rigolé en même temps, puis on a regagné l'entrée. Après avoir un peu hésité à poser la question qui me brûlait les lèvres, je me suis lancée :

— Et toi, tu es toujours décidé à assister au cercle de Bree ?

— Ouaip. Je les retrouve chez Raven.

J'ai enfilé mon manteau avant d'ouvrir la porte.

— Fais gaffe, quand même, lui ai-je conseillé. Et merci de m'avoir accompagnée. Je n'y serais jamais arrivée toute seule.

Je suis rentrée chez moi en repensant aux événements de la journée, à mon précieux trésor. Si les initiales sur l'athamé représentaient toutes les grandes prêtresses de Belwicket, cela signifiait que ce coven existait depuis des centaines d'années. Pour la première fois de ma vie, j'avais l'impression d'être à ma place, d'appartenir à une lignée – sentiments dont j'avais toujours ressenti le manque. Je rêvais déjà d'aller en Irlande afin d'en apprendre davantage sur l'histoire de ma vraie famille et de découvrir ce qui s'était vraiment passé. Un jour, peut-être, j'irais.

18. Sceaux

22 janvier 1999

Ça y est, je sais tout. Linden, mon frère âgé de quinze ans à peine, est mort. Que la Déesse me vienne en aide, ils disent que c'est moi qui l'ai tué...

Je regarde ce que je viens d'écrire, mais le sens de ces mots m'échappe. Linden est mort. On m'accuse.

Mon procès doit commencer bientôt. Je n'arrive même plus à réfléchir. La migraine ne me laisse aucun répit et je vomis tout ce que j'avale. J'ai perdu plus de dix kilos ; je peux même compter mes côtes.

Mon frère. Mort, à présent.

Lorsque je le regardais, je revoyais le visage de maman. Jamais je n'aurais pu lui faire du mal. Jamais.

Gìomanach

Il n'y avait personne à la maison quand je suis rentrée. Tant mieux. En revenant de chez Robbie, j'avais eu une idée, et je voulais être seule pour la mettre en application.

Je devais placer mon trésor en lieu sûr. J'ai pris un tournevis dans la boîte à outils de mon père et je suis montée à l'étage pour enlever la grille de l'air conditionné : c'est là, dans le conduit, que j'avais caché mon premier journal intime. Un jour, j'y avais même fourré la poupée préférée de Mary K. après une grosse dispute.

Avant d'y déposer la boîte, j'ai récupéré l'athamé, cette dague magnifique, ancienne, qui portait les initiales de ma mère. Savoir que mes initiales étaient les mêmes que les siennes et que celles de ma grand-mère me comblait de joie. Je suis redescendue en faisant courir mes doigts sur son manche sculpté.

Une semaine auparavant, alors que j'effectuais des recherches sur la Wicca, j'étais tombée sur un article signé Helen Firesdaughter. Elle y donnait une description précise des différents outils des sorciers et de leur utilisation. J'avais donc appris que l'athamé était lié au feu, qu'il servait à concentrer de l'énergie et qu'il symbolisait et provoquait le changement. Il permettait également de révéler ce qui était caché.

J'ai remis mon manteau pour aller dans le jardin. Le crépuscule était tombé et il faisait plus froid que dans la journée. Je me suis assurée que personne ne m'observait, puis j'ai fait le tour de la maison en tenant l'athamé à bout de bras, comme un détecteur de métal.

J'ai trouvé le premier sceau sur la balustrade de l'entrée. À l'œil nu, on ne voyait rien, mais, au passage de l'athamé, le signe émettait une faible lueur bleutée. J'avais à présent la preuve que Sky et Hunter avaient accompli un rite magyque. Je n'avais pas rêvé. J'ai suivi les lignes et les courbes du dessin du bout du doigt. C'était Peorth, la rune qui révélait les secrets. Une boule s'est formée dans ma gorge.

Pas de panique, me suis-je ordonnée. Peorth n'était pas nocive en soi. J'ai repris ma recherche et découvert d'autres sceaux. Daeg : l'éveil et la clarté ; Eoh, le cheval : le changement ; Othel : l'héritage. Enfin, juste sous la fenêtre de ma chambre, j'ai découvert le sceau tant redouté : le double crochet d'Yr.

J'ai eu l'impression de recevoir un coup de poing.

Yr. La rune de la mort. Cal m'avait expliqué qu'elle symbolisait également la fin d'une période et un nouveau départ. Le fait de le savoir ne m'a pas vraiment rassurée.

Soudain, un picotement a frôlé ma conscience. Quelqu'un était là, tout près. On m'observait.

J'ai pivoté, les yeux plissés, pour scruter la rue. Un unique lampadaire projetait un cône de lumière devant notre jardin, mais nulle ombre ne glissait sur le trottoir, nul mouvement ne dérangeait les buissons. Ma vision de mage ne m'a rien montré d'autre. Je ne sentais plus la présence. Avais-je tout imaginé ? Mes sens aiguisés de sorcière pouvaient-ils me tromper ?

Je l'ignorais. L'idée de rester seule dehors une seconde de plus m'était insupportable. J'ai rangé l'athamé dans la poche de ma veste, puis je suis rentrée en vitesse en prenant soin de fermer la porte à clef derrière moi.

Le temps que Cal vienne me chercher, j'avais réussi à me calmer suffisamment pour retrouver ma bonne humeur : je savais que ce serait une soirée spéciale.

— Tiens, tu as l'air différente ! s'est-il exclamé quand j'ai ouvert la porte. Ton visage a changé. Ou plutôt tes yeux.

— Je me suis maquillée, lui ai-je expliqué en battant des cils. Enfin, Mary K. m'a maquillée. Elle a réussi à me mettre le grappin dessus et je me suis dit : « Pourquoi pas ? »

Ça l'a fait rire et il m'a prise par le bras pour m'emmener vers sa voiture.

— Ça te va bien, mais ne te sens pas obligée de te maquiller pour moi.

— Au fait, Cal, tu as eu mes messages ? lui ai-je demandé en m'installant côté passager.

Il a hoché la tête en démarrant.

— Oui, ma mère m'a dit que tu avais essayé de me joindre. J'avais des trucs à acheter… Mais chut ! C'est une surprise, si tu vois ce que je veux dire.

Il m'a jeté un regard complice, sans mentionner mon message télépathique.

Je lui ai vaguement souri, trop impatiente de lui parler de ce qui m'était arrivé ces dernières quarante-huit heures.

— Tu sais, la journée a été mouvementée. Celle d'hier aussi, d'ailleurs, ai-je annoncé.

— Qu'est-ce qui s'est passé ?

J'ai ouvert la bouche et les mots s'en sont échappés en avalanche. Je lui ai tout raconté : les phares aveuglants qui m'avaient fait sortir de route, la séance de divination par le feu, la visite de Sky et Hunter dans mon jardin la veille au soir. Il m'a laissée finir sans m'interrompre, les yeux écarquillés, comme s'il n'en croyait pas ses oreilles. Et finalement, cerise sur le gâteau, je lui ai appris que j'avais trouvé les outils magyques de Maeve.

— C'est vrai ? s'est-il écrié en tournant la tête vers moi.

La voiture a fait une embardée, et j'ai cru qu'on allait se retrouver dans le décor. Heureusement, on était arrivés dans l'allée qui mène à sa maison.

— Tu peux me croire, je n'en reviens pas moi-même ! ai-je admis en souriant béatement.

— Tu les as apportés ?

— Non, je les ai cachés dans le conduit de la clim, mais je n'ai pas pu les récupérer. Mon père était en train de changer une prise dans le couloir.

— Tu les as cachés dans la clim ? Laisse-moi deviner, c'est là que tu planquais ton journal intime quand t'étais petite ! m'a-t-il lancé avec un sourire amusé.

Un peu penaude, j'ai avoué qu'il avait raison. Maintenant que j'y repensais, ce n'était pas une cachette très adaptée pour des objets magyques !

— Ce n'est pas grave, a-t-il repris, tu pourras toujours me les montrer demain.

— Et pour mon accident, qu'est-ce que tu en penses ?

— Je n'en sais rien. Ce n'était peut-être qu'un chauffard. Sache que tu dois toujours te fier à ton instinct. Donc, si tu as vraiment eu peur, on peut se poser la question, a-t-il conclu en me dévisageant d'un air inquiet. Tu aurais dû m'avertir de tout ça hier soir…

— Je t'ai envoyé un message télépathique, mais tu n'es pas venu. Je me suis même demandé si Sky avait pu le bloquer avant qu'il te parvienne.

Cal a froncé les sourcils un moment, puis son visage s'est éclairé.

— Je sais pourquoi je ne l'ai pas reçu. On avait lancé un sort de protection sur la maison pour éviter que les petits curieux comme Sky et Hunter ne nous espionnent. C'est ça qui a dû bloquer ton message. Je suis vraiment désolé, je n'avais pas pensé que tu pourrais avoir besoin de me joindre.

— Rassure-toi, j'ai eu plus de peur que de mal.

Nous sommes sortis de voiture en frissonnant et, d'un même élan, nous nous sommes dépêchés de rentrer chez lui.

Selene s'apprêtait justement à partir. Elle était drapée dans une grande cape en velours noir, et des améthystes étincelantes ornaient son cou et ses oreilles. Comme toujours, elle était magnifique.

— Bonne soirée, mes chéris, nous a-t-elle lancé en souriant.

Un parfum délicieux m'a chatouillé les narines, une fragrance riche et mature. En comparaison, ma propre eau de toilette au patchouli me semblait un peu simplette, presque... enfantine.

— Vous êtes très belle, l'ai-je complimentée.

— Toi aussi, Morgan. Et bon anniversaire à toi, m'a-t-elle dit en enfilant des gants noirs. Je vais sûrement rentrer tard, alors ne faites pas de bêtises.

Elle a jeté à Cal un regard lourd de sous-entendus, puis a refermé la porte derrière elle.

Je me suis sentie rougir, tant j'étais embarrassée. De son côté, Cal a éclaté de rire en m'entraînant dans l'escalier qui menait à sa chambre.

— Euh... qu'est-ce que ta mère voulait dire, exactement ? lui ai-je demandé naïvement.

— À mon avis, elle pense qu'on pourrait profiter de son absence pour coucher ensemble.

Son ton était parfaitement détaché, comme s'il venait de me proposer une partie de Monopoly. Il m'a adressé un grand sourire et j'ai failli tomber à la renverse.

— Et... euh, tu crois que ça l'embêterait ?

J'avais essayé de poser ma question le plus naturellement possible, mais j'avais bégayé comme une andouille.

— Pas du tout, elle nous taquinait. Dans la Wicca, au contraire de certaines religions, le sexe n'a rien de tabou. Pour nous, l'union de deux êtres est une célébration de l'amour et de la vie ; une sorte d'hommage au Dieu et à la Déesse. C'est un acte d'une grande beauté, tu sais.

— Ah bon…

Malgré mes bouffées de chaleur, j'ai tenté d'avoir l'air détendue.

Cal a refermé la porte de sa chambre derrière lui et m'a prise dans ses bras pour m'embrasser.

— Je suis désolé de ne pas avoir été là pour toi, hier soir. Ma mère a souvent besoin de moi, en ce moment, mais je te promets qu'à partir de maintenant on se verra plus souvent.

— Cool, ai-je murmuré en me pendant à son cou.

Il m'a serrée longuement contre lui, puis s'est emparé de la boîte d'allumettes qui se trouvait sur sa table de nuit. Je l'ai regardé passer de bougie en bougie jusqu'à ce qu'une multitude de petites flammes illumine sa chambre : il y en avait partout, au-dessus de la cheminée, sur les étagères, et même par terre, dans des chandeliers. Sans compter le lustre en fer forgé, lui aussi garni de bougies. Une fois la lumière éteinte, on s'est retrouvés dans un cocon étoilé, comme dans un rêve. C'était beau et terriblement romantique.

Cal s'est dirigé vers son bureau en bois sombre où nous attendaient une bouteille de cidre, un bol garni de fraises bien rouges et un autre plein de chocolat fondu. Il a rempli deux verres et m'en a tendu un.

— Merci, Cal, c'est vraiment génial !

Nous nous sommes assis sur son lit et nous avons bu en silence. La boisson dorée et pétillante me picotait délicieusement la gorge.

— J'ai hâte de voir les outils de Maeve, a-t-il chuchoté en me caressant les cheveux. Leur valeur historique est inestimable ; c'est comme si tu avais trouvé la tombe de Toutankhamon !

Ça m'a fait rire, et je me suis soudain souvenue que… J'ai posé mon verre sur la table de nuit et j'ai sautillé jusqu'à ma veste, d'où j'ai sorti l'athamé enveloppé dans un mouchoir. Sans un mot, je me suis rassise en le présentant à Cal.

— Par la Déesse ! a-t-il chuchoté en le déballant. Il est magnifique.

Les yeux brillants, il a fait courir ses doigts sur les initiales gravées sur la lame.

— Demain, a-t-il poursuivi d'un air pensif, demain, je vais être sacrément occupé. D'abord, je dois retrouver Hunter et Sky pour leur dire de te laisser tranquille. Ensuite, j'irai chez toi pour effacer leurs sceaux, si je le peux. Et enfin, je pourrai baver devant les autres trésors de ta mère. Pour le moment… c'est l'heure des cadeaux !

Il a disparu un instant avant de revenir avec une pile de paquets bien emballés qu'il a étalés sur le lit.

— Cal, c'est de la folie ! me suis-je exclamée.

Par réflexe, j'ai porté la main à ma gorge, là où son pentacle en argent frôlait ma peau. C'était le premier présent qu'il m'avait donné, ce qui le rendait inestimable.

J'ai commencé par un paquet rectangulaire. J'ai déchiré le papier et souri en reconnaissant l'athamé en argent qu'on avait admiré à *Magye Pratique*, avec les roses et le crâne.

— Forcément, maintenant, t'en as plus besoin… Tu pourras toujours t'en servir comme pelle à tarte ou comme coupe-papier !

— Idiot ! ai-je soufflé en riant. Il est splendide… Merci, Cal.

— De rien, je tenais vraiment à te l'offrir. Au suivant !

Il m'a tendu une petite boîte. J'ai retenu mon souffle en l'ouvrant : c'était une paire de boucles d'oreilles en argent ornées d'éclats d'œil-de-tigre. Elles étaient ravissantes et les pierres dorées évoquaient étrangement les prunelles de Cal.

— Elles sont superbes ! lui ai-je dit en l'embrassant.

— Mets-les, comme ça tu auras l'impression que je suis toujours avec toi.

D'un geste, il a rejeté mes cheveux en arrière pour dégager mes lobes. Je n'ai pas eu le temps de le prévenir…

— Mince, tes oreilles ne sont pas percées !

— J'allais te le dire… En fait, ma mère nous avait emmenées, Bree et moi, quand on avait douze ans, mais je me suis dégonflée…

— Je suis désolé, Morgan, c'est ma faute. Dire que je n'avais même pas remarqué. Ça ne fait rien, je vais les rapporter à la boutique et te choisir autre chose.

— Pas question ! ai-je lancé en serrant la petite boîte contre moi. Je les adore trop pour te les rendre. Comme ça, j'aurai une bonne raison d'aller me faire percer les oreilles !

— Si tu insistes… Allez, on continue les cadeaux.

Il m'a ensuite offert un bel ouvrage relié et illustré sur les sorts : il détaillait leur histoire et, à travers une série d'exemples, il expliquait comment on pouvait en inventer de nouveaux.

— Il est fabuleux, ce livre ! me suis-je écriée en le feuilletant. Tu n'aurais pas pu mieux choisir.

— Je suis content qu'il te plaise, a-t-il répondu joyeusement. On pourra en essayer quelques-uns, si tu veux t'exercer un peu.

J'ai hoché la tête avec enthousiasme, comme une gamine à qui on propose un tour de manège, ce qui l'a fait rire de plus belle.

— Et enfin le dernier, a-t-il annoncé, une boîte cartonnée dans les bras.

— Ce n'est pas fini ? me suis-je étonnée, un peu gênée.

C'était un chemisier couleur de ciel d'orage : le violet se mélangeait au parme et au pourpre. En caressant le tissu, j'aurais juré entendre le grondement du tonnerre.

— Oh ! Cal, il est super, tous ces cadeaux sont géniaux ! Je n'ai jamais été aussi gâtée !

Il m'a souri et je me suis jetée dans ses bras. L'instant d'après, nous étions allongés sur son lit. Je l'ai embrassé, mes doigts plongés dans ses cheveux bruns.

— Tu m'aimes ? m'a-t-il demandé dans un murmure.

J'ai hoché la tête, bouleversée, et je l'ai serré très fort pour être au plus près de lui.

Le cidre, les bougies, le léger parfum d'encens et la douceur de sa peau : à croire qu'il avait réuni tous ces ingrédients pour me tourner la tête et éveiller mon désir. Il y parvenait à merveille. Sauf que… sauf que je n'avais pas tout à fait baissé ma garde. Malgré mes sentiments, malgré la vague noire de désir qu'il avait suscitée en moi, je me sentais résister.

Tandis qu'il m'embrassait comme un fou, j'ai compris, à ma grande surprise, que je ne souhaitais pas encore me donner à lui. Même si nous étions probablement des muìrn beatha dàns, je n'étais pas prête à faire l'amour avec lui, à connaître l'union parfaite de nos corps et de nos âmes. Je n'en connaissais pas moi-même la raison, mais je devais me fier à mon instinct.

— Morgan… a-t-il chuchoté en scrutant mon visage, la tête appuyée sur son coude.

Sa beauté m'a coupé le souffle. Ses joues s'étaient un peu colorées et ses lèvres avaient pris une teinte pourpre à force de m'embrasser. *Comment Hunter et lui pourraient-ils être frères ?* me suis-je demandé, avant de m'étonner de penser à Hunter dans un moment pareil. Hunter était méchant et dangereux. Il ne faisait que mentir.

— Viens plus près, a-t-il soufflé d'une voix rauque, sa main caressant ma taille.

— Euh…

— Qu'est-ce qui ne va pas ?

J'ai soupiré sans savoir que répondre. Il a enroulé sa jambe autour de moi pour m'attirer contre lui. Ses lèvres ont glissé dans mon cou et sa main a remonté sur mon ventre pour s'arrêter juste sous ma poitrine. Je me sentais merveilleusement bien, je voulais céder à l'appel du désir, je voulais me laisser transporter vers d'autres rivages sensoriels. Le lendemain, j'aurais dix-sept ans : j'avais l'âge. Pourtant, j'en étais incapable…

— Morgan… a-t-il répété en écartant les mèches de cheveux qui me tombaient sur les yeux. J'ai envie de te faire l'amour.

19. Méditation

Ils me poussent pour que je m'unisse à elle. Et la Déesse sait à quel point j'en ai envie. C'est un papillon, une fleur en bouton, un rubis sombre à l'état brut. Et moi, je peux l'aider à s'épanouir. Je peux l'aider à s'embraser, et tous seront illuminés par son pouvoir. Je peux l'initier. Grâce à moi, elle découvrira sa puissance. Ensemble, nous serons invincibles.

Qui aurait pu l'imaginer ? Sous ses dehors innocents se dissimule une tigresse. Son amour me dévore, son aplomb m'impressionne, sa beauté et son pouvoir m'attirent irrésistiblement.

Elle sera à moi. Et je serai à elle.

Sgàth

J'ai regardé Cal dans les yeux. Je l'aimais, pourtant j'étais désemparée.

— Je pensais que toi aussi tu avais envie de moi, a-t-il dit.

J'ai hoché la tête. C'était vrai… en partie du moins. Mais les désirs de mon corps n'étaient pas nécessairement ceux de mon esprit.

— Si c'est un problème de contraception, ne t'en fais pas, j'ai ce qu'il faut. Je ne prendrai pas de risques…

— Je sais.

J'avais les larmes aux yeux. Je me sentais complètement nulle, sans savoir pourquoi.

Cal a roulé sur le dos, l'avant-bras posé sur son front.

— Alors, qu'est-ce qui ne va pas ?

— Je n'en sais rien, ai-je avoué dans un souffle. J'aimerais bien, seulement je crois que je ne suis pas prête.

Il m'a pris la main et m'a caressé la paume avec son pouce. Au bout de quelques minutes, il s'est relevé pour s'asseoir en tailleur, et je l'ai imité.

— Tu es fâché contre moi ? lui ai-je demandé.

— Je crois que je m'en remettrai, m'a-t-il répondu avec un petit sourire en coin. Ne t'inquiète pas. Je...

Il a laissé sa phrase en suspens.

— Je suis désolée, j'ignore ce qui cloche chez moi...

Il s'est penché vers moi, a soulevé mes cheveux et m'a embrassé la nuque. Le contact de ses lèvres chaudes sur ma peau m'a fait frémir.

— Voyons, rien ne cloche chez toi ! m'a-t-il assuré. On a tout le temps devant nous, toute notre vie. Rien ne presse. Quand tu seras prête, je serai là...

J'avais la gorge nouée. Je n'osais pas ouvrir la bouche, de peur de me mettre à pleurer pour de bon.

— Et si on faisait un cercle, tous les deux ? a-t-il proposé en me massant les épaules. Enfin, pas vraiment un cercle, plutôt une espèce de méditation commune. C'est une autre façon de s'unir. Ça te dit ?

— Oui, suis-je parvenue à articuler.

Face à face sur son lit, nous nous sommes pris les mains, puis nous avons fermé les yeux. Ensuite, nous avons fait le vide dans nos esprits : plus d'émotions ni de sensations, le monde extérieur a disparu. Je me suis détendue, mes yeux ont arrêté de me piquer et la boule dans ma gorge s'est dissoute.

Peu à peu, nos respirations se sont synchronisées et apaisées. Comme je méditais tous les jours, j'ai facilement atteint une transe légère. Je ne sentais plus les mains de Cal dans les miennes. Nous n'étions plus qu'un, nous respirions à l'unisson, nous glissions vers un état de paix et de repos profond. Quel soulagement...

Soudain, l'esprit de Cal s'est approché du mien, s'est aligné sur le mien. C'était une sensation très intime. Il est entré dans ma tête et nos esprits se sont unis. Alors, j'ai perçu toutes ses pensées et l'intensité de sa passion. J'en ai eu la chair de poule. J'ai éprouvé tous ses sentiments, son admiration pour ma puissance, son désir de me voir progresser, de me voir devenir plus puissante encore, jusqu'à l'égaler. C'était extraordinaire. J'ai essayé de lui faire partager mes propres pensées, mes espérances pour l'avenir, sans savoir s'il les captait.

Nous avons fini par nous séparer, comme deux feuilles se décollant pour tomber vers le sol. Nous sommes restés un instant immobiles, les yeux dans les yeux. Après coup, je me sentais un peu nerveuse, presque vulnérable.

— Alors… heureux ? l'ai-je taquiné pour dédramatiser.

— Oui, on peut le dire, a-t-il soufflé en me souriant.

Profitant du silence et de la lumière tamisée, je l'ai observé un instant encore et me suis laissée partir à la dérive dans son regard. Puis le tic-tac de l'horloge a attiré mon attention. J'ai jeté un coup d'œil vers le cadran.

— C'est pas vrai ! Ne me dis pas qu'il est déjà une heure !

— Tu as un couvre-feu à respecter ?

J'étais déjà en train de mettre mes chaussures et de rassembler tous mes cadeaux lorsque je lui ai répondu :

— Pas officiellement. Je suis censée prévenir mes parents si je rentre après minuit. Et là, si je les appelle, je vais les réveiller…

J'ai repris l'athamé de ma mère et je l'ai rangé dans mon manteau tout en descendant l'escalier. J'aurais donné n'importe quoi pour rester avec lui, pour prolonger cette merveilleuse soirée.

Lorsque nous avons ouvert la porte d'entrée, une rafale de vent nous a frigorifiés.

— Brrr, ai-je lâché en serrant le col de mon manteau.

Tête baissée, nous nous sommes dirigés vers l'Explorer de Cal.

— Et si on appelait tes parents pour leur dire que tu dors là ? a suggéré Cal avec un sourire moqueur.

J'ai éclaté de rire. Voilà une idée qui enchanterait sans doute mon père et ma mère ! J'ai déposé mes merveilleux cadeaux à l'arrière et je m'apprêtais à ouvrir la portière avant lorsqu'un bruit de moteur s'est fait entendre. Cal a plissé les yeux. Il semblait tendu, sur ses gardes. Sa main, qui tenait toujours ma portière, s'est crispée.

— C'est ta mère ? lui ai-je demandé.

— Non, je ne reconnais pas la voiture.

Je me suis servie de ma vision de mage pour examiner le véhicule malgré les phares qui m'aveuglaient. Mon cœur s'est arrêté de battre. Hunter !

Il s'est engagé dans l'allée et s'est garé près de nous.

— Qu'est-ce qu'il fiche là, à cette heure ? ai-je grogné.

— Bonne question. Ça tombe bien, j'avais deux ou trois trucs à lui dire.

Hunter est sorti de sa voiture en laissant le moteur tourner et s'est approché. Ses yeux verts, qui n'étaient plus gonflés, nous fixaient d'un air solennel.

— Bonsoir à vous. Je ne m'attendais pas à vous trouver là ensemble. C'est ennuyeux.

— Ah ouais ? Pourquoi ça, tu voulais tracer des sceaux sur ma maison, comme tu l'as fait chez Morgan ?

Surpris, Hunter a pivoté vers moi.

— Tu étais au courant ?

J'ai hoché la tête, la mine sombre.

— Et qu'est-ce que tu sais d'autre ? a-t-il poursuivi. Tu sais ce que Cal attend de toi ? Ce que tu représentes pour lui ? Tu ne sais *rien,* Morgan. Ta vie n'est qu'un tissu de mensonges.

Je l'ai fusillé du regard, sans trouver de réponse satisfaisante. Je ne comprenais toujours pas ce qu'il nous voulait.

Cal a serré les poings avant de déclarer :

— Ce qu'elle sait ? La vérité : je l'aime.

— Non, Cal, l'a interrompu Hunter. La vérité, c'est que tu as besoin d'elle. Parce qu'elle a des pouvoirs exceptionnels. Parce que, grâce à elle, toi et les tiens pourriez renverser le Grand Conseil et éliminer les autres clans un par un. Parce que toi aussi tu es un Woodbane et que, pour vous, les autres clans ne valent rien.

Je me suis tournée vers Cal.

— Pourquoi affirme-t-il une chose pareille ? Tu ne connais pas ton clan, si ?

— Laisse tomber, il délire complètement, m'a-t-il assuré sans quitter Hunter des yeux. Il cherche juste à me nuire.

Tout en me prenant dans ses bras, il a continué :

— Si tu voulais nous séparer, Hunter, c'est raté. Elle m'aime, et je l'aime aussi.

Hunter a éclaté de rire, un rire aussi discordant qu'un bruit de verre brisé.

— Tu rigoles ! a-t-il aboyé. Tu voulais te servir d'elle, parce qu'elle est la dernière survivante de Belwicket et qu'elle était prédestinée à devenir la grande prêtresse d'une des factions les plus puissantes du clan des Woodbane. Mais t'as rien compris, Cal. Belwicket a renoncé à la magye noire ! Jamais Morgan n'acceptera de t'aider !

— Et de quel droit tu décides à ma place ? ai-je rétorqué, furieuse qu'il parle de moi comme si je n'étais pas là.

— Arrête, Hunter, a repris Cal. Tu ne pourras jamais nous séparer, alors, sois gentil, retourne d'où tu viens et fous-nous la paix.

Hunter a ricané :

— J'ai bien peur qu'il ne soit trop tard pour ça. Les membres du Conseil ne me pardonneraient pas de laisser Morgan entre tes griffes.

— Quoi ?!

J'avais pratiquement hurlé. Qu'est-ce qu'il racontait ? En quoi ça pouvait gêner les membres du Conseil que je sorte avec Cal ? Et pourquoi en savaient-ils autant sur mon compte alors que moi, je ne connaissais rien d'eux ?

— C'est sûr, ils ne te le pardonneraient pas, lui a répondu Cal. Comme ils ne t'ont jamais pardonné le meurtre de ton frère !

Tu cherches encore à te racheter, à prouver que ce n'était pas ta faute, pas vrai ?

Je les ai regardés, l'un après l'autre. Je ne savais pas de quoi Cal voulait parler, mais son ton m'a terrifiée. Je ne le reconnaissais plus.

— Va au diable ! a rugi Hunter.

— Voyons, tu sais bien qu'on ne croit pas au diable, chez nous, a murmuré Cal.

Hunter s'est rué vers lui, le visage déformé par la colère. Soudain, Cal s'est glissé un instant dans la voiture pour s'emparer de l'athamé qu'il m'avait offert. J'ai paniqué, ne sachant que faire. Cal s'est écarté de moi. Le regard de Hunter allait et venait entre nous deux.

— C'est moi que tu veux, Hunter, pas vrai ? a crié Cal. Alors, viens me chercher !

Sur ces mots, il est parti en courant vers le bois qui bordait la propriété. J'ai à peine eu le temps de cligner des yeux qu'il avait disparu dans les ténèbres.

— Toi, tu ne bouges pas de là, m'a ordonné Hunter avant de le prendre en chasse.

Je suis restée immobile un instant, puis je me suis lancée à leur poursuite.

20. Le Traqueur

12 février 1999

Maintenant, j'arrive à me lever et à faire quelques pas dans ma chambre. Si on me soutient. Mais je suis encore faible, très faible.

Mon procès commence demain.

Je leur ai raconté mon histoire des tonnes de fois, en tout cas ce dont je me souviens. Cette nuit-là, je me suis réveillé et j'ai vu que Linden était parti. J'ai suivi sa trace jusqu'à la lande et, quand je l'ai trouvé, il était en train d'appeler un taibhs, un esprit des ténèbres. Nous avions découvert ce rite de convocation l'année dernière, alors que nous cherchions à comprendre ce qui était arrivé à nos parents. Pour autant, jamais au grand jamais je ne l'ai encouragé à passer à l'acte. Si j'avais su ce qu'il manigançait, j'aurais tout fait pour l'en empêcher.

Je l'ai vu les bras levés au ciel, le visage illuminé par la joie. Quand le taibhs noir s'est approché de lui, j'ai dû jeter un sort de rupture pour briser le cercle. La suite ressemble à un cauchemar : je me suis rué vers Linden, qui s'est effondré dans mes bras, et le spectre nous a enveloppés dans sa brume. J'ai senti que je ne pouvais plus respirer, que j'étouffais. Je me suis écroulé, résigné à mourir.

Ensuite, je me suis réveillé dans mon lit, chez mon oncle et ma tante.

Si je sais que ce n'est pas moi qui ai tué Linden, je sais aussi que ma soif de vengeance a précipité sa fin. Pour cela, je risque d'être condamné à mort. Si je ne savais pas qu'Alwyn me pleurerait, j'accepterais ma sentence calmement, car plus rien ne me retient ici-bas.

Gìomanach

Le temps que j'arrive à l'orée du bois, la neige s'était remise à tomber.

À l'évidence, Cal avait attiré Hunter ici pour me protéger. Comment avait-il pu croire que je l'attendrais sagement dans mon coin ? Je ne savais pas ce qui se passait entre eux, pourtant, une chose était sûre : si Hunter faisait du mal à Cal, je me vengerais.

La forêt était dense, sauvage, les broussailles impossibles à pénétrer. Après m'être assommée contre une branche basse, j'ai dû m'arrêter. Je n'avais aucune idée de la direction à prendre pour les retrouver. L'obscurité était totale et j'ai commencé à trembler. Je me suis forcée à respirer calmement pour me ressaisir et me concentrer. J'ai serré et desserré les poings, puis j'ai fermé les yeux.

— Un, deux, trois, ai-je compté en inspirant et en expirant lentement.

Quand j'ai rouvert les paupières, j'ai découvert avec soulagement que ma vision de mage s'était enfin manifestée. Les arbres m'apparaissaient sous la forme de lignes verticales sombres, les taillis se découpaient nettement et les rares animaux et oiseaux nocturnes qui n'hibernaient pas émettaient une lumière jaune pâle.

Voilà qui est mieux, me suis-je dit. J'ai scruté les environs et j'ai rapidement retrouvé leur trace : dans leur course effrénée, ils avaient laissé de profondes empreintes dans le sol et brisé des brindilles.

Je me suis lancée à leur poursuite. Il faisait tellement froid que j'avais le nez et les pieds gelés. Soudain, j'ai entendu un bruit étrange, comme un fort bourdonnement. Et ce n'était pas le sang qui battait à mes tempes. Bien sûr ! Cal et Selene vivaient à l'extérieur de la ville, tout près de l'Hudson. Le fleuve se trouvait là-bas, droit devant, au fond des gorges. Grommelant, titubant contre des cailloux, j'ai pressé l'allure en m'aidant des troncs pour aller plus vite.

Une voix m'est alors parvenue malgré le grondement des eaux :

— Tu n'as pas le choix, tu dois venir avec moi !

C'était Hunter.

Aussitôt, j'ai accentué mon effort. Quand enfin je les ai retrouvés, ils se tenaient dans une petite clairière qui dominait le fleuve. Hunter était au bord du ravin et Cal lui faisait face, l'athamé dans la main. Lorsqu'il s'est avancé de quelques pas, j'ai hurlé :

— Cal !

Ils se sont tournés vers moi comme un seul homme.

— Reste là ! m'a ordonné Cal avec un geste de la main.

À ma grande surprise, je me suis rendu compte que je ne pouvais plus bouger. Il m'avait jeté un sort !

L'instant d'après, Hunter lui a lancé une boule de lumière bleue qui a fait tomber l'athamé. Cal en est resté bouche bée. Et moi aussi. J'avais du mal à croire que cette scène était réelle, qu'il ne s'agissait pas d'effets spéciaux générés par ordinateur. D'un bond, Hunter s'est écarté du bord et, pendant que Cal tentait de récupérer la dague, il s'est jeté sur lui. J'ai voulu m'approcher. En vain. Mes jambes étaient comme pétrifiées.

Je les ai vus rouler à terre, cheveux bruns et cheveux clairs se découpant sur la neige et le noir manteau de la nuit.

— Arrêtez ! les ai-je suppliés.

Cal a réussi à clouer Hunter au sol et lui a donné un coup de poing en pleine figure. Un filet de sang a éclaboussé la neige – le contraste entre le blanc et le rouge m'a rappelé le vin de messe renversé sur le carrelage de l'église. J'en ai eu la chair de poule. Il fallait absolument que je les arrête, cette haine réciproque refoulée pendant des années allait à l'encontre des principes de la magye.

J'ai rassemblé mes forces et me suis imaginée en train de me libérer d'une coquille d'œuf. Enfin ! Le sort était brisé. J'ai couru vers eux et, au moment où je ramassais l'athamé, j'ai vu Hunter repousser Cal loin de lui. Nous nous sommes relevés tous les trois en même temps, à bout de souffle.

— Morgan, va-t'en ! a vociféré Hunter sans quitter Cal des yeux. Je suis un Traqueur et Cal doit comparaître devant le Conseil pour répondre de ses actes.

— Ne l'écoute pas, Morgan ! Il ment encore une fois ! Il est jaloux, il convoite tout ce que je possède. Il ne cherche qu'à me nuire et il s'en prendra aussi à toi !

À ce moment-là, j'ai remarqué des traces de sang sur sa main, le sang de Hunter.

— C'est toi qui mens, Cal, a rétorqué Hunter avant de se tourner vers moi. Cal est bien un Woodbane, Morgan. Sauf que, contrairement à Maeve, il n'a pas renoncé au mal. Je t'en prie, va-t'en d'ici !

Cal a pivoté dans ma direction, et ses yeux dorés ont plongé dans les miens. J'ai eu l'impression que mon esprit s'embrumait. Hunter m'a dit quelque chose, mais je n'ai pas saisi ses paroles, comme si j'avais du coton dans les oreilles. Le temps semblait ralentir. Que m'arrivait-il encore ? Impuissante, je les ai regardés se tourner autour, le regard brûlant, le visage pâle.

Lorsque Hunter a tenté une nouvelle fois de me parler, sa voix ressemblait au grognement rauque d'un animal. Puis ils ont recommencé à se battre, et leurs mouvements étaient si lents qu'ils semblaient répéter une chorégraphie. Hunter a donné un coup de poing dans le ventre de Cal, qui s'est plié en deux. Je me suis crispée, j'aurais tant voulu voler à son secours ! Mais j'étais prisonnière d'un cauchemar qui m'empêchait d'intervenir. J'ai serré l'athamé contre moi, et j'ai senti une petite pointe de chaleur contre ma gorge. C'était le pentacle que Cal m'avait donné.

Cal s'est redressé. Hunter a voulu le frapper de plus belle, mais il a manqué sa cible. Cal en a profité pour le faucher, et le sang qui maculait le visage de Hunter a souillé la neige lorsqu'il s'est effondré. Tandis qu'il se relevait pour repartir à la charge, des images me sont apparues : Hunter me disant que Cal était un

Woodbane, Hunter m'effrayant, tapi dans mon jardin, Hunter, toujours odieux et méprisant...

Puis j'ai repensé à Cal, à ses baisers, à ses caresses, à sa patience lorsqu'il me parlait de la sorcellerie, à sa prévenance pendant les cercles. J'ai aussi revu Bree en train de me hurler dessus, une nuit, dans sa voiture. Et Sky et Hunter, toujours ensemble. Toutes ces images m'engourdissaient l'esprit. Je ne voulais plus qu'une chose : m'allonger dans la neige et dormir.

Je suis tombée à genoux, un sourire sur les lèvres, prête à m'abandonner aux bras de Morphée. J'avais beau me douter que j'étais sous l'emprise d'un sort, je m'en moquais, je voulais juste me reposer.

Devant moi, les deux garçons roulaient vers le fleuve, au corps à corps.

Morgan !

Mon nom m'est parvenu doucement, sur un flocon de neige. J'ai levé la tête et, l'espace d'une seconde, j'ai croisé le regard implorant de Cal, qui se tordait de douleur. Hunter l'avait immobilisé et lui maintenait son genou sur la poitrine. Il était en train de lui lier les poignets avec une longue chaînette.

Morgan !

Tout à coup, une douleur fulgurante m'a transpercée de part en part. Voilà ce que Cal endurait. Le souffle coupé, les mains serrées sur la poitrine, je me suis effondrée dans la neige. Lorsque j'ai rouvert les yeux, j'avais les idées un peu plus claires.

Aide-moi ! Il va me tuer !

Je n'entendais pas ses mots, ils résonnaient directement dans mon esprit. Appuyée sur une main, j'ai réussi à me remettre à genoux.

— C'est fini, Cal, a grogné Hunter en tirant sur la chaîne. Je t'ai eu.

— Morgan ! a hurlé Cal.

Son cri m'a sortie pour de bon de ma torpeur. Il fallait que j'agisse, que je le sauve. Je l'aimais depuis toujours. Péniblement, je me suis mise debout. Que faire ? Je n'étais pas de taille à affronter Hunter. Je me suis souvenue de l'athamé, l'athamé que Cal m'avait offert et que je serrais encore entre mes mains. Sans réfléchir, je l'ai lancé vers Hunter de toutes mes forces et je l'ai regardé fendre l'air à une vitesse vertigineuse.

Il s'est planté dans son cou, puis est tombé sur le sol. Dans un hurlement, Hunter a porté les mains à sa blessure. Le sang qui jaillissait entre ses doigts dessinait des coquelicots sur la neige.

Qu'est-ce que j'avais fait ?

Cal en a profité pour plier les jambes et le pousser des deux pieds, de toutes ses forces. Déséquilibré, Hunter a poussé un cri de surprise avant de tomber dans le ravin. Je n'ai eu le temps que de crier : « Noooooooooon ! »

J'ai contemplé le gouffre, interdite.

— Morgan, viens m'aider ! m'a implorée Cal. Enlève-moi ce truc, ça me brûle ! Enlève-le !

Malgré ma stupeur, je me suis précipitée vers lui afin de le libérer. Au contact de la chaîne, je n'ai senti que quelques picotements au bout de mes doigts. En revanche, la peau de Cal était gravement brûlée. J'ai jeté la chaîne et je me suis ruée vers le bord du ravin. Je savais que j'allais vomir si j'apercevais le corps de Hunter en bas, pourtant, il fallait que je sache. Je pensais déjà à appeler une ambulance, à descendre près du fleuve, en essayant de me souvenir de ce que j'avais appris pendant mon stage de secourisme.

Mais il n'y avait rien en bas, rien que des rochers et les eaux tumultueuses du fleuve.

Cal m'a rejointe en titubant, le souffle court. Il paraissait horrifié et affaibli. Ses cheveux, trempés par la neige, portaient des traces de sang.

— Par la Déesse, le courant a dû l'emporter…

— Il faut qu'on prévienne les secours, ai-je murmuré en tendant la main vers lui. Et qu'on soigne tes poignets. Tu crois que tu vas pouvoir marcher jusque chez toi ?

Cal m'a regardée sans répondre.

— Morgan, a-t-il murmuré un instant après, la voix chevrotante. Tu m'as sauvé la vie.

De ses doigts gonflés à force d'avoir frappé Hunter, il m'a caressé la joue et m'a dit tendrement :

— Hunter allait me tuer, et toi tu m'as protégé, comme tu l'avais promis. Je t'aime.

Il s'est penché vers moi pour m'embrasser ; ses lèvres étaient froides et avaient un goût de sang.

— Je t'aime plus que tout, Morgan. Aujourd'hui, notre histoire commence vraiment.

Je ne savais pas quoi dire, j'avais l'impression d'avoir la tête vide. Il s'est appuyé sur moi et nous nous sommes dirigés vers la maison. Avant de pénétrer dans le bois, j'ai lancé un dernier regard vers le ravin.

Puis je me suis souvenue : on était le 23 novembre. J'avais officiellement dix-sept ans…

EXTRAIT ✸ EXTRAIT ✸ EXTRAIT ✸ EXTRAIT ✸ EXTRAIT

Après tout ce que j'avais déjà vécu, la nuit précédente aurait dû ressembler à une partie de plaisir. Il m'était arrivé de fuir dans la nuit, agrippée à la crinière d'un cheval, avec pour seuls vêtements ceux que j'avais sur le dos, tandis qu'une ville en flammes se consumait derrière moi. Ou bien de voir des corps couverts de pustules, victimes de la peste bubonique, empilés les uns sur les autres dans les rues, car il n'y avait plus assez de vivants pour les enterrer. Le 14 juillet 1789, je me trouvais à Paris – croyez-moi, il est difficile d'oublier la vue d'une tête tranchée au bout d'une pique.

Aujourd'hui, nous n'étions pas en guerre. Nous menions une vie ordinaire – du moins, aussi ordinaire que celle qu'un immortel peut mener. En effet, ce genre d'existence a toujours une part d'irréalité. Mais quand on vit longtemps, qu'on traverse nombre de guerres, d'invasions ou d'attaques de pilleurs scandinaves, on finit par se défendre, parfois de manière extrême. Si quelqu'un se rue sur vous en brandissant une épée, et que vous ayez une dague cachée sous votre jupe, eh bien…

Naturellement, votre assaillant n'allait probablement pas vous tuer – il n'est tout de même pas si fréquent d'être décapité de façon nette et précise –, mais cela importait peu : on avait toujours l'impression que notre vie en dépendait, et on réagissait comme si c'était effectivement le cas. La nuit dernière, elle, s'était déroulée… normalement. Ni guerre, ni fou furieux, ni danger mortel. Juste un chauffeur de taxi en rogne.

Où Incy avait-il déniché ce sortilège ? Nous sommes immortels, oui, la magie coule dans nos veines, mais nous devons l'étudier pour en faire usage. Au fil des années, j'avais rencontré des gens qui n'avaient que ça en tête, potasser la magie, apprendre des sortilèges et toutes sortes de techniques. Pour ma part, je n'en avais pas envie, j'en avais décidé ainsi depuis longtemps. J'avais vu les morts et les destructions que la magie pouvait entraîner, je savais que certains étaient prêts à tout pour s'en servir et je refusais d'être mêlée à ça. Je préférais agir comme si elle n'existait pas. J'avais rencontré d'autres Aefrelyffen (un terme ancien pour désigner les immortels) qui étaient du même avis, et on tenait bon.